法藏知津

二編：佛教思想研究專輯

杜潔祥 主編

第 16 冊

惠洪、張商英《妙法蓮華經合論》研究

陳穎蓁 著

花木蘭文化出版社

國家圖書館出版品預行編目資料

惠洪、張商英《妙法蓮華經合論》研究／陳穎蓁 著 — 初版 —
新北市：花木蘭文化出版社，2015〔民104〕
目 4+278 面；19×26 公分
（法藏知津二編：佛教思想研究專輯　第16冊）
ISBN 978-986-322-940-7（精裝）
1.（宋）釋惠洪 2.（宋）張商英 3.學術思想 4.法華部
030.8　　　　　　　　　　　　　　　　103014784

法藏知津二編：佛教思想研究專輯
第十六冊　　　　　　　ISBN：978-986-322-940-7

惠洪、張商英《妙法蓮華經合論》研究

作　　者　陳穎蓁
主　　編　杜潔祥
副總編輯　楊嘉樂
編　　輯　許郁翎
出　　版　花木蘭文化出版社
社　　長　高小娟
聯絡地址　235 新北市中和區中安街七二號十三樓
　　　　　電話：02-2923-1455／傳真：02-2923-1452
網　　址　http://www.huamulan.tw 信箱 hml810518@gmail.com
印　　刷　普羅文化出版廣告事業
初　　版　2015 年 5 月
定　　價　二編 24 冊（精裝）新台幣 40,000 元

惠洪、張商英《妙法蓮華經合論》研究

陳穎蓁　著

作者簡介

陳穎蓁，台南市人，國立高雄師範大學國文系博士班畢業。現為國立台南高商國文科專任教師。研究領域為佛學。著有《蓮池大師淨土思想研究》、〈《四十二章經》探析〉、〈齊桓公霸業析論〉、〈談〈詠荊軻〉的悲劇史詩──兼論陶淵明與柳宗元的內心世界〉、〈濂溪先生方外之交研究〉、〈《劍花室詩集》的民族意識探析〉等論文。

提　要

　　本論文主要以惠洪、張商英《妙法蓮華經合論》為研究對象，探討北宋佛教學術文化的背景，惠洪、張商英詮釋《法華經》的方法與特色，以及惠洪、張商英的法華思想，並對惠洪、張商英《法華經合論》作一比較與評價。本論文共分六章，各章分述如下。

　　第一章緒論，說明本論文的研究動機與目的，並介紹《法華經合論》的名義、版本與內容架構，以及研究方法，由此呈顯各章節的架構。

　　第二章探討北宋佛教的學術環境與惠洪、張商英的學思歷程。北宋佛教的學術環境，包括帝王的佛教政策、北宋佛教宗派的流變、文字禪在北宋的發展，儒、釋、道三教的融通，禪、教的融通，以及《法華經》在北宋的流傳。關於惠洪的學思歷程，包括惠洪的姓氏與法名的考察、儒學思想的養成、佛教思想的奠定、惠洪與張商英的交遊，以及惠洪的著作等。張商英的學思歷程，包括張商英的生平、張商英的佛學因緣，以及三教思想的養成與發皇等，作全面性的探討。

　　第三章惠洪、張商英的釋經方法與特色。惠洪詮釋經典，採用繞路說禪、設喻取譬的方式，張商英解經，則以概述全品經旨為主。惠洪、張商英的解經特色，兼具有簡明直截的釋經風格，以及展現與時代相應的融通精神，惠洪則更突出他橫說豎說的解經特色。此外，特別探討惠洪與前代《法華經》釋經說法的辯證。

　　第四章惠洪、張商英的法華思想。本章分論惠洪的法華思想，探討惠洪的眾生成佛思想、一佛乘思想、心性思想以及惠洪的佛身觀。張商英的法華思想，首先介紹張商英《法華經合論》各品要旨之詮釋，其次，探討張商英的眾生成佛思想，及其一佛乘思想。

　　第五章惠洪、張商英《法華經合論》的比較與評價。關於惠洪、張商英《法華經合論》的比較，由形式架構的差異，與論述內容的差異兩個單元作討論，其中論述內容的差異部份，舉家喻戶曉的〈妙法蓮華經觀世音菩薩普門品〉為例做比較。關於評價，則考察當代以及後代教界學者或義學僧，探討其對於《法華經合論》的評價。

　　第六章結論。根據三、四、五章的心得，作一統合性的結論。

謝　辭

走過艱辛，刻痕寸寸烙印，但若重拾行囊，我願意再走一遭。學術儘管寂寞，但沉浸其中，有如食蜜。未來我將持續在蜜中探索。……

論文已告一段落，感謝三寶的加持，感謝聖嚴師父「忙人時間最多」的啟示，感謝大家的鼓勵與祝福，在教書與修習學術的生涯裡，得以取得平衡，順利圓滿。撰寫博士論文期間，感謝指導教授蕭麗華老師的提攜與照顧，提點與解惑，使我能逐一完成論文。老師的學術、涵養都很好，和老師討論論文的時光，從 skpye 那端流露出來那沉穩、安定的力量，植種我的八識田，是我一輩子學習的典範。老師不僅關心我的論文，也關照我的身體，讓我感到莫大的溫馨。林文欽老師最關心學生了，有一次他生病了，還惦記著我的論文進度。對於兩位指導老師默默的付出，給予我很大的鼓勵。感謝田博元老師和邱敏捷老師。田老師總不忘修行方面的指導，叮嚀再三。邱老師對於大處如論文脈絡寫法的引導，小處如參考文獻的擺置，皆細心地提醒，並且對我的期許與鼓勵，給予我莫大的信心與溫暖。感謝周裕鍇老師和黃國清老師。周老師是北宋詩禪專家，也是惠洪專家。周師在學術論文的文獻寫法上，鉅細靡遺地引導與指正，讓我在日後的學術研究上更受用。黃老師的學識豐富，尤其專精法華，並在懺儀、唯識、中觀，以及佛教醫學領域上，皆有延展性的開拓。他對於學生，總是傾囊相授，上他的課是一大享受。

感謝爸爸、媽媽和家人的一路相伴。家人總是默默地付出，默默地守候，給予我在精神上莫大的鼓勵與支持，讓我無後顧之憂地專注於學業與教書上。二姐是我最感恩的傾聽與解惑者，阿兄總不忘送上熱熱的飲食。撰寫論文的甘苦，家人擔待最多，一路走來雖有風浪，走過風浪，是家中這盞明燈的指引。

　　感謝博班的同儕：含章、子馨、靜芬、文伶、佳峻的加油打氣。同學都善良、熱心，撰寫期間遇到的難題，他們總能適度地伸出溫暖的雙手，讓我得以紓解，得到快慰。也感謝黃學堂學長，惠婷、靜宜、姝貞學妹、同學家茜、芳玲的祝福與幫忙。

　　感謝法鼓山的師姐：美雙、茨玲、瓊華、月英。壓力大時，總愛打一通電話，聽聽她們柔細的鼓勵。也感謝妙心寺傳道法師的叮嚀。感謝南商導一辦公室所有老師：玉玥、芳玉、小敘常會提供我教學上的資料，斐雯、金龍、國榮、威華、淑惠、哲宇幫我調課，家慧、淑卿、心韻、鳳珠會提醒我不能太累。小曖會說笑話給我聽。這群朋友也是我撰寫論文的精神鼓手。

　　撰寫論文期間，還承蒙許多人的幫忙鼓勵，加油打氣，無法一一盡述，在此一併致上最誠摯的感謝。

目 次

第一章　緒　論

第一節　研究動機與目的

由梵文翻譯成漢文的《法華經》，一共有六種。根據唐代智昇《開元釋教錄》卷十四的記載：「前後六譯，三存三闕」。〔註1〕其中，羅什譯本被視爲「諸佛之祕藏，眾經之實體」。〔註2〕因此，最受重視，弘傳最遠，影響也最大。道宣（596～667）〈妙法蓮華經弘傳序〉說：「三經重沓，文旨互陳。時所宗尚，皆弘秦本」〔註3〕。又說：「自漢至唐，六百餘載，總歷群籍，四千餘軸，受持盛者，無出此經。」〔註4〕

《妙法蓮華經》不僅是天台宗所依據的主要經典，也是大乘經典中最被廣泛信奉的經典。〔註5〕佛教大乘諸宗的代表人物幾乎都跟《法華經》有淵源，

〔註1〕見（唐）智昇撰：《開元釋教錄》卷十四，《大正新脩大藏經》第五十五冊，頁629上。現存漢譯本分別是：《正法華經》十卷，二十七品，於西晉武帝太康七年（286），由竺法護（大約生於230年左右，78歲時坐化）譯，收藏於《大正新脩大藏經》第九卷，第63頁至第134頁。《妙法蓮華經》七卷，二十八品，於姚秦弘始八年（406），由鳩摩羅什（344～413，一說350～409）譯，收藏於《大正新脩大藏經》第九卷，第11頁至第62頁。《添品妙法蓮華經》七卷，二十七品，於隋文帝仁壽元年（601），由闍那崛多（523～605）與達摩笈多（?～619）共譯，收藏於《大正新脩大藏經》第九卷，第134頁至第196頁。

〔註2〕見（後秦）僧叡述：〈妙法蓮華經後序〉，《大正新脩大藏經》第九冊，頁62中。

〔註3〕見（唐）道宣述：〈妙法蓮華經弘傳序〉，《大正新脩大藏經》第九冊，頁1中。

〔註4〕見（唐）道宣：《妙法蓮華經》卷一，《大正新脩大藏經》第九冊，頁1下。

〔註5〕見（日本）平川彰等著；林保堯譯：《法華思想》，（臺北市：佛光，1998年），頁1。

可以說是諸宗共尊的經典。〔註6〕三論宗的吉藏大師（549～623）有《法華論疏》、《法華玄論》、《法華遊意》、《法華義疏》、《法華統略》等撰作。禪宗慧能（638～713）有：「心行轉法華，不行法華轉。心正轉法華，心邪法華轉。開佛智見轉法華，開眾生智見被法華轉。」〔註7〕的說法。法相宗的玄奘（602？～664）在十一歲時，就能誦《法華經》。〔註8〕玄奘的弟子窺基（632～682）撰有《妙法蓮華經玄贊》。律宗的道宣十六歲誦《法華經》，兩旬之後即能通徹了解，〔註9〕並撰有〈妙法蓮華經弘傳序〉。華嚴宗的澄觀（738～839）也曾經研習《法華經》。〔註10〕

　　《妙法蓮華經》深受歡迎，廣為流傳，僧俗共賞的原因，主要在於經文意旨精確，文辭暢達，無有晦澀，並善用因緣譬喻，方便巧說。其次是，經中義理主張一切眾生皆可成佛。一切眾生皆可成佛是《法華經》的一貫思想，此思想不僅顯示佛陀平等、和平、慈悲的本懷，也彰顯此經融會大、小乘的對立，〔註11〕把一切眾生引導於一佛乘的道行上。並且《法華經》內有許多勸誦「經卷受持」之文，只要相信受持此經即有大功德。〔註12〕因此，歷代教界、學界，誦讀、講說者接著而興。北宋朝廷更以《法華經》為僧尼試經給度牒的考科。譬喻是《法華經》的說法方式，北宋文人士大夫不僅以《法華經》的譬喻詞語入詩，也把《法華經》的境界化為詩境，甚至以《法華經》作為與禪門中人誦經的競賽對象。

　　《法華經》在佛教界、學界具有深潛而鉅大的影響力，深得大眾的喜愛，

〔註6〕　見釋聖嚴：〈中國佛教以《法華經》為基礎的修行方法〉，《中華佛學學報》（1994年7月），第07期，頁2。

〔註7〕　見（唐）法海集：《南宗頓教最上大乘摩訶般若波羅蜜經六祖惠能大師於韶州大梵寺施法壇經》，《大正新脩大藏經》第四十八冊，頁343上。

〔註8〕　見（唐）道宣撰：《續高僧傳》卷四，《大正新脩大藏經》第五十冊，頁446下。

〔註9〕　見（元）念常集：《佛祖歷代通載》卷十二，《大正新脩大藏經》第四十九冊，頁582上。

〔註10〕　見（元）覺岸編：《釋氏稽古略》卷三，《大正新脩大藏經》第四十九冊，頁821中。

〔註11〕　「在《法華經》以前的大乘經典，以非難小乘教團，且排斥小乘的態度，明確地定立自己大乘的立場。如大乘《維摩經》等，稱小乘為『敗種的二乘』，且抱持聲聞、緣覺二乘，無法成佛的觀念。」見（日）平川彰等著：林保堯譯：《法華思想》，（臺北市：佛光，1998年），頁234。

〔註12〕　見（日本）平川彰等著：林保堯譯：《法華思想》，（臺北市：佛光，1998年），頁7～12。

因此，自劉宋乃至清代之教界的義學法師與學界的學者，站在各種角度從事《法華經》的注釋的注疏家不少，但由同樣是北宋臨濟宗黃龍派門人，且是一僧一俗，先後對《法華經》作注解，撰成《妙法蓮華經合論》。這樣的組合，在注疏書中，是絕無僅有的。

　　歷年來從事《法華經》注釋書研究的學者很多，但多集中在唐代或唐代之前的注釋書的研究，如：集中研究劉宋時期竺道生（355～434）《法華經疏》，梁朝法雲（467～529）的《法華義記》，隋朝吉藏的《法華義疏》、《法華玄論》、《法華統略》，隋朝智顗的《法華玄義》、《法華文句》，以及唐代窺基的《法華玄贊》等。研究唐代以後《法華經》的注釋書者，相對是比較少數的。

　　截至目前，研究宋代《法華經》的注釋書，有：水野弘元〈戒環の《法華經要解》の研究〉；〔註13〕黃國清〈宋代戒環《法華經要解》的釋經態度與注解方法〉，說明宋代佛教的學術背景，並就戒環注解《法華經》的方法與特色，做了詳盡的介紹與分析；〔註14〕劉瑞蓉《戒環《法華經要解》之研究》〔註15〕黃國清〈宋代戒環的法華思想〉，說明戒環參酌前賢的注疏，並融合個人的佛學思想，擬出《法華經要解》的思想，提出判教論、科判論、佛性論、一乘論等法華觀點。〔註16〕研究明清時期《法華經》的注釋書，有：馮煥珍〈憨山大師對《法華經》的參悟與判釋〉，夏清瑕《憨山大師佛學思想研究》，王紅蕾《憨山德清與晚明士林》，黃國清〈太虛大師的法華思想〉，與〈明末憨山德清的《法華經》思想詮釋〉等。〔註17〕此外，並未見有關於學者研究唐

〔註13〕　分別見於水野弘元：〈戒環の《法華經要解》の研究〉，坂本姓男編：《法華經》の中國的開展：《法華經》研究》，（京都：平樂寺書店，1972年），頁393～414。

〔註14〕　見黃國清：〈宋代戒環《法華經要解》的釋經態度與注解方法〉，《佛教文學與文獻國際學術研討會》，（嘉義縣：南華大學文學系，2008年），頁81～105。

〔註15〕　劉瑞蓉《戒環《法華經要解》之研究》，（嘉義縣：南華大學碩士論文，2009年）。

〔註16〕　見黃國清：〈宋代戒環的法華思想〉，《揭諦》（2011年1月），第20期，頁73～123。

〔註17〕　分別見馮煥珍：〈憨山大師對《法華經》的參悟與判釋〉，釋妙峰主編：《曹溪——禪研究（二）》，（北京：中國社會科學出版社，2003年）。夏清瑕：《憨山大師佛學思想研究》，（上海：學林出版社，2007年）。王紅蕾：《憨山德清與晚明士林》，（北京：中國社會科學出版社，2010年）。黃國清：〈太虛大師的法華思想〉，《通識教育與跨域研究》（2010年12月），第九期，頁25～46。黃國清：〈明末憨山德清的《法華經》思想詮釋〉，《正觀》（2011年12月），第59期，頁5～55。

以後的《法華經》注釋書的論文。這是筆者之所以選定北宋惠洪、張商英《妙法蓮華經合論》作爲研究對象的主要動機。

關於惠洪、張商英的《法華經合論》，陳自力在《釋惠洪研究》一書中，有〈《法華合論》〉一小節，簡述惠洪用融通內外典，和連類設譬的方式注解《法華經》。〔註18〕羅凌在《無盡居士張商英研究》一書中，簡述惠洪《法華合論》「主論」和張商英「附論」的不同，並提出張商英注解《法華經》值得商榷的地方。〔註19〕前一篇屬於介紹性質的語言，後一篇也只是在釋經方法上做介紹，並未對經文義理作深入的探究。

《法華經合論》，是由惠洪的「主論」與張商英的「附論」構成。惠洪和張商英同爲臨濟宗黃龍派的門人。禪宗到了北宋，文字禪當家，禪、教合一，儒、釋、道三教合流，是當代禪宗的特色。在這樣的學術環境下，這一僧一俗會站在怎樣的視角注解《法華經》。其次，張商英是個居士佛教的核心人物，但骨子裡卻是亦儒、亦道、亦佛，他又將以如何的視角看待這部廣受喜愛的天台經典。張商英、惠洪相繼注解《法華經》，因此，惠洪、張商英的《法華經合論》有沒有在釋經方法上，或義理解說上的關聯性，都是值得探究的問題。

因此，筆者擬以惠洪、張商英《法華經合論》爲主題，探究惠洪、張商英注解《法華經》的方法，並研析其特色，其次，探究《法華經合論》所呈現的思想，最後，對惠洪的「主論」和張商英的「附論」的差異，做一全面性的比較與考察，並探討這部注釋書在當代或後代的評價。

第二節　《法華經合論》的名義、版本與內容架構

本節就《法華經合論》的名義、版本以及內容架構，作一探討。分述二小節：即《法華經合論》的名義與版本，以及《法華經合論》的內容架構。

一、《法華經合論》的名義與版本

本小節分述《法華經合論》的名義與《法華經合論》的版本作說明。

〔註18〕見陳自力著：《釋惠洪研究》，（北京市：中華書局，2005 年），頁 120～122。
〔註19〕見羅凌著：《無盡居士張商英研究》，（武漢：華中師範大學出版社，2007 年），頁 97～104。

（一）《法華經合論》的名義

《法華經合論》具稱《妙法蓮華經合論》，也稱《法華合論》（本研究提及《妙法蓮華經合論》時，以《法華合論》述之）。明末四大師之一，釋眞可將《法華合論》稱是《法華髻珠論》。〔註20〕《法華合論》，是由惠洪、張商英分別依據流通本鳩摩羅什所譯之七卷二十八品《妙法蓮華經》所作的注解。

關於張商英撰作《法華合論》。根據《全宋詩》卷九三四的記載，張商英有題名爲〈靈泉寺著《華嚴合論》作〉一詩，內容是：「合論流通七卷經，點教開眼示群生。不須天女添瓶水，自有靈泉一派清。」〔註21〕依據詩的內容看來，「七卷經」之語，應該是指鳩摩羅什所譯之《法華經》，「合論」指的應爲《法華合論》。張商英題名爲《華嚴合論》，應該是筆誤。理由有二：

第一、《華嚴經》之異譯本有三：其一、六十華嚴，凡六十卷，爲東晉時期佛馱跋陀羅所譯；其二、八十華嚴，凡八十卷，爲唐代實叉難陀所譯；其三、四十華嚴，凡四十卷，爲唐代般若所譯。此三譯本皆是卷帙浩大之經典。可是《法華合論》僅七卷。卷帙浩大之《華嚴經》實難以僅七卷之論出現。其二、《華嚴合論》之撰者另有其人，即唐代李通玄（635～730）就八十華嚴所撰之注釋書，凡一二〇卷。

第二、詩題之「靈泉寺」，根據《方輿勝覽》卷五十八的記載，「靈泉寺在州（歸州）西三里，西臨水，狀若瀑布。張無盡於此院著《華合論》。」〔註22〕又，根據《宋宰輔編年錄》卷十一的記載：「大觀元年（1107）十月，京復相，商英遂自提舉嵩山崇福宮，責授安化軍節度副使，歸州安置。」〔註23〕由此觀之，張商英的《法華合論》，應該是大觀元年，安置於歸州時所作。是年，張商英六十五歲。

關於惠洪撰作《法華合論》。根據《石門文字禪》卷二十四〈寂音自序〉的記載：「坐南昌獄百餘日，會兩赦得釋，遂歸湘上南臺，以宣和四年（1122）

〔註20〕見（明）憨山德清閱：《紫柏尊者全集》卷十四，《卍新纂續藏經》第七十三冊，頁268下。

〔註21〕見北京大學古文獻研究所編：《全宋詩》卷九三四（第十六冊），（北京市：北京大學出版：新華發行，1995年），頁11001。

〔註22〕見（宋）祝穆撰：《方輿勝覽》卷五十八，（北京市：人民出版社，2009年），頁495。

〔註23〕見（宋）徐自明著：《宋宰輔編年錄》，（臺北市：臺灣商務，1983年），頁596～406。

夏釋此論，明年三月四日畢停筆」。〔註24〕「此論」，當指《法華合論》。即惠洪於宣和四年，在南臺寺，開始注釋《法華經》，隔年，即宣和五年（1123）三月四日完成。當年惠洪五十三歲。

綜上可知，張商英撰論在先，惠洪造論於後。惠洪造論《法華經》，當承張商英未就之業而作。〔註25〕根據惠洪、張商英所撰論之論文內容看來，惠洪《法華合論》實為後出轉精之作。

（二）《法華經合論》的版本

目前藏經所收錄的《法華合論》，計有明版《嘉興大藏經》、日版《卍續藏經》、《大藏新纂卍續藏經》，以及《佛光大藏經》（法華藏）等四種。表述如下：

版 本	冊 數	頁 碼	經文架構
明版《嘉興大藏經》（徑山藏版）	第十六冊	第 327 頁～第 411 頁	內頁經論分上篇、中篇以及下篇敘述。卷尾除載有馮夢禎的跋語外，並附有捐刻者姓名及捐助銀兩數。〔註26〕每卷下均標明譯者、造論者，以及撰論者，卷末均標明音釋或釋義。〔註27〕
日版《卍續藏經》	第四十七冊	第 350 頁～第 418 頁	載有《法華經合論》目次。內頁經論以上篇、下篇分敘。卷首有仙臺龍寶比丘實養長與題於洛之智積輪下的〈鑴法華合論序〉一文，卷尾有淨心居士馮夢禎於明萬曆己酉（一作乙酉，1585）冬十一晦日，於淨業堂撰寫的〈重刻《妙法蓮華經合論》跋語〉一文。每卷下均標明譯者、造論者，以及撰論者，卷末均標明音釋。

〔註24〕見（宋）釋德洪覺範著：《石門文字禪》卷二十四，（臺北市：新文豐出版股份有限公司，1973 年），頁 18。

〔註25〕見周裕鍇撰：《宋僧惠洪行履著述編年總案》，（北京：高等教育出版社，2010 年），頁 283。

〔註26〕捐刻者及其銀兩數分別為：「吏部侍郎姚弘謨助銀伍兩、貴州提學副使包檉芳助銀拾兩、翰林院編修馮夢禎助銀拾兩、嘉興縣知縣顧雲程助銀伍兩、秀水縣知縣陳九德助銀伍兩、長洲縣知縣魯鳳儀助銀拾兩、嘉興鄉進士包世杰助銀拾兩、吳江吳氏助銀拾兩薦父吳邦棟母徐氏。」見（明）《嘉興大藏經》第十六冊，頁 411。

〔註27〕針對經文難懂的字，標注其音。如：平、上、去、入等四聲，或反切。如：嚳懍同；藑音密；分，去聲；……等。分別見（明）《嘉興大藏經》第十六冊，頁 341，354，366，377，388，400，411。

版　本	冊　數	頁　碼	經文架構
《大藏新纂卍續藏經》	第三十卷	第 362 頁～第 429 頁	載有《法華經合論》目次。內頁經論分上篇、中篇以及下篇敘述。並各於卷首、卷尾，均標有如日版《卍續藏經》的序文與跋語。每卷下均標明譯者、造論者，以及撰論者，卷末均標明音釋。
《佛光大藏經》（法華藏）	第五十五冊	第 1 頁～第 280 頁	卷首載有《《妙法蓮華經合論》題解》，包括對於《法華合論》的名稱、作者、內容，以及現存版本的介紹，卷尾載有〈重刻《妙法蓮華經合論》跋語〉一文。

　　關於《法華合論》每一品的架構，也依不同的版本而有不同。明版《嘉興大藏經》於每一品下，分列數個段落，每段詳細標明《法華經》之經文，再敘惠洪之論。例如：先標「序品第一」，次標「如是我聞：一時，佛住王舍城耆闍崛山中」，最後，則敘惠洪之論。第二段，先標「與大比丘眾，萬二千人俱。皆是阿羅漢，諸漏已盡，無復煩惱。逮得己利，盡諸有結，心得自在」，再次，則敘惠洪之論。依此類推。每一品品末均有張商英的「附論」一篇。

　　日版《卍續藏經》與《大藏新纂卍續藏經》二版本，均於《法華經》每一品下，分列數個段落，每段各標明起訖，次敘惠洪之論。例如：先標「妙法蓮華經序品第一」，次標「如是我聞，一時，佛住王舍城耆闍崛山中」，再次，則敘惠洪之論。第二段，先標「『與大比丘』至『心得自在』」，次敘惠洪之論。依此類推。每一品品末同樣有張商英「附論」一篇。第七卷末均有「《妙法蓮華經合論》卷第七終」的字樣。

　　以上三種版本，文字敘述上，並無太大差異；唯明版《嘉興大藏經》所敘〈重刻《妙法蓮華經合論》跋語〉一文，字體以楷書呈現，應是後來加補而成。又，根據卷末所標「『重刻』《妙法蓮華經合論》跋語」，時間註明為「明萬曆乙酉（1585）冬十一晦日」的記載，由「重刻」的字樣可知，萬曆乙酉之前，已有《法華合論》的刊刻本問世。

　　至於《佛光大藏經》，此版本也在每一品下，分列數個段落，每段各標明起訖，次敘惠洪之論。例如：先標「序品第一」，次標：「如是我聞：一時，佛住王舍城耆闍崛山中」，再次，則敘惠洪之論。第二段，先標「『與大比丘』至『心得自在』」，次敘惠洪之論。每一品品末均有張商英「附論」一篇。此版本對於惠洪與張商英之論述，為了幫助讀者了解經義，均詳細分段，並標明句讀。

本研究所依據的《法華經合論》版本，是以《大藏新纂卍續藏經》本為主，輔以日版《卍續藏經》、明版《嘉興大藏經》以及《佛光大藏經》。引用出處則以《大藏新纂卍續藏經》之頁碼為主。

二、《法華經合論》的內容架構

本小節分析《法華合論》的內容架構，主要是依據《大藏新纂卍續藏經》的版本。惠洪《法華合論》為「主論」，計有一八○論，張商英《法華合論》為「附論」，計有二十八論。「主論」與「附論」共約九萬五千字。

《法華合論》文中，於每一卷下，均標明譯、造、撰者，即：經：姚秦三藏法師鳩摩羅什譯；主論：宋寶覺圓明禪師慧洪造；〔註28〕附論：宋丞相無盡居士張商英撰。其次，於卷一下，載有惠洪對經題「妙法蓮華經」的注解，張商英對經題的注解，則合併於解〈序品〉中。

《法華經》二十八品中，惠洪依據每一品經文內容的要義，或依性質，或依情節，作為劃分經文段落的標準，除了〈序品〉第一段：「如是我聞。一時，佛住王舍城耆闍崛山中。」〈信解品〉第二段：「世尊：我等今者樂說譬喻以明斯樂」；〈化城喻品〉第六段：「及廣說十二因緣法。」直接標敘全文外，其餘各品因篇幅的關係，皆只標明起訖，例如：〈序品〉第二段，標：「與大比丘（至）心得自在」〔註29〕，〈方便品〉第一段，標：「爾時世尊（至）所不能知」。〔註30〕這樣的標法不僅方便注釋者分析經義，體現其思路脈絡的順暢，也方便讀者依其所標，循線知其始末，並能深入了解各段旨趣。《法華合論》中，主論共有一八○論。表述如下：

品　　次	段數	論數	品　　次	段數	論數
〈序品〉第一	27	26	〈從地涌出品〉第十五	6	6
〈方便品〉第二	25	25	〈如來壽量品〉第十六	4	4
〈譬喻品〉第三	23	21	〈分別功德品〉第十七	4	4
〈信解品〉第四	12	11	〈隨喜功德品〉第十八	2	2

〔註28〕 明版《嘉興大藏經》把「慧洪造」標為「惠洪造」。見（明）《嘉興大藏經》第十六冊，頁327。
〔註29〕 見《妙法蓮華合論》卷一，《卍新纂續藏經》第三十冊，頁362下。
〔註30〕 見《妙法蓮華合論》卷一，《卍新纂續藏經》第三十冊，頁370下。

品　　次	段數	論數	品　　次	段數	論數
〈藥草喻品〉第五	10	9	〈法師功德品〉第十九	7	7
〈授記品〉第六	5	4	〈常不輕菩薩品〉第二十	4	4
〈化城喻品〉第七	16	10	〈如來神力品〉第二十一	3	3
〈五百弟子受記品〉第八	2	2	〈囑累品〉第二十二	3	2
〈授學無學人記品〉第九	2	2	〈藥王菩薩本事品〉第二十三	6	6
〈法師品〉第十	4	4	〈妙音菩薩品〉第二十四	4	4
〈見寶塔品〉第十一	5	5	〈觀世音菩薩普門品〉第二十五	5	5
〈提婆達多品〉第十二	2	2	〈陀羅尼品〉第二十六	1	1
〈勸持品〉第十三	1	1	〈妙莊嚴王本事品〉第二十七	3	3
〈安樂行品〉第十四	4	4	〈普賢菩薩勸發品〉第二十八	3	3

　　段落確定之後，惠洪就各段經文作精闢的注解，論述切要切理，經義豁然暢達。惠洪於每段經文後，略低一格，題有「論曰」。「論曰」的論述形式，相似於《史記》「太史公曰」、《漢書》「贊曰」、《後漢書》「論曰」。「太史公曰」、「贊曰」、「論曰」，是史家對歷史人物或歷史事件的評議，屬於歷史評論的一環。這裡的「論曰」，是將經典所說之要義，加以分析、整理或解說。也就是說，惠洪的「論曰」，是對《法華經》的經文，加以注釋解說。「論曰」之內容，有的疏證詞義，闡明奧義；有的證以經傳，辯證義理；有的抒發己見，不一而足。這樣的解經方式，也見於惠洪的其他注釋書，例如：《智證傳》，《楞嚴經合論》等。其中，《智證傳》以「傳曰」標明，唯書中第八十八條，將「傳曰」二字缺漏掉了。〔註31〕

　　惠洪的論說，或一段一論。或合二段為一論，例如：〈譬喻品〉第一段：「爾時舍利弗（至）而說偈言」（376下）與第二段：「我聞是法音（至）令眾至道場」（376下）；〈譬喻品〉第七段：「爾時四部眾（至）而說偈言」（378

〔註31〕「抽顧頌曰，顧鑒咦」條。見（宋）慧洪覺範撰：《智證傳》，《卍新纂續藏經》第六十三冊，頁188中。

中）與第八段：「昔於波羅奈（至）令離疑悔」（378 中）；〈信解品〉第十一段：
「我等於中（至）而說偈言」（386 中）與第十二段：「我等今日（至）隨宜說
三」（386 中）；〈藥草喻品〉第八段：「爾時世尊（至）而說偈言」（388 中）
與第九段「破有法王（至）令得正見」（388 中）；〈授記品〉第一段：「爾時世
尊（至）而說偈言」（389 中）與第二段：「告諸比丘（至）其事如是」（389
中）；〈化城喻品〉第一段：「佛告諸比丘（至）而說偈曰」（392 中）與第二段：
「我念過去世（至）通達無量劫」（392 中）；〈化城喻品〉第四段：「其佛未出
家（至）而說偈言」（393 上）與第五段：「世雄無等倫（至）當轉無上輪」（393
上）；〈化城喻品〉第十五段：「諸比丘我等（至）而說偈言」（395 下）與十六
段：「大通智勝佛（至）引入於佛慧」（395 下）；以上皆是合併二段為一論的
例子。或合四段為一論，例如：合〈化城喻品〉第六段：「佛告諸比丘（至）
而說偈言」（393 下），第七段：「我等諸宮殿（至）徧照於十方」（393 下），
第八段：「爾時，五百萬億（至）以偈頌言」（393 下）與第九段：「世尊轉法
輪（至）無量劫習法」（393 下）一論，即是。

　　各品之末，也就是惠洪論述之後，均載有無盡居士張商英的論說一篇。
關於張商英之論，除了〈五百弟子受記品〉與〈妙音菩薩品〉以「無盡居士
張商英論曰」的字樣標明外，其餘各品皆標以「無盡居士論曰」的字樣，唯
〈安樂行品〉則標示為「無盡居士強商英論曰」，「強」字，明顯誤植了。

第三節　研究方法與全文架構

　　本節談《法華合論》的研究方法，和本論文的全文架構。

一、研究方法

　　惠洪、張商英《法華合論》分別由惠洪的「主論」與張商英的「附論」
構成。惠洪採逐文解義的方式，詮釋《法華經》的重要觀點，並非作系統性
的表述；張商英則採說大意的方式，概述《法華經》的各品意旨，具有點化
效果，但不屬於全面性的思想論述。本論文的研究，首先掌握惠洪與張商英
的論述方法，進而找出惠洪與張商英的思想與觀點。

　　吳汝鈞在《佛學研究方法論》一書中將佛學研究方法分為文獻學方法、
考據學方法、思想史方法、哲學方法、維也納學派方法、京都學派方法、實

踐修行法以及白描法等。〔註 32〕本研究所使用的方法，大致爲文獻學方法、考據學方法以及義理學方法。

處理北宋的佛教學術環境，惠洪與張商英的學思歷程時，必須運用歷史考據的方法。選擇可信的史料，將這些史料有系統的組織、客觀的評鑑，找出其中的關聯性與因果性，對於探討惠洪與張商英的學思歷程以及北宋佛教學術環境，有很大的幫助。

處理《法華合論》的釋經方法時，則採文獻學方法。吳汝鈞說文獻學是文獻資料研究之事，包括原典的校訂整理、翻譯、注釋等。而注釋的內容是多方面的，舉凡字義、文法、歷史、思想、文學等。〔註 33〕《法華合論》的論文中有多處牽涉到文獻問題，諸如佛教名相或漢文詞語的解釋、佛教經論的徵引、中國古代典籍的徵引、說解譬喻之義、以及與前代《法華經》釋經的辯證等。透過文獻學的考察，將《法華合論》和相關材料作比對分析與歸納，有助於彰顯惠洪與張商英的觀點。

義理分析的方法用於對惠洪與張商英法華思想的闡發。此方法是與文獻學方法相串聯的，兩者互爲因果關係。平川彰在其所著《佛學研究入門》一書中說：「爲了客觀理解佛教思想，文獻學的研究是不可欠缺的；不過，文獻學是以解明佛教思想爲目的的。」〔註 34〕也就是說，義理分析是建立在文獻學分析的基礎上的。從事義理分析，研究惠洪的法華思想時，將蒐羅《法華合論》的各品資料，並參考惠洪的其他撰作，如，《石門文字禪》、《智證傳》、《禪林僧寶傳》、《林間錄》以及《楞嚴經合論》等，對這些資料，做嚴謹的分析與判讀，找尋系統性的觀點，從而詮釋惠洪的思想。

二、全文架構

本論文共分六章。第一章，緒論，交代研究動機與目的，其次，介紹《法華經合論》的名義，目前藏經所收錄的版本及其內容架構，再次，說明研究方法。

第二章，介紹北宋佛教的學術環境，包括帝王的佛教政策、北宋佛教宗派的流變文字禪在北宋的發展與影響，禪、教融通，儒、釋、道三教的融通，

〔註 32〕見吳汝鈞著：《佛學研究方法論》，（臺北市：臺灣學生，2006 年），頁 97～157。
〔註 33〕見吳汝鈞著：《佛學研究方法論》，（臺北市：臺灣學生，2006 年），頁 97。
〔註 34〕見（日本）平川彰等著，許明銀譯：《佛學研究入門》，（台北市：法爾出版社，1990 年），頁 43。

以及《法華經》在北宋的流傳。其次,透過可信的史料,考察惠洪的學思歷程,惠洪之姓氏與法名、儒學思想的養成,佛教思想的奠定,以及惠洪與張商英的交遊。第三節,說明張商英的生平、學佛的因緣,以及三教思想的養成與發皇。

第三章,首先由解釋詞義、串講文意、闡釋品旨、說解譬喻之義、以佛教經論解經、以中國古代典籍解經等說解語言的方式,介紹惠洪與張商英的釋經方法。第二節,從簡明直截的釋經風格、橫說豎說的釋經技巧、展現融通的精神等三個觀點,說明這一僧一俗的釋經特色。第三節,討論惠洪與前代《法華經》釋經的辯證,觀點的差異,來自於不同的學說。

第四章,惠洪與張商英的法華思想。第一節,由眾生成佛的成佛思想、緣起無性的成佛思想,說明惠洪的眾生成佛思想。第二節,探討惠洪的一佛乘思想。由《法華經》一乘義之詮釋、《法華合論》一乘義之詮釋、會三歸一,以及一佛乘之實踐等,逐一說明。第三節,探討惠洪的心性思想。分別由會通一念、會通時空、會通空性,以及迷與悟等闡述之。第四節,探討惠洪的佛身觀。由《法華經》的佛身觀、《法華合論》的佛身觀兩項作說明。第五節,探討張商英的法華思想。首先介紹張商英《法華合論》的各品要旨詮釋,再探討張商英眾生成佛的成佛思想和一佛乘思想。

第五章,惠洪、張商英《法華合論》的比較與評價。第一節,惠洪、張商英《法華合論》的比較,第二節,惠洪、張商英《法華合論》的評價。

第六章,結論。就第三章、第四章以及第五章的研究成果作一總結。

第二章 北宋佛教的學術環境與 惠洪、張商英的學思歷程

　　北宋佛教是指宋太祖建隆元年（960）到欽宗靖康元年（1126）一百六十七年間趙宋一代的佛教。這時期的佛教在朝廷的大力扶植下，各教派皆有顯著的復興跡象。這時期南宗禪分出五家七宗，形成禪宗的主流。文字禪、禪教合一、儒釋道三教融合、士大夫參禪是這個時代的特色。惠洪與張商英同為臨濟宗黃龍派的門人，同時活躍於當代禪林，著作非凡，先後有《法華經》的注解問世。因此，了解北宋佛教的學術背景，以及惠洪與張商英的學思歷程，有助於掌握惠洪與張商英對《法華經》的詮釋及其所呈現的思想。

　　本章分述三節：第一節北宋佛教的學術環境，探討北宋佛教的學術背景；第二節惠洪的學思歷程；第三節張商英的學思歷程，分別由其學思經歷，探究其思想的養成。

第一節　北宋佛教的學術環境

　　北宋佛教曾因唐武宗（841～846）與周世宗（954～958）的法難，以及唐末五代的戰亂，佛典大量散失亡佚，元氣大傷，[註1]因此，有的學者認為「唐

[註 1]　「一、來自印度及西域，傳譯或流入經典的衝激，已漸趨銷匿；二、由於法難或破佛乃至五代戰亂的影響，諸宗的章疏或典籍已散佚很多；三、由於禪宗——中國人的佛教發達等諸因素，勢必造成佛教的一大轉移。」見（日本）鐮田茂雄著，關世謙譯：《中國佛教史》，（臺北市：新文豐出版股份有限公司，1998年），頁 212。

以後殆無佛學」，〔註2〕有的則認為北宋佛教「僅存軀殼」。〔註3〕但這時期的佛教其實有它的創舉，有它自己的個性與特點，〔註4〕有它的思想與獨特的魅力。〔註5〕印順認為：北宋一代，佛教復興，且將追中唐之盛。〔註6〕鎌田茂雄說：「宋代以後佛教，與其說是衰退時代，不如說是同化時代，應該說是中國人的宗教完全融匯入中國人的社會生活之中的時代。」「因為儒家與佛教激烈地對立，結果漸次步向同化的方向。在社會高階層的儒家中，有被佛教融合而同化的趨勢；而一般大眾，民間的道教和佛教同化為一體，在大眾信仰中，成為血肉相融合的時代。這才真正是佛教融入中國人生活之中的時代。」〔註7〕佛教與儒學的關係發展到宋代最為成熟。〔註8〕高雄義堅說：「中國近世佛教的開始（也就是趙宋的佛教）可以說是哲理本位的學問佛教，由於內外種種情勢，轉換成實踐佛教，也就是從印度佛教完全蛻變，形成中國獨特的民眾佛教。」〔註9〕

〔註2〕見梁啟超著：《佛學研究十八篇》，（天津：天津古籍出版，2005 年），頁 13。

〔註3〕「溯佛教在我國之盛也，隋唐以前，帝王學士，高談名理，世亂則多憂生之嗟嘆，胡人入主，則西域之教亦因之以張。隋唐二代，國家安定，華化漸張，而高僧之堅苦努力，不減逾六朝，且教理昌明，組織漸完，玄奘、智顗、吉藏、弘忍諸師人物偉巨，故佛法之盛過於六朝，此則因本身之真價值，而不待外援也。隋唐以後，外援既失，內部就衰，雖有宋初之獎勵，元代之尊崇，然精神非舊，佛教僅存軀殼而已。」見湯用彤：〈五代宋元明佛教事略〉，《隋唐佛教史稿》卷二，（臺北縣：佛光文化事業有限公司，2001 年），頁 439。

〔註4〕「自唐中葉開始，中國封建社會進入了新的發展時期，到宋代幾乎定型化，從而呈現出不同於過去的社會新面貌。這種社會新面貌的出現，也影響著宋代佛教不同於隋唐，具有它自己的個性特點。」見顧吉辰著：〈說明〉，《宋代佛教史稿》，（鄭州市：中州古籍出版社，1993 年），頁 1。

〔註5〕「通常所說的隋唐之後『佛教思想的停滯』主要指的是宗教哲學的缺乏活力、停滯不前。即便從任何一個角度出發，我們都沒有理由斷言所謂宗教思想的匱乏，當然也無法確認宗教教義的凋零。因為隋唐以後的佛教教義中新融入了大量的民間思潮，即便是所謂精英層面的宗教哲學也並非全部消亡，而只是發生了關注點的轉移。因此，如果我們不再把視野局限於宗教哲學，從更廣闊的角度審視宗教思想和教義，我們自然會發現隋唐以後佛教思想乃至佛教的獨特魅力。」見王頌：〈序章〉，《宋代華嚴思想研究》，（北京市：宗教文化出版社，2008 年），頁 2。

〔註6〕見印順：《佛教史地考論》，（臺北市：正聞出版社，1992 年），頁 77。

〔註7〕見（日本）鎌田茂雄撰 關世謙譯：《中國佛教通史》，（高雄市：佛光山佛光出版社印行，1985 年），頁 72。

〔註8〕見李承貴著：〈導言〉，《儒士視域中的佛教——宋代儒士佛教觀研究》，（北京：宗教文化出版社，2007 年），頁 10。

〔註9〕見（日本）高雄義堅等著，陳季菁等譯：《宋代佛教史研究》，（臺北縣：華宇出版社，1987 年），頁 12。

綜上可知，學界對於北宋佛教，雖有兩極化的看法，但總體看來，佛教進入中土，到了北宋，其思潮之變遷，精神與內涵，思想與實踐，已非佛教哲學可以概論，也非一宗一派所能詮釋解讀；而是，展現了調和的精神，既調和了宗派與宗派，教內與教外，也調和了教義與信仰；不僅展現大融合的精神，也更接近民眾，展現世俗化的傾向。

這時期佛教之博通，蓋得力於帝王之獎助與開創，教界與學界之交流，僧俗之間之交契，經典之流通。本節分別由帝王的佛教政策，北宋佛教宗派的流變、文字禪在北宋的發展、儒釋道三教的融通、禪教的融通，以及《法華經》在北宋的流傳等六個小節為線索，探討北宋佛教的學術環境。

一、帝王的佛教政策

就社會、經濟層面而言，鄧廣銘在其所著《宋史十講》一書中，說：「宋代是中國社會發展的最高階段。兩宋期內的物質文明和精神文明所達到的高度，在中國整個社會歷史時期之內，可以說是空前絕後的。」〔註10〕漆俠的《宋學的發展和演變》：「在中國古代經濟文化發展的總過程中，宋代不僅它的社會經濟發展到最高峰，而且它的文化也發展到登峰造極的地步。」〔註11〕佛教在北宋的發展與演進，實得力於當時社會、經濟的安定與發展。就政治層面而言，中國佛教史上，佛教隨著國家的統治體制，結為濃厚的國家色彩，當自北魏時代開始，帝王大都將佛教作為達成強化國家目的的工具。〔註12〕入宋以來，大多帝王也都有著這樣的觀念。所謂「有道之君必隆佛教」、「興教護法，慈臨民物，以為社稷靈長之福」，〔註13〕在帝王對於佛教的保護育成與扶持獎勵政策的努力下，北宋佛教吹起復興之風，風行草偃。舉凡佛教的著作、譯經、度僧、求法傳教以及雕刻大藏經等，都有顯著的表現。然若佛教勢力過於龐大、膨脹，傷及財政，則採緩和限制的措施，加以調整。

〔註10〕見鄧廣銘著：〈談談有關宋史研究的幾個問題〉，《宋史十講》，（北京：中華書局，2008 年），頁 3。

〔註11〕見漆俠著：《宋學的發展和演變》，（石家莊：河北人民出版社，2004 年），頁3。

〔註12〕見（日本）鐮田茂雄原著，關世謙譯：《中國佛教通史》第一冊，（高雄市：佛光山佛光出版社印行，1985 年），頁 6。

〔註13〕分別見於（宋）志磐撰：《佛祖統紀》卷四十三，《大正新脩大藏經》第四十九冊，頁 394 下，394 上。

　　北宋政權歷任一祖八宗，除了眞宗、徽宗崇奉道教外，其餘帝王皆篤信佛教，既有著作，又有經典的譯注與重修。例如：開寶八年（975）宋太祖幸洛陽，至龍門山廣化寺，禮無畏三藏之塔，回京手書《金剛經》，並常讀誦。宋太宗著有《御製妙覺集》五卷、〈大宋新譯三藏聖教序〉，並詔翰林贊寧修《大宋高僧傳》三十卷。宋眞宗也有〈繼聖教序〉、《御製崇釋論》、《御製釋典法音集》、《注四十二章經》、《注遺教經》等撰作。景德元年（1004）東吳沙門道原撰《傳燈錄》三十卷，眞宗詔翰林學士楊億裁定頒行等，都是明顯的例子。帝王對佛教的鍾愛，可見一斑。

　　佛經的交流在太祖至哲宗朝時期展開，先是西域之梵僧來朝獻梵經、獻梵書、獻梵夾、獻舍利塔，其次，日本、高麗國、南海僧眾亦承續這個風潮：日本國法濟大師奝然遣弟子嘉因祈乾來朝（988），沙門寂照則進獻太宗無量壽佛像金字法華經水晶數珠（1004）；高麗國王亦遣使者，乞賜大藏經并御製佛乘文集（990）；南海占城國沙門淨戒，獻如意金銅鈴杵龍腦香（991），注輦國遣使，進天竺梵經（1015），一時教壇佛教經典活絡。梵僧進貢獻經、傳教者絡繹不絕。中土沙門西行遊訪、探求教法者也不在少數，根據《佛祖統紀》的記載，乾德三年（965），滄州沙門道圓，遊五天竺往返十八年，乾德四年（966），太祖遣沙門行勤等一百五十七人往西竺求法，經歷焉耆、龜茲、迦彌羅等國，仍各賜裝錢三萬。〔註14〕太宗太平興國七年（982），成都沙門光遠遊西天還，詣闕進西天竺王子沒徒曩表佛頂印貝多葉菩提樹葉。中、梵僧俗交涉頻繁，是促進佛教典籍流通的主要原因之一。

　　佛教復興的現象，從多方面漸次萌動。譯經事業隨著梵僧來朝的日益增多，呈現另一佛教弘化上的高峰。根據《佛祖統紀》的記載，開寶六年（973）八月，中天竺三藏法天，譯《聖無量壽經》、《七佛讚》，河中府梵學沙門法進執筆綴文，龜從潤色，詔法天赴闕召見慰問，賜紫方袍。〔註15〕這是北宋最早的譯經記錄。北宋譯經院（後改名爲「傳法院」）於太平興國五年（980）開始興建，太平興國七年（982）完成，開啓了北宋官方較具規模的譯經之路。太宗詔西土四人：天息災、施護、法賢、法護，以及東土的惟淨入院譯經。

〔註14〕見《佛祖統紀》卷四十三，《大正新脩大藏經》第四十九冊，頁395上～395中。
〔註15〕見（宋）志磐撰：《佛祖統紀》卷四十三，《大正新脩大藏經》第四十九冊，頁396中。

　　譯程中，也有罷譯經院的主張，分別是：眞宗咸平二年（999），禮部侍郎陣恕言，譯經院久費供億，乞罷之，眞宗以「先朝盛典不許」。〔註16〕仁宗慶曆元年，三藏法師惟淨、中丞孔輔道先後請罷譯經，仁宗以「先朝盛典不可輒廢」爲由，止之。〔註17〕由此可見，帝王對譯經的重視。北宋譯經，根據〈御製天竺字源序〉的記載，自譯經院啓用開始，經眞宗朝，至仁宗景祐二年（1035）止，共出梵本一千四百二十八夾，譯成五百六十四卷。〔註18〕之後也有零星譯出的佛典。但因新譯經典，多屬密教部，其中摻雜了印度的墮落部分，故而無法流傳。〔註19〕例如：太宗淳化五年（994），中聞國沙門吉祥所進《大乘祝藏經》，因「前後六十五處文義不正」，遭焚棄；眞宗天禧元年（1017）所譯《頻那夜迦經》，則因「師承之或異，必邪正以相參，既失精詳寖成訛謬，而況葷血之祀甚瀆於眞乘，厭詛之辭尤乖於妙理」，眞宗因此下詔「《新譯頻那夜迦經》四卷不許入藏」，並詔「自今後，似此經文不得翻譯」〔註20〕。北宋譯經數量不斐，但有的因其內容多相悖於儒家倫理觀念，故而遭禁毀。

　　著述譯經之外，帝王又致力於佛像與佛寺的保存以及度僧，一時佛教鼎盛。根據《佛祖統紀》的記載，宋太祖建國初期，即詔除周世毀佛之令，頒發復興佛教的詔示，敕命保存佛像與佛寺，〔註21〕敕令長春節賜百官宴於相國寺，並詔普度童行八千人。太宗（976～997）時，詔普度天下童子，十七

〔註16〕見（宋）志磐撰：《佛祖統紀》卷四十四，《大正新脩大藏經》第四十九冊，頁402上。

〔註17〕「慶曆元年，三藏法師惟淨言，西土進經新舊萬軸，鴻臚之設有費廩祿（鴻臚卿主四方賓客，後世兼領西域梵僧）欲乞停罷譯經。上曰：『三聖舊模焉敢即廢。』且琛貢之藉非鴻臚則不可識。未幾中丞孔輔道上疏，請罷譯經。上出淨疏示之，諭以先朝盛典不可輒廢。」見（宋）志磐撰：《佛祖統紀》卷四十五，《大正新脩大藏經》第四十九冊，頁410上。

〔註18〕見（宋）志磐撰：《佛祖統紀》卷四十四，《大正新脩大藏經》第四十九冊，頁409下。

〔註19〕見（日本）高雄義堅等著，陳季菁等譯：《宋代佛教史研究》，（臺北縣：華宇出版社，1987年），頁4。

〔註20〕見（宋）志磐撰：《佛祖統紀》卷四十四，《大正新脩大藏經》第四十九冊，頁406上。

〔註21〕「六月，詔諸路寺院，經顯德二年當廢未毀者聽存，其已毀寺所有佛像許移置存留。」見（宋）志磐撰：《佛祖統紀》卷四十三，《大正新脩大藏經》第四十九冊，頁394下。

萬人至二十四萬人（太平興國元年，976）。真宗即位，為勸善禁惡，遂大設戒壇（凡七十二所），廣給度牒，截至真宗天禧五年（1021），天下僧數高達三十九萬七千六百十五人，尼六萬一千二百四十人，僧尼數之多，堪稱北宋史上最高。仁宗好佛喜禪，在位期間僧尼數仍然居高，景祐元年（1034）天下僧有三十八萬五千五百二十人，尼四萬八千七百四十人。英、神、哲宗三朝也提倡佛教，僧尼數依舊不少，神宗熙寧元年，天下僧二十二萬六百六十人，尼三萬四千三十人。僧尼數之高，與君王的支持、信奉和推崇有著密切的關係。但僧籍數的加增，寺院自然加多，並非國家之福，國家財政因此陷入困窘，〔註22〕國家秩序因之日益敗壞，〔註23〕有鑑於此，帝王遂有「詔天下官吏試童行經業，方許剃度」〔註24〕的限制，與「詔天下有竊」〔註25〕的措施。

另外，宋代的雕版印刷，是在前代的基礎上，適應政治、文化的需要，伴隨著社會經濟的發展，逐漸興盛起來的。〔註26〕中國歷史上第一部雕印的佛經總集——時稱《開寶藏》或《蜀藏》，便是在這種氛圍下，於開寶四年（971）由宋太祖派遣張從信去益州（成都）雕印而成的，創中國雕刻《大藏經》的首頁。

綜上可知，北宋佛教在帝王的領軍下，不論是經典的撰論序作，或是譯經、弘法度僧等方面，皆有點、線、面的成長契機，標志著北宋佛教進入了一個嶄新的階段。

〔註22〕「司馬光復奏：今免役之法，其害有五：……今莫若直降敕命，盡罷天下免役錢，……若猶矜其力難獨任，即乞如舊法，於官戶、寺觀、單丁、女戶有屋產月收僦直可及十五千、莊田中熟所收及百石以上者，並隨貧富以差出助役錢，自餘物產，約此為準。」（元）脫脫等撰：《食貨志》，《宋史》卷一百七十七，（臺北市：藝文，1958年），頁2090。

〔註23〕「天下僧徒四十萬，多游惰凶頑，隱跡為僧，結為盜賊，污辱教門。」見（清）徐松纂輯：《宋會要輯稿》第八冊，（台北市：新文豐出版股份有限公司，1976年），頁7867。

〔註24〕見（宋）志磐撰：《佛祖統紀》卷四十四，《大正新脩大藏經》第四十九冊，頁404下。

〔註25〕見（清）徐松纂輯：《宋會要輯稿》第八冊，（台北市：新文豐出版股份有限公司，1976年），頁7863。

〔註26〕見姚瀛艇主編：《宋代文化史》，（河南省：河南大學出版社出版，1999年），頁66～67。

二、北宋佛教宗派的流變

關於北宋佛教的流派，宗派並立，爭妍鬥艷，花朵燦爛的局面已不復存在，當時，三論宗已絕，唯識宗入宋以來，雖也有宣講者，但傳承不明。〔註27〕密宗，因天息災的傳譯而短暫復興，旋告匿跡，只有少數學者欲藉調和之風傳承密教而已。〔註28〕各教派中，只有禪、華嚴、天台、律、淨土等五宗是復興的。

入宋以後，禪宗是最為流行的佛教宗派。根據《石門文字禪》卷二十三〈僧寶傳序〉：「曹谿之道至南嶽石頭（700～790）、江西馬祖（709～788），而分為兩宗。雲門、曹洞、法眼皆宗於石頭；臨濟、溈仰皆宗於馬祖，天下叢林號為五家宗派。」〔註29〕卷二十三〈定照禪師序〉：「達磨之道，六傳而至曹谿，自曹谿派而為江西、石頭，二宗既昭，天下學者翕然從之，由二宗以列為五家。于今唯臨濟、雲門為特盛；洞山悟本禪師機鋒璧亞而出，年代浸遠，惜其無傳！」〔註30〕南宗禪至南嶽、江西分化為兩大禪脈，這兩大禪脈進而分化演變出五家宗派。

南禪五宗各有流變，溈仰宗是禪門五宗中創立最早，也是衰亡最早的一個宗派。由溈山靈祐（771～853）及其弟子仰山慧寂（807～883）開創，數傳以後即不明。法眼宗是禪門五宗中最晚成立的一個宗派，以法眼文益（885～958）為宗祖，宋初盛極一時，中葉以後逐漸衰微。曹洞宗由洞山良价（807

〔註27〕 「慈恩宗入宋以來的傳承不明，但繼承五代的風氣講《唯識》、《百法》、《因明》各論的相繼不絕。宋初著名的有祕公、通慧、傳章、繼倫等。在譯場的執事也多能講緒論。慈恩章疏四十三卷，在天聖四年（公元一○二六年）並編入大藏刻版。宣和初（公元一一一九年），真定龍興寺守千（公元一○六四～一一四三）為一大家，他嘗校勘道倫的《瑜伽師地論記》刊版流通。」見呂澂：〈宋代佛教〉，《中國佛學源流略論》，（台北縣：大千出版社，2003年），頁566。

〔註28〕 「故宋初密教因傳譯而復活，但根蒂不深。這時密教學者深知於此，道顛著《顯密成佛心要集》二卷，用意調和密教與顯教，使大日經與華嚴成為一致。慧克著《密咒圓因往生集》，使密教與念佛法門結合。又覺苑作《大日經演密鈔》，意在使華嚴與密教獲得調和。」見張曼濤主編：〈宋代的佛教〉，《宋遼金元篇》（上），《中國佛教史論集》（三），（台北市：大乘文化出版社，1977年），頁8。

〔註29〕 見（宋）釋德洪覺範著，覺慈編錄，法雲堂校：《石門文字禪》卷二十三，（臺北市：新文豐出版股份有限公司，1973年），頁7。

〔註30〕 見（宋）釋德洪覺範著：《石門文字禪》卷二十三，（臺北市：新文豐出版股份有限公司，1973年），頁15。

～869）和他的弟子曹山本寂（840～901）相繼成立，在梁山緣觀時代幾近絕脈，後來輾轉經大陽警玄（943～1027）的託付，浮山法遠（991～1067）的尋覓，投子義青（1032～1083）的奠基，到了芙蓉道楷（1043～1118）才漸走向復興。道楷可謂曹洞宗中興之祖。〔註31〕雲門宗由五代韶州雲門寺（廣東乳源縣）的雲門文偃（864～949）創立，雪竇重顯（980～1052）承述祖道，以「頌古」為主要內容的文字禪，風靡禪林，宗風大振，天下龍蟠，鳳逸衲子，爭集座下，號雲門中興。〔註32〕當時人才輩出，著名的禪僧，除了雪竇重顯之外，還有明教契嵩（1007～1072）、祖印居訥（1010～1071）、雲居了元（1032～1098）等。臨濟宗以臨濟義玄（？～867）為宗祖，北宋臨濟宗的振興，始於首山省念（926～993）及其弟子汾陽善昭（947～1024），汾陽善昭的弟子石霜楚圓（986～1039）的門下方會（996～1049）與慧南（1002～1069）分別創立楊岐派和黃龍派，將臨濟宗推向另一個嶄新的時期。禪宗因此形成五家七宗——臨濟宗、曹洞宗、雲門宗、法眼宗、溈仰宗，以及臨濟宗的楊岐派與黃龍派。黃龍派盛行於北宋後期，黃龍派門下弟子很多，例如：黃龍祖心（1025～1100）、東林常總（1025～1091）、眞淨克文（1025～1102），皆在當代享有盛名。惠洪覺範便是黃龍派慧南門下第二代傳人，其文字禪即遠紹汾陽善昭。當時的士大夫，例如：王安石（1021～1086）、蘇軾（1037～1101）、黃庭堅（1045～1105）、張商英等，皆與禪師有密切往來，北宋臨濟宗黃龍派盛極一時。黃龍派興盛在前，楊岐派振興在後。楊岐派在五祖法演（？～1104）時，超越黃龍派，走向興盛。楊岐派門下以三世的圜悟克勤（1063～1135）、佛鑒慧勤（1059～1117）、佛眼清遠（1067～1120）、四世的大慧宗杲（1089～1163）等享有盛名。

禪宗的復興，不僅成為士大夫隱世的管道，士大夫也經由禪宗的洗禮，給了新儒學豐富的養料。《語錄》、《燈錄》是北宋禪僧與禪僧或禪僧與士大夫之間交往、溝通、啓悟的媒介，第一部編入《大藏經》的官修禪書，法眼宗禪僧道原的《景德傳燈錄》便是在這時期編纂的，它的流傳與影響至大至廣。臨濟宗人李遵勗（？～1038）撰《天聖廣燈錄》、雲門宗禪僧惟白撰《建中靖國續燈錄》，以及注解禪宗公案一類的《評唱》與《擊節》，例如：圜悟克勤

〔註31〕 見毛忠賢著：《中國曹洞宗通史》，（南昌：江西人民出版社，2006 年），頁 322。
〔註32〕 見（宋）慧洪撰：《禪林僧寶傳》卷十一，《卍新纂續藏經》第七十九冊，頁 515 中。

的《碧巖錄》與《擊節錄》，也相繼編纂問世。禪宗不再只是拈花微笑，直指人心，心心相傳一途了，而是「不離文字」的文字禪蔚然成風。

北宋華嚴宗以傳承澄觀（738～839）、宗密（780～841）一系之華嚴思想為主。〔註33〕代表人物有宋代華嚴中興的學僧長水子璿（965～1038），及其弟子華嚴宗的「中興教主」晉水淨源（1011～1088）。根據《佛祖統紀》卷二十九的記載，長水子璿，嘉禾人，初依秀州洪敏法師學《楞嚴》，再次參禪於琅琊山臨濟宗慧覺禪師（廣照禪師），又因慧覺之囑：「汝宗（華嚴宗）不振久矣，宜勵志扶持，以報佛恩」，因此，畢生以弘闡華嚴為己志，並以賢首宗旨述《楞嚴經疏》十卷，盛行於世。晉水淨源，晉江楊氏人，受學《華嚴經》於五臺承遷和橫海明覃，於長水子璿處聽《楞嚴》、《圓覺》、《起信》。當時高麗僧統義天（1055～1101）問道於淨源，並攜《華嚴經》三譯本一百八十卷入朝〔註34〕，對於振興北宋之華嚴宗，大有助益。

北宋律宗的振興，因允堪智圓（？～1061）和靈芝元照（1048～1116）而得名。根據《釋氏稽古略》卷四的記載，允堪智圓，錢塘人，幼年依天台崇教大師慧思祝髮，專精律部，著有《行事鈔會正記》等文十二部，釋南山之《行事鈔》，獨盡其理。根據《佛祖統紀》卷二十九的記載，靈芝元照，餘杭唐氏人，初依祥符鑒律師，專學毘尼，次從神悟禪師弘揚《法華》，再次，從廣慈才法師受菩薩戒，博究南山之律宗，以天台宗旨注釋南山道宣（596～667）之《行事鈔》，撰成《行事鈔資持記》，〔註35〕有別於允堪所採取律的立場注釋的《行事鈔會正記》。

天台宗以天台智者大師（538～597）為開祖，所依經典為《法華經》。北宋天台宗的振興，得力於文獻資料齊備，以及出現有力的傳承高僧。〔註36〕唐代因遠有安史之亂，近遭會昌之厄，教卷散亡，外、琇、竦三師，唯傳止觀之道，〔註37〕因此，入宋以來，義寂極「力網羅之」，他曾經在金華古藏中，得

〔註33〕見（日本）木村清孝著，李惠英譯：《中國華嚴思想史》，（臺北市：東大圖書股份有限公司，1996 年），頁 217。

〔註34〕見（宋）志磐撰：《佛祖統紀》卷二十九，《大正新脩大藏經》第四十九冊，頁 294 上。

〔註35〕分別見（元）覺岸著：《釋氏稽左略》卷四，《大正新脩大藏經》第四十九冊，頁 870 下。（宋）志磐撰：《佛祖統紀》卷二十九，《大正新脩大藏經》第四十九冊，頁 297 中～297 下。

〔註36〕見郭朋著：《中國佛教史》，（台北市：文津出版社，1993 年），頁 258～264。

〔註37〕「僖宗，外法師於國清為琇法師說止觀；昭宗，琇法師於國清為竦法師說止

《淨名》一疏，又藉吳越忠懿王錢弘俶（又稱錢俶，929～988）遣使至高麗、日本國，尋求天台論疏。太祖建隆年間（960～962），高麗僧諦觀攜天台教論疏諸文入宋。天台教典因此由「殘編斷簡，傳無憑者」到「網羅教典，去珠復還」，祖道復大振。義寂弟子寶雲義通（927～988）繼而推揚，〔註38〕義通門下有四明知禮（960～1028）與慈雲遵式（964～1032），〔註39〕皆在當代享有盛名。北宋天台懺法的興盛，得力於慈雲遵式的護持與推動，遵式在天聖二年（1024）請得天台教典入藏。天台教典的失而復得，是弘揚天台學的有利來源，同時也是分歧天台義理的來源。山家、山外之諍，猶如秦火之後的今、古文經之爭。其諍眼在於對天台智顗大師《金光明經玄義》廣、略二本之解讀。〔註40〕山家系，承智者大師之正統，由螺溪義寂及其弟子寶雲義通，與再傳弟子四明知禮為代表。山外系，由慈光志因門下慈光晤恩（912～986），及其弟子奉先源清，與再傳弟子梵天慶昭（963～1017）及孤山智圓（976～1022）為代表。山家系以嚴守天台之家法為己任，山外系則融攝華嚴與禪宗。

北宋淨土宗的特色在於念佛結社，及編纂注疏相關的淨土典籍。〔註41〕結

觀：晉高祖，竦法師於國清為寂法師說止觀」。見（宋）志磐撰：《佛祖統紀》卷五十三，《大正新脩大藏經》第四十九冊，頁 466 上。

〔註38〕「今寶雲通公實繼荊溪之後，復得法智、慈雲，分化於江浙，此道遂再振矣。」見（宋）宗曉編：《四明尊者教行錄》，《大正新脩大藏經》第四十六冊，頁 931 上。

〔註39〕「宋太祖，寂法師於螺溪為通法師說止觀諸法門；太宗，通法師於寶雲為禮法師說止觀之法門。」「螺溪盡得天台一宗之道，復欲杭海，大帥錢公固留之，遂傳洪於明之寶雲。法席大開，得二神足而起家：一曰法智師（諱知禮），一曰慈雲師（諱遵式）。法智尸延慶道場，中興此教，時稱四明尊者。慈雲建靈山法席，岐立解行，世號天竺懺主。」分別見於（宋）志磐撰：《佛祖統紀》卷五十三，《大正新脩大藏經》第四十九冊，頁 466 上。（宋）宗曉編：《四明尊者教行錄》，《大正新脩大藏經》第四十六冊，頁 856 中。

〔註40〕「《金光明玄義》，早歲聞浙陽，慈光恩師，專守略本，非觀心等義，謂後人擅添。受其旨者，則有奉先清、靈光敏，皆廣搆難詞，形乎篇卷，謂觀心等文，文理乖舛，私欲廢之。近肯山學友，善信上人，傳二師之義。復致長牋，請余詳廣略之真偽，定存廢之損益，俾後人無猶豫於兩楹之間也。」見（宋）繼忠集：《四明仁岳異說叢書》，《卍新纂續藏經》第五十六冊，頁 848 上。另外，（宋）知禮撰：《四明十義書》，《大正新脩大藏經》第四十六冊，頁 831 中～下。宗鑑集：《釋門正統》卷二，《卍新纂續藏經》第七十五冊，頁 280 下。亦有如是之見解。

〔註41〕見（日本）野上俊靜、小川貫式、牧田諦亮、野村耀昌、佐藤達玄著，釋聖嚴譯：《中國佛教史概說》，（臺北市：臺灣商務印書館股份有限公司，1995年），頁 147～151。

社念佛最早見於東晉廬山慧遠（334～416）。北宋念佛結社的普及，上下階層交相利，促進了佛教的普及化。當代有名的結社組織，有杭州西湖昭慶寺的省常（959～1020），宋太宗淳化二年（991），依據《華嚴經·淨行品》恢弘淨土，結社修西方淨業，以宰相王旦（957～1017）為社首，是一個從信仰上兼修華嚴與淨土的道場，創立了華嚴信仰與淨土信仰融合的一種形態。〔註42〕宗頤慈覺，雲門宗僧，仿廬山白蓮社，建蓮華勝會，普勸道俗念佛號。四明知禮，於大中祥符六年（1013）二月十五日，於延慶院啟建「念佛施戒會」，結緣道俗萬人，並親作疏文，以寓勸意，從此「念佛施戒會」年年舉行，成為例行共修的道場，知禮門下本如，結白蓮社以弘揚淨土。太宗至道二年（996），慈雲遵式於四明寶雲寺，結緇素專修淨業，加深了台、淨的交融。另外，士大夫與僧侶交遊，也成為這股風潮下的有力推動者，周敦頤（1017～1073）與雲居了元共結青松社於廬山，命了元為社主，以追媲白蓮故事；蘇軾嘗與東林常總於廬山東林寺召集僧俗共結「禪社」，是一個禪、淨雙修的道場。有關淨土典籍的編纂與注疏，有天台宗僧四明知禮撰《觀無量壽經疏妙宗鈔》；慈雲遵式撰《誓生西方記》，《往生淨土懺願儀》、《大彌陀懺儀》、《小彌陀懺儀》；孤山智圓撰《阿彌陀經疏》；律宗僧靈芝元照亦弘傳淨土，撰有《觀無量壽經義疏》、《阿彌陀佛義書》等。

　　北宋佛教的另一個現象，是各宗匯歸於淨土。〔註43〕「彌陀信仰」是北宋佛教重要的一面，它已不是淨土宗所獨有，而為各宗各派所奉行。〔註44〕換言之，北宋的淨土宗，並非一個獨立的宗門，而是兼融禪、華嚴、天台、律等諸宗僧俗大眾的思想與信仰於一爐的宗派。禪、華嚴、天台、律宗等宗，皆是淨土宗的弘傳者，北宋淨土宗可謂諸宗的樞紐。

三、文字禪在北宋的發展

　　北宋時代是文字禪的時代。這時期出現大量佛經律論的疏解，語錄、燈錄的編纂，以及頌古、拈古的製作。

（一）文字禪的定義

　　關於「文字禪」的定義，周裕鍇認為「文字禪」的含義，可由三個角度

〔註42〕見魏道儒著：《中國華嚴宗通史》，（南京：江蘇古籍出版社，1998年），頁216。
〔註43〕見陳揚炯：《中國淨土宗通史》，（南京：江蘇古籍出版社，2000年），頁414。
〔註44〕見黃啟江著：《北宋佛教史論稿》，（臺北市：臺灣商務印書館股份有限公司，1997年），頁23。

考察：一是證據的發掘；二是用例的分析；三是理論的總結。因此，他認爲舉凡一切以文字爲媒介、爲手段或爲對象的參禪學佛活動，包含：一、佛經文字的疏解；二、燈錄、語錄的編纂；三、頌古、拈古的製作；四、世俗詩文的吟誦。〔註45〕楊曾文認爲文字禪是指重視運用文字表述禪法主張的形式和傳法風尚。文字禪的表述，有語錄、舉古、征古、拈古、代語、別語、頌古、偈贊、詩歌、法語、雜著、碑銘、序跋等。〔註46〕魏道儒認爲所謂「文字禪」，是指通過學習和研究禪宗經典而把握禪理的禪學形式。它以通過語言文字習禪、教禪，通過語言文字衡量迷悟和得道深淺爲特徵。〔註47〕

綜上可知，文字禪是以文字作佛事，即藉由文字來解說、抒發禪理，稱爲文字禪。

（二）文字禪在北宋的演進

唐末五代，南宗禪因「學者各務其師之說」，〔註48〕經南嶽、青原兩系分化成溈仰、臨濟、曹洞、雲門、法眼五宗，即所謂「一花開五葉」。〔註49〕入宋以後，因「後世相承得人與不得人」，〔註50〕南禪五宗開始產生變化，當時較爲盛行的主要是臨濟宗和雲門宗。此時的禪風從最初的「不立文字，教外別傳」〔註51〕，過渡到不離文字的「文字禪」。「文字禪」可以說是菩提達摩禪法「藉教悟宗」〔註52〕的再度展現。

北宋文字禪成爲禪宗的主流，有軌跡可尋。蕭麗華先生指出從文化史上來看，不拘是禪宗宗教內部的發展走向經典文字化、禪林文士化，或士大夫文學、詩歌，結合佛學走向禪林化，都顯出兩宋時期僧、俗交往互動之密切，出世、

〔註45〕見周裕鍇著：《文字禪與宋代詩學》，（北京：高等教育出版社，1998 年），頁 25～43。
〔註46〕見楊曾文著：《宋元禪宗史》，（北京：中國社會科學出版社，2006 年），頁 147。
〔註47〕見魏道儒著：〈關於宋代文字禪的幾個問題〉，《華嚴學與禪學》，（北京市：宗教文化出版社，2011 年），頁 211。
〔註48〕「正宗至大鑒傳既廣，而學者遂各務其師之說，天下於是異焉。」見（宋）契嵩編修：《傳法正宗記》卷八，《大正新脩大藏經》第五十一冊，頁 763 下。
〔註49〕見（元）宗寶編：《六祖大師法寶壇經・付囑》，《大正新脩大藏經》第四十八冊，頁 361 上。
〔註50〕見（宋）契嵩編修：《傳法正宗記》卷八，《大正新脩大藏經》第五十一冊，頁 763 下。
〔註51〕見（宋）普濟撰：《五燈會元》，《卍新纂續藏經》第八十冊，頁 31 上。
〔註52〕見（唐）道宣撰：《續高僧傳》卷十六，《大正新脩大藏經》第五十冊，頁 551 下。

入世水乳交融的現象。〔註53〕僧俗交往密切，是促使文字禪發展的一個重要原因。其次，吳靜宜認為文字禪產生的原因，一方面由於唐代詩僧的努力，另一方面是宋代僧俗融合的結果。〔註54〕綜上可知，北宋文字禪是在唐代詩僧努力開創的既有基礎上，加上北宋文化、思想高度會通，帝王、禪僧、士大夫交往密切，並在造紙、印刷術等傳禪工具相對發達的條件下產生。

　　當時文人士大夫參禪學佛的風氣盛行，原因是神宗熙寧二年（1069）以後，新舊黨爭席捲，儒者士大夫皆有「一生做官，今日被謫，覺見從前但一夢耳。」〔註55〕的感嘆，於是尋覓心靈寄託是儒者士大夫心之所繫。鄧廣銘說：「佛教各宗派的學說，給予晚唐，以至兩宋的儒學家們的重大影響，在於佛學家們的講論，大都注重於身心性命的所謂內向的修養工夫，其時的儒學家們有鑑於此，便把注意力轉移到這方面來。」〔註56〕因此，儒者士大夫與禪僧結交唱和、共遊名山勝刹、填詞賦詩、鼓瑟作畫成為當代的主流。士大夫與禪僧活躍地接觸下，出現了佛徒儒士化和文人居士化的交互並現的奇觀。〔註57〕居士佛教〔註58〕也是在這種環境下產生的。

〔註53〕　見蕭麗華：〈書評：黃啓江著〈一味禪與江湖詩──南宋文學僧與禪文化的蛻變〉〉，《中國文哲研究集刊》（2011 年 9 月），第 39 期，頁 188。

〔註54〕　見吳靜宜著：《惠洪「文字禪」之詩學內涵》，（新北市：花木蘭文化出版社，2012 年），頁 101。另外，關於唐代詩僧的努力，見《惠洪「文字禪」之詩學內涵》，第 80～100 頁。

〔註55〕　見（宋）道融撰：《叢林盛事》卷上，《卍新纂續藏經》第八十六冊，頁 696中。

〔註56〕　見鄧廣銘：《宋史十講》，（北京：中華書局，2008 年），頁 193。

〔註57〕　見王水照主編：《宋代文學通論》，（河南：河南大學出版社出版，1997 年），頁 19。

〔註58〕　「『居士』的觀念，最早見於印度佛教教典中。根據《佛說長阿含經》卷二十二的記載（見《大正新脩大藏經》第一冊，頁 149 中），居士指四種姓中的吠舍種姓，主要從事手工業和商業活動，換言之，居士這一概念實與財富、社會、地位有關。所謂居士佛教，即指居士的佛教信仰，佛教思想和各類修行、護法等活動。居士佛教的概念到了中國，相當受到教界的重視，一直以來佔有相當重要的地位，尤其在宋代。宋代士大夫往往因政治的失落和仕途的挫折，爲擺脫精神的苦悶，掀起參禪學佛的高潮，可以說『宋代僧侶佛教的繁榮，很大程度是由居士佛教造就的』」。見潘桂明：《中國居士佛教史》（上），（北京：中國社會科學出版社，2000 年），頁 1～6。另外，日人阿部肇一在其所撰〈無盡居士張商英〉一文之附註 2，廣引經論，對於「居士」的定義，做了詳盡的解釋。見（日本）阿部肇一著，關世謙譯：《中國禪宗史》，（臺北市：東大圖書股份有限公司，1986），頁 520～521。

　　歐陽脩（1007～1072）與祖印居訥禪師「論道」。蘇軾與照覺常總禪師論無情話，贈詩偈一首：「溪聲便是廣長舌，山色豈非清淨身；夜來八萬四千偈，他日如何舉似人？」〔註59〕與雲門宗懷璉禪師（1009～1090）唱酬，撰《宸奎閣碑》，記懷璉在京城傳法的事蹟。〔註60〕又參謁懷璉的弟子金山寶覺、徑山維琳、道潛。與佛印了元禪師，訓酢妙句，詩文相酬。〔註61〕王安石早年結交黃龍瑞新、大覺懷璉等禪師。〈漣水軍淳化院經藏記〉云：「若通之瑞新、閩之懷璉，皆今之為佛而超然，吾所謂賢而與之游者也。此二人者，既以其所學自脫於世之淫濁，而又皆有聰明辯智之才，故吾樂以其所得者語焉，與之游，忘日月之多也。」〔註62〕可知其情感之交好。王安石也參謁臨濟宗真淨克文禪師，延為「開山第一祖」。王安石並奏請神宗賜其紫方袍，號真淨大師。〔註63〕黃庭堅也與黃龍祖心、靈源惟清（？～1117）、死心悟新（1044～1115）交遊。另外，理學家北宋五子中，周敦頤曾分別與鶴林寺壽涯、黃龍慧南、黃龍祖心、東林常總以及佛印了元等禪師參禪學佛。禪僧與士大夫的交遊，是文字禪發展的有力推手。

　　北宋士大夫參禪學佛，除了因為仕途失意，必須尋得安身立命的場所外，也因為北宋禪師有大量公案、語錄的著作。魏道儒〈關於宋代文字禪的幾個問題〉指出北宋初期，臨濟宗汾陽善昭有《頌古百則》、《頌古代別》的著作，是禪學史上的一大促進，被公認是文字禪風的開創者；雲門宗雪竇重顯繼汾陽之後，有《頌古百則》，宗風由此一變；惠洪也是繼善昭之後，以「言通大道」，〔註64〕「借言以顯無言」〔註65〕的禪師，他以「文字禪」為題名的《石門文字禪》專著，不僅成為禪林寶貴的資產，同時也吸引學者士大夫的支持

〔註59〕　見（宋）正受編：《嘉泰普燈錄》卷二十三，《卍新纂續藏經》第七十九冊，頁428下。

〔註60〕　見（宋）曉瑩集：《羅湖野錄》卷上，《卍新纂續藏經》第八十三冊，頁378中。

〔註61〕　見（宋）惠洪撰：《禪林僧寶傳》卷二十九，《卍新纂續藏經》第七十九冊，頁550下～551上。

〔註62〕　見（宋）王安石等撰：《王臨川文集附沈注》，（臺北市：鼎文書局，1979年），頁531。

〔註63〕　見（宋）德洪著：〈雲庵真淨和尚行狀〉，《石門文字禪》卷三十，（臺北：新文豐出版公司，1973年），頁4。

〔註64〕　見（宋）惠洪撰：《臨濟宗旨》，《卍新纂續藏經》第六十三冊，頁168下。

〔註65〕　見（宋）德洪著：〈題雲居弘覺禪師語錄〉，《石門文字禪》卷二十五，（臺北：新文豐出版公司，1973年），頁14。

與參學。另外，圜悟克勤《碧巖錄》，用大立文字的方法支持「不立文字」的宗旨，更把用文字說禪的思潮推到頂峰。〔註66〕

文字禪除了在北宋興盛，形成北宋的特殊景象外，禪僧與士大夫的交往密切，對於儒、釋、道三教的會通，也有很大的助益效果。

四、儒、釋、道三教的融通

禪宗入主中土，即與當時的傳統思想文化相調和，形成了以禪會通儒、釋的思想體系。北宋時期的三教會通，在朝廷政策的推動以及儒者士大夫排佛勢力的推進下展開。

在朝廷政策的推動上，北宋結束了前朝的分裂，朝廷政策的改革與推動，使得政治、經濟、社會各層面都有顯著的改變，伴隨而來的思想文化也出現不同的風貌。儒、釋、道三教的融通，延續著舊有的基礎，有更大一步的促進。帝王的扶持與提倡，是三教融合的強力推手。淳化元年（990），宋太宗詔參政蘇易簡撰《三教聖賢錄》，乞通慧贊寧（919～1001）、太一宮道士韓德純分領其事。〔註67〕由「三教聖賢錄」一詞，可知三教並重是當代朝廷的政策。宋眞宗《崇釋論》：「奉乃十力（佛有十力），輔茲五常，上法之以愛民，下遵之而遷善，誠可以庇黎庶而登仁壽也。」又說：「釋氏戒律之書，與周、孔、荀、孟，跡異而道同，大抵勸人之善，禁人之惡，不殺則仁矣，不盜則廉矣，不惑則信矣，不妄則正矣，不醉則莊矣。」〔註68〕以佛之十力，輔以儒之五常，將釋氏戒律之書，比附周、孔、荀、孟之義理，是儒、佛相互融攝的明顯例子。

在儒者士大夫排佛勢力的推進上，北宋時期由唐代韓愈（768～824）闢佛運動開其端緒的排佛聲浪，排山倒海而來，這一股勢力，有：孫復（992～1057）〈儒辱〉，把佛、老勝於儒者，看作是儒者的恥辱。〔註69〕歐陽脩〈本

〔註66〕見魏道儒著：〈關於宋代文字禪的幾個問題〉，《華嚴學與禪學》，（北京市：宗教文化出版社，2011 年），頁 217～225。

〔註67〕見（宋）志磐撰：《佛祖統紀》卷四十三，《大正新脩大藏經》第四十九冊，頁 400 中。

〔註68〕見（宋）志磐撰：《佛祖統紀》卷四十四，《大正新脩大藏經》第四十九冊，頁 402 上。

〔註69〕「佛老之徒，橫於中國，彼以死生禍福虛無報應爲事，千萬其端，紿我生民，泯絕仁義，屏棄禮樂，以塗塞天下之耳目。天下之人，愚眾賢寡，懼其死生禍福報應人之若彼也，莫不爭奉而競趨之。觀其相與爲群，紛紛擾擾，周乎

論〉三篇，闡述「佛所以爲吾患者，乘其（儒）闕廢之時而來，此其受患之本也。補其闕，修其廢，使王政明而禮義充，則雖有佛，無所施於吾民矣。」〔註70〕認爲佛成爲吾患，在於儒學的缺憾。另有：石介（1005～1045）、李覯（1009～1059）、張載（1020～1078）、程頤（1033～1107）、程顥（1032～1085）等人也強力排佛。《大慧普覺禪師宗門武庫》云：「儒門淡薄，收拾不住，皆歸釋氏焉」。〔註71〕指出當代佛學之興，乃因儒學之衰。儒者士大夫排佛的原因，都是爲了振興儒學。但是在排佛的同時，也正是儒、釋、道相互融攝的時候。

在面對三教的衝突，佛教採取比較積極的態度。契嵩是北宋禪僧中融合儒、釋最重要的人物之一。根據《禪林僧寶傳》卷二十七載，契嵩，字仲靈，自號潛子，俗姓李，藤州鐔津人（今廣西藤縣）。契嵩是宗密之後，大力推行三教合一論者，其三教合一集中呈現爲儒、佛合一論。〔註72〕契嵩「廣引經籍，以證三家一致，輔相其教」，作《輔教編》。他認爲「吾之喜儒也，蓋取其於吾道有所合而爲之耳。……儒、佛者，聖人之教也，其所出雖不同，而同歸乎治。儒者，聖人之大有爲者也，佛者，聖人之大無爲者也。有爲者，以治世，無爲者，以治心。」〔註73〕由「取其於吾道有所合而爲之耳」一語，可以看出他是以佛家爲基本立場，是以佛統儒。他又以佛教五戒十善會通儒家之五常，在勸善戒惡的倫理道德上，闡明儒、佛的一體性，潛心致力於佛、儒思想的貫通，以對抗歐陽脩、石介、李覯等人的排佛之說。契嵩會通儒、佛二教的思想，對當代僧俗產生很大的影響。例如：「作《原教》、《孝論》十餘篇，明儒、釋之道一貫，以抗其說。諸君讀之，既愛其文，又畏其理之勝，而莫之能奪也，因之與游。遇士大夫之惡佛者，仲靈無不懇懇爲言之。由是

天下，於是其教與儒齊驅並駕，峙而爲三。吁！可怪也！去君臣之禮，絕父子之戚，滅夫婦之義。儒者不以仁義禮樂爲心則已，若以爲心，得不鳴鼓而攻之乎？今之人與人爭毫，小有所不勝，尚以爲辱。矧夫夷狄諸子之法，亂我聖人之教，其爲入也大矣！」見任繼愈、傅璇琮總主編：《孫明復小集》，《文津閣四庫全書》第三六四冊，（北京市：商務印書館，2005年），頁352。

〔註70〕 見（宋）歐陽脩撰：《居士集》卷十六，《歐陽文忠公集》，（臺北市：臺灣商務，1979年），頁149。

〔註71〕 見（宋）道謙編：《大慧普覺禪師宗門武庫》，《大正新脩大藏經》第四十七冊，頁954下。

〔註72〕 見董群著：《融合的佛教——圭峰宗密的佛學思想研究》，（北京：宗教文化出版社，2000年），頁308。

〔註73〕 見（宋）契嵩撰：《鐔津文集》卷八，《大正新脩大藏經》第五十二冊，頁686中。

排者浸止，而後有好之甚者，仲靈唱之也。」〔註74〕李覯因此而皈依佛門，歐陽脩改變排佛立場，從此留心佛學，自號六一居士。另外，雲門宗了元禪師於元豐五年（1082）九月謁見王荊公，有「道冠儒履佛袈裟，和會三家作一家」〔註75〕之語，充分體現三教融合。

在佛門大德倡導三教融合的思潮下，儒家學者群像中，也宣起一股三教融合之風。例如：張商英《護法論》：「儒者，治皮膚之疾也；道者，治血脈之疾也；釋者，治骨髓之疾也。」〔註76〕調和了三教。

蔣義斌認爲北宋學術發展之大勢，仍是在儒、釋、道三家，交互影響的環境中發展。並謂儒家學者出入釋、老，因而擴張其思想體系；佛家亦調整其思想體系，以求能適應中國社會。〔註77〕也有學者認爲北宋三教，上承南北朝、隋、唐以來，三教鼎立的學術傳統，下啓南宋以降理學獨尊的學術新風，儒、佛、道三教之間的學派衝突與會通，構成了北宋哲學發展的主要線索之一。〔註78〕儒、釋、道三教就在相互衝突、相互融攝、相互會通的環境下，形成整個北宋佛教的學術環境。

五、禪、教的融通

印順《佛教史地考論》：「五宗競化，又隱分二流：一、以禪之篤行爲主，而助以賢首之教；二、以台之教學爲主，而助以律、淨之行。亦即南方眞空妙有（台）與眞常唯心（禪）之兩大流也。」〔註79〕說明入宋以來，佛教的兩大主流，即是以禪宗爲主的禪、教合一，以及以天台宗爲主的台、律、淨合一。

佛教到了北宋，對外儒、釋、道三教進一步融合，對內禪、教也趨於合

〔註74〕「仲靈獨居」見（宋）契嵩撰：《鐔津文集》卷一，《大正新脩大藏經》第五十二冊，頁648中。

〔註75〕見（宋）曉瑩撰：《感山雲臥紀譚》卷下，《卍新纂續藏經》第八十六冊，頁672下。

〔註76〕見（宋）無盡居士張商英述：《護法論》，《大正新脩大藏經》第五十二冊，頁643上。

〔註77〕見蔣義斌撰：《宋代儒釋調和論及排佛論之演進──王安石之融通儒釋及程朱學派之排佛反王》，（臺北市：臺灣商務，1997年），頁9。

〔註78〕見李祥俊著：《道通於一──北宋哲學思潮研究》，（北京：北京師範大學出版社，2006年），頁1。

〔註79〕見印順：《佛教史地考論》，（臺北市：正聞出版社，1992年），頁79。

一。首倡禪、教一致論的可謂是唐代宗密（780～841）。〔註80〕贊寧《宋高僧傳》卷八：「宗密，姓何氏，果州西充人。從其（道圓禪師）削染受教。得《圓覺》十二章，深達義趣，誓傳是經。得《華嚴》句義，由是乃著《圓覺》、《華嚴》及《涅槃》《金剛》、《起信》、《唯識》、《盂蘭盆法界觀行願經》等疏鈔及法義類例禮懺修證圖傳纂略，又集諸宗禪言爲禪藏，總而序之。皆本一心而貫諸法，顯眞體而融事理。」〔註81〕宗密因爲「今時弟子，彼此迷源，修心者以經論爲別宗，講說者以禪門爲別法。聞談因果修證，便推屬經論之家，不知修證正是禪門之本事。聞說即心即佛，便推屬胸襟之禪，不知心佛正是經論之本意。」〔註82〕的矛盾下，提出「經是佛語，禪是佛意，諸佛心口，必不相違。」〔註83〕將禪與教各分爲三，認爲「三教三宗是一味法」，〔註84〕主張禪、教合一，經典與心結合。宗密建立禪、教一致論的學說，對後世的禪林具有極高的影響力。

法眼宗永明延壽禪師（904～975）是北宋主張禪、教合一的重要人物之一。贊寧《宋高僧傳》卷二十八：「延壽，姓王，錢塘人。誦徹《法華經》聲不輟響。屬翠巖參公盛化，壽捨妻孥削染登戒，嘗於台嶺天柱峰九旬習定，得韶禪師決擇所見。誦《法華》計一萬三千許部。著《萬善同歸》、《宗鏡》等錄數千萬言。以開寶八年乙亥終于住寺。」〔註85〕延壽認爲「三教雖殊，若法界收之，則無別原矣。若孔、老二教、百氏九流，總而言之，不離法界，其猶百川歸於大海。」〔註86〕他引用宗密的禪、教一致論作爲論證的依據，撰成《宗鏡錄》一百卷。惠洪《禪林僧寶傳》：「智覺（吳越王署永明延壽爲

〔註80〕見洪修平著：《禪宗思想的形成與發展》，（南京：江蘇古籍出版社，2000年），頁365。

〔註81〕見（宋）贊寧撰：《宋高僧傳》卷八，《大正新脩大藏經》第五十冊，頁742上。

〔註82〕見（唐）宗密述：《禪源諸詮集都序》卷上之一，《大正新脩大藏經》第四十八冊，頁400中。

〔註83〕見（唐）宗密述：《禪源諸詮集都序》卷上之一，《大正新脩大藏經》第四十八冊，頁400中。

〔註84〕見（唐）宗密述：《禪源諸詮集都序》卷下之一，《大正新脩大藏經》第四十八冊，頁407中。

〔註85〕見（宋）贊寧撰：《宋高僧傳》卷二十八，《大正新脩大藏經》第五十冊，頁887中。

〔註86〕見（宋）延壽集：《宗鏡錄》卷三十三，《大正新脩大藏經》第四十八冊，頁608中。

智覺禪師）以一代時教，流傳此土，不見大權，而天台、賢首、慈恩三宗，又互相矛盾，乃為重閣，館三宗知法比丘，更相設難，至波險處，以心宗旨要折衷之，因集方等秘經六十部，西天和此土聖賢之語三百家，以佐三宗之義，為一百卷，號《宗鏡錄》，天下學者傳誦焉。」〔註87〕《宗鏡錄》是一部以禪宗之「心」去融會全體佛法，〔註88〕「舉一心為宗，照萬法如鏡」〔註89〕的撰作。延壽的禪、教合一論對宋代禪學的影響極大。另外，延壽的《萬善同歸集》，全書以宣揚禪旨為主幹，同時也可見華嚴、天台、淨土等諸宗思想的融合。

臨濟宗眞淨克文禪師也主張融通禪、教。惠洪《禪林僧寶傳》卷二十三〈洺潭眞淨文禪師〉：「眞淨和尙，剃髮受具足戒，學經論無不臻妙。」〔註90〕惠洪《石門文字禪》卷三十〈雲庵眞淨和尙行狀〉：「即游京洛，翱翔講肆。賢首、慈恩性相二宗，凡大經論，咸造其微」。〔註91〕是個典型的禪、教兼通者。他通過對佛教經論的研討來達到妙悟禪學宗旨的目的。〔註92〕

僧人學無常師，禪、教的融通也表現在僧人的承傳與學思歷程上。曹洞宗投子義青，初習《大乘百法明門論》，次習華嚴，又遊訪禪林，參學臨濟宗浮山法遠，最後傳承曹洞宗法系；惠洪既通曉《唯識論》，又得法於兼重禪、教的眞淨克文禪師。

在禪、教合一的風氣帶動下，北宋僧俗中，兼重禪與淨土，禪與華嚴者不少。例如：雲門宗僧天衣義懷（989～1060），承襲延壽之說，調和唯心淨土與西方淨土，〔註93〕融合禪、淨。天衣義懷門生慧林圓照宗本禪師（1020～1099），也密修淨土之業，並曾與高麗僧統義天（1055～1101）暢談華嚴妙

〔註87〕 見（宋）惠洪撰：《禪林僧寶傳》卷九，《卍新纂續藏經》第七十九冊，頁510下。

〔註88〕 見顧偉康：《禪淨合一流略》，（臺北市：東大圖書股份有限公司，1997年），頁177。

〔註89〕 見楊傑撰：〈宗鑑錄序〉，《大正新脩大藏經》第四十八冊，頁415上。

〔註90〕 見（宋）惠洪撰：《禪林僧寶傳》卷二十三，《卍新纂續藏經》第七十九冊，頁537下。

〔註91〕 見（宋）德洪著：〈雲庵眞淨和尚行狀〉，《石門文字禪》卷三十，（臺北：新文豐出版公司，1973年），頁1。

〔註92〕 見周裕鍇：〈惠洪文字禪的理論與實踐及其對後世的影響〉，《北京大學學報》（2008年7月）第45卷第4期，頁83。

〔註93〕 見陳揚炯：《中國淨土宗通史》，（南京：江蘇古籍出版社，2000年），頁434。

理。〔註94〕體現了禪、淨雙修與禪、教合流。惠洪的《石門文字禪》是一部禪、教合一的著作。嘗得東林寺常總禪師印可,並叩兜率從悅禪師的張商英,曾因閱讀李通玄(635～730)的《略釋新華嚴經修行次第決疑論》後大悟,撰寫〈決疑論後記〉,也曾與圜悟克勤就華嚴四法界與禪理作一番探究。〔註95〕張商英雖參禪習教,但也一心一意奉持淨土,並嘗撰寫〈發願文〉:「思此世界,五濁亂心,無正觀力,無了因力。自性唯心,不能悟達。謹遵釋迦世尊金口之教,專念阿彌陀佛,求彼世尊願力攝受,待報滿時,往生極樂,如順水乘舟,不勞自力而至矣。」〔註96〕由此可見,張商英也是禪、淨、教融合的實踐者。

北宋禪、教的融通,也表現在經典的注疏上。紫柏真可〈重刻《智證傳》引〉稱《智證傳》是「離合宗教,引事比類,折衷五家宗旨。」〔註97〕之作。惠洪在《首楞嚴經合論》一書的序,說:「或曰諸師造疏已廣通,明何藉方今更為論義?答曰:如來慧辯,理義聯環;房公淵文,詞采簡潔。而守章句者,滯筌蹄之學,求理本者,陋文字之繁,未能和會折衷,雅符上器。不揆蠡管擬測高深,細正綱宗,粗分科段比;前註疏,誠有所遺,翦稗莠而顯出嘉苗,忘義象而專趨妙悟,與我同志,諒無誚焉!」〔註98〕於書後之敘,說:「有人於此稱祖師用施棒喝則謂之禪,置棒喝而經論則謂之教。於實際中受此取捨乎?」〔註99〕惠洪是以和會禪、教,和會諸宗為出發點,注疏《首楞嚴經》。

六、《法華經》在北宋的流傳

《法華經》由於義海雄闊,詞句優美,辭意暢達,兼具理論與實踐的意涵,在佛教思想、佛教文學,乃至佛教信仰上,均具有重要價值。因此,自

〔註94〕見慧辯錄:《慧林宗本禪師別錄》,《卍新纂續藏經》第七十三冊,頁86上。

〔註95〕見(宋)曉瑩集:《羅湖野錄》卷上,《卍新纂續藏經》第八十三冊,頁 377 下～378上。

〔註96〕見(明)袾宏輯:《往生集》卷二,《大正新脩大藏經》第五十一冊,頁 141 上～中。

〔註97〕見(明)真可述:〈重刻《智證傳》引〉,《卍新纂續藏經》第六十三冊,頁 170 中。

〔註98〕見(宋):〈大佛頂如來密因修證了義諸菩薩萬行首楞嚴經合論序〉,《卍新纂續藏經》第十二冊,頁 1 下。

〔註99〕見(宋):〈大佛頂如來密因修證了義諸菩薩萬行首楞嚴經合論敘〉,《卍新纂續藏經》第十二冊,頁 95 上。

羅什譯本問世以來，即廣受教界、學界與僧俗普羅大眾熱忱地愛戴。北宋時期，《法華經》的流傳是多層面的，不僅表現在義理的探討上，文學創作上，也表現在修行實踐上，尤其表現在當代世俗社會生活的參與上，使之更見世俗化。本小節分述三個小節：《法華經》在北宋的注疏，以《法華經》為主的試經制度，《法華經》是北宋僧俗共尊的經典等。

（一）《法華經》在北宋的注疏

《法華經》，由於思想內容頗適合普羅大眾的實際需要，因此，歷來注疏家對本經的注疏者特多。北宋時期的注疏，有：戒環有《法華經要解》二十卷，《法華經要解科文》一卷，分別收錄於《永樂北藏》第一八四冊、一八五冊，《卍續藏經》第四十七冊，以及《卍新纂續藏經》第三十冊。慧洪造，張商英撰有《法華經合論》七卷，分別收錄於（明版）《嘉興大藏經》第十六冊，《卍續藏經》第四十七冊，以及《大藏新纂卍續藏經》第三十卷。聞達有《法華經句解》八卷，分別收錄於《卍續藏經》第四十七冊、第四十八冊，以及《卍新纂續藏經》第三十冊。守倫撰，明法濟參訂的《法華經科註》十卷，分別收錄於《卍續藏經》第四十八冊及《卍新纂續藏經》第三十一冊。另外，四明沙門道威入注的《法華經入疏》十二卷，收錄於《卍續藏經》第四十七冊，以及《卍新纂續藏經》第三十冊。

由此可知，注疏家多，表示《法華經》在當代普遍受重視的程度，以及在當代的影響力。

（二）以《法華經》為主的試經制度

宋朝的度僧制度，有：試經度僧、特恩度僧、進納度僧等三種方式。〔註100〕試經度僧是官府考試童行的經業，及格者由祠部發給度牒，准許其作僧作尼。根據《佛祖統紀》卷四十七的記載：「自建隆開國至於南渡，名德高行皆先策試《法華》，然後得度。」〔註101〕北宋時期是以讀誦《法華經》為考試科目。宋仁宗朝，即有「詔試天下童行誦《法華經》，中選者得度，參政宋綬夏竦監試。」〔註102〕的實例。因此，有不少僧人因以試《法華經》得度者。例如：曹洞宗僧

〔註100〕見（宋）志磐撰：《佛祖統紀》卷五十一，《大正新脩大藏經》第四十九冊，頁452下～453上。

〔註101〕見（宋）志磐撰：《佛祖統紀》卷四十七，《大正新脩大藏經》第四十九冊，頁430上。

〔註102〕見（宋）志磐撰：《佛祖統紀》卷五十一，《大正新脩大藏經》第四十九冊，頁452下。

投子義清禪師、〔註103〕芙蓉道楷、眞歇清了。雲門宗僧圓通居訥〔註104〕、佛印了元禪師。〔註105〕臨濟宗僧大愚守芝禪師（翠巖守芝；？～1056）。〔註106〕另外，根據《佛祖統紀》載，湖州武康思義法師，試《法華》，中第一得度。慈溪人悟持法師，南屏法師法嗣從諫法師等，〔註107〕皆以試《法華經》得度。

可知，北宋官府以試《法華經》爲舉薦僧人的標準，制度形成風潮，益於《法華經》的流傳。

（三）《法華經》是北宋僧俗共尊的經典

官方試經制度的建立，固然是促使《法華經》流傳的重要契機，而藉由不同方式修持《法華經》，也可見《法華經》流傳的廣遠。

北宋僧俗有專修《法華經》者，例如：法眼宗三祖，淨土宗六祖的永明延壽。延壽，幼年即誦《法華》，曾經於國清寺行法華懺。據《宋高僧傳》載：「誦《法華》，計一萬三千許部」。〔註108〕臨濟宗僧，汝州首山省念禪師，萊州人，俗姓狄氏，號首山，常誦《法華經》，叢林稱他爲「念法華」。〔註109〕明州可久法師，常誦《法華》，人稱「久法華」。〔註110〕又如：法華志言大士，壽春許氏子，日常誦《法華》，因以法華得名。〔註111〕也有經由聽聞，或誦《法華經》而開悟者，例如：曹洞宗宏智正覺禪師法嗣，明州瑞巖石窗法恭禪師，嘗誦《法華經》至「父母所生眼，悉見三千界時」，聞風刺棕櫚葉聲，忽然有

〔註103〕見（宋）惠洪撰：《禪林僧寶傳》卷十七，《卍新纂續藏經》第七十九冊，頁526下。

〔註104〕分別見（宋）普濟撰：《五燈會元》卷十四，十四，十六，《卍新纂續藏經》第八十冊，頁291中，296中，329下。

〔註105〕見（宋）惠洪撰：《禪林僧寶傳》卷二十九，《卍新纂續藏經》第七十九冊，頁550下。

〔註106〕見（宋）惠洪撰：《禪林僧寶傳》卷十六，《卍新纂續藏經》第七十九冊，頁525上。

〔註107〕見（宋）志磐撰：《佛祖統紀》卷十一，卷十一，卷十三，《大正新脩大藏經》第四十九冊，頁211上，213中，218下。

〔註108〕見（宋）贊寧等撰：《宋高僧傳》卷二十八，《大正新脩大藏經》第五十冊，頁887中。

〔註109〕見（宋）惠洪撰：《禪林僧寶傳》卷三，《卍新纂續藏經》第七十九冊，頁497中。

〔註110〕見（清）彭希涑撰：《淨土聖賢錄》卷三，《卍新纂續藏經》第七十八冊，頁249下。

〔註111〕見（宋）普濟撰：《五燈會元》卷二，《卍新纂續藏經》第八十冊，頁68中。

省，棄依天童，始明大旨。〔註112〕也有精進習《法華》，而刺血書寫《法華經》，
以供養《法華經》者，例如：「祖南居南岳，刺血書《法華經》十部，終二十
七年，皆用血書。末年血乾骨立，念佛之聲不絕。一日至方丈相對無別語，
即坐而化，眉間迸出舍利，隨取隨生。」〔註113〕以「不惜身命」的苦行方式，
供養經典，在北宋尚有錢唐人思照法師。〔註114〕也有禮拜《法華》經文字句
者，例如：義楚法師，俗姓裴氏。祖相州安陽人，立禮《法華經》，字字各拜，
拜且徹部焉。〔註115〕亦有因勤修《法華》，而得感應者，《法華經持驗記》中
載有宋僧俗共四十人之多。〔註116〕也有講《法華經》不輟者，例如：義寂法
師，字常照，俗姓胡氏，溫州永嘉人。師授《法華經》期月而徹，寂平素講
《法華經》、《玄義》共二十許座。〔註117〕也有類似日本日蓮宗命沙門直唱「南
無妙法蓮華經」題名者，例如：「左伸，臨海人，從東掖神照授菩薩戒。紹聖
二年秋臥疾，命僧淨圓唱法華首題。」〔註118〕

　　此外，也有藉由撰寫懺法或修習懺法的修行方式，弘揚《法華經》者。
懺法，是北宋僧俗士庶的共同精神指標。北宋的懺法，是以知禮《修懺要旨》
中的「法華三昧」〔註119〕為主要的修習對象。所謂「法華三昧」，又作法華懺
法，法華懺。即依據《法華經》及《觀普賢經》而修的法，以三七日為一期，

〔註112〕見（宋）普濟撰：《五燈會元》卷十四，《卍新纂續藏經》第八十冊，頁 301
　　　　下。
〔註113〕見（宋）志磐撰：《佛祖統紀》卷二十七，《大正新脩大藏經》第四十九冊，
　　　　頁 280 上。
〔註114〕「法師思照，聽《法華》於南屏，復往東掖參神悟，大有契入。既而刺血書
　　　　《法華》七軸。」見（宋）志磐撰：《佛祖統紀》卷十四，《大正新脩大藏經》
　　　　第四十九冊，頁 221 下～222 上。
〔註115〕見（宋）贊寧等撰：《宋高僧傳》卷七，《大正新脩大藏經》第五十冊，頁 751 中。
〔註116〕見周克復纂：《《法華經》持驗記》卷二，《卍新纂續藏經》第七十八冊，頁
　　　　82 上～86 上。
〔註117〕見（宋）贊寧等撰：《宋高僧傳》卷七，《大正新脩大藏經》第五十冊，頁 752
　　　　中～下。
〔註118〕見（宋）志磐撰：《佛祖統紀》卷十三，《大正新脩大藏經》第四十九冊，頁
　　　　218 下。
〔註119〕「夫諸大乘經所詮行法，約身儀判，不出四種，攝一切行，罄無不盡。一曰
　　　　常坐，即一行三昧；二曰常行，即般舟三昧，並九十日為一期；三曰半行半
　　　　坐，即方等三昧，七日為一期。又法華三昧，三七日為一期；四曰非行非坐，
　　　　即請觀音三昧，四十九日為一期。又大悲三昧，三七日為一期。」見（宋）
　　　　知禮述：《修懺要旨》，《永樂北藏》第一六七冊，頁 842 上。

行道誦經，或行或立或坐，思惟諦觀實相中道之理。亦即通過懺法來實現法華三昧，也就是說，取《法華經》的精神，現諸法實相之理之三昧行，是一種觀照自心的修行方式。此法以懺悔滅罪為主，故須於六時修五悔，即於晨朝、日中、日沒、初夜、中夜、後夜等六時，勤修懺悔、勸請、隨喜、迴向、發願等五悔。此法源自隋代智者大師的《法華三昧懺儀》（又作「法華三昧行法」），在北宋，由四明知禮〔註120〕與慈雲遵式〔註121〕就已建立的理論基礎，再次發皇。亦即藉由觀心與懺法的結合，即以觀心統攝行法。〔註122〕不僅成為天台僧人的日課，也成為北宋朝野自懺、懺他的重要修行指標。

　　以上主要是僧俗以各種不同方式，但卻是同樣修習《法華經》的實例，說明北宋時期，《法華經》在僧俗心中的地位與所具的影響力。《法華經》在北宋的流布與發展，不僅影響佛教界，學者士大夫亦皆均霑法益。以蘇東坡的詩為例，其〈和子由記園中草木十一首〉其九：「德薄安敢偷」；〈和子由柳湖久涸，忽有水，開元寺山茶舊無花，今歲盛開二首〉其二：「久陪方丈曼陀雨」；〈游淨居寺〉：「稽首兩足尊」；〈贈東林總長老〉：「溪聲便是廣長舌」；〈贈蒲澗信長老〉：「優缽曇花豈有花」；〈和郭功甫韻送芝道人游隱靜〉：「觀音妙智力」。〔註123〕即分別出自《法華經》之經文。〔註124〕根據蕭麗華在〈東坡詩的《圓覺》意象與思想〉一文中的考查，馮應榴《蘇軾詩集合注》的注文資料中，援引《法華經》處，達38次之多。〔註125〕可見蘇東坡對《法華經》的熟悉程度。其次，

〔註120〕四明知禮，四明人，俗姓金氏，字約言，十五歲受具足戒，平生致力於著述講懺。天聖六年，稱念阿彌陀佛百聲而示寂。賜號「法智大師」。

〔註121〕慈雲遵式，台州臨海人，俗姓葉氏，字知白。十八歲落髮，誓傳天台教法，一生對講經修懺不遺餘力。

〔註122〕見潘桂明、吳忠偉著：《中國天台宗通史》（下），（南京：鳳凰出版社，2008年），頁504～505。

〔註123〕分別見（清）王文誥、馮應榴輯註：《蘇軾詩集》，（台北市：學海出版社，1983年），頁207，336，1024，1218，2066，2191。

〔註124〕〈如來壽量品〉：「薄德之人，不種善根」；〈法師功德品〉：「拘鞞陀羅樹香，及曼陀羅華香」、〈序品〉：「天雨曼陀羅華」；〈方便品〉：「諸佛兩足尊」；〈如來神力品〉：「現大神力，出廣長舌，上至梵世。」〈方便品〉：「佛告舍利弗：「如是妙法，諸佛如來時乃說之，如優曇缽華，時一現耳。」〈觀世音菩薩普門品〉：「觀音妙智力，能救世間苦。」分別見《妙法蓮華經》卷十六，卷六、卷一，卷一，卷六，卷一，卷七，《大正新脩大藏經》第九冊，頁42下，48中，4上，9中，51下，7上，58上。

〔註125〕見蕭麗華：〈東坡詩的《圓覺》意象與思想〉，《佛學研究中心學報》（2006年7月），第十一期，頁189。

王安石的詩文內容中，所隱含的佛教經典的觀點頗多，例如：〈答蔣穎叔書〉中，有「《妙法蓮華經》說實相法，然其所說，亦行而已。故導師曰，安立行淨行，無邊行上行也。其所以名芬陀利華，取義甚多，非但如今法師所釋也。」之說，〔註126〕又有〈題徐浩書《法華經》〉的五言律詩一首。〔註127〕北宋西崑體領袖楊億（974～1020），其〈可久道人之歙州兼簡知郡李學士〉：「自有衣珠豈患貧」；〈譯經總持大師致宗之泗上禮塔〉：「早傳心印得衣珠」；〈贈文照大師〉：「一塵無念得衣珠」。〔註128〕即出自《法華經》的衣珠喻。

綜上可知，《法華經》不僅活絡在北宋的僧俗之間，朝野之間，學者士大夫之間，亦活絡在佛學、文學等各個學術文化領域上。我們可以在北宋各個層面上，看到《法華經》精神的展現，《法華經》在北宋人的心目中一直是洋溢著的。

第二節　惠洪的學思歷程

北宋，在張商英出生後的第二十五年，正當王安石變法（熙寧二年，1069）的第三年，惠洪誕生了。惠洪的時代，由於新舊兩黨更迭執政，互為消長，因此，在政治、經濟、軍事上皆產生重大的變動。社會高度的變革，不僅促使了學者士大夫心向禪風，僧俗的互動密切，也造就了文字禪進一步的發展。另外，在思想上，禪、教合一，儒、釋、道三教相融，也是當代佛教學術界的特色。這樣的學術文化氛圍，對於惠洪學思的造就，有一定的薰陶作用。

惠洪（或作慧）洪禪師，一名德洪，字覺範，時稱洪覺範，亦以之自稱。自號寂音，甘露滅，〔註129〕又自號冷齋、明白庵、明白老、儼、老儼、儼師、

〔註126〕見（宋）王安石撰：《臨川先生文集》卷七十八，（台北市：華正書局，1975年），頁828。

〔註127〕「一切法無差，水牛生象牙。莫將無量義，欲覓妙蓮華。」見（宋）王安石撰：《臨川先生文集》卷二十六，（台北市：華正書局，1975年），頁305。

〔註128〕分別見（宋）楊億撰：《武夷新集》卷三，卷三，卷四，（臺北市：世界書局，1986年），頁54，57，64。

〔註129〕寂音、甘露滅，菴堂名，因以自號。根據《叢林盛事》卷下的記載：「菴堂道號，前輩例無，但以所居處呼之，如南嶽、青原、黃檗是也。菴堂者，始自寶覺心禪師謝事黃龍，退居晦堂，人因以稱之。自後靈源、死心、艸堂皆其高弟，故遞相法之。真淨與晦堂同出黃龍之門，故亦以雲菴號之。覺範乃雲菴之子，故以寂音、甘露滅自標」《石門文字禪》卷二〇〈甘露滅齋銘并序〉：「政和四年春，余還自海外，過衡嶽，謁方廣譽禪師，館于靈源閣之下，因

石門精舍、筠谿等，﹝註130﹞賜號寶覺圓明，自稱寂音尊者。﹝註131﹞筠州新昌
（江西宜豐縣）人，生於北宋神宗熙寧四年辛亥（1071），卒於南宋高宗建炎二
年戊申（1128），世壽五十八，僧臘三十九。門人建塔於建昌縣鳳棲山。宗杲爲
作行狀，韓駒作《寂音尊者塔銘》。是南嶽第十三世禪僧，﹝註132﹞北宋臨濟宗
黃龍慧南的第二代法嗣，也是北宋主張「禪教合一」的主要禪僧。﹝註133﹞惠洪

名其居曰甘露滅。」可茲爲證。分別見（宋）道融撰：《叢林盛事》卷下，《卍
新纂續藏經》第八十六冊，頁702上～中。（宋）德洪著：《石門文字禪》卷
二〇，（臺北：新文豐出版公司，1973年），頁7。至於自號「甘露滅」之因，
見於《石門文字禪》卷十七〈余日渡海，即號甘露滅。所至問者尤多，時作
偈答，益不解，乃告之曰：《涅槃經》云：甘露之性，食之令人不死，若合異
物，亦能不死。《維摩經》亦曰：得甘露滅，覺道成。又爲之偈〉。又，《冷齋
夜話》卷六「稱甘露滅」條，曰：「陳了翁罪予不當稱甘露滅，近不遜，曰：
『得甘露滅，覺道成者，如來識也。子凡夫，與僕輩俯仰，其去佛地如天淵
也，奈何冒其美名而有之耶？』予應之曰：『使我不得稱甘露滅者，如言蜜不
得稱甜，金不得稱色黃。世尊以大方便曉諸眾生，令知根本，而妙意不可以
言盡，故言甘露滅。滅者，寂滅；甘露，不死之藥，如寂滅之體而不死者也。
人人具焉，而獨笑不得稱，何也？公今開放，且不肯以甘露滅名我。脫爲宰
相，寧能飾予以美官乎？』瑩中愕然，思所爲折難予，不可得，乃笑而已。」
分別見《石門文字禪》卷十七，頁23。（宋）僧惠洪撰：《冷齋夜話》卷六，
《文津閣四庫全書》第二八五冊，（北京市：商務印書館，2005年），頁699。

﹝註130﹞ 1.冷齋，菴堂名。如：《石門文字禪》卷六〈送瑫上人往臨平兼戲廓然〉：「坐
令冷齋中，忽然變春溫。」惠洪撰《冷齋夜話》十卷，應以此號爲名。
2.明白庵、明白老，菴堂名。如：《石門文字禪》卷二〇〈明白庵銘〉：「大觀
元年春，結庵於臨川，名曰明白，欲痛自治也。」
3.老儼、儼師、儼。《智證傳》：「予政和元年十月謫海外，明年三月館於瓊州
之開元寺儼師院。」因此自號老儼、儼師、儼。見（宋）寂音尊者慧洪覺範
撰：《智證傳》，《卍新纂續藏經》第六十三冊，頁179下。
4.自號「石門精舍」，如：《石門文字禪》卷二六〈題華光梅〉：「政和五年十
一月十二日夜石門精舍題」此號亦簡稱「石門」，惠洪撰《石門文字禪》三
十卷，應以此號爲名。
5.自號「筠谿」，如：《石門文字禪》卷一二〈次韻拉空印游芙蓉〉：「詩成先
喜示筠谿」。

﹝註131﹞ （宋）祖琇撰：《僧寶正續傳》卷二〈明白洪禪師〉：「太尉郭天民奏錫褴服，
號寶覺圓明，自稱寂音尊者。」《卍新纂續藏經》第七十九冊，頁562下。《法
華經合論》卷一：論宋寶覺圓明禪師慧洪造，《卍新纂續藏經》第三十冊，頁
362中。

﹝註132﹞ 見（宋）普濟集：《五燈會元》卷十七，《卍新纂續藏經》第八十冊，頁 368
下。

﹝註133﹞ 見黃啓江著：〈僧史家惠洪與其「禪教合一」觀〉，《北宋佛教史論稿》，（臺北
市：臺灣商務，1997年），頁313。

一生命運乖舛，顛沛流離，四度出入獄中，〔註134〕不禁發出「滅跡尙嫌身是累，此生永與世相違」〔註135〕的感嘆，也因此，造就了惠洪在學術領域上的生命力。

　　關於惠洪，當代或後代對其人、其事的評價不一。丞相無盡居士張商英稱覺範：「天下之英物，聖宋之異人」；〔註136〕陳瑩中給謝無逸的信中，推崇惠洪「眞是比丘」；〔註137〕謝逸評：「其文，其理致高妙，造語簡遠，如晉人之工於文，生肇之徒不足多也。」〔註138〕北宋侯延慶說惠洪：「其才則宗門之遷、固」；〔註139〕靈源惟淸禪師說：「古人謂：聰明深察而近於死者，好議人者也，在覺範有之矣。」〔註140〕南宋許顗彥周對惠洪的評語是：「其人品問學，道業知識，皆超妙卓絕，過人遠甚。喜與賢士大夫文人游，橫口所言，橫心所念，風馳雲騰，泉涌河決，不足喻其快也。」〔註141〕明末四大師之一釋德淸在其所撰〈古杭雲棲蓮池大師塔銘〉一文中，說：「先儒稱寂音爲僧中班、馬」。〔註142〕南宋吳曾則說：「冷齋不讀書」；〔註143〕並稱其爲「浪子和尙」。〔註144〕

〔註134〕分別是冒惠洪名，大觀三年（1109）秋；和張商英交往，政和元年（1111），政和四年（1114）秋，證獄太原府，以及徽宗重和元年（1118），入南昌獄。

〔註135〕見（宋）德洪著：〈偶書寂音堂壁三首〉，《石門文字禪》卷十二，（臺北：新文豐出版公司，1973年），頁20。

〔註136〕見（宋）祖琇撰：《僧寶正續傳》卷二，《卍新纂續藏經》第七十九冊，頁563中。

〔註137〕見（宋）德洪著：〈了翁有書與謝無逸云覺範眞是比丘〉，《石門文字禪》卷八，（臺北：新文豐出版公司，1973年），頁15。

〔註138〕見（宋）謝逸撰：〈《圓覺經》皆證論序〉，《溪堂集》，（臺北市：臺灣商務，民？），頁4。

〔註139〕見（宋）侯延慶：〈禪林僧寶傳引〉，《禪林僧寶傳》卷一，《卍新纂續藏經》第七十九冊，頁491上。

〔註140〕見（宋）志磐撰：《佛祖統紀》卷四十六，《大正新脩大藏經》第四十九冊，頁419下。

〔註141〕見（宋）許顗彥周：〈《智證傳》後序〉，《智證傳》，《卍新纂續藏經》第六十三冊，頁195中～下。

〔註142〕見（明）釋德淸：〈古杭雲棲蓮池大師塔銘〉，《嘉興大藏經》第三十三冊，頁195。

〔註143〕見（宋）吳曾撰：《能改齋漫錄》卷三，（北京：中華書局，1985年），頁60。

〔註144〕「洪覺範有〈上元宿嶽麓寺〉詩。蔡元度夫人王氏，荊公女也。讀至『十分春瘦緣何事，一掬鄉心未到家』，曰：『浪子和尚耳』。」見（宋）吳曾撰：〈浪子和尚詩〉，《能改齋漫錄》卷十一，（北京：中華書局，1985年），頁275。關於此詩，其中，「十分春瘦緣何事，一掬鄉心未到家」，乃出自《石門文字禪》卷十〈上元宿百丈〉：「上元獨宿寒巖寺，臥看篝燈映薄紗。夜久雪猿啼嶽頂，夢回淸月在梅花。十分春瘦緣何事，一掬歸心未到家。卻憶少年行樂處，軟紅香霧噴京華。」而非〈上元宿嶽麓寺〉。見周裕鍇撰：《宋僧惠洪行履著述編年總案》，（北京：高等教育出版社，2010年），頁108。

關於惠洪的學思歷程，除了自傳式的《石門文字禪》卷二十四〈寂音自序〉外，其餘資料可見禪燈、史傳。茲就其傳記相關史料的出處及內容概要表述如下：

撰集者	史料出處	內容概要
（宋）德洪覺範著	《石門文字禪》卷二四〈寂音自序〉	惠洪自述五十三歲之前的重要經歷。
（宋）祖琇撰	《僧寶正續傳》卷二〈明白洪禪師傳〉	概述惠洪法名、字、出生地、賜號及其自稱。說明四次入獄及遇赦的原委，並敘參訪遊歷與自治「明白庵」之警銘，標明示寂之年，門人建塔供養及疏文稱嘆。也敘惠洪之著作。
（宋）正受編	《嘉泰普燈錄》卷七〈筠州清涼寂音慧洪禪師〉	概述生平，述及惠洪「妙悟辨慧」之例，並言及著作。
（宋）普濟撰	《五燈會元》卷一七〈瑞州清涼慧洪覺範禪師〉	所述與《嘉泰普燈錄》卷七同，只是未提及其著作。
（宋）曉瑩集	《羅湖野錄》卷上	真淨克文舉「風穴頌」與「玄沙未徹」之公案啓發惠洪。
（宋）曉瑩集	《雲臥紀譚》卷上〈寂音獲譴〉	說明惠洪獲譴的原委。
（宋）志磐撰	《佛祖統紀》卷四三、四六	簡述惠洪對宣律師作僧史的觀點，及後人對惠洪撰《僧寶傳》的讚歎。
（宋）晁公武	《郡齋讀書志》卷四下之下〈洪覺範《筠溪集》十卷〉〔註145〕	簡述惠洪生平，及與張天覺、郭天信的關係，並言及其著作多夸誕，人莫信之。
（宋）陳振孫	《直齋書錄解題》卷十七〈《石門文字禪》三十卷〉〔註146〕	簡述惠洪之得法師，與黨人交善，及其為文之特色，並提及韓駒子蒼為惠洪作塔銘。
（宋）王明清	《玉照新志》卷三〔註147〕	說明惠洪的初名和字，以及他的出生地。黃山谷教其讀書。韓駒作寂音尊者塔銘。

〔註145〕見（宋）晁公武《郡齋讀書志》卷四下之下，《文津閣四庫全書》第二二四冊，（北京市：商務印書館，2005年），頁611～612。
〔註146〕見（宋）陳振孫：《直齋書錄解題》卷十七，《文津閣四庫全書》第二二四冊，（北京市：商務印書館，2005年），頁790。
〔註147〕見（宋）王明清撰：《玉照新志》卷三，（北京市：中華書局，1985年），頁50。

撰集者	史料出處	內容概要
（宋）吳曾	《能改齋漫錄》卷十一〈浪子和尚詩〉	說明「浪子和尚」的由來。
	卷十二〈洪覺範因張郭罪配朱崖〉〔註148〕	說明罪配朱崖的經過。
（宋）法應集（元）普會續集	《禪宗頌古聯珠通集》卷三、四、七、二三、三七	六篇惠洪頌古之作。
（元）覺岸編	《釋氏稽古略》卷四〈宋高僧寂音尊者〉	略述惠洪之法名、俗名及其師承、卒年與若干著作。
（元）念常集	《佛祖歷代通載》卷十九	簡述俗家姓、師承、出入獄中以及世壽與僧臘。
（元）善俊、智境、道泰撰	《禪林類聚》卷五、八、十一、一九	述題為「說法」、「悟道」、「經教」、「庵居」以及「花果」等禪詩。
（元）方回	《瀛奎律髓》卷一六〈上元〉〔註149〕	說明惠洪詩文不朽之因。
（明）圓極居頂編	《續傳燈錄》卷二二〈筠州情涼德洪禪師〉	概述惠洪之生平事蹟及後人對其之褒與貶。

　　另外，惠洪的著作，例如：《石門文字禪》、《林間錄》、《冷齋夜話》、《智證傳》、《禪林僧寶傳》等書中，亦可尋得惠洪的學思歷程與思想梗概。例如：《石門文字禪》收錄的詩文中，不僅提供了惠洪的生平事蹟、佛學思想，也提供了惠洪的創作特色。《林間錄》收錄的禪林軼聞，是研究惠洪交遊，以及宋代士大夫奉佛參禪的好資料。

　　下文主要依據惠洪的撰作，以及上述所列的史料，輔以近代學者的考證，〔註150〕爬梳鈎稽，理出惠洪的學思歷程。

〔註148〕分別見（宋）吳曾撰：《能改齋漫錄》卷十一，卷十二，（北京：中華書局，1985年），頁275，322。

〔註149〕見（元）方回編：《瀛奎律髓》卷十六，《四庫全書》第八集，（臺北市：臺灣商務，1978年），頁37～38。

〔註150〕近代學者的考證，分別見黃啟江著：〈附錄：惠洪年譜簡編〉，《北宋佛教史論稿‧僧史家惠洪與其「禪教合一」觀》，（臺北市：臺灣商務，1997年）。黃啟方：〈釋惠洪五考〉，《宋代詩文縱談》，（臺北市：臺灣商務，1997年）。周裕鍇撰：《宋僧惠洪行履著述編年總案》，（北京：高等教育出版社，2010年），頁1～338。吳靜宜著：〈惠洪年譜〉，《惠洪「文字禪」之詩學內涵》，（新北市：花木蘭文化，2012年），頁267～284。

本節共分三小節：第一小節惠洪的姓氏與法名，第二小節儒學思想的養成，第三小節佛學思想的奠定。

一、惠洪的姓氏與法名

〈寂音自序〉出自德洪覺範《石門文字禪》卷二四，全文記載惠洪五十三歲以前的主要經歷，是研究惠洪學思歷程的重要資料，因此，關於惠洪之姓氏與法名，擬由〈寂音自序〉一文爲主軸，旁及史傳、禪燈，探究之。

關於惠洪的俗家姓以及出家時的法名，是學界與教界好奇的話題，茲以史傳資料說明如下。〈寂音自序〉云：

> 本江西筠州新昌喻氏之子。……十九試經於東京天王寺，得度，冒惠洪名。〔註151〕

引文說明了惠洪的出生地、俗家姓及其出家時的法名。

關於惠洪的俗家姓，史傳主要有二說：〈寂音自序〉中，惠洪自稱俗家姓喻，主其說者，尚有祖琇撰《僧寶正續傳》卷二〈明白洪禪師傳〉：「禪師諱德洪，字覺範，筠州新昌喻氏子。」晁公武撰《郡齋讀書志》：「皇朝僧惠洪覺範，姓喻氏，高安人。」以及陳振孫撰《直齋書錄解題》：「僧高安，喻德洪覺範」等。〔註152〕另外，當代史傳認爲惠洪姓彭氏，例如：正受編《嘉泰普燈錄》卷七〈筠州清涼寂音慧洪禪師〉：「郡之新昌人，族彭氏。」普濟集《五燈會元》卷十七〈瑞州清涼慧洪覺範禪師〉：「郡之彭氏子」，吳曾撰《能改齋漫錄》卷十二〈洪覺範因張郭罪配朱崖〉：「洪覺範，本名德洪，俗姓彭，筠州人。」〔註153〕喻姓說，彭姓說，產生紛歧。

關於彭姓說，惠洪分別於其所著《石門文字禪》卷五〈餞歲次東坡韻寄思

〔註151〕見（宋）德洪著：〈寂音自序〉，《石門文字禪》卷二十四，（臺北：新文豐出版公司，1973 年），頁 17。

〔註152〕分別見（宋）祖琇撰：《僧寶正續傳》卷二，《卍新纂續藏經》第七十九冊，頁 562 中。（宋）晁公武撰：《郡齋讀書志》卷四下之下，《文津閣四庫全書》第二二四冊，（北京市：商務印書館，2005 年），頁 611。（宋）陳振孫撰：《直齋書錄解題》卷十七，《文津閣四庫全書》第二二四冊，（北京市：商務印書館，2005 年），頁 790。

〔註153〕分別見（宋）正受編：《嘉泰普燈錄》卷七，《卍新纂續藏經》第七十九冊，頁 333 上。（宋）普濟集：《五燈會元》卷十七，《卍新纂續藏經》第十八冊，頁 368 下。（宋）吳曾撰：〈洪覺範因張郭罪配朱崖〉，《能改齋漫錄》卷十二，《文津閣四庫全書》第二八一冊，（北京市：商務印書館，2005 年），頁 166。

禹兄〉，卷一一〈思禹兄生日〉，卷十二〈春日會思禹兄於谿堂〉，卷一二〈次韻思禹兄見懷〉等，〔註154〕明示「思禹」是他的兄長。由《石門文字禪》卷二〈夏日陪楊邦基、彭思禹，訪德莊烹茶分韻得嘉字〉，卷五〈寄題彭思禹水明樓〉，卷八〈至撫州崇仁縣寄彭思禹奉議兄四首〉，卷二三〈連瑞圖序〉：「奉議彭公思禹通佐」等資料顯示，〔註155〕兄長思禹姓彭氏。再次，宋代彭以明於〈重開《尊頂法論》跋語〉一文中，說：「建炎間，寂音既逝，伯氏思禹幕盱江」，又說：「余於寂音，同宗兄弟也」。〔註156〕《瑞州府志》記載：「彭以功，字思禹，官至朝散郎」，〔註157〕《石門文字禪》卷五〈次韻思禹思晦見寄二首〉，卷六〈次韻思晦弟雙清軒〉。〔註158〕由此可知，彭以功、彭以明與惠洪是為兄弟關係。以上資料顯示，惠洪彭姓說，已呼之欲出。接著，《石門文字禪》卷二八〈又几大祥看經〉，謂：「姪芯芻某，伏遇亡叔協律。」〔註159〕《冷齋夜話》卷四〈詩比美女美丈夫〉，說：「吾叔淵材」，〔註160〕《墨客揮犀》卷六，謂：「淵材姓彭名几，即乘之叔也」。〔註161〕淵材乃彭几，是惠洪的叔叔。綜上可知，惠洪俗家姓為彭氏。至於喻姓說，應該是屬於「出繼喻家為嗣」。〔註162〕

　　惠洪之法名。史傳的記載有二：一為惠洪，一為德洪。關於「惠洪」說，《石門文字禪》卷二四〈寂音自序〉：「得度，冒惠洪名」，「入制獄一年，坐冒惠洪名」；《僧寶正續傳》卷二〈明白洪禪師〉：「禪師諱德洪……十九試經東都，假天王寺舊籍惠洪名為大僧。」《佛祖歷代通載》卷十九：「初名惠洪……住持江

〔註154〕分別見（宋）德洪著：〈次韻陳倅二首〉，《石門文字禪》卷五，（臺北：新文豐出版公司，1973年），頁3，15，1，17。

〔註155〕見（宋）德洪著：〈次韻陳倅二首〉，《石門文字禪》卷五，（臺北：新文豐出版公司，1973年），頁10，5，9。

〔註156〕見（宋）德洪造論，正受釐論：《大佛頂如來密因修證了義諸菩薩萬行首楞嚴經合論》卷十，《卍新纂續藏經》第十二冊，頁96上。

〔註157〕見（明）陶履中等纂修：《江西省瑞州府志》，（台北市：成文出版社，1989年），頁939。

〔註158〕見（宋）德洪著：〈次韻陳倅二首〉，《石門文字禪》卷五，（臺北：新文豐出版公司，1973年），頁5，11。

〔註159〕見（宋）德洪著：〈次韻陳倅二首〉，《石門文字禪》卷五，（臺北：新文豐出版公司，1973年），頁22。

〔註160〕見（宋）僧惠洪撰：《冷齋夜話》卷五，《文津閣四庫全書》第二八五冊，（北京市：商務印書館，2005年），頁696。

〔註161〕見彭乘撰：《墨客揮犀》卷六，（北京：中華書局，1991年），頁33。

〔註162〕「據江西省修水縣冷述平先生提供資料，謂《筠谿彭氏家譜》載，惠洪本為彭氏子，父母雙亡後，『出繼喻家為嗣』」。見周裕鍇撰：《宋僧惠洪行履著述編年總案》，（北京：高等教育出版社，2010年），頁6。

寧府清涼寺，坐爲狂僧誣告抵罪。張丞相當國，復度爲僧，易名德洪。」〔註163〕
可知，惠洪原名爲德洪，得度時冒用惠洪名。至於「惠」字的寫法《五燈會元》
卷十七〈瑞州清涼「慧洪」覺範禪師〉，《嘉泰普燈錄》卷七〈筠州清涼寂音「慧
洪」禪師〉，〔註164〕以「慧」代「惠」，「慧」、「惠」常通用。

二、儒學思想的養成

　　關於惠洪儒學思想的養成，可由記載其童年生活的資料中得知，《石門文
字禪》中，有數篇惠洪自繪的童年往事。

> 我家與君鄰屋居，君昔未生先長我。君髮齊眉我總角，竹居讀書供
> 日課。君誦《盤庚》如注瓶，我讀《孝經》如轉磨。……十三環坐
> 同賦詩，出語已能驚怯懦。風雷遶紙成千篇，棄遺不惜如零唾。神
> 思義表文融明，清絕如珠不受涴。江左相傳紙價增，東坡一讀不復
> 和。〔註165〕

> 我年十五恃豪偉，廢食忘眠專製作。〔註166〕

> 我生少小秀不叢，題詩落筆先飛鴻。〔註167〕

> 我少懷毛髮，倦禪輒逃儒。〔註168〕

> 我生少小善詩律，讀之坐令身世忘。〔註169〕

〔註163〕分別見（宋）德洪著：〈次韻陳俌二首〉，《石門文字禪》卷五，（臺北：新文
　　　　豐出版公司，1973年），頁17，17；（宋）祖琇撰：《僧寶正續傳》卷二〈明
　　　　白洪禪師〉，《卍新纂續藏經》第七十九冊，頁562中；（元）念常集：《佛祖
　　　　歷代通載》卷十九，《大正新脩大藏經》第四十九冊，頁683上。

〔註164〕分別見（宋）普濟集：《五燈會元》卷十七，《卍新纂續藏經》第八十冊，頁
　　　　368下；（宋）正受編：《嘉泰普燈錄》卷七，《卍新纂續藏經》第七十九冊，
　　　　頁333上。

〔註165〕見（宋）德洪著：〈贈蔡儒效〉，《石門文字禪》卷一，（臺北：新文豐出版公
　　　　司，1973年），頁10。

〔註166〕見（宋）德洪著：〈次韻平無等歲暮有懷〉，《石門文字禪》卷二，（臺北：新
　　　　文豐出版公司，1973年），頁20。

〔註167〕見（宋）德洪著：〈南豐曾垂綏天性好學余至臨川欲見以還匡山作此寄之〉，《石
　　　　門文字禪》卷三，（臺北：新文豐出版公司，1973年），頁12。

〔註168〕見（宋）德洪著：〈次韻陳俌二首〉，《石門文字禪》卷五，（臺北：新文豐出
　　　　版公司，1973年），頁10。

〔註169〕見（宋）德洪著：〈次韻游南嶽〉，《石門文字禪》卷七，（臺北：新文豐出版
　　　　公司，1973年），頁7。

余幼孤，知讀書爲樂。〔註170〕

引文的重點：其一、惠洪的故鄉筠州，向以「藝文儒術爲盛」，〔註171〕因此，惠洪自童子起，即以儒家典籍爲日課，不僅接觸並熟讀、洞悉、觀照，由此造就了惠洪往後在注疏佛教經典上，靈活運用儒家經典的利器。其二、惠洪在文學、詩學領域上的窮盡，自童年即已養成，讀、寫俱進，即讀儒家典籍之外，尚專事於創作，詩鳴響徹，惠洪後來成爲北宋著名的詩僧，與江西詩人酬唱往來，與其童年時期的基礎奠定，有直接的關聯性。其三、惠洪童蒙時期所受的儒學教育，對於其會通思想的養成，有著極大的影響。如其所撰〈謁嵩禪師塔〉一文中，說：「吾道例（一作比）孔子，譬如掌與拳。展握固有異，要之手則然。」〔註172〕即是呼應了契嵩佛學思想中，會通儒、釋的主張。其次，惠洪於注疏佛教典籍，例如：注解《法華經》，《楞嚴經》及其撰著之《智證傳》上，皆可見其會通儒、釋，甚至會通儒、釋、道三教的觀點。其四、惠洪童年時期，以讀書爲樂事，並經常周旋在儒、佛之間。綜上所述，惠洪儒學思想的養成，除了時代背景的影響外，與其所居住的環境以及少年時的生活習慣、讀書習慣有著密切的關係。

三、佛教思想的奠定

　　關於惠洪佛學思想的奠定，來自於惠洪的師承及其博覽群書，一生行腳。本小節即就此二點探究之。

（一）惠洪的師承

　　惠洪的佛學生涯中，對其點化深刻者，蓋有二禪師一律師。二禪師即三峯靘禪師與眞淨克文禪師，律師即爲宣祕大師。

1. 三峯靘禪師

　　惠洪與三峯靘（《冷齋夜話》作「靓」）禪師的因緣，來自於惠洪十四歲那一年。根據〈寂音自序〉的記載：

〔註170〕見（宋）德洪著：〈題佛鑑蓄文字禪〉，《石門文字禪》卷二十六，（臺北：新文豐出版公司，1973 年），頁 13。

〔註171〕見（明）陶履中等纂修：《江西省瑞州府志》卷一，（臺北市：成文出版社有限公司印行，1989 年），頁 413。

〔註172〕見（宋）釋德洪覺範著：〈謁嵩禪師塔〉，《石門文字禪》卷五，（臺北市：新文豐出版股份有限公司，1973 年），頁 1。

年十四，父母併月而歿，乃依三峯龍禪師爲童子。〔註173〕

引文指出，惠洪在龍禪師座下做童子的緣由。因爲父母雙雙離世，遂使惠洪依龍禪師開始了學佛習禪的生涯。龍禪師（？～1113），眞淨克文法嗣，臨濟宗黃龍派南嶽下十三世。關於龍禪師，惠洪在其所撰《冷齋夜話》卷六〈靚禪師溺流詩〉一文，對於龍禪師的形象與氣度，做了詳細的描述：「靚禪師，有道老宿也，主筠之三峰。嘗赴供民家，渡溪，溪漲，靚重遲，爲溪流所陷。童子掖至岸，坐沙石間，垂頭如雨中鶴。童子意必怒，且遭斥逐，不敢仰視。靚忽指溪作詩曰：『春天一夜雨霶沱，添得溪流佳氣多。剛把山僧推倒，卻不知到海後如何。靚後往汝州香山，無疾而化。』」〔註174〕說明了禪師形雖寄於塵中，心卻超然於物外的自在本色與態度。這對於惠洪人格的養成有一定的影響力。

惠洪與龍禪師的關係，根據〈題香山龍禪師語〉的記載：「（龍）禪師父事雲庵，於予爲法兄，然予少寔師事之。」〔註175〕可知惠洪與龍禪師同師門。惠洪於其座下，勤劬好學，參禪之外，學詩習儒，莫不盡力。嘗謂：「我年十五恃豪偉，廢食忘眠專製作」〔註176〕，「日記數千言，覽群書殆盡，龍器之」。〔註177〕可知龍禪師對於惠洪的好學精神，異常欣喜讚歎。

在佛學的領域上，惠洪曾說：「初聞其（龍禪師）誦迦葉波偈曰：『諸法從緣生，諸法從緣滅。我師大沙門，常作如是說』乃曰：『子悟此即是出家』。予時年十六，曉夕以思，茫然莫識其旨。」〔註178〕可是「心曉然愛之」。〔註179〕由此觀之，迦葉波偈已深植惠洪心中，佛學的醞釀，已悄然在惠洪的心中

〔註173〕見（宋）釋德洪覺範著：〈寂音自序〉，《石門文字禪》卷二十四，（臺北市：新文豐出版股份有限公司，1973年），頁17。

〔註174〕見（宋）僧惠洪撰：〈靚禪師溺流詩〉，《冷齋夜話》卷六，《文津閣四庫全書》第二八五冊，（北京市：商務印書館，2005年），頁699中～下。

〔註175〕見（宋）釋德洪覺範著：〈題香山龍禪師語〉，《石門文字禪》卷二十五，（臺北市：新文豐出版股份有限公司，1973年），頁17。

〔註176〕見（宋）釋德洪覺範著：〈次韻平無等歲暮有懷〉，《石門文字禪》卷二，（臺北市：新文豐出版股份有限公司，1973年），頁20。

〔註177〕見（宋）普濟集：〈瑞州清涼慧洪覺範禪師〉，《五燈會元》，《卍新纂續藏經》第八十冊，頁368下。

〔註178〕見（宋）釋德洪覺範著：〈題香山龍禪師語〉，《石門文字禪》卷二十五，（臺北市：新文豐出版股份有限公司，1973年），頁17。

〔註179〕見（宋）寂音尊者慧洪撰：《智證傳》，《卍新纂續藏經》第六十三冊，頁176下。

燃起。惠洪佛學思想的啓迪，實肇始於齂禪師。也因此，惠洪在海外閑居期間，「味維摩詰言：『善來，文殊師利！不來相而來，不見相而見。』文殊師利言：『如是！居士！若來已，更不來；若去已，更不去。所以者何？來無所從，去無所至，所可見者，更不可見。』」乃「追繹香山之語，遂深入『緣起無生』之境」，雖欲以見之，報其發藥之恩，齂禪師「則化去已逾年矣。其門人文謙以其提誨之語爲示，并書予願見不果。」〔註180〕「維摩詰言」，出自《維摩詰經》卷中〈文殊師利問疾品〉第五。〔註181〕惠洪共參迦葉波偈與維摩詰之言，遂悟入「緣起無生」之理，對於注解《法華經》，有了啓發的妙用。綜上，齂禪師可說是惠洪佛學領域的啓蒙導師。

2. 真淨克文禪師

關於眞淨克文禪師的傳記資料，主要載於《五燈會元》卷十七、《建中靖國續燈錄》卷十三、《嘉泰普燈錄》卷四、《釋氏稽古略》卷四等。

眞淨克文禪師，俗姓鄭氏，號雲庵，賜號眞淨大師。陝府閿鄉（河南陝縣）人。生於宋仁宗天聖三年（1025），卒於宋徽宗崇寧元年（1102），世壽七十八，僧臘五十二。爲臨濟宗黃龍慧南禪師嫡嗣，屬南嶽下十二世，與洪英禪師（1012～1070）齊名，眾中號英邵武，文關西。〔註182〕眞淨克文幼孤，事後母至孝，而後母不愛他，數度困辱他，親舊遂令眞淨克文遊學四方。二十六歲受具足戒，「賢首，慈恩二宗，凡大經論，咸造其微」。〔註183〕後來棄教習禪，投身慧南禪師門下。眞淨克文習教又習禪，其禪教思想之醞釀與闡發，對於惠洪思想之薰陶與啓迪，具有很大的攝受作用。

「雲庵出黃龍之門，爲臨濟九世孫。種性殊勝，契悟廣大。指示心要，辯如曹谿。決擇教乘，論如棗柏。作爲偈句，辭如寶公。履踐明驗，精如永嘉。退居雲庵時已七十餘，幻滅都盡，惠光渾圓，可以想見其遺風餘烈。」〔註

〔註180〕見（宋）釋德洪覺範著：〈題香山齂禪師語〉，《石門文字禪》卷二十五，（臺北市：新文豐出版股份有限公司，1973年），頁17～18。

〔註181〕見（姚秦）鳩摩羅什譯：《維摩詰所說經》卷中，《大正新脩大藏經》第十四冊，頁544中。

〔註182〕見（宋）惠洪撰：〈泐潭眞淨文禪師〉，《禪林僧寶傳》卷二十三，《卍新纂續藏經》第七十九冊，頁538上。

〔註183〕見（宋）釋德洪覺範著：〈雲庵眞淨和尚行狀〉，《石門文字禪》卷三十，（臺北市：新文豐出版股份有限公司，1973年），頁1。

〔註184〕見（宋）德洪著：〈雲庵和尚贊三首（並序）〉，《石門文字禪》卷十九，（臺北：新文豐出版公司，1973年），頁11。

184〕惠洪以七十九個字概述了眞淨克文的出身、形象、學思以及他的處事風格，字字珠璣，可以想見惠洪與眞淨克文師徒情感之深刻。關於惠洪與眞淨克文的因緣與關係，《石門文字禪》卷三十〈祭雲庵和尙文〉中有詳細的記載，〈寂音自序〉也有補述：

> 我生九歲，則知有師。寤寐悅慕，想見形儀。識師新豐，等父母慈。
> 欣然摩頂，使執軍持。長游大梁，薙髮而歸。省於九峰，凜然德威。
> 霜雪雨露，物以茂滋。師成就我，妙如四時。紫霄之下，泐水之湄。
> 前後七年，龍起雲隨。今古一律，妒毀陷擠。愛憐收拾，終不棄遺。
> 我昔出山，師則有辭「子幼英發，終必有爲。顧吾老矣，見子無期。
> 指其二子，藉汝教之。諾呵皆可，不可相離。」〔註185〕

> 南歸，依眞淨禪師於廬山歸宗，及眞淨遷洪州石門，又隨以至，前後七年。年二十九，乃遊東吳。明年遊衡嶽，又三年，而眞淨終於庵。自湘中歸拜塔，將終藏於黃龍。〔註186〕

引文一出自〈祭雲庵和尙文〉，引文二出自〈寂音自序〉。由引文中可知：其一、「我生九歲」，時當元豐二年（1079）。根據《禪林僧寶傳》卷二十三〈泐潭眞淨文禪師〉的記載，神宗熙寧五年（1072），眞淨克文至高安縣，居洞山、聖壽兩刹，十二年之久，傳法結緣，頗負盛名。於「江西有大緣，民信其化，家家繪其像，飲食必祠。」〔註187〕的環境下，惠洪對於眞淨克文心生傾慕，因此，「寤寐悅慕，想見形儀」。其二、眞淨克文對待惠洪，亦父亦母，慈愛備至。由此奠定了眞淨克文與惠洪師徒之間的深厚關係。因爲眞淨克文的提攜，惠洪在學思方面，有顯著的進步與提升，「余幼孤，知讀書爲樂，而不得其要。落筆嘗如人掣其肘，又如瘖者之欲語而意窒，舌大而濃，笑者數數然。年十六、七，從洞山雲庵學出世法，忽自信而不疑，誦生書七千，下筆千言，跬步可待也。」〔註188〕可知，由「落筆嘗如人掣其肘」至「下筆千言，跬步

〔註185〕見（宋）德洪著：〈祭雲庵和尚文〉，《石門文字禪》卷三十，（臺北：新文豐出版公司，1973 年），頁 16。

〔註186〕見（宋）釋德洪覺範著：〈寂音自序〉，《石門文字禪》卷二十四，（臺北市：新文豐出版股份有限公司，1973 年），頁 17。

〔註187〕見（宋）釋德洪覺範著：〈雲庵眞淨和尚行狀〉，《石門文字禪》卷三十，（臺北市：新文豐出版股份有限公司，1973 年），頁 5。

〔註188〕見（宋）釋德洪覺範著：〈題佛鑑蓄文字禪〉，《石門文字禪》卷二十六，（臺北市：新文豐出版股份有限公司，1973 年），頁 13。

可待」，學術思想之大進，下筆如有神，實得力於洞山雲庵的教化。其三、惠洪曾兩度拜謁眞淨克文，第一次是十六、七歲時。此次，惠洪於眞淨克文處學出世法，獲益良多，可是僅短暫數年光陰，即前往東京天王寺。根據〈寂音自序〉的記載：「十九〔註189〕試經於東京天王寺，得度，冒惠洪名」。〔註190〕惠洪文字大進，信心大增之後，對於試經取得度牒，並非難事。得度，即以「惠洪」之名，行之叢林。惠洪雖取得度牒，但因依眞淨克文時的時間短暫，因此，遂埋下「覺範在眞淨處，發明不多時，因事出院，離師太早，所以有到處，有不到處」〔註191〕之伏筆。第二次是於宣祕大師深公處服勤四年後。也就是辭別宣祕律師，「南歸，依眞淨禪師於廬山歸宗」時。根據周裕鍇的考證，南歸之年，也就是「惠洪至廬山依克文」之年，當在紹聖元年秋後。〔註192〕此時，鑽研義學之後的惠洪，重拾行囊，再拜眞淨克文。根據〈雲庵眞淨和尚行狀〉：「（紹聖）三年（1096），今丞相張商英出鎮洪府，道由歸宗，見師（眞淨克文）於淨名庵，明年（1097）迎居石門」，〔註193〕〈寂音自序〉：「及眞淨遷洪州石門，（惠洪）又隨以至」的記載，可知，惠洪南歸後，「前後七年，龍起雲隨」，亦即皆隨侍眞淨克文側，研習心法，得眞淨之道。此行頗有乃師（眞淨克文）「棄教習禪」之風。其四、元符二年（1099），惠洪二十九歲，「因違禪規，遭刪去。」〔註194〕雖然這樣，但「今古一律，妒毀陷擠。愛憐收拾，終不棄遣。」眞淨克文對於惠洪的才學與人格依舊是肯定的，並託負其重責大任。其五、說明惠洪對於恩師念茲在茲。

　　綜上得知，眞淨克文對於惠洪的影響力之高，對其期許之大，師徒之間

〔註189〕根據周裕鍇的考證，此年當爲元祐五年（1090），惠洪二十歲。周裕鍇謂：「〈自序〉謂十九歲得度，依深公『服勤四年』。若按年十九記，則入京當在元祐四年；然既曰在京服勤四年，則決無元祐五年秋宿獨木之可能。故惠洪試經，當在二十歲時。」見周裕鍇撰：《宋僧惠洪行履著述編年總案》，（北京：高等教育出版社，2010 年），頁 15。

〔註190〕見（宋）釋德洪覺範著：〈寂音自序〉，《石門文字禪》卷二十四，（臺北市：新文豐出版股份有限公司，1973 年），頁 17。

〔註191〕見（宋）妙源編：《虛堂和尚語錄》卷四，《大正新脩大藏經》第四十七冊，頁 1014 下。

〔註192〕見周裕鍇撰：《宋僧惠洪行履著述編年總案》，（北京：高等教育出版社，2010 年），頁 26。

〔註193〕見（宋）釋德洪覺範著：〈雲庵眞淨和尚行狀〉，《石門文字禪》卷三十，（臺北市：新文豐出版股份有限公司，1973 年），頁 5。

〔註194〕見（宋）曉瑩集：《羅湖野錄》卷上，《卍新纂續藏經》第八十三冊，頁 383 中。

的情感之深厚。因此，惠洪每憶師恩，想見其爲人。「今年上巳日，久客望江南。雙林接脩水，石路入煙嵐。千峰出雲雨，空谷呑寒潭。蒼杉鬱童童，秀色動雲庵。不見庵中人，青燈耿塵龕。空餘行樂處，攀翻聞笑談。風光與節物，觸愁味參參。臨高望煙靄，衰涕落春衫。」〔註195〕雲庵依舊，卻不見庵中人，心中憶恩師的感慨油然而生。「政和八年四十八，一念了知一切法。顛倒妄想垢消滅，平等性智光通達。常令現前絕功勳，不欲染污差毫髮。雲庵夢中提誨我，不然何以同登塔。」〔註196〕可知，惠洪常憶老師的提攜與教誨，絲毫不敢怠忽。因此，惠洪嘗拜眞淨克文塔，〔註197〕每每於眞淨克文之生辰，〔註198〕便以詩以偈記之，〔註199〕並作贊加以頌揚。〔註200〕

眞淨克文授予惠洪禪法，其關鍵點，根據《嘉泰普燈錄》卷七〈筠州清涼寂音慧洪禪師〉條的記載，乃在於「淨患其深聞之弊」。〔註201〕也就是爲了避免惠洪「以教解禪」，啓其悟解禪宗「教外別傳，不立文字，直指人心，見性成佛」之旨，嘗舉「玄沙未徹」、「風穴頌」等公案，作爲禪修的指導重點。

> 每舉玄沙未徹之語，發其疑，凡有所對，淨曰：「你又說道理耶」，
> 一日，頓脫所疑。述偈示同學，曰：「靈雲一見不再見，紅白枝枝不
> 著華。叵耐釣魚船上客，卻來平地摝魚蝦」。〔註202〕

〔註195〕見（宋）德洪著：〈上巳日有懷昔從雲庵老人此日山行〉，《石門文字禪》卷一，（臺北：新文豐出版公司，1973年），頁13。

〔註196〕見（宋）德洪著：〈戊戌歲元日夢雲庵攜登塔問答甚多覺而忘之作此〉，《石門文字禪》卷十七，（臺北：新文豐出版公司，1973年），頁11。

〔註197〕「獨攜希祖。千里來辭」，「明年遊衡嶽，又三年，而眞淨終於庵，自湘中歸拜塔。」分別見於〈祭雲庵和尚文〉，〈寂音自序〉，（宋）德洪著：〈雲庵和尚贊三首（並序）〉、〈雲庵和尚舍利贊〉，分別見於《石門文字禪》卷三十、卷二十四，（臺北：新文豐出版公司，1973年），頁16，17。

〔註198〕即圓寂之日。見周裕鍇撰：〈作爲忌日的「生辰」——一個獨特辭彙中蘊藏的佛教理念與民俗信仰〉，《宋僧惠洪行履著述編年總案》，（北京：高等教育出版社，2010年），頁430～440。

〔註199〕見（宋）德洪著：〈雲庵生辰〉、〈雲庵和尚生辰燒香偈〉、〈過張家渡遇雲庵生辰〉、〈雲庵生辰十一首〉。分別見於《石門文字禪》卷九，卷十七，卷十七，卷十七，（臺北：新文豐出版公司，1973年），頁15，4，11，16。

〔註200〕見（宋）德洪著：〈雲庵和尚贊三首（並序）〉、〈雲庵和尚舍利贊〉，分別見於《石門文字禪》卷十九，卷十九，（臺北：新文豐出版公司，1973年），頁11，17。

〔註201〕見（宋）正受編：〈筠州清涼寂音慧洪禪師〉，《嘉泰普燈錄》卷七，《卍新纂續藏經》第七十九冊，頁333上。

〔註202〕見（宋）正受編：〈筠州清涼寂音慧洪禪師〉，《嘉泰普燈錄》卷七，《卍新纂續藏經》第七十九冊，頁333上。

　　眞淨舉風穴頌曰：「五白貓兒爪距獰，養來堂上絕蟲行。分明上樹安
　　身法，切忌遺言許外甥。且作麼生是安身法？」洪便喝。眞淨曰：「這
　　一喝，也有到處，也有不到處。」洪忽於言下有省。〔註203〕

引文中，玄沙，即玄沙師備禪師（835～908），唐末五代梁僧，福州閩縣人，
俗姓謝氏，號宗一大師。幼好垂釣，投芙蓉山靈訓禪師落髮，依豫章開元寺
道玄律師受具足戒。行頭陀法，與雪峰義存（822～908）本法門昆仲，而親
近若師徒。閱《楞嚴經》，發明心地。〔註204〕有《玄沙禪師師備廣錄》三卷傳
世。風穴，即風穴延沼禪師（896～973），北宋臨濟宗僧，浙江餘杭人，俗姓
劉氏。少魁壘有英氣，從開元寺智恭律師受具足戒，游學講肆，學《法華》
玄義，修止觀定慧之學，參南院慧顒禪師（860～930）而悟旨。〔註205〕有《風
穴禪師語錄》一卷傳世。關於「玄沙未徹」之公案，也見於《林間錄》，所敘
略有異，其文爲：「予嘗與客論，靈雲見桃華偈曰：『三十年來尋劍客，幾回
葉落又抽枝。自從一見桃花後，直至如今更不疑。』潙山老子無大人相，便
云：『從緣入者，永無退失。』獨玄沙曰：『諦當甚諦當，敢保老兄猶未徹在。』
客問予：『未徹之處安在哉？』爲作偈曰：『靈雲一見不再見，紅白枝枝不著
花。囘耐釣魚船上客，卻來平地攏魚蝦』」。〔註206〕以上兩則公案，是眞淨克
文藉由公案之禪修方式，啓惠洪悟解禪宗「拈花微笑」之義旨。可知眞淨克
文對惠洪之用心，惠洪也在這中間收到潛移默化之效，盡得眞淨克文禪法之
精髓。離開石門寶峯院的惠洪，行腳於東吳，對其禪學依舊孜孜矻矻，不忘
以頌發明「風穴」意：「五白貓兒無縫罅，等閑拋出令人怕。翻身趯擲百千般，
冷地看佗成話霸。如今也解弄些些，從渠歡喜從渠罵。卻笑樹頭老舅翁，只
能上樹不能下。」〔註207〕並寄呈眞淨克文。之後，惠洪在禪學上頻有所證，
多有闡發。例如：「閱汾陽語錄，至〈三玄頌〉，荐有所證」。〔註208〕《僧寶正
續傳》卷二〈明白洪禪師〉，亦曰：「一日閱汾陽語，重有發藥，於是胸次洗

〔註203〕見（宋）曉瑩集：《羅湖野錄》卷上，《卍新纂續藏經》第八十三冊，頁383
　　　　中。
〔註204〕見（宋）道原纂：《景德傳燈錄》卷十八，《大正新脩大藏經》第五十一冊，
　　　　頁343下～347中。
〔註205〕見（元）念常集：《佛祖歷代通載》卷十八，《大正新脩大藏經》第四十九冊，
　　　　頁657上～658上。
〔註206〕見（宋）洪覺範：《林間錄》卷下，《卍新纂續藏經》第八十七冊，頁267上。
〔註207〕見（宋）曉瑩集：《羅湖野錄》卷上，《卍新纂續藏經》第八十三冊，頁383
　　　　中。
〔註208〕見（宋）曉瑩集：《羅湖野錄》卷上，《卍新纂續藏經》第八十三冊，頁383中。

然，辨博無礙。」〔註209〕惠洪禪學，日有闡發，實得力於眞淨克文之啓迪，可知，眞淨克文對惠洪之影響至深，無怪乎於惠洪身上，可採擷到眞淨克文「逸格禪」、「出格風」的影子。〔註210〕

3. 宣祕大師

惠洪與宣祕大師的因緣，來自惠洪於東京天王寺期間。

> 依宣祕大師深公，講《成唯識論》，有聲講肆，服勤四年。〔註211〕

> 依宣祕律師，受《唯識論》，臻其奧。博觀子史，有異才，以詩鳴京華搢紳間。〔註212〕

第一個引文出自《石門文字禪》卷二十四〈寂音自序〉，第二個引文出自《僧寶正續傳》卷二〈明白洪禪師〉。引文中可知：其一、宣祕大師深公，即宣祕律師，宣祕大師深公，生平未詳，應是律宗僧人。其二、《唯識論》，即《成唯識論》之異稱。《成唯識論》係唐代玄奘譯，收於《大正新脩大藏經》第三十一冊，爲《唯識三十論頌》之注釋書，是法相宗所依據之重要論書之一。其三、惠洪於宣祕大師處，歷經四年的鑽研，頗臻其奧義，不僅「有聲講肆」，並「博通子史，以詩鳴京華搢紳間」。〔註213〕四年的義學奠根基礎，來自於宣祕律師的引領，此行對於惠洪日後倡行文字禪很有影響。〔註214〕

在惠洪的教師群像當中，值得一提的還有汾陽善昭。汾陽善昭圓寂後的四十七年後，惠洪才誕生，但其行誼與禪法理論卻深深影響著惠洪的一生及其著作。惠洪曾說：「平生活計無窖子，眞是汾陽五世孫」，〔註215〕又說：「巴音衲子夜椎門，要識汾陽五世孫」。〔註216〕惠洪是以爲汾陽的五世孫（汾陽善

〔註209〕見（宋）祖琇撰：〈明白洪禪師〉，《僧寶正續傳》卷二，《卍新纂續藏經》第七十九冊，頁 562 下。

〔註210〕見陳自力著：《釋惠洪研究》，（北京市：中華書局，2005 年），頁 77。

〔註211〕見（宋）德洪著：〈寂音自序〉，《石門文字禪》卷二十四，（臺北：新文豐出版公司，1973 年），頁 17。

〔註212〕見（宋）祖琇撰：〈明白洪禪師〉，《僧寶正續傳》卷二，《卍新纂續藏經》第七十九冊，頁 562 中。

〔註213〕見（宋）祖琇撰：〈明白洪禪師〉，《僧寶正續傳》卷二，《卍新纂續藏經》第七十九冊，頁 562 中。

〔註214〕見陳自力著：《釋惠洪研究》，（北京市：中華書局，2005 年），頁 21。

〔註215〕見（宋）德洪著：〈寂音自贊四首〉，《石門文字禪》卷十九，（臺北：新文豐出版公司，1973 年），頁 19。

〔註216〕見（宋）德洪著：〈巴川衲子求詩〉，《石門文字禪》卷八，（臺北：新文豐出版公司，1973 年），頁 11。

昭→慈明楚圓（986～1039）→黃龍慧南→眞淨克文→覺範惠洪）為榮為傲的。善昭的禪法主要藉臨濟宗的「三玄三要」、「四賓主」等觀點，來發揮自己的禪學理念，並藉文字禪形式表達禪學見解。〔註217〕這些理論與傳禪方法深深影響著惠洪，在《石門文字禪》中曾記載惠洪對善昭的讚歎：「淳化已後宗師，無出汾陽禪師之右者」，〔註218〕《僧寶正續傳》卷二〈明白洪禪師〉：「一日閱汾陽語，重有發藥，於是胸次洗然，辨博無礙。」〔註219〕《羅湖野錄》也載有：「自後復閱汾陽語錄，至三玄頌，荐有所證。」〔註220〕可以理解，善昭的理念成為惠洪日後以禪解經、以禪作偈、以禪寫詩的基礎，因此，惠洪傳承其五世師是相當明顯的。

　　綜觀惠洪的佛學思想的奠定，靚禪師誦迦葉波偈的啓蒙以及對於惠洪學詩習儒，好學不倦的肯定；宣祕律師之義學的薰陶；既習教又習禪的恩師眞淨克文的提攜；以及遠紹汾陽善昭的餘緒，會聚成惠洪的學術涵養與性格特質。其融通禪教的精神，即由此體現。謝逸於〈洪覺範林間錄序〉一文中，說：「洪覺範得自在三昧於雲菴老人，故能游戲翰墨場中，呻吟謦欬皆成文章。」〔註221〕惠洪因此學養，廣釋經典，並著書立說，也奠定了他在佛教史上的地位。

（二）博觀群書，一生行腳

　　惠洪一生行腳，「所歷叢林，幾半天下」，〔註222〕參訪諸寺宗廟，遍履禪林興衰消長，仰瞻歷代祖師法像，拜謁各地方禪師與儒者士大夫，相與論對法義，每有所得，則「以翰墨而為佛事，造為大論，光贊佛乘」。〔註223〕對於

〔註217〕見楊曾文著：《宋元禪宗史》，（北京：中國社會科學出版社，2006年），頁267～274。

〔註218〕見（宋）德洪著：〈題汾州語〉，《石門文字禪》卷二十五，（臺北：新文豐出版公司，1973年），頁24。

〔註219〕見（宋）祖琇撰：〈明白洪禪師〉，《僧寶正續傳》卷二，《卍新纂續藏經》第七十九冊，頁562下。

〔註220〕見（宋）曉瑩集：《羅湖野錄》卷上，《卍新纂續藏經》第八十三冊，頁383中。

〔註221〕見（宋）謝逸撰：〈洪覺範林間錄序〉，《卍新纂續藏經》第八十七冊，頁245上。

〔註222〕見（宋）德洪著：〈五宗綱要旨訣序〉，《石門文字禪》卷二十三，（臺北：新文豐出版公司，1973年），頁2。

〔註223〕見（宋）德洪著：〈抄華嚴經〉，《石門文字禪》卷二十八，（臺北：新文豐出版公司，1973年），頁13。

歷代經史、佛教史傳、禪燈語錄，更是咀嚼玩味再三，並以詩文、偈語、贊頌，闡發其義蘊，累積學術資糧。本小節即以惠洪「博觀群書，一生行腳」為探討對象，表述如下：

研讀典籍	得書、閱讀或撰作因緣	資料出處	詩文偈作或所感
《宗鏡錄》	寓杭州西湖淨慈寺。寺之寢堂東西廡，有兩閣，老僧言乃永明延壽禪師所建。歎其所撰《宗鏡錄》為法施之利。	《林間錄》卷下	
		《石門文字禪》卷二十五	〈題宗鏡錄〉
永明延壽詩		《冷齋夜話》卷六	〈誦智覺禪師詩〉
《大方廣佛華嚴經》	此文，清涼國師啟毗盧藏之鑰匙也。其文簡而義無盡，其科要而理融通，學者當盡心焉。方天下禪學之弊極矣，以飽食熟睡、游談無根為事，而佛鑑乃倡為宗尚之，其亦護法憫俗之慈也歟？	《石門文字禪》卷三	〈宿道林寺夜論華嚴宗〉
		《石門文字禪》卷六	〈景醇見和甚妙時方閱華嚴經復和戲之〉
		《石門文字禪》卷二十三	〈華嚴同緣序〉
		《石門文字禪》卷二十五	〈題華嚴綱要〉
		《石門文字禪》卷二十五	〈題疾老寫華嚴經〉
		《石門文字禪》卷二十五	〈題光上人所書華嚴經〉
		《石門文字禪》二十八	〈抄華嚴經〉
《解迷顯智成悲十明論》		《石門文字禪》卷十五	〈注十明論〉
		《石門文字禪》卷十七	〈讀十明論〉

研讀典籍	得書、閱讀或撰作因緣	資料出處	詩文偈作或所感
《解迷顯智成悲十明論》	顯謨閣待制朱公世英爲余言：頃過金陵，謁王文公於鍾山。公以彥里閈晚生，有志學道，謂曰：『若讀史，見勾踐、伍員事乎？勾踐保栖會稽，置膽於坐，臥則仰膽，飯食亦嘗膽也。伍員去楚，囊載而去昭關，至蒲伏行乞於吳市。二子設心，止欲雪恥復讎而焦身苦思二十餘年，而後遂其欲。蓋有志者事竟成也。然移此心以學無上菩提，其何以禦之？』世英囑予記其言。世英歿一年，余還自海外，築室筠溪石門寺，夏釋此論。……政和五年六月十日書。	《石門文字禪》卷二十五	〈題《華嚴十明論》〉
贊寧《大宋僧史略》		《石門文字禪》卷二十五	〈題珣上人僧寶傳〉
《楞嚴經》	政和元年十月，以宏法嬰難，自京師竄于朱崖。明年二月至海南，館於瓊山開元寺。寺空如逃亡家，壞龕唯有此經。余曰：「天欲成余論經之志乎？自非以罪戾投棄荒服，渠能整心緒、研深談而思之耶？」屬草未就，蒙恩北還，依止故由精舍。又二年而克成。	《楞嚴經合論》卷十〈尊頂法論後敘〉	《楞嚴經合論》
	「崇寧寺有經可借，郡有書萬卷，太守使監中之。余時乞食于市，作息之餘，發《首楞嚴》之義以爲書。」	《石門文字禪》卷二十三	〈送李仲元寄超然序〉
梁《高僧傳》	政和六年正月十日，余已定居九峰，而超然輩皆在，已無所羨，特味猷詩，追繼其韻，使諸子和之。	《石門文字禪》卷四	〈追和帛道猷一首（并序）〉
		《石門文字禪》卷十二	〈徐師川罪余作詩多，恐招禍，因焚去筆硯。入

研讀典籍	得書、閱讀或撰作因緣	資料出處	詩文偈作或所感
梁《高僧傳》	有獻言者曰：「僧史自惠皎、道宣、贊寧而下，皆略觀矣。然其書與《史記》、兩《漢》、《南北史》、《唐傳》大異，其文雜煩重，如戶婚鬥訟按檢。昔魯直嘗憎之，欲整齊，未遑暇，竟以謫死。公蒙聖恩脫死所，又從魯直之舊游，能蠡加刪補，使成一體之文，依倣史傳，立以贊詞，使學者臨傳致贊語，見古人妙處，不亦佳乎？」予欣然許之。	《石門文字禪》卷二十五	居九峰投老庵，讀高僧〈曇諦傳〉，忽作數語，是足成之，以寄師川，師川讀之，想亦見救二首〉〈題修僧史〉
汾陽善昭禪師語錄	「辭之東吳，歷沅湘，一日閱汾陽語，重有發藥，於是胸次洗然，辨博無礙。」	《僧寶正續傳》卷二	
	「自後復閱《汾陽語錄》，至三玄頌，荐有所證。妙喜老師蓋嘗語此。」	《羅湖野錄》卷上	
		《石門文字禪》卷十五	〈汾陽十智同眞二首〉
三祖僧璨《信心銘》	「頃遊鐘山定林，讀王文公壁間所書《信心銘》」	《石門文字禪》卷二十四	〈妙宗字序〉
懷讓和尚傳		《石門文字禪》卷二十五	〈題讓和尚傳〉
洞山守初禪師語錄	「建中靖國之初，故人處獲洞山初禪師語一編，福嚴良雅所集。」	《林間錄》卷上	
《澄心堂錄》所書之谷山崇禪師語	「游洞山，得《澄心堂錄》書谷山崇禪師語。」	《石門文字禪》卷二十六《石門文字禪》卷二十五	〈題珣上人僧寶傳〉〈題谷山崇禪師語〉

研讀典籍	得書、閱讀或撰作因緣	資料出處	詩文偈作或所感
道常禪師所編百丈懷海語錄	「偶見洞山藏角破函中多故經，往掀攬之，乃獲見常禪師居百丈日重編者。」	《石門文字禪》卷二十五	〈題百丈常禪師所編大智廣錄〉
法眼文益所箋注石頭希遷《參同契》		《石門文字禪》卷二十五	〈題清涼注《參同契》參同契〉
「陳尊宿、竺道生、百丈懷海、元曉、明瓚、大梅法常」之傳		《石門文字禪》卷二十五	〈讀古德傳八首〉
〈臨濟四喝〉		《智證傳》	〈臨濟四喝偈〉
與朱彥同看汾陽善昭禪師		《臨濟宗旨》	〈犢牛偈〉
本寂禪師斷碣，獲〈五藏位圖〉	遊曹山，拜澄源塔，得斷碣，日耽章號本寂禪師。	《石門文字禪》卷二十六	〈題珣上人僧寶傳〉
讀真淨克文與王安石論《圓覺經》皆證義事	真淨克文有意為《圓覺》著論，時與門弟子辯說《圓覺》大旨，至於落筆，未遑暇也。	《溪堂集》卷七〈圓覺經皆證論序〉	《圓覺經皆證論》
〈雲巖寶鏡三昧〉	大觀二年〔註224〕冬，顯謨閣待制朱彥世英赴官錢塘，過信州白華巖，得於老僧。明年，持其先公服，予往慰之。出以授予曰：「子當為發揚之。」	《禪林僧寶傳》卷一〈撫州曹山本寂禪師傳〉	注〈雲巖寶鏡三昧〉
		《石門文字禪》卷十二	〈雲嵒寶鏡三昧〉
毗舍浮佛偈		《智證傳》	頓入無生
《左傳》	政和三年……曉渡三合流，無恐。未及雷州岸，次日，北風不	《石門文字禪》卷二十三	〈夢徐生序〉

〔註224〕根據周裕鍇的考證，應為「元年」。見周裕鍇撰：《宋僧惠洪行履著述編年總案》，（北京：高等教育出版社，2010年），頁125。

研讀典籍	得書、閱讀或撰作因緣	資料出處	詩文偈作 或所感
《左傳》	可進，乃定石留赤岸半月。日以一掬米轉手送徐生為營炊，余時時弄筆硯，又臥看《左傳》。		
靈源門榜	（靈源）開法於淮上之太平，予時東游，登其門。……後十五年，見此榜于逢原之室，讀之，凜然如見其道骨。	《石門文字禪》卷二十六	〈題靈源門榜〉
臨濟義玄禪師賓主句	余昔菴於高安九峰之下，有僧問余曰：「臨濟會中，兩僧一日相見，同時下喝，臨濟聞之，陞座曰：『大眾，要會臨濟賓主句，問取堂中二禪客。僧便問：那箇是賓？那箇是主？臨濟曰：賓主歷然。』余方欲誚之，頓見三玄三要之旨。」	《智證傳》	《臨濟宗旨》
行腳見誌	余少游方，所歷叢林，幾半天下。而師友之間通疏粹美者尚多見，至精深宗教者亦已少矣。又三十年，還自海外。罪廢之餘，叢林頓衰，所謂通疏粹美者又少，況精深宗教者乎！……因編五宗機緣以授學者使傳誦焉。	《石門文字禪》卷二十三	〈五宗綱要旨訣序〉 《五宗語要》〔註225〕 （書成於宣和元年正月。已亡佚）
		《石門文字禪》卷二十五	〈題五宗錄〉
行腳見誌	「凡經諸方三十年，得百餘傳，中間忘失其半。晚歸谷山，遂成其志。」 「宣和改元，夏於湘西之谷山，發其藏畜，得七十餘輩，因倣前史作贊，使學者概其為書之意。」	《石門文字禪》卷二十六〈題珣上人僧寶傳〉 《石門文字禪》卷二十六〈題佛鑑僧寶傳〉	《禪林僧寶傳》初稿

〔註225〕「『五宗機緣』即五宗諸禪師之機緣語句，故『綱要旨訣』即『語要』。」見周裕鍇撰：《宋僧惠洪行履著述編年總案》，（北京：高等教育出版社，2010年），頁244。

研讀典籍	得書、閱讀或撰作因緣	資料出處	詩文偈作或所感
行腳見誌	「自嘉祐至政和，取雲門、臨濟兩家之裔嶄然絕出者，合八十有一人，各爲傳，而繫之以贊，分爲三十卷。書成於湘西之南臺，目之曰《禪林僧寶傳》。」	《禪林僧寶傳》卷一	《禪林僧寶傳》定稿
《周易》	「大觀元年春，結茅于臨川，名曰明白，欲痛自治。……覃思經論著義疏，發揮聖賢之秘奧，及解《易》。」	《僧寶正續傳》卷二〈明白洪禪師傳〉	
《周易》		《嘉泰普燈錄》卷七	《易註》三卷
《周易》		《石門文字禪》卷八	〈棗柏大士生辰，因讀《易》豫卦有感，作此〉
	「大法之衰，由吾儕綱宗不明。以故祖令不行，而魔外充斥。即三尺豎子，掠取古德剩句，不知好惡，計爲己悟，僭竊公行，可嘆也。」	〈重刻智證傳引〉	《智證傳》
《法華經》		《石門文字禪》卷十三	上元夜病起欲寫法華安樂行品無力呼阿慈爲錄作此
《法華經》		《石門文字禪》卷十五	〈讀《法華》五首〉
《法華經》		《石門文字禪》卷二十五	〈題光上人書法華經〉

　　惠洪深入經藏，參訪禪林，與學者文士交遊，這樣的學思歷程，不僅奠定了精湛的學術基礎，同時也能理解學術脈絡的發展與走向，對於注疏解經有很大的助益。例如，對於永明延壽的《宗鏡錄》，惠洪特別重視之因，在於其爲「禪教合一」之代表著作。〔註226〕惠洪〈題宗鏡錄〉：「領略天台、賢首，

〔註226〕見黃啓江著：〈僧史家惠洪與其「禪教合一」觀〉，《北宋佛教史論稿》，（臺北市：臺灣商務印書館，1997年），頁335。

而深談唯識，率折三宗異義，而要歸於一源。」〔註227〕「一源」，即是「一心」。以心為宗，折衷諸經論與宗派，對於惠洪思想的啟迪，有一定的影響作用。又如：惠洪〈題華嚴綱要〉：「華嚴宗有四種無礙：謂事無礙、理無礙、事理無礙、事事無礙。夫言事事無礙者，非有竺梵、震旦之異，凡聖小大之殊。」〔註228〕華嚴宗的觀點，也展現在惠洪的解經上面。讀經、行腳，對於惠洪的學思歷程，佔有重要的地位。

　　另外，《石門文字禪》中，惠洪亦有〈讀《大智度論》〉、〈讀《中觀論》〉、〈讀《瑜伽論》〉、〈讀龍勝尊者語〉以及〈讀《三國志》〉的詩作，並有〈嘉祐序〉等三十九篇序作，〈題玄沙語錄〉、〈題輔教編〉等八十一篇題作。惠洪總是在讀經行腳之餘，或與僧俗道友暢論之後，記下自己的所感所發，甚至會因觸發、感動而落淚。可以想見惠洪慈悲的本懷。

　　綜上可知，讀書、行腳，對於惠洪的學思歷程，佔有重要的地位。其所研讀的經典，囊括包舉儒家典籍、史傳以及佛家典籍。關於佛教經論，則兼及大乘佛教中觀派重要論著、瑜伽行唯識學派根本大論以及當代與歷代禪師語錄。可以說集佛教經論與歷代儒家經典、史傳於一身。惠洪的特殊經歷，造就了他扮演結合「宗門」與「教乘」，融通內典與外典，對於注疏佛教經典，即能「橫說豎說，無不如意」。「禪教合一」、「三教會通」之說的基礎，即源自於其一生的學思歷程。另外，由於惠洪四處行腳，結交各處禪僧道友，除了臨濟宗黃龍派的師友外，觸角更遍及曹洞宗、雲門宗，以及臨濟宗楊岐派，例如：圜悟克勤。俗家，例如：陳瓘（1057～1124）、張商英、江西派詩人黃庭堅、韓駒（約1075～1135）、謝逸（1063～1113）、謝薖（？～1115）、許顗等往來。惠洪的一生，可說是豐富多彩。

四、惠洪與張商英的交遊

　　張商英是惠洪眾多僧俗交遊中，關係最密切的一員。就師承而言，張商英是兜率從悅禪師的法嗣，兜率從悅禪師與惠洪覺範禪師是真淨克文禪師的法嗣，真淨克文禪師是臨濟宗黃龍慧南禪師的法嗣，因此，惠洪與張商英同

〔註227〕見（宋）釋德洪覺範著：〈題《宗鏡錄》〉，《石門文字禪》卷二十五，（臺北市：新文豐出版股份有限公司，1973年），頁8。

〔註228〕見（宋）釋德洪覺範著：〈題華嚴綱要〉，《石門文字禪》卷二十五，（臺北市：新文豐出版股份有限公司，1973年），頁1。

係臨濟宗黃龍慧南禪師的法孫。就政治立場而言，皆屬新黨傾向的政治色彩。
於黨爭熾烈的北宋，惠洪曾經遭逢不測，先後四次入獄，〔註229〕其中兩次，
一為政和元年（1111），一為徽宗重和元年（1118），涉及張商英。其遭停僧牒
三年的僧籍，亦因張商英特奏而得度。根據《石門文字禪》卷二十四〈送一
尚人序〉的記載，惠洪與張商英的交遊長達三十年之久，〔註230〕詩文往來頻
繁，《石門文字禪》收錄有十九篇之多，同時都有佛教經典之注疏，例如：《法
華經合論》。

　　「閣下一見，過有稱賞，嘗謂『天下之英物，聖宋之異人』」。〔註231〕這
是惠洪與張商英初次見面，張商英對於惠洪的稱譽。時當崇寧三年（1104），
惠洪三十四歲。可知惠洪在三十四歲之前，未曾與張商英謀面。本小節述及
惠洪與張商英的交遊，即以此為分水嶺，亦即惠洪三十四歲之前為前期，三
十四歲之後為後期。

（一）前期

　　惠洪與張商英的互動，可由惠洪的詩文中見之：

> 誦相公佳句，願見二十年矣。每念威德崇重，辯才無礙，未易酬對，
> 顧省鈍根，無異能解，非所堪任，以是久不敢行詣耳。〔註232〕

> 無盡居士崇寧二年，自政府謫毫、蘄兩州，以宮祠罷歸，舟而南。
> 時龍安照禪師自西安往迎之，至夏口，遂與無盡俱載，登赤壁。余
> 聞之，作詩寄之。〔註233〕

〔註229〕分別是大觀三年（1109）「運使學士吳开正重請住清涼。入寺，為狂僧，誣以
　　　　為偽度牒且旁連前狂僧法和等議訕事，入制獄一年。坐冒惠洪名。」惠洪稱
　　　　此次入制獄為「弘法嬰難」；政和元年（1111）「坐交張、郭厚善，以政和元
　　　　年十月二十六日配海外。」政和四年（1114）「十月又證獄并門」；徽宗重和
　　　　元年（1118）「館雲巖。又為狂道士誣認以為張懷素黨人。官吏皆知其誤認張丞
　　　　相為懷素，然事須根治。坐南昌獄，百餘日」見（宋）德洪著：〈寂音自序〉，
　　　　《石門文字禪》卷二十四，（臺北：新文豐出版公司，1973 年），頁 17～18。
〔註230〕「無盡亦歿逾年矣，余遊二老蓋三十年。」見（宋）德洪著：〈送一上人序〉，
　　　　《石門文字禪》卷二十四，（臺北：新文豐出版公司，1973 年），頁 10。
〔註231〕見（宋）德洪著：〈答張天覺退傳慶書〉，《石門文字禪》卷二十九，（臺北：
　　　　新文豐出版公司，1973 年），頁 1。
〔註232〕見（宋）德洪著：〈上張無盡居士退崇寧書〉，《石門文字禪》卷二十九，（臺
　　　　北：新文豐出版公司，1973 年），頁 1。
〔註233〕見（宋）德洪著：〈送一上人序〉，《石門文字禪》卷二十四，（臺北：新文豐
　　　　出版公司，1973 年），頁 10。

引文說明崇寧二年（1103）時，由於詩文的交遊，惠洪與張商英雖未曾謀面，可是惠洪對張商英之威德與文才，始終是贊佩的，相同的，在張商英的心目中亦有惠洪的形象烙印，並曾經以詩文會張商英。這個漣漪依舊只在空中交會，也因此更加深雙方期待碰面時的火花。

（二）後期

牽動惠洪與張商英會面的關鍵因素，《石門文字禪》卷二十九，有詳細的記載：

> 不謂比來照禪師書中，過辱緒言見及，如佩黃金良藥之賜。閣下昔與雲庵、兜率神交道契，爲內外護，雖當時從游之人如某者，亦蒙記錄。〔註234〕

> 千里惠書，以崇寧見要，挽至人天之上，使授佛之職責，以重振西祖已墜之風。……禮意益勤，三返其使，欲一相見而已。某翻然改曰：「無盡居士道大德博，名聲遍華夏，獨立四顧，爲我家門墻。又先雲庵之執，今區區於一愚比丘，其可終不往也。」故間關而來。〔註235〕

> 崇寧二年，會無盡居士張公於峽之善溪。〔註236〕

引文說明兩個重點：其一、藉由眞淨克文禪師與兜率從悅禪師的串聯，張商英爲內外護的精神，很受惠洪的喜好與重視，因此，當龍安慧照禪師（1049～1119）的舉薦，加以張商英遣使三返，誠意至上，遂使惠洪蒙會面張商英的想法。其二、張商英終於如願，於峽州善溪天寧寺會見惠洪。〔註237〕至於會面的時間，有各種不同的說法，《五燈會元》卷十七，〔註238〕從引文之說，《羅湖野錄》卷下，〔註239〕則認爲是崇寧三年（1104）。根據周裕鍇的考證，當從《羅湖野錄》卷下之說。〔註240〕

〔註234〕見（宋）德洪著：〈上張無盡居士退崇寧書〉，《石門文字禪》卷二十九，（臺北：新文豐出版公司，1973年），頁1。

〔註235〕見（宋）德洪著：〈答張天覺退傳慶書〉，《石門文字禪》卷二十九，（臺北：新文豐出版公司，1973年），頁1～2。

〔註236〕見（宋）正受編：《嘉泰普燈錄》卷七，《卍新纂續藏經》第七十九冊，頁333中。

〔註237〕見（宋）德洪著：〈答張天覺退傳慶書〉，《石門文字禪》卷二十九，（臺北：新文豐出版公司，1973年），頁2。

〔註238〕見（宋）普濟集：《五燈會元》卷十七，《卍新纂續藏經》第八十冊，頁369上。

〔註239〕「逮崇寧三稔，寂音尊者謁無盡於峽州善谿。」見（宋）曉瑩集：《羅湖野錄》卷上，《卍新纂續藏經》第八十三冊，頁392下。

〔註240〕見周裕鍇撰：《宋僧惠洪行履著述編年總案》，（北京：高等教育出版社，2010年），頁100。

　　天寧寺一會，可以說是牽動了惠洪與張商英彼此的人生。惠洪不僅啟迪了張商英在禪學修養上的進層，張商英也影響了惠洪在政治上的另類記錄。關於惠洪對於張商英的引領，也見於惠洪的詩文偈語中。例如：惠洪回應張商英對於汾陽善昭禪師「三玄三要」之疑，回應洞山良价禪師〈五位君臣偈〉中「知朝斷舌才」之疑。並對張商英疑從悅禪師末後句之意，作了解說：

> 逮崇寧三穰，寂音尊者謁無盡於峽州善谿。無盡曰：「昔見真淨老師于皈宗，因語及兜率所謂末後句。語尚未終，而真淨忽怒罵曰：此吐血禿丁，脫空妄語，不用信。既見其盛怒，不敢更陳曲折。然惜真淨不知此也。」寂音曰：「相公惟知兜率口授末後句，至於真淨老師真藥現前，而不能辨，何也？」無盡駭曰：「真淨果有此意耶？」寂音徐曰：「疑則別參。」無盡於言下頓見真淨用處，即取家藏真淨肖像展拜，題讚其上，以授寂音，曰：「雲菴綱宗，能用能照。冷面嚴睟，神光獨耀。孰傳其旨，覿露唯肖。前悅後洪，如融如肇。」厥後有以讚鑱石于仰山。〔註241〕

引文說明佛法本「離言說相、離文字相、離心緣相」，禪宗向來以「不立文字，教外別傳，直指人心，見性成佛」立教，「以心傳心」即是禪宗特質。關於惠洪與張商英的對話，可看出三個重點：其一、張商英之舉，將落於言詮，也就是，張商英欲點破兜率從悅禪師的末後句，則大失禪宗「不說破」的原則，因此，為了啟悟張商英，真淨克文才有怒罵的動作出現。可是張商英依舊不解真淨克文之意。其二、惠洪點破張商英之弊，在於張商英一直執著在語言文字的理解上，不能見禪宗的真諦，不能辨真淨真藥現前，遂再度提醒他，「疑則別參」。這一回，張商英似有所悟。其三、張商英以「如融、如肇」喻從悅禪師與惠洪。「融」指的是魏晉時代僧道融；「肇」指的是東晉名僧僧肇（384～414）。道融與僧肇皆為姚秦高僧鳩摩羅什的門下，與竺道生、僧叡，稱為關中四聖，或什門四聖。可知張商英對於惠洪的感佩。綜觀上述，惠洪對於張商英，有了一定的啟迪作用，因此，深得張商英的推崇，因此，惠洪名聲遠播。

　　之後，惠洪與張商英的往來，愈見密切。例如：在佛教經典注疏上的互動：張商英方註《楞嚴》，以書邀惠洪，惠洪作詩寄之。〔註242〕或與張商英共

〔註241〕見（宋）曉瑩集：《羅湖野錄》卷上，《卍新纂續藏經》第八十三冊，頁 392下～393 上。

〔註242〕見（宋）德洪著：〈余居百丈，天覺方註《楞嚴》，以書見邀，作此寄之二首〉，《石門文字禪》卷十，（臺北：新文豐出版公司，1973 年），頁 12。

論樂之合妙；〔註243〕或助張商英奏取陳瓘所撰《尊堯錄》。〔註244〕或以詩相唱和，例如：〈無盡見和復次其韻五首〉、〈又次韻答之十首〉、〈天覺以雲庵畫像見寄，謝之〉、〈次天覺韻二首〉、〈別天覺左丞〉等。〔註245〕

張商英卒於宣和三年（1121），當時惠洪五十一歲，亦疾病纏身。宣和七年（1125），惠洪藉路過荊南的因緣，參訪張商英故居，瞻其畫像，想見其人，悲從中來，作〈瞻張丞相畫像贈宮使龍圖〉詩記之：

> 天下張荊州，乳兒識名譽。醫國陸宣公，護法崔元度。平生風雷舌，
> 咳唾作霖雨。隔闊餘十年，一旦成萬古。羊曇欲作慟，生存華屋處。
> 支遁亦傷心，路偶經姚塢。賴有克家子，春色連眉宇。君看談笑時，
> 亦是幹國具。會看如乃翁，獨立無喜懼。文章有種性，家法致工主。
> 此詩公應聞，想見笑掌拊。〔註246〕

闊別久矣。惠洪力唱張商英護法之功，藉悼張商英之情，抒己之感，並藉羊曇、支遁憶謝安的典故，道盡黨爭爲害之深。惠洪、張商英，一僧一俗，在北宋，開啓了僧俗情感眞摯的另一頁，也開啓了在《法華經》的注解上，處處相隨的另一章。

綜觀惠洪的一生，歷經儒學、佛學的洗禮，歷經義學、教乘，以及禪學的陶鑄，一生行腳，一生參訪，雖曾遭囹圄之災，但卻未挫其一心向佛的信念，未挫其著述立說，著疏經典的志向，是值得讚歎的。宣和六年（1124），

〔註243〕「無盡居士眞拜之明年，大晟樂成，詔試於西府。余適在焉。無盡曰：「聲起於日，而律起於辰。四十有一而陽數全，三十有六而陰氣備。如黃鐘之律，九寸而爲宮，增之毫釐，減之杪忽，則其音不應宮。苟適其和，是謂之雅。熟視其理，蓋大遍無外，細入無間。」余曰：「諸佛眾生日用無以異於此。其體本自妙而常明，因緣時節，不借語默，其義自見。違時失候，則擬議而動，其義自隱。諸佛知此者也，故善用而合本妙。《首楞嚴》豈不曰：『雖有妙音，若無妙指，終不能發。如我按指，海印發光哉！眾生昧此者也，故不善用而成麤。』《大智度》豈不曰：『猶如利刀，惟用割泥，泥無所成，刀日就損哉！』」見（宋）德洪著：〈合妙齋記〉，《石門文字禪》卷二十一，（臺北：新文豐出版公司，1973年），頁22。

〔註244〕「政和元年，商英奏取陳瓘所撰《尊堯錄》。是時內官梁師成與蔡交結，見宰相薦引蔡京仇人陳瓘，百計擠陷。旬月之間，果遭斥逐。猜疑是慧洪與陳瓘爲地。」見（宋）曉瑩撰：《雲臥紀譚》卷上，《卍新纂續藏經》第八十六冊，頁671中。

〔註245〕分別見於（宋）德洪著：《石門文字禪》卷十五，卷十一，（臺北：新文豐出版公司，1973年），頁5，5，7，7，2。

〔註246〕見（宋）德洪著：〈瞻張丞相畫像贈宮使龍圖〉，《石門文字禪》卷七，（臺北：新文豐出版公司，1973年），頁20。

侯延慶在其所撰〈禪林僧寶傳引〉一文，謂「夫覺範初閱汾陽昭語，脫然有省，而印可於雲庵眞淨。嘗涉患難，瀕九死，口絕怨言，面無不足之色，其發爲文章者，蓋其緒餘土苴云。」又謂「余索其書而觀之，其識達，其學詣，其言恢而正，其事簡而完，其辭精微而華暢，其旨廣大空寂，窅然而深矣，其才則宗門之遷、固也。」〔註247〕道盡了惠洪其人、其才及其一生職志。祖琇在〈僧寶正續傳〉卷二，曰：「古之高僧，以才學名世，殆與覺範並驅者多矣，必以清標懿範，相資而後美也。覺範少歸釋氏，長而博極群書。觀其發揮經論，光輔叢林，孜孜爲手不停綴，而言滿天下。及陷于難，著逢掖出，九死而僅生，垂二十年。重削髮，無一辭叛佛而改圖，此其爲賢者也。」又謂「然工呵古人，而拙於用己。不能全身遠害，峻戒節以自高，數陷無辜之罪。抑其恃才暴耀太過，而自取之邪？」〔註248〕對於惠洪既是褒，又是貶。儘管個性造成歷史定位閃爍，但惠洪在詩壇上是受到肯定的，〔註249〕他同時被評爲北宋時期最具眼光的史學家，其史學評論在當時和後代皆具權威。〔註250〕而在佛教經典的注疏上亦受到尊敬。不論在文字禪的闡揚上，在禪教的融通上，或在儒釋道三教的融通上，皆可見惠洪的深刻的烙印。綜觀惠洪的一生，可說是以文字道盡禪悅的一生。

五、惠洪的著作

　　惠洪一生的著述很多，南宋祖琇說他「落筆萬言，了無停思」。〔註251〕根據《僧寶正續傳》卷二〈明白洪禪師〉，以及《嘉泰普燈錄》卷七〈筠州清涼寂音慧洪禪師〉的載目，有：《林間錄》二卷，《僧寶傳》三十卷，《高僧傳》十二卷，《智證傳》（《叢林公論》所引書名爲《寂音尊者智證傳》〔註252〕）十卷，《志林》十卷，《冷齋夜話》十卷，《天廚禁臠》一卷，《石門文字禪》三

〔註247〕見（宋）侯延慶：〈禪林僧寶傳引〉，《禪林僧寶傳》卷一，《卍新纂續藏經》第七十九冊，頁491上。

〔註248〕見（宋）祖琇撰：〈明白洪禪師〉，《僧寶正續傳》卷二，《卍新纂續藏經》第七十九冊，頁563中。

〔註249〕「惠洪是北宋著名的禪僧之一，以詩僧、詩評家名於世」。見黃啓江著：《北宋佛教史論稿》，（臺北市：臺灣商務，1997年），頁313。

〔註250〕見杜繼文、魏道儒著：《中國禪宗通史》，（江蘇：江蘇古籍出版社，1993年），頁99。

〔註251〕見（宋）祖琇撰：〈明白洪禪師〉，《僧寶正續傳》卷二，《卍新纂續藏經》第七十九冊，頁563上。

〔註252〕見（宋）惠彬撰：《叢林公論》，《卍新纂續藏經》第六十四冊，頁771中。

十卷，語錄偈頌一編，《法華合論》七卷，《楞嚴尊頂義》十卷，《圓覺皆證義》二卷，《金剛法源論》一卷，《起信論解義》二卷，《易註》三卷，《甘露集》三十卷。〔註253〕其中部分今已亡佚，以下將惠洪現存的作品做分類概述。

（一）佛教經論的注疏

惠洪的著作中，有專門針對佛教經典，或古德祖師的機鋒語句，作詳細疏解的作品。例如：《法華經合論》、《尊頂法論》，以及《智證傳》。

1.《法華經合論》

七卷。《法華經合論》具稱《妙法蓮華經合論》，也稱《法華合論》，又作《法華髻珠論》。〔註254〕內容是惠洪、張商英，依據姚秦三藏法師鳩摩羅什的二十八品《妙法蓮華經》的經文所作的注解。

本論目前分別收藏於（明版）《嘉興大藏經》第十六冊，第327頁至第411頁；（日版）《卍續藏經》第四十七冊，第350頁至第418頁；《大藏新纂卍續藏經》第三十卷，第362頁至第429頁，以及《佛光大藏經》（法華藏）第五十五冊，第1頁至第280頁中。

2.《尊頂法論》

十卷。《尊頂法論》，也稱《楞嚴尊頂義》，《楞嚴尊頂法論》。是惠洪注解《楞嚴經》的撰作。後來正受將此論釐析於經文之下并刪補，稱爲《合論》，全名是《大佛頂如來密因修證了義諸菩薩萬行首楞嚴經合論》，也稱《楞嚴經合論》。

惠洪於政和二年（1112年）在瓊山開元寺壞龕中得《楞嚴經》，於作息之餘，深研造論。〔註255〕政和六年完成，題爲《尊頂法論》。〔註256〕

〔註253〕分別見（宋）祖琇撰：《僧寶正續傳》卷二，《卍新纂續藏經》第七十九冊，頁563上～中。（宋）正受編：《嘉泰普燈錄》卷七，《卍新纂續藏經》第七十九冊，頁333下。

〔註254〕釋眞可把《法華合論》作《法華髻珠論》。見（明）憨山德清閱：《紫柏尊者全集》卷十四，《卍新纂續藏經》第七十三冊，頁268下。

〔註255〕〈尊頂法論後敘〉云：「政和元年十月，以宏法嬰難，自京師竄于朱崖。明年二月至海南，館於瓊山開元寺。寺空如逃亡家，壞龕唯有此經。余曰：『天欲成余論經之志乎？自非以罪戾投棄荒服，渠能整心緒，研深談而思之耶？』」《石門文字禪》卷二十三〈送李仲元寄超然序〉云：「崇寧寺有經可借，郡有書萬卷，太守使監中之。余時乞食于市，作息之餘，發《首楞嚴》之義以爲書。」分別見德洪：〈尊頂法論後敘〉，《卍新纂續藏經》第十二冊，頁95上。《石門文字禪》卷二十三，（臺北市：新文豐出版社，1973年），頁20。

　　惠洪造論的動機，根據〈大佛頂如來密因修證了義諸菩薩萬行首楞嚴經論序〉的記載：「《首楞嚴經》者，開如來藏之要樞，指妙明心之徑路，了根塵之妙訣，照情妄之玄猷，真所謂入一乘之坦途，闢異見之宏略。」〔註257〕又，此經進入中土「至今五百餘年，傳著箋釋者無慮十餘家，然判立宗趣多異同，而文不達義，因黯昧。」因此有：「造論排斥異說，端正經旨」之意。〔註258〕

　　本論目前分別收藏於（明版）《嘉興大藏經》第十八冊，第37頁至第113頁；（日版）《卍續藏經》第十八冊，第1頁至第95頁；《大藏新纂卍續藏經》第十二卷，第1頁至第96頁。

　　3.《智證傳》

　　一卷。《智證傳》，又稱《寂音尊者智證傳》，是惠洪注解部分佛典經文，及歷代祖師珠璣語句的撰作，由門人覺慈編成。卷首載有明末四大師之一的紫柏真可〈重刻《智證傳》引〉一文，卷末附有〈雲巖寶鏡三昧〉，以及許顗彥周的〈《智證傳》後序〉一文。

　　「智證」一詞，有人以為取自《維摩詰經》：「受諸觸，如智證」，紫柏真可認為：「非洪老著書意也，吾究之久矣，當以吾釋為準。」即：「書以智證名，非智不足以辨邪正；非證不足以行賞罰。蓋照用全，方能荷大法也。」荷大法須智證。本書的特色，在於：「離合宗教，引事比類，折衷五家宗旨，至發其所祕」，〔註259〕即《智證傳》的體例，具有會通內典與外典，以及融通五宗的特色。

　　另外，〈雲巖寶鏡三昧〉，是惠洪注解〈寶鏡三昧歌〉的撰作。一般認為〈寶鏡三昧歌〉是唐代曹洞宗洞山良价的作品。惠洪認為「〈寶鏡三昧〉，其詞要妙，雲巖（782～841）以受洞山。」〔註260〕因此，書名冠以「雲巖」二字。雲巖，即雲巖曇晟，為洞山良价的嗣法師。

　　本傳分別收錄於（明版）《嘉興大藏經》第二十冊，第537頁至第560頁。

〔註256〕〈尊頂法論後敘〉云：「屬草未就，蒙恩北還，依止故由精舍。又二年而克成。」惠洪於政和四年回筠州，再過二年，當為政和六年。

〔註257〕見德洪：《大佛頂如來密因修證了義諸菩薩萬行首楞嚴經論序》，《卍新纂續藏經》第十二冊，頁1中。

〔註258〕見（宋）德洪：〈尊頂法論後敘〉，《卍新纂續藏經》第十二冊，頁95上。

〔註259〕見（明）真可述：〈重刻《智證傳》引〉，《智證傳》，《卍新纂續藏經》第六十三冊，頁170中。

〔註260〕見（宋）惠洪撰：〈撫州曹山本寂禪師〉，《禪林僧寶傳》卷一，《卍新纂續藏經》第七十九冊，頁494中。

（日版）《卍續藏經》第一一一冊，第 89 頁至第 114 頁。《大藏新纂卍續藏經》第六十三卷，第 170 頁至第 195 頁。

（二）僧史與叢林筆記

惠洪曾針對唐、宋方外緇流作傳記，寫隨筆，保存了禪門耆宿史料。例如：《禪林僧寶傳》、《林間錄》。

1.《禪林僧寶傳》

三十卷。《禪林僧寶傳》，又稱《僧寶傳》，是一部兼重禪僧語錄與禪僧事蹟的傳記體禪宗史書。卷末載有舟峰庵慶老撰〈補《禪林僧寶傳》〉記載法眼、悟新、石頭等禪僧的事蹟。

此書內容：總括五宗，記載唐、宋兩代八十一位高僧的事蹟，以北宋禪師爲主。據《石門文字禪》卷二十三〈僧寶傳序〉的記載，此書係就達觀曇穎（989～1060）所著《五家傳》增補而來，復加收錄北宋嘉祐（1056～1063）以後至政和年間雲門、臨濟二宗的傑出禪僧，分別爲其作傳且繫之以贊。

本書目前分別收藏於（明版）《嘉興大藏經》第二十冊，第 561 頁至第 620 頁。（日版）《卍續藏經》第一三七冊，第 220 頁至第 284 頁。《大藏新纂卍續藏經》第七十九冊，第 490 頁至第 556 頁。《禪宗全書》第四冊，第 417 頁至第 552 頁。台北縣文殊文化有限公司，1990 年出版。

2.《林間錄》

兩卷。《林間錄》，全名《石門洪覺範林間錄》，是寂音尊者覺範慧洪禪師的語錄。卷首有臨川謝逸於大觀元年（1107）十一月一日作的序文。

另有《林間錄後集》，又名《新編林間後錄》，置於《林間錄》之後，收錄惠洪的贊 21 首、銘 4 首、偈一首、漁父詞 6 首等作品。

本書用筆記方式書寫。內容記述惠洪與「林間勝士抵掌清談，莫非尊宿之高行、叢林之遺訓、諸佛菩薩之微旨、賢士大夫之餘論。每得一事，隨即錄之，垂十年間，得三百餘事。」〔註261〕也就是惠洪輯錄禪林高僧的事迹、禪語、佛法要義和出入禪門的士大夫的妙論，共達三百多項，十年後，由本明上人編成《林間錄》一書。

〔註261〕見（宋）謝逸撰：〈洪覺範林間陸序〉，《卍新纂續藏經》第八十七冊，頁 267 上。

《林間錄》、《林間錄後集》，目前分別收藏於（明版）《嘉興大藏經》第二十三冊，第 481 頁至第 512 頁。（日版）《卍續藏經》第一四八冊，第 293 頁至第 329 頁。《大藏新纂卍續藏經》第八十七卷，第 245 頁至第 281 頁。《禪宗全書》第三十二冊，第 17 頁至第 94 頁。

另外，《臨濟宗旨》，一卷。是惠洪援引古德、尊宿的提唱，闡論三玄三要、十智同真、四賓主等法要，導引學人悟得臨濟宗的特殊宗旨之作。此文編列於《嘉興大藏經》中，置於《禪林僧寶傳》後，因此介紹於此。

此書收藏於（明版）《嘉興大藏經》第二十冊，第 620 頁至第 622 頁。（日版）《卍續藏經》第一一一冊，第 86 頁至第 88 頁。《大藏新纂卍續藏經》第八十七卷，第 167 頁至第 170 頁。《禪宗全書》第三十二冊，第 9 頁至第 15 頁。

（三）詩禪交涉的文學作品

惠洪不乏以詩文作佛事的作品。例如：《石門文字禪》、《冷齋夜話》，以及《天廚禁臠》。

1.《石門文字禪》

三十卷。《石門文字禪》，也稱《筠溪集》，是惠洪的詩文集，由惠洪的弟子覺慈輯錄惠洪的著作而編。《四庫全書》云：「《石門文字禪》，多宣佛理，兼抒文談，其文輕而秀」〔註262〕石門，是取自惠洪住過的筠州石門寺，也稱石門精舍。〔註263〕

此書乃在破除「學禪者不務精義，學文字者不務了心」〔註264〕的觀念，以不學之學，不立文字之文字而發揮禪旨的作品。此書收錄了惠洪的作品，包括古體詩、排律、五言律詩、七言律詩、五言絕句、六言絕句、七言絕句、偈、贊、銘、詞、賦、記、序、記語、題、跋、疏、書、塔銘、行狀、傳，以及祭文等。是研究惠洪生平事蹟、宋代佛教、禪宗史，以及文學、藝術史的寶貴資料。

本書目前收錄於（明版）《嘉興大藏經》第二十三冊，第 577 頁至第 731

〔註262〕《四庫全書》集部卷一六四，頁 1405。

〔註263〕〈六世祖師畫像贊並序〉：「余竄海上三年而還館於筠之石門寺」；〈題華光梅〉：「政和五年十一月十二日，夜石門精舍題」分別見（宋）德洪著：《石門文字禪》卷十八、卷二十六，（臺北市：新文豐出版社，1973 年），頁 18；19。

〔註264〕見釋達觀撰：〈石門文字禪序〉，《石門文字禪》，（臺北市：新文豐出版社，1973年），頁 1。

頁。新北市新文豐出版股份有限公司，1973 年 12 月初版。《禪宗全書》第九十五冊，第 1 頁至第 427 頁。

2.《冷齋夜話》

十卷。《冷齋夜話》，是詩話類的作品，一百五十八條詩話，旨在輯錄前人或當代詩人的詩法與詩作。此書對於詩法的探討，以及惠洪與當代文士的交遊，提供了寶貴的資料。

收藏於《文津閣四庫全書》第二八五冊，第 691 頁至第 706 頁。

3.《天廚禁臠》

三卷。是論述唐、宋名家之詩法與詩格的著作。

目前收藏於中國北京中華書局影印明正德丁卯刊本，1958 年 10 月。

第三節　張商英的學思歷程

張商英的時代，是個新舊黨爭擾攘頻仍的時代，是儒、釋、道三教學者互相排斥又相互吸取的時代，是諸家學說兼收並蓄的時代，這樣的時代對張商英的學思具有重要的意義與影響。關於張商英，《宋史》卷三五一〈張商英傳〉謂其「負氣俶儻，豪視一世」，又說：「商英為政持平，然意廣才疏」，「商英以傾詖之行，竊忠直之名，沒齒猶見褒稱，其欺世如此」；〔註265〕《名臣碑傳琬琰集》卷下十六〈張少保商英傳〉：「商英慷慨敢言事，然詭譎不常」；〔註266〕「公之大節在史官，文章在天下，勛德在生民」；〔註267〕宋人洪邁稱「彼直姦人之雄爾」。〔註268〕史冊從不同觀點審視張商英其人及其行事風格，故有著褒貶不一的評價。

關於張商英的學思歷程，可由張商英的著作，以及相關張商英的歷代史書的記載和記錄張商英的傳記資料中探考之。

〔註265〕分別見（元）脫脫等撰：《宋史》卷三五一〈張商英傳〉，（臺北市：藝文印書館，1958 年），頁 4405，4407，4411。

〔註266〕見（宋）杜大珪編：〈張少保商英傳〉，《名臣碑傳琬琰之集》卷十六，《景印文淵閣四庫全書》史部傳記類 208，（臺北市：臺灣商務，1983 年），頁 450～789。

〔註267〕見（明）周復俊編：〈丞相張公祠堂銘並序〉，《全蜀藝文志》卷四十四，（蘭州市：蘭州大學出版社，2003 年），頁 189。

〔註268〕見（宋）洪邁著：〈張天覺為人〉，《容齋隨筆》卷十五，（臺北市：臺灣商務，1979 年），頁 146。

　　關於張商英的著作，現存者，計有：《法華合論》「附論」七卷、〔註269〕《護法論》一卷、〔註270〕《續清涼傳》二卷、〔註271〕《宗禪辯》一卷、〔註272〕《佛國禪師文殊指南圖贊》一卷，〔註273〕以及《頌古》，另有：〈長者龕記〉、〈霍山詩〉。〔註274〕〈元豐四年重建當陽縣武廟記〉、〈元祐初建三郎廟記〉、〈寧魂〉。〔註275〕〈張御史唐英墓誌銘〉。〔註276〕〈荊門玉泉皓長老塔銘〉。〔註277〕〈撫州永安禪院僧堂記〉、〈隋州大洪山靈峰寺十方禪院記〉等。〔註278〕

　　其次，載有相關張商英的歷代史書，例如：《宋史》卷三五一〈張商英〉；杜大珪編《名臣碑傳琬琰集》卷十六〈張少保商英傳〉；王稱撰《東都事略》卷一○二〈張商英〉等，均載有張商英的單篇紀事。祝穆撰《方輿勝覽》；李燾撰《續資治通鑑長編》；徐自明撰《宋宰輔編年錄》以及《全宋文》等，亦有張商英之行事與著作之記錄。

　　再次，關於張商英的傳記資料，例如：悟明撰《聯燈會要》卷十六〈丞相無盡居士張公商英〉；正受編《嘉泰普燈錄》卷二十三〈丞相張商英居士〉；普濟編《五燈會元》卷十八〈丞相張商英居士〉；念常集《佛祖歷代通載》卷十九〈無盡張商英〉；心泰編、真清閱《佛法金湯編》卷十三〈張商英〉；朱時恩輯《居士分燈錄》卷下〈張商英〉；彭際清述《居士傳》卷二十八〈張天覺傳〉等，均載有張商英的單篇紀事。另外，曉瑩《雲臥紀譚》卷上、下；

〔註269〕見《卍續藏經》第四十七冊，頁350～418。

〔註270〕見（宋）張商英述：《護法論》，《大正新脩大藏經》第五十二冊，頁637上～646下。

〔註271〕見（宋）張商英述：《續清涼傳》，《大正新脩大藏經》第五十一冊，頁1127上～1135上。

〔註272〕見（宋）張商英撰：《宗禪辯》，收錄於嚴一萍選輯：《原刻景印百部叢書集成》，（台北：藝文印書館，1967年），頁1～23。

〔註273〕見（宋）張商英撰：《佛國禪師文殊指南圖讚》，《大正新脩大藏經》第四十五冊，頁793上～806中。

〔註274〕分別見（清）胡聘之撰：《山右石刻叢編》卷十七，卷二十一，頁397，502。

〔註275〕見（清）葉芳模等纂：《新津縣志》卷四十，（臺北市：臺灣學生書局，1968年），頁933～951。

〔註276〕見（宋）杜大珪撰：《名臣碑傳琬琰之集》卷十四，收錄於趙鐵寒主編：《宋史資料萃編》第二輯，（台北縣：文海出版社，1969年），頁621～625。

〔註277〕見（元）念常集：《佛祖歷代通載》卷十九，《大正新脩大藏經》第四十九冊，頁674中～675中。

〔註278〕分別見於（明）如卺續集：《緇門警訓》卷三；卷十，《大正新脩大藏經》第四十八冊，頁1053下～1054中；1096上～1097上。

曉瑩集《羅湖野錄》卷上、下；師明集《續古尊宿語要》第六集；道融撰《叢林盛事》卷上；道謙編《大慧普覺禪師宗門武庫》；志磐撰《佛祖統紀》卷三十四、四十三、四十七；曇秀撰《人天寶鑑》；法應集、普會續集《禪宗頌古聯珠通集》；覺岸編《釋氏稽古略》卷四等，亦涉獵張商英之事蹟。

　　本節探討張商英的學思歷程，主要依據以上資料，並參考近代學者之研究。專著，例如：羅凌著《無盡居士張商英研究》，羅凌於此書後，載有附錄「張商英事迹及著述編年」，對張商英之事迹，以繫年方式，做詳細推考，對於了解張商英其人其事，很有參考價值。單篇論文，例如：阿部肇一著、關世謙譯〈無盡居士張商英〉；阿部肇一〈北宋の張商英と佛教〉；黃啓江〈張商英護法的歷史意義〉；蔣義斌〈張商英《護法論》中的歷史思維〉；潘桂明〈張商英《護法論》〉，對於張商英的生平及其行事風格，皆提供參考價值。〔註279〕

　　本節共分三小節：第一小節，述張商英的生平，由正史與佛教史傳等資料中論及。第二小節，張商英的學佛因緣，受當代儒者士大夫走向的影響，因其妻向氏的啓迪，張商英的佛學師承及其交遊等方面探討。第三小節，論及張商英三教思想的養成及發皇。

一、張商英的生平

　　張商英，字天覺，自號無盡居士，〔註280〕史傳稱他張商英，張天覺，張

〔註279〕分別見於羅凌著：《無盡居士張商英研究》，（武漢：華中師範大學出版社，2007年）；（日）阿部肇一著，關世謙譯：〈無盡居士張商英〉，《中國禪宗史》，（臺北市：東大圖書股份有限公司，1986年），頁505～528；（日本）阿部肇一著：〈北宋の張商英と佛教〉，（東京：駒澤大學宗教學研究會，1988年），頁97～117。黃啓江著：《北宋佛教史論稿》，（臺北市：臺灣商務，1997年），頁359～416；蔣義斌撰：〈張商英《護法論》中的歷史思維〉，《佛學研究中心學報》（1998年7月），第三期，頁129～150；潘桂明著：《中國居士佛教史》，（北京：中國社會科學出版社，2009年），頁609～619。

〔註280〕關於張商英其名，其號皆有來歷淵源。其名：「從張文蔚所育七子軒英（喻指軒轅）、顓英（喻指顓頊）、民英、唐英（喻指堯）、虞英（喻指舜）、商英、邦英的取名淵源來看，大概以傳說中的五帝夏商周三代人名爲順序，張商英可能爲其幼子。」其號：「『無盡』是佛教術語，《維摩詰·菩薩行品第十一》：『有盡無盡，解脫法門……何謂無盡？謂無爲法』又有所謂無盡海、無盡緣起、無盡燈等說法，張商英的號殆源于此。」見羅凌著：〈張商英事迹及著述編年〉、《無盡居士張商英研究》，（武漢：華中師範大學出版社，2007年），頁242。

無盡或無盡居士，蜀州（四川崇慶）新津人。徽宗曾以「商霖」賜之。〔註281〕卒後，贈少保，欽宗即位，特贈太保。南宋紹興年間，又賜諡文忠。〔註282〕

張商英生年不詳，其卒年，根據《嘉泰普燈錄》卷二十三〈丞相張商英居士〉之記載，卒於宣和四年（1122）十一月黎明。〔註283〕《五燈會元》卷十八〈丞相張商英居士〉、《佛祖歷代通載》卷十九〈無盡張商英〉、《釋氏稽古略》卷四、《居士分燈錄》卷下〈張商英〉、《居士傳》卷二十八〈張天覺傳〉等，皆主其說。〔註284〕其次，就《石門文字禪》卷二十四〈送一上人序〉所示：「宣和四年十二月十四日，龍安之門弟子義一，持無盡所做照公塔銘語句來時，無盡亦歿逾年矣。」〔註285〕由此可知，張商英應卒於宣和三年。此說與《宋史》卷三五一〈張商英〉、《名臣碑傳琬琰集》卷十六〈張少保商英傳〉以及《東都事略》卷一○二〈張商英〉等傳記的記載：當卒於宋徽宗宣和三年（1121），享年七十九歲相仿。〔註286〕因此，其生年應爲宋仁宗慶曆三年（1043），正當慶曆新政展開之際。

根據〈張少保商英傳〉的記載，「治平二年（1065，張商英）進士第，

〔註281〕「徽宗時，久旱，彗星中天，是夕，彗不見，明日，雨。徽宗喜，大書『商霖』二字賜之。」見（元）脫脫等撰：〈張商英傳〉，《宋史》卷三五一，（臺北市：藝文印書館，1958年），頁4407。

〔註282〕「徽宗時，久旱，彗星中天，是夕，彗不見，明日雨，徽宗喜，大書『商霖』二字賜之。」見（元）脫脫等撰：〈張商英傳〉，《宋史》卷三五一，（臺北市：藝文印書館，1958年），頁4407。

〔註283〕「宣和四年十一月黎明，口占遺表，命弟子書之，作偈曰：『幻質朝章八十一，漚生漚滅無人識。撞破虛空歸去來，鐵牛入海無消息。』言訖，取枕擲門窗上，聲如雷震，眾視之，已逝矣。」見（宋）正受編：《嘉泰普燈錄》卷二十三，《卍新纂續藏經》第七十九冊，頁429下。

〔註284〕分別見（宋）普濟撰：《五燈會元》卷十八，《卍新纂續藏經》第八十冊，頁380上；（元）念常集：《佛祖歷代通載》卷十九，《大正新脩大藏經》第四十九冊，頁683上；（元）覺岸編：《釋氏稽古略》卷四，《大正新脩大藏經》第四十九冊，頁886中；（明）朱時恩輯，王元瑞閱：《居士分燈錄》卷下，《卍新纂續藏經》第八十六冊，頁596下；（清）彭際清述：《居士傳》卷二十八，《卍新纂續藏經》第八十八冊，頁234下。

〔註285〕見（宋）德洪著：《石門文字禪》卷二十四，（臺北市：新文豐出版社，1973年），頁10。

〔註286〕分別見（元）脫脫等撰：〈張商英傳〉，《宋史》卷三五一，（臺北市：藝文印書館，1958年），頁4407；（宋）杜大珪編：〈張少保商英傳〉，《名臣碑傳琬琰之集》卷下十六，《景印文淵閣四庫全書》史部傳記類208，（臺北市：臺灣商務，1983年），頁450～787；（宋）王偁撰：《東都事略》卷一○二，《景印文淵閣四庫全書》史部別史類140，（臺北市：臺灣商務，1983年），頁382～664。

調達州通川縣主簿。」〔註287〕從此他的仕宦生涯。宦海中，歷任神宗、哲宗及徽宗三朝，歷經新舊黨爭、元祐更化以及紹聖紹述等三個重大的歷史事件。他的仕宦生涯也隨著北宋政治的動盪起落而變動不居。〔註288〕儘管如此，他在北宋中後期的政壇上還是具有一定的影響力。張商英的生活圈中，除了官場生活外，也參與道教的活動，同時，也是佛門忠實的外護。〔註289〕是北宋居士佛教的核心人物。

二、張商英的學佛因緣

張商英一生雖不乏道教之薰陶，〔註290〕但中年以後，則頻於參禪學佛，加以官運多不順遂，遂增深其遊訪名山古剎，及與禪家僧人之交遊的機會，大異其年少之形象。張商英方少時，警敏強記。《方輿勝覽》言其：「爲童子時，日記萬言。」〔註291〕稍長，受學於其兄唐英〔註292〕（1029～1071，自號

〔註287〕見（宋）杜大珪編：〈張少保商英傳〉，《名臣碑傳琬琰之集》卷下十六，《景印文淵閣四庫全書》史部傳記類208，（臺北市：臺灣商務，1983年），頁450～787。

〔註288〕張商英治平三年（1065）中進士，熙寧四年（1071），因招降渝州叛蠻王袞，被辟爲知南川縣。熙寧四年11月，因章惇賞識，擢升爲光祿寺丞，權檢正中書禮房公事。熙寧五年（1072）3月，擢升爲太子中允，權監察御史里行。11月降監荊南塩曲商稅。元豐二年（1079）復太子中允，奉使京西南路。元豐八年（1085）召爲太常丞。元祐元年（1086）至元祐八年（1093）任地方官。紹聖元年（1094）任右正言。紹聖三年（1096）權知洪州。元符二年（1099）改任權工部侍郎。元符三年（1100）改遷中書舍人。建中靖國元年（1101）任權戶部侍郎。崇寧元年（1102）除任尚書右丞。崇寧二年（1103）4月，遷尚書左丞。8月罷尚書左丞，謫知亳州。見羅凌著：《無盡居士張商英研究》，（武漢：華中師範大學出版社，2007年），頁248～289。

〔註289〕見羅凌著：《無盡居士張商英研究》，（武漢：華中師範大學出版社，2007年），頁29～54。

〔註290〕「張無盡丞相，十九歲應舉入京，經由向家。向家夜夢人報曰：『明日接相公。』凌晨，淨室以待。至晚，見一窮揹大著黃道服，乃無盡也。」「章惇經制蠻夷，狎侮郡縣吏，無敢與共語。部使者念獨商英足抗之，檄至蠻，惇詢人才，使者以商英告，即呼入同食。商英著道士服，長揖就坐。」分別見（宋）道謙編：《大慧普覺禪師宗門武庫》，《大正新脩大藏經》第四十七冊，頁952中。（元）脫脫等撰：〈張商英傳〉，《宋史》卷三五一，（臺北市：藝文印書館，1958年），頁4405～4406。

〔註291〕見（宋）祝穆撰：《方輿勝覽》卷五十二，（北京市：人民出版社，2009年），頁454。

〔註292〕見（宋）王稱撰：《東都事略》卷一〇二，《景印文淵閣四庫全書》，（臺北市：臺灣商務，1983年），頁382～662。

黃松子）。倡言「無佛論」。然根據羅凌對「張商英的佛教著述及成就」的考述，下這樣的注腳：「張商英對佛教的影響遠遠超過他對儒學的影響」。〔註293〕試觀張商英在佛學上的撰作，除了《法華合論》七卷外，還包括：《楞嚴經注》（亡佚）、《清淨海眼經注》（亡佚）、《續清涼傳》二卷、《宗禪辯》一卷、《護法論》一卷、《佛國禪師文殊指南圖贊》一卷以及《頌古》等。可知，佛學的薰陶在張商英的學思歷程中佔有重要的地位。

張商英由倡言「無佛論」，到成為臨濟宗黃龍派的門人，其佛學素養的形成，有足跡可尋。

（一）儒者士大夫走向的影響

北宋時期，儒學的式微，恰是佛教，尤其是禪宗興盛的最佳時機。元豐三年（1080），張商英曾與王安石、張方平（1007～1091）等人，論議儒士逃儒歸佛事。《大慧普覺禪師宗門武庫》有詳細的敘文：

> 「王荊公一日問張文定公曰：『孔子去世百年生孟子，亞聖後絕無人，何也？』文定公曰：『豈無人，亦有過孔孟者。』公曰：『誰？』文定曰：『江西馬大師、坦然禪師、汾陽無業禪師、雪峯巖頭、丹霞、雲門』荊公聞，舉意不甚解。乃問曰：『何謂也？』文定曰：『儒門淡薄，收拾不住，皆歸釋氏焉』。公欣然嘆服，後舉似張無盡，無盡撫几嘆賞，曰：『達人之論也』」。〔註294〕

引文中，「儒門淡薄，收拾不住，皆歸釋氏焉」是當代儒學與佛學互為消長的主因。張文定並把江西馬大師等禪師媲美為孔、孟，甚至有過之。佛教在北宋，由於皇帝對於佛教政策的寬鬆與扶持的態度，禪宗有蓄勢待發的傾向，造就了禪宗的興盛，對於當代的學術思想文化，開啓了莫大的影響作用。因此，儒者士大夫與佛教禪僧的交遊，形成當代的主流。根據《居士分燈錄》的記載：范仲淹（989～1052）是瑯琊慧覺禪師的法嗣，潘興嗣（1023～1100）是黃龍慧南禪師的法嗣，蘇軾是東林常總禪師的法嗣，黃庭堅是黃龍祖心禪師的法嗣，周敦頤是佛印了元禪師的法嗣，陳瓘是靈源惟清禪師（？～1117）的法嗣，蘇轍（1039～1112）是洪州順禪師的法嗣。〔註295〕可知，北宋時期

〔註293〕見羅凌著：《無盡居士張商英研究》，（武漢：華中師範大學出版社，2007年），頁92。

〔註294〕見（宋）道謙編：《大慧普覺禪師宗門武庫》，《大正新脩大藏經》第四十七冊，頁954下。

〔註295〕分別見於（明）朱時恩輯：《居士分燈錄》卷上、卷下，《卍新纂續藏經》第八十六冊，頁590上、595上、596下、598上、600上、601中、602上。

儒者士大夫與禪僧的走向，關係之密切程度。又如：歐陽修藉由酬詩、送別以及爲作品寫序之際，與僧人交遊。〔註296〕王安石與臨濟禪僧眞淨克文之交，並以其名請朝賜紫方袍，號眞淨大師。〔註297〕朱世英問法於黃龍慧南未契，次問佛法大意於眞淨克文，文答以書，世英得書有省。〔註298〕蘇軾、蘇轍以及秦觀（1049～1100）皆與佛印了元有著密切的往來。〔註299〕黃庭堅與黃龍祖心之弟子惟清、悟新亦結爲方外之交。〔註300〕曾一度排佛的張商英，受到這種環境的影響，由儒而道，繼而融入佛門，尤其進入了禪宗的臨濟黃龍派中，亦成爲「外護」的典型代表。〔註301〕是可以理解的。

（二）向氏之啟迪

關於張商英的學佛因緣，除了時代背景的因素外，來自其妻向氏的影響甚大。張商英之妻向氏，爲梁山鄉先生向子山之女。根據《大慧普覺禪師宗門武庫》的記載：「（張商英）初任主簿，因入僧寺，見藏經梵夾齊整，乃怫然曰：『吾孔聖之教，不如胡人之書，人所仰重。』夜坐書院中，研墨吮筆，憑紙長吟，中夜不眠。向氏呼曰：『官人夜深，何不睡去？』無盡以前意白之：『正此著《無佛論》。』向應聲曰：既是無佛，何論之有？當須著《有佛論》始得。』無盡疑其言遂已。及訪一同列，見佛龕前經卷，乃問曰：『此何書也？』同列曰：『《維摩詰所說經》』無盡信手開卷，閱到『此病非地大，亦不離地大』處，歎曰：『胡人之語，亦能爾耶！』問此經幾卷，曰：『三卷，可借歸盡讀。』向氏問：『看何書？』無盡曰：『《維摩詰所說經》』向氏曰：『可熟讀此經，然後著《無佛論》也。』無盡悚然異其言，由是深信佛乘，留心祖道。」〔註302〕由《宗門武庫》得知：其一、藏經梵夾齊整，帶給張商英雖有震撼之感，可

〔註296〕見李承貴著：《儒士視域中的佛教——宋代儒士佛教觀研究》，（北京：宗教文化，2007 年），頁 20～24。

〔註297〕見（宋）德洪著：〈雲庵眞淨和尚行狀〉，《石門文字禪》卷三十，（臺北：新文豐出版公司，1973 年），頁 4。

〔註298〕見（日）忽滑古快天撰，朱謙之譯：《中國禪學思想史》，（上海：上海古籍出版社，2002 年），頁 493。

〔註299〕見楊曾文著：《宋元禪宗史》，（北京：中國社會科學出版社，2006 年），頁 518。

〔註300〕見楊曾文著：《宋元禪宗史》，（北京：中國社會科學出版社，2006 年），頁 526～530。

〔註301〕見黃啓江著：《北宋佛教史論稿》，（臺北市：臺灣商務，1997 年），頁 364。

〔註302〕見（宋）道謙編：《大慧普覺禪師宗門武庫》，《大正新脩大藏經》第四十七冊，頁 952 中。

是其宗於儒家之精神並未稍減，心依舊向著「無佛論」。其二、《維摩詰經》「此病非地大，亦不離地大」的思想，已漸於張商英心中醞釀著、觀照著。其三、《維摩詰經》成爲張商英「有佛論」與「無佛論」的關鍵。由此觀之，其妻向氏是張商英由無佛論至心向佛的關鍵人物，而《維摩詰經》是影響張商英的首要經典。根據《石門文字禪》卷十五〈無盡居士以峽州天寧見邀作此辭免六首〉條之二，謂「維摩願力元無盡，重現眞州宰輔身。舌本雷槌烹佛祖，筆端和氣活生民。」〔註303〕「維摩」是居士的代表，「眞州宰輔身」指張商英，惠洪讚歎張商英似維摩詰居士的化身。呼應了張商英與《維摩詰經》的因緣匪淺。其四、向氏集佛教信仰與佛教義理於一身，對於張商英佛教的啓發有一定的作用。其五、「留心祖道」，《佛祖歷代通載》做「留心禪宗」，〔註304〕可看出張商英與禪家者遊的足跡。

（三）張商英的方外之交

儒者士大夫與禪僧之交遊，可說是北宋教界與學界的主流。張商英與禪僧之交遊，多見於禪僧史傳中。

1. 東林常總禪師

東林常總禪師的傳記資料，主要記載於《禪林僧寶傳》卷二十四、《五燈會元》卷十七、《佛祖歷代通載》卷十九、《建中靖國續燈錄》卷十二、《釋氏稽古略》卷四，以及《續傳燈錄》卷十六等。

東林常總禪師，劍州尤谿人，俗姓施氏，字照覺。十一歲，依寶雲寺文兆法師出家，復詣大中寺契恩律師受具足戒，後隨黃龍慧南參究二十年，受大法之決旨。曾住江西泐潭，其徒相語爲「馬祖再來」。元豐三年（1080），詔「革江州東林律居爲禪席」，禪師應命住持，其徒以爲應東晉慧遠之讖：「吾滅七百年後，有肉身大士，革吾道場」。元祐三年（1088）賜號「照覺禪師」，元祐六年（1091）示寂，世壽六十七。《五燈會元》卷十七，列爲臨濟宗南嶽下十二世。

關於張商英與東林常總的因緣，根據宋代佛教禪宗典籍的記載：

〔註303〕見（宋）德洪著：〈無盡居士以峽州天寧見邀作此辭免六首〉，《石門文字禪》卷十五，（臺北：新文豐出版公司，1973年），頁3。

〔註304〕見（元）念常集：《佛祖歷代通載》卷十九，《大正新脩大藏經》第四十九冊，頁682中。

元佑六年，爲江西漕，首謁東林照覺總禪師，覺詰其所見處，與己
符合。乃印可。〔註305〕

元祐六年，奉使江左。由東林，謁照覺總禪師。敘論久之。〔註306〕

平居與廬山東林照覺總禪師爲方外侶。元豐辛酉秋，以序送羽士，
蹇拱辰，字翊之。往參問於總。〔註307〕

三個引文皆揭示東林常總禪師爲張商英的方外之交，但彼此有一些不相同的
地方。其一、就時間言，引文一、引文二，皆謂張商英拜謁東林常總禪師的
時間爲元祐六年（1091），時年張商英四十九歲，正值壯年。只是引文一，並
標明「首謁」。引文三，則標明元豐辛酉秋，元豐辛酉即元豐四年（1081）。
與引文一、引文二的時間相差十年之久。根據阿部肇一在其所著《中國禪宗
史》的記載：「張商英與常總都是蜀地出身，二人可能從在四川之時，即已結
爲『方外之侶』。」〔註308〕其二、引文二標明，禪師與張商英「敘論久之」。另
外，「由」字當爲「遊」之筆誤。根據《佛祖統紀》卷五十三的記載：「宋哲
宗，張商英至万山昭化院，得《華嚴決疑論》」。〔註309〕可知，張商英覓得《華
嚴決疑論》，是在宋哲宗朝，自元祐元年（1086）至元祐八年（1093）期間。
根據《嘉泰普燈錄》卷二十四〈李通玄長者〉條的記載「元祐戊申歲，無盡
居士張商英漕江左，出按壽陽。因齋戒至謁，於破屋之下散帙間，得《華嚴
修行決疑論》四卷。」〔註310〕可知，得《華嚴修行決疑論》，是在元祐戊申年，
「戊申」該爲「戊辰」之筆誤。元祐戊辰年，即元祐三年（1088）。根據《山
右石刻叢編》卷十七〈長者龕記〉條下的記載：「予元祐戊辰，奉使河東行太
原壽陽縣，詣方山瞻李長者像，至則荒茅蔽嶺數十里，前後無人煙，有古破

〔註305〕 見（宋）普濟集：〈丞相張商英居士〉，《五燈會元》，《卍新纂續藏經》第八十
　　　　冊，頁 379 中。

〔註306〕 見（宋）正受編：〈丞相張商英居士〉，《嘉泰普燈錄》卷二十三，《卍新纂續
　　　　藏經》第七十九冊，頁 429 上。

〔註307〕 見（宋）曉瑩撰：〈丞相張無盡居士〉，《雲臥紀譚》卷上，《卍新纂續藏經》
　　　　第八十六冊，頁 662 中。

〔註308〕 見（日）阿部肇一著，關世謙譯：〈無盡居士張商英〉，《中國禪宗史》，（臺北
　　　　市：東大圖書股份有限公司，1986 年），頁 475。

〔註309〕 見（宋）志磐撰：《佛祖統紀》卷五十三，《大正新脩大藏經》第四十九冊，
　　　　頁 462 中。

〔註310〕 見（宋）正受編：〈李通玄長者〉，《嘉泰普燈錄》卷二十四，《卍新纂續藏經》
　　　　第七十九冊，頁 436 中。

殿屋三間,長者堂三間,村僧一名,丐食于縣,未嘗在山。予於破竹經架中,
得長者《修行決疑論》四卷、《十玄六相論》一卷、《十二緣生論》一卷,梵
夾如新,從此遂頓悟華嚴宗旨。」〔註311〕引文確認了張商英所覓得的經論及
其時間。李長者即唐代華嚴學者李通玄(635～730)。李長者故居雖見滄桑,
可是卻留下生命精華在人間。元祐三年,張商英取得經論,經再三咀嚼,至
元祐六年拜謁東林常總禪師的機緣,「敘論久之」,遂頓悟華嚴宗旨。其三、
常總禪師對張商英的印可,不僅肯定張商英之於禪學與義學的鑽研,亦給予
其建立相當程度的信心,對於張商英具有點化的效果。張商英與臨濟宗黃龍
派也因此結下不解之緣。

2. 兜率從悅禪師

關於兜率從悅禪師(1044～1091)的傳記資料,主要記載於《聯燈會要》
卷十五、《嘉泰普燈錄》卷七、《五燈會元》卷十七、《建中靖國續燈錄》卷二
十三,以及《續傳燈錄》卷二十二等。

兜率從悅禪師,俗姓熊氏,虔州(江西贛州)人,十五歲出家,十六歲
受具足戒,為真淨克文禪師的法嗣。有〈兜率悅禪師語〉傳世。

關於張商英與兜率從悅禪師的因緣,根據《佛祖歷代通載》卷十九的記
載:

> 南昌諸山誰可與語,覺曰:兜率悅,玉溪喜。〔註312〕

經由東林常總禪師的推舉,從此兜率從悅禪師和張商英譜出了師徒之間的關
係。

張商英與兜率從悅禪師的交遊,見於《大慧普覺禪師宗門武庫》、《五燈
會元》卷十八、《聯燈會要》卷十六、《佛祖統紀》卷四十五、《居士傳》卷二
十八、《居士分燈錄》卷下,以及《嘉泰普燈錄》卷二十三〈丞相張商英居士〉。
根據《嘉泰普燈錄》卷二十三〈丞相張商英居士〉的記載:

> 其提綱語要。盡貫穿前列。〔註313〕

> 佛法不是這箇道理。〔註314〕

〔註311〕見(清)胡聘之撰:〈長者龕記〉,《山右石刻叢編》,(上海:上海古籍,2002
　　　　年),頁397。
〔註312〕見(元)念常集:《佛祖歷代通載》卷十九,《大正新脩大藏經》第四十九冊,
　　　　頁682中。
〔註313〕見(宋)正受編:〈丞相張商英居士〉,《嘉泰普燈錄》卷二十三,《卍新纂續
　　　　藏經》第七十九冊,頁429中。

悅因舉德山托缽話。令熟究之。〔註315〕

囑曰：參禪為命根未斷，依語生解。如是之法，公已深知，然有至
微極細之魔，使人不覺不知，墮在區宇，更宜著便。〔註316〕

引文的重點，說明兜率從悅禪師的特色與行事風格、張商英的參禪經過以及
兜率從悅禪師的叮嚀。引文一，說明元祐六年八月，張商英至分寧縣，諸禪
迓之。張商英請各禪家相聚於雲巖寺，並升堂說法。此時，從悅禪師能就諸
禪家登堂說法之內容，「提綱語要，盡貫穿前列」，遂深得張商英之心。引文
二，說明張商英入兜率寺，並與兜率從悅禪師的一段參禪經過。「抵擬瀑亭。
公（張商英）問：『此是甚處？』悅曰：『擬瀑亭』公曰：『捩轉竹筒，水歸何
處？』悅曰：『目前薦取』公佇思。悅曰：『佛法不是這箇道理』」。從悅禪師
提醒張商英，佛法「離言說相、離名字相、離心緣相」。引文三，「德山托缽
話」出自《羅湖野錄》卷上，是德山禪師與義存禪師的一段公案。根據《羅
湖野錄》卷上的記載，張商英「蚤負禪學」，自認為「比看《傳燈錄》一千七
百尊宿機緣，唯疑『德山托缽話』」。〔註317〕從悅禪師藉此公案啓迪張商英，
張商英亦因此得到從悅禪師的印可。引文四，從悅禪師提醒張商英，參禪者
患依語生解，必要回歸到「法則以心傳心，皆令自悟自解」。〔註318〕從悅禪師
並作頌證之。〔註319〕至此，張商英可謂對從悅禪師心悅誠服。上述為張商英
由賞識從悅禪師，至與之契入的過程。可知，從悅禪師在張商英參禪生涯中，
具有啓發引領的作用。因此，張商英對從悅禪師倍感尊敬，從悅禪師入滅時，

〔註314〕見（宋）正受編：〈丞相張商英居士〉，《嘉泰普燈錄》卷二十三，《卍新纂續
藏經》第七十九冊，頁 429 中。

〔註315〕見（宋）正受編：〈丞相張商英居士〉，《嘉泰普燈錄》卷二十三，《卍新纂續
藏經》第七十九冊，頁 429 中。

〔註316〕見（宋）正受編：〈丞相張商英居士〉，《嘉泰普燈錄》卷二十三，《卍新纂續
藏經》第七十九冊，頁 429 中。

〔註317〕見（宋）曉瑩集：《羅湖野錄》卷上，《卍新纂續藏經》第八十三冊，頁 380
下。

〔註318〕見（元）宗寶編：《六祖大師法寶壇經》，《大正新脩大藏經》第四十八冊，頁
349 上。

〔註319〕「等閒行處，步步皆如。雖居聲色，寧滯有無？一心靡異，萬法非殊。休分
體用，莫擇精麤。臨機不礙，應物無拘。是非情盡，凡聖皆除。誰得誰失，
何親何疏。拈頭作尾，指實為虛。翻身魔界，轉腳邪塗。了無逆順，不犯功
夫。」見（宋）普濟撰：《五燈會元》卷十八，《卍新纂續藏經》第八十冊，
頁 379 下。

張商英特為之啓塔。根據《續傳燈錄》卷二十二〈寶峰文禪師法嗣〉的記載：
「得法弟子無盡居士張公，遣使持祭。且曰：『老師於祖宗門下有大道力，不
可使來者無所起敬』。俾塔於龍安之乳峰。」〔註320〕並奏請徽宗皇帝，諡悅號
眞寂禪師。

3. 圓悟克勤禪師

　　張商英的方外之交，不止於黃龍派禪師，更廣及楊岐派僧，如：結交圓
悟克勤禪師。圓悟克勤禪師是臨濟宗楊岐派下的接棒與傳棒人。關於圓悟克
勤禪師的傳記資料，主要記載於《僧寶正續傳》卷四、《嘉泰普燈錄》卷十一、
《聯燈會要》卷十六、《佛祖歷代通載》卷二十，以及《五燈會元》卷十九等。

　　圓悟克勤禪師，字無著，號佛果，俗姓駱氏，彭州（四川彭縣）崇寧人，
南嶽下十四世。依妙寂院自省落髮，受滿分戒。從圓明敏行大師學經論，窺
其奧。謁昭覺勝禪師，問心法。與佛鑑慧懃、佛眼清遠齊名，世有「演門二
勤一遠」之稱，被譽為叢林三傑。諡號「眞覺禪師」。

　　張商英與圓悟克勤禪師的交遊，見於《嘉泰普燈錄》卷二十三、《僧寶正
續傳》卷四，以及《羅湖野錄》卷上等。

　　張商英與圓悟克勤主要的論事，是劇談《華嚴》之旨要。政和間，張商
英寓居荊州，以道學自居。圓悟克勤禮謁之，劇談《華嚴》旨要：「華嚴現量
境界，理事全眞。初無假法，所以即一而萬，了萬爲一。一復一，萬復萬，
浩然莫窮。心、佛、眾生，三無差別。卷舒自在，無礙圓融。此雖極則，終
是無風，匝匝之波。」〔註321〕受到張商英的讚歎。當張商英認爲華嚴眞境與
禪宗旨趣無別，圓悟克勤即爲之點破，說：

　　　古云：不見色，始是半提；更須知有，全提時節，若透徹，方見德
　　　山、臨濟用處。〔註322〕

半提，指所證尙不究竟，指是前導，未及證悟。圓悟克勤提醒張商英正視空、
有不二之理。〔註323〕張商英翻然醒悟。遂融通華嚴要旨與禪門宗趣，張商英
的學術風格因此更上一層。

〔註320〕見（明）圓極居頂編：〈寶峰文禪師法嗣〉，《續傳燈錄》卷二十二，《大正新
　　　　脩大藏經》第五十一冊，頁617上。
〔註321〕見（宋）曉瑩集：《羅湖野錄》卷上，《卍新纂續藏經》第八十三冊，頁377下。
〔註322〕見（宋）祖琇撰：《僧寶正續傳》卷四，《卍新纂續藏經》第七十九冊，頁570
　　　　上。
〔註323〕見楊曾文著：《宋元禪宗史》，（北京：中國社會科學出版社，2006年），頁379。

此外，楊岐派弟子中，張商英亦交涉大慧宗杲禪師。政和六年（1116），張商英受文準弟子請托，為湛堂文準禪師撰寫塔銘。張商英門庭很高，不容易見人，與大慧宗杲卻能一見如故，相談甚契，因此，張商英撰寫「妙喜」的庵號送給大慧宗杲禪師，並資助他參訪圜悟克勤。

張商英的交遊群像中，更廣及雲門宗、曹洞宗、律宗以及淨土宗，可以看出其與叢林的關係十分密切。關於張商英的方外之交，羅凌於《無盡居士張商英研究》一書中，羅列「張商英佛界交游表」，極為詳盡，可供參考。〔註324〕張商英廣與佛門大德結緣，對於其學術領域的開展，有著正比級數的推進作用。

三、三教思想的養成與發皇

張商英儒、釋、道三教思想的形成，除了時代背景的影響外，最重要的是他本身學思歷程的養成。張商英自幼，即「受學於唐英」，〔註325〕「十四歲，從其兄唐英遊李梁山」。〔註326〕可知，張商英的年幼黃金時期，皆跟隨兄長張唐英左右，蒙其甕培陶鑄。關於張唐英，史料的記載是：

> 唐英，字次功，少攻苦讀書，至經歲不知肉味。及進士第，翰林學士孫抃得其《正議》五十篇，以為馬周、魏元忠不足多。〔註327〕

> 兄（唐英）敏悟，出於天稟。十歲通五經，善綴文。……有鄉先生號為碩儒。次功就學歲餘，曰：「才有餘而道不足，不可以為吾學。」府君異之，以一壖土購書千餘卷，資其讀。次功閉戶，刻苦學力，或半歲不識肉味。〔註328〕

> 張商英，慶曆二年壬午科楊寘榜宮殿中侍御史。〔註329〕

〔註324〕見羅凌著：《無盡居士張商英研究》，（武漢：華中師範大學出版社，2007年），頁65～75。

〔註325〕見（宋）王稱撰：《東都事略》卷一〇二，《景印文淵閣四庫全書》，（臺北市：臺灣商務，1983年），頁382～662。

〔註326〕見（宋）祝穆撰：《方輿勝覽》卷五十二，（北京市：人民出版社，2009年），頁454。

〔註327〕見（元）脫脫等撰：〈張唐英傳〉，《宋史》卷三五一，（臺北市：藝文印書館，1958年），頁4407。

〔註328〕見（宋）張商英撰：〈寧魂〉，收錄於（清）葉芳模等纂：《新津縣志》卷四十，（臺北市：臺灣學生書局，1968年），頁941。

〔註329〕見（清）葉芳模等纂：《新津縣志》卷三十二，（臺北市：臺灣學生書局，1968年），頁619。

綜上可知，張唐英一生風華，克己盡力，全孤注於儒家典籍。如是窮究儒學的學者，對於張商英儒家思想的養成，自有潛移默化之功效。

張商英曾說：

> 吾孔聖之教，反不如胡人之書。〔註330〕

> 胡人之語，能爾（《維摩詰經》）耶。〔註331〕

可知，張商英潛藏的儒家精神，盡在無意間流露。其次，根據《名臣碑傳琬琰集》卷十六的記載：「中治平二年，進士第，調達州通川縣主簿。」〔註332〕亦可知，張商英之儒學基礎深厚。再次，曉瑩於《羅湖野錄》卷上，說：「夫蔚為儒宗而崇佛道，未有如公者。」〔註333〕元人吳澄於〈跋張丞相護佛論〉一文中說他：「儒而最通佛法」，〔註334〕皆可以證明其出身儒家，具有深厚的儒家學養。

北宋道教的興旺，在於宋真宗和宋徽宗時期。〔註335〕張商英蜀州新津人，新津比鄰道教名山老君山與鶴鳴山。藉時代氛圍與地理環境之便，耳濡目染道教教義，是可以理解的。關於張商英之道教色彩，史料有載：

> 張無盡丞相，十九歲應舉入京，經由向家。向家夜夢人報曰：「明日，接相公。」凌晨，淨室以待。至晚，見一窮揹大著黃道服，乃無盡也。〔註336〕

> 惇詢人才，使者以商英告，即呼入同食。商英著道士服，長揖就坐。〔註337〕

〔註330〕見（宋）正受編：《嘉泰普燈錄》卷二十三，《卍新纂續藏經》第七十九冊，頁429下。

〔註331〕見（宋）正受編：《嘉泰普燈錄》卷二十三，《卍新纂續藏經》第七十九冊，頁429下。

〔註332〕見（宋）杜大珪編：〈張少保商英傳〉，《名臣碑傳琬琰之集》卷十六，《景印文淵閣四庫全書》史部傳記類208，（臺北市：臺灣商務，1983年），頁450～787。

〔註333〕見（宋）曉瑩集：《羅湖野錄》卷上，《卍新纂續藏經》第八十三冊，頁381上。

〔註334〕「宋東都之季，南渡之初，儒而最通佛法者有二張焉，丞相商英，侍郎九成也。」見（元）吳澄撰：〈跋張丞相護佛論〉，《吳文正集》卷六十二，（景印文淵閣四庫全書）第二九七冊，（臺北市：臺灣商務，1983年），頁1197～609。

〔註335〕見劉精誠著：《中國道教史》，（臺北市：文津出版社，1993年），頁214。

〔註336〕見（宋）道謙編：《大慧普覺禪師宗門武庫》，《大正新脩大藏經》第四十七冊，頁952中。

〔註337〕見（元）脫脫等撰：《宋史》卷三五一〈張商英傳〉，（臺北市：藝文印書館，1958年），頁4405～4406。

張天覺晚年亦好佛重道，建華嚴閣，作醮籙會，黃冠釋子紛紛從之。

〔註338〕

由張商英的穿著，及參與的活動可知，張商英骨子裡的道教素養。他晚年不僅好佛，也參與道教的活動，在當時亦蔚然成風。《雲臥紀譚》卷上，有「無盡送羽士」的記載，其文曰：

> 成都道士蹇翮之來，言於余曰：吾鄉羽衣之族，世相與為婚姻。娶妻生子與俗流無異。拱辰因觀《道藏・神仙傳記》，翻然覺悟：⋯⋯。此六寇者，乘吾瞀亂，晝夜與吾相親，而未嘗相釋也。一旦吾之形耗而贏，氣耗而衰，精耗而萎，神耗而疲。⋯⋯。則六寇者，曾莫吾代，而天下之至苦，吾獨當之。⋯⋯。拱辰於是悉囊中之所有，⋯⋯。蓋吾之術，以性為基，以命為依，始乎有作，終乎無為。竊聞先生究離微之旨，窮心跡之歸，⋯⋯，故不遠而來見先生也。⋯⋯。吾有方外之侶曰常總，居於東林，必能決子之疑，請持吾之說而往問之。噫！無盡不指蹇見道家流，而指往東林，厥有旨哉。〔註339〕

引文說明成都道士蹇拱辰因閱《道藏》而感悟人生之虛幻，為一探心靈之究竟歸趣，遂四處尋訪，旋經張商英之舉薦，得東林常總以釋疑之。此段引文突顯了當代兼融釋、道之時代氛圍，以及無盡居士張商英於當代佛、道界所享之盛名。根據《通鑑長編紀事本末》卷一三一〈張商英事迹〉一文的記載：「臣少也賤，刻苦力學。窮天地之所以終始，三光之所以運行，五行之所以消長，人神之所以隱顯，潛心研思，垂四十年，而後著成《三才定位圖》。今繪為巨軸上進，如有可採，願得巨石刊刻，垂之永久。」〔註340〕《三才定位圖》是一部具有道教內容的著作。攸關張商英道教的作品，尚有《黃石公素書註》一卷，《金籙齋投簡儀》一卷，《金籙齋三洞贊咏儀》三卷。

綜上可知，張商英一身，兼具儒、釋、道三家之涵養與學識。在佛教的史傳、語錄中，載有張商英佛、道融合的實例，例如：《佛祖統紀》卷四十三：

〔註338〕見（宋）朱熹纂集：《宋名臣言行錄後集》，（景印文淵閣四庫全書）第四四九冊，（臺北市：臺灣商務，1983年），頁449～284。

〔註339〕見（元）念常集：《佛祖歷代通載》卷十九，《大正新脩大藏經》第四十九冊，頁672上。

〔註340〕見（宋）楊仲良撰：〈張商英事迹〉，《通鑑長編紀事本末》卷一三一，（臺北縣：文海出版社，1967年），頁3977～3978。

張無盡述《息諍論》，引《黃帝內書》云：「太一者，元一之氣。始生於太虛之上，有玉京山，四方各有八天，三十二帝。玉京之上有玉清、上清、太清。三清之上，有盧皇十天，元老、元君、元尊，天眞九皇居之。天皇眞人，降天眞九氣，分六元而爲混沌之象云云。」無盡斷之曰：「夫言玉京山三十二帝者，即佛之所謂須彌山頂忉利天也，盧皇天者，即佛所謂大梵天也，三清天者，即佛所謂空居天也，大梵天爲世界主，不知上有光音諸天，而言我能有所生，有所生則氣有所降……」。〔註341〕

忉利天、大梵天、空居天，分別指的是佛教欲界與色界諸天。張商英把道家的諸神眞人，比附爲佛教的欲界與色界諸天。可以想見，在張商英的思維裡，是把道教的思想，融入佛教的理論當中。雖然這樣的作法正確與否，有待商榷，但其企圖藉佛、道之互釋，達到融合其釋、道思想之義，卻是很明顯的，眞不失其亦儒、亦道、亦佛的人格特質。

《大慧普覺禪師宗門武庫》云：

無盡居私第日，適年荒，有道士輩，詣門教化食米。無盡遂勸各人誦《金剛經》，若誦得一分，施米一斗，如誦畢，施米三石二斗，化渠結般若緣。故云：「財法二施。」每遇僧，又勸念《老子》，使其互相知，有觀其護教之心，直如是爾。〔註342〕

引文把道教和佛教，由日常實踐中作體驗，作比對，融通道、佛，財施與法施，不僅可見張商英在護法上的努力，更可見其融通佛、道的意圖。張商英融通佛、道的精神，也表現在他注疏《法華經》的疏文中，其援引劉虯之言，裴休之語，〈洪範〉之說，《莊子》之論，來表達《法華》經義，即是充分體現儒、釋、道三教融合的思想。

儘管張商英的官場生涯並不十分美麗，但他的一生，或習儒，或履道，或崇佛，或護法，或參禪，或著述，或行腳，皆不離儒、釋、道三教，閱世豐富，深耕踏實。因此，在學術生涯中，亦種下不可抹滅的功績。

〔註341〕見（宋）志磐撰：《佛祖統紀》卷四十三，《大正新脩大藏經》第四十九冊，頁397上。

〔註342〕見（宋）道謙編：《大慧普覺禪師宗門武庫》，《大正新脩大藏經》第四十七冊，頁952上～中。

第三章　惠洪、張商英的釋經方法與特色

　　北宋是文字禪興起的時代。文字禪以四種形式，即：拈古、代別、頌古、評唱；在禪林中指導著禪學的發展。其中，「頌古」極盛於北宋，前有臨濟宗僧汾陽善昭的開創，繼之以雲門宗僧雪竇重顯的發皇。所謂「頌古」，是指用韻文解釋公案禪的方法。圜悟克勤在《佛果圜悟禪師碧巖錄》卷一，說：「大凡頌古，只是繞路說禪」。〔註 1〕繞路說禪，即是禪師們以「不點破」的原則解說禪意，這是頌古的一個特點。關友無黨在《佛果圜悟禪師碧巖錄・後序》一文中，說：「雪竇《頌古百則》，叢林學道詮要也。其間取譬經論或儒家文史，以發明此事。」〔註 2〕引經據典，設喻取譬，成為頌古的另一個特點。頌古的特點，即：不點破；援引佛教經論作比喻，並廣採儒家經史的寫作風格，特別受到當代禪僧與學者文士的喜愛，他們紛紛起而效尤，一時成為風尚。惠洪、張商英也是採用這種方式，注解《法華經》。

　　關於惠洪的釋經方法與特色，實養長與在〈鐫《法華合論》序〉一文中，謂：「上溯天台，下及蕅益，施註於《妙經》者不為少，各自披新獵異，此立彼破，始涉徒讀之三四過而不通，未見如石門圓明禪師《合論》能就自己所證，向不說破處說之者。……是為講經者之點眼藥。」〔註 3〕明代馮夢禎於〈重刻《妙法蓮華經合論》跋語〉一文中，也說：「宋・覺範洪禪師有《法華論》

〔註 1〕見（宋）圜悟克勤編：《佛果圜悟禪師碧巖錄》卷一，《大正新脩大藏經》第四十八冊，頁 141 上。

〔註 2〕見（宋）關友無黨記：《佛果圜悟禪師碧巖錄》卷十〈後序〉，《大正新脩大藏經》第四十八冊，頁 224 中。

〔註 3〕見實養長與：〈鐫《法華合論》序〉，《卍新纂續藏經》第三十冊，頁 362 上。

行於世。……愛其議論直截痛快，能爲人解粘去縛。……夫世尊出現，爲說
《法華》，諸大弟子等得受記莂，爲悟《法華》。然蓮華是喻，至於孰爲妙法，
則七軸文字中竟無一語說破。欲於此旁施註腳，大難大難！覺範此論，大都
就自己所悟，印正《法華》，橫說豎說，無不如意，而亦未嘗有一語說破。讀
是論者，當從不說破處猛著精采，忽然拶破，靈山一會，儼然未散，始信覺
範老人婆心太切。」〔註4〕

「向不說破處說之」、「無一語說破」，是惠洪注解《法華經》的方法與特
色。這一點實承汾陽善昭與雪竇重顯的「頌古」的寫作風格而來。惠洪注解
《法華經》，是依著自己參禪的體驗，通過學思歷程所累積的學識與對其他經
典的體悟，以達到「爲人解粘去縛」爲目的，並由此突顯其「橫說豎說，無
不如意」的解經特色。換句話說，《法華合論》的「主論」部分，惠洪不僅取
佛典故事作比喻，並大量引用佛教經論、僧傳故事，與儒典、史傳解經。其
所援用的佛典故事，例如：善財童子至彌勒樓閣、伊沙那聚落，勝熱婆羅門
所等。僧傳故事，例如：晉僧曇翼傳、魏僧道進傳等。佛教經論，包括《華
嚴經》、《金剛般若經》、《圓覺經》、《楞嚴經》、《楞伽經》、《涅槃經》、《瑜伽
論》以及《大智度論》等。儒典、史傳，包括《易經》、《論語》、《史記》、《晉
書》等。除了展現其融通內典與內典，也展現其融通內典與外典的特色。

除了上述的釋經方法與特色之外，值得一提的是，惠洪注解《法華經》
的過程中，對於與自己觀點不同的論述，例如：窺基的《妙法蓮華經玄贊》、
智顗的《妙法蓮華經文句》，會提出自己的的見解，並批駁之。惠洪解經，具
有以上的特點，無怪乎馮夢禎稱其爲「至寶再耀於世」。〔註5〕

關於張商英的釋經方法與特色，馮夢禎說：「每品末，有張商英附論一篇，
議論亦直截可喜，足以羽翼覺範。」另外，道融在《叢林盛事》卷下，謂：「本
朝士大夫與當代尊宿撰語錄序，語句斬絕者，無出山谷、無爲、無盡三大老。」
〔註6〕其中，「無盡」，指的是張商英。「議論直截」、「語句斬絕」，指的是張商
英的釋經特色。

〔註4〕見（明）馮夢禎：〈重刻《妙法蓮華經合論》跋語〉，《卍新纂續藏經》第三十
　　　冊，頁429上。
〔註5〕見（明）馮夢禎：〈重刻《妙法蓮華經合論》跋語〉，《卍新纂續藏經》第三十
　　　冊，頁429上。
〔註6〕見（宋）道融撰：《叢林盛事》卷下，《卍新纂續藏經》第八十六冊，頁 700
　　　下。

　　張商英每一品的「附論」，其內容並不多，最長者為〈譬喻品〉，七百一十七字，最短者為〈五百弟子授記品〉，一百三十五字，其餘各品，大抵以三、四百字為主。〔註 7〕「附論」，在結構上，除了〈序品〉亦兼敘經題外，其餘各品，大體分述兩部分，即：前部分敘明該品之內容要旨，後部分則抒發議論。「附論」的內容，有：解釋詞義、設喻取譬；也有援引佛教經論，例如：援引《景德傳燈錄》、《六祖大師法寶壇經》等，徵引中國古代典籍解經，例如：徵引〈洪範〉、《莊子》、《史記》等，闡發其融通內典與內典，融通內典與外典的釋經特色；也有闡述各品要旨的。

　　《法華合論》中，「主論」置於前，「附論」置於後，可收相互印證、相互補充、相互對照之效。

　　本章分三節，首先探討文義的訓釋方法，繼而闡明釋經特色，最後探究與前代《法華經》釋經說法的辯證。

第一節　文義的訓釋方法

　　本節分別就解釋詞義、串講文意、闡釋品旨、說解譬喻之義、以佛教經論解經，以及以中國古代典籍解經等六個小節，探討惠洪與張商英對於《法華經》的文義的訓釋方法。

一、解釋詞義

　　辛嶋靜志在〈漢譯佛典的語言研究〉（三）一文中指出，漢譯佛典由於譯者使用了當時的漢語口語描繪佛典中當時的傳說、寓言及日常對話；其次，

〔註 7〕關於張商英附論各品的字數如下：〈序品〉第一：705 字；〈方便品〉第二：338字；〈譬喻品〉第三：717 字；〈信解品〉第四：298 字；〈藥草喻品〉第五：293 字；〈授記品〉第六：536 字；〈化城喻品〉第七：495 字；〈五百弟子授記品〉第八：135 字；〈授學無學人記品〉第九：359 字；〈法師品〉第十：429字；〈見寶塔品〉第十一：469 字；〈提婆達多品〉第十二：454 字；〈勸持品〉第十三：373 字；〈安樂行品〉第十四：247 字；〈從地湧出品〉第十五：354字；〈如來壽量品〉第十六：376 字；〈分別功德品〉第十七：285 字；〈隨喜功德〉第十八：312 字；〈法師功德品〉第十九：310 字；〈常不輕菩薩品〉第二十：326 字；〈如來神力品〉第二十一：569 字；〈囑累品〉第二十二：154字；〈藥王本事品〉第二十三：337 字；〈妙音菩薩品〉第二十四：411 字；〈觀世音菩薩普門品〉第二十五：169 字；〈陀羅尼品〉第二十六：143 字；〈莊嚴王本事品〉第二十七：432 字；〈普賢菩薩勸發品〉第二十八：299 字。

譯者爲了解決當時中土境內所沒有的思想、概念和物品，造出大量新詞，致使佛典中的漢語與中國古典漢語有了顯著的不同。〔註8〕因此，欲明確了解漢譯佛典，注解方法相對的重要。朱慶之在〈佛教混合漢語初論〉一文中指出，佛教混合漢語的研究，傳統漢語研究的成果和方法是最基本的，必須要先掌握。〔註9〕又，周大璞主編的《訓詁學初稿》一書中，也認爲「解釋詞義畢竟是注疏的主要任務」〔註10〕。綜上所述，可知，解釋詞義是了解典籍的主要工作。欲了解《法華合論》的義理，並想循著《法華合論》的線索以探尋《法華經》的經義，體認佛陀開示悟入之理，首要的工作，即是辨明《法華合論》中的佛教名相與漢文字詞的涵義。

本小節擬由「解釋佛教名相」與「解釋漢文詞義」二方面入手，探究《法華合論》。

（一）解釋佛教名相

水野弘元在其《佛典成立史》一書中，認爲「佛經開始譯成漢文時，因爲含有不少中國前所未有的新術語和新概念，構成教理時，令人幾乎無法理解。」又謂：「誦讀漢譯佛經時，除了學說理論的難處以外，也還有各種譯語等都是一大障礙。」〔註11〕熊十力在其《佛家名相通釋》也說：「名相爲經，眾義爲緯」〔註12〕。綜上可知，漢譯佛典，由於思想文化背景的不同，語言與概念各異，造成想法與用法有南轅北轍的誤差。因此，解說佛學術語、佛學概念，是注釋者的重要且首要的工作。了解佛教名相的主要含意，則能經緯貫通，縱橫無礙，體會佛典的精神與思想脈絡。

《法華合論》中，有對佛教音譯詞的釋義者，也有經文中佛教術語的解釋者，分述如下：

〔註 8〕　〈漢譯佛典的語言研究〉（三），《語言學論叢》第三十七輯，（北京：商務印書館，2008 年），頁 144。

〔註 9〕　見朱慶之編：〈佛教混合漢語初論〉，《佛教漢語研究》，（北京：商務印書館出版，2009 年），頁 1～26。

〔註10〕　見周大璞主編，黃孝德、羅邦柱分撰：《訓詁學初稿》，（湖北：武漢大學出版社出版，1995 年），頁 28。

〔註11〕　見（日本）水野弘元著，劉欣如譯：《佛典成立史》，（臺北市：東大圖書股份有限公司，1996 年），頁 153、202。

〔註12〕　見熊十力撰：《佛家名相通釋》，（台北市：明文書局股份有限公司，1994 年），頁 6。

1. 對佛教音譯詞的釋義

此類佛教名相的解釋又分：單標意譯；先標意譯，後釋詞義；以及先標意譯，後解詞義，再提出譯有訛略者，列敘如下：

（1）單標意譯

①阿耨多羅三藐三菩提，此言無上正徧正覺。〔註13〕

②陀羅尼，此言總持。

③娑婆，此言堪忍〔註14〕。

④優婆塞，此言近事男。優婆夷，此言近事女〔註15〕。

⑤阿僧祇，此言無數劫，此言時分〔註16〕。

⑥修多羅，此言法本，亦言契經〔註17〕。

第一例釋佛陀所覺悟之智慧。阿耨多羅三藐三菩提為音譯詞，無上正徧正覺為意譯詞；第二例釋能總攝憶持無量佛法而不忘失之念慧力；第三例解釋釋迦牟尼佛進行教化的現實世界；第四例釋在家親近奉事三寶、受三歸、持五戒的男居士、女居士；第五例釋無數無量時間；第六例釋九分教或十二分教中的第一類。除了第五例、第六例連標二個意譯外，其餘皆單標一個意譯。這種音譯詞的注解方式，最常見於「主論」的〈序品〉中。「附論」中，並未見用這種方法詮釋佛教名相。

（2）先標意譯，後釋詞義

①耆闍崛，此言靈鷲，山形如之，其山在王舍城南。〔註18〕

②比丘，此言淨乞食，言破煩惱，言能持戒，言能怖魔。……於此稱比丘而曰大者，以一切眾中之奇英，天人所宗敬，能勝九十六種議論故。〔註19〕

③釋提桓因，此言能作，謂能作忉利天主故，即《華嚴經》所謂帝釋也。〔註20〕

〔註13〕見《妙法蓮華經合論》卷一，《卍新纂續藏經》第三十冊，頁363下。
〔註14〕見《妙法蓮華經合論》卷一，《卍新纂續藏經》第三十冊，頁364中。
〔註15〕見《妙法蓮華經合論》卷一，《卍新纂續藏經》第三十冊，頁365中。
〔註16〕見《妙法蓮華經合論》卷一，《卍新纂續藏經》第三十冊，頁366下。
〔註17〕見《妙法蓮華經合論》卷一，《卍新纂續藏經》第三十冊，頁374上。
〔註18〕見《妙法蓮華經合論》卷一，《卍新纂續藏經》第三十冊，頁362下。
〔註19〕見《妙法蓮華經合論》卷一，《卍新纂續藏經》第三十冊，頁363上。
〔註20〕見《妙法蓮華經合論》卷一，《卍新纂續藏經》第三十冊，頁364上。

④難陀，此言歡喜。跋難陀，此言善歡喜。二龍兄弟也，以靈感故，風雨時若人心喜悦，因以爲名。娑伽羅，此言鹹海。和修吉，此言多頭。德叉迦，此言現毒。阿那婆達多，此言無熱惱，第八地菩薩爲之。摩那斯，此言慈心，將雨，則雲陰七日，候眾生事辦乃雨。優鉢羅，此言黛色蓮華。如慈心歡喜，則寓於德；多頭現毒，則寓於威；無熱惱、黛色蓮華，則寓於池；娑伽羅，則寓於海。〔註21〕

⑤阿修羅，此言無酒。常採華醞海以爲酒，魚龍業力故，味不能變，於是大怒，誓不復飲。〔註22〕

⑥迦樓羅，此言金翅鳥，翅作金色，張之直三百三十六萬里，觀海之龍命將盡者，以翅劈海，取而食之。〔註23〕

⑦摩訶，此言大。曼陀羅，此言適意。曼殊沙，此言柔軟。謂天華柔輭，適悦人之意耳。〔註24〕

⑧優雲鉢，此言瑞應，三千歲乃華，華必金輪王應世，佛以況第一希有之法。〔註25〕

⑨伽陀，此言不重頌。一切四言、五言、七言、九言等偈，不重頌者是也。〔註26〕

第一例「耆闍崛」爲音譯詞。「靈鷲」爲意譯詞，惠洪解釋耆闍崛，因山形像靈鷲而得名，並說明此山的座落處。第二例音譯詞比丘，其意譯詞可以是「破煩惱」、「能持戒」、「能怖魔」三種涵義。所謂「大比丘」，乃兼具德行之奇與智慧之高，能勝外道的九十六種議論者稱之。〔註27〕第三例先標意譯，再解詞義，並說釋提桓因即《華嚴經》中所稱的帝釋。第四例先分別標舉八龍王

〔註21〕見《妙法蓮華經合論》卷一，《卍新纂續藏經》第三十冊，頁364中。
〔註22〕見《妙法蓮華經合論》卷一，《卍新纂續藏經》第三十冊，頁364下。
〔註23〕見《妙法蓮華經合論》卷一，《卍新纂續藏經》第三十冊，頁365上。
〔註24〕見《妙法蓮華經合論》卷一，《卍新纂續藏經》第三十冊，頁365中。
〔註25〕見《妙法蓮華經合論》卷一，《卍新纂續藏經》第三十冊，頁373上。
〔註26〕見《妙法蓮華經合論》卷一，《卍新纂續藏經》第三十冊，頁374上。
〔註27〕「經論中舉西域外道之總數，有九十五種與九十六種之二說。」，「六師外道各有十五弟子。合成九十。再加六師謂之九十六種外道。」分別見丁福保：《佛學大辭典》，（台北市：新文豐出版社股份有限公司，1985年），頁935上、936上。

之意譯，再解其詞義，最後分別標出彼此關係，及其所隱含的特性。第五例解釋阿修羅。先標意譯，次解釋詞義，並說明誓不復飲的原因。第六例先舉其意譯，再釋金翅鳥之顏色、形象及其吃食龍之特性。第七例解曼陀羅華、摩訶曼陀羅華、曼殊沙華、摩訶曼殊沙華等四種花。先將摩訶與曼陀羅華、曼殊沙華拆開，分別示其意譯，次說明四種花之特性，及其適悅人之相。第八例先標其意譯，再釋優曇鉢華的特質，以喻第一稀有之法。第九例解釋伽陀。

　　以上諸例，皆先標出其意譯，再釋詞義。這種音譯詞的注解方式，也以「主論」的〈序品〉居多。

　　（3）先標意譯，後解詞義，再提出譯有訛略者

　　惠洪對於阿羅漢，例如：舍利弗、阿若憍陳如、摩訶迦旃延、離婆多等，其譯有訛略者，提出自己的見解。

　　①舍利弗，此言身子。其母身儀美好，故世猶以子名之。……舍利
　　　弗，具云舍利弗怛囉，亦云鶖子，亦云珠，皆以其母目媚好故。
　　　方其娠於母，母之辯慧已勝其舅拘絺羅。拘絺羅曰：「此兒生必易
　　　我。」發憤爲學，無剪爪之暇者是也。〔註28〕

　　②阿若多，此言解義，其名也。憍陳如，此言火器，其姓也。世事
　　　火天，因以爲姓。……阿若憍陳如，具云阿若多憍陳那。那之爲
　　　言，男也。佛成道時，最初悟解，此姓多女，故稱男以別之。又
　　　譯曰已知，亦解義之訛也。〔註29〕

　　③摩訶迦旃延，此言文飾，其姓也。……迦旃延，具云摩訶迦多衍
　　　那，此言大剪剃種男。蓋先世工刀籥，因以爲姓，而曰文飾，則
　　　爲太略耳。〔註30〕

　　④離婆多，此言室星。……離婆多，具云頡麗伐多，又譯假和合，
　　　以其義較室星，則大相遼。《智度論》曰：「此比丘緣宿空亭，見
　　　兩鬼爭屍，悟身假合。」則室星之譯可疑也。〔註31〕

第一例先標意譯，後說解譯有訛略者。惠洪先說「舍利弗」之意譯，次解

〔註28〕見《妙法蓮華經合論》卷一，《卍新纂續藏經》第三十冊，頁363上～中。
〔註29〕見《妙法蓮華經合論》卷一，《卍新纂續藏經》第三十冊，頁363上～中。
〔註30〕見《妙法蓮華經合論》卷一，《卍新纂續藏經》第三十冊，頁363上～中。
〔註31〕見《妙法蓮華經合論》卷一，《卍新纂續藏經》第三十冊，頁363中。

其義。後則舉「舍利弗」之全名，並言其意譯，再述其義，或因其母之眼美好，或因其母之辯才；當其母懷娠舍利弗時，辯慧已勝過舍利弗的舅舅拘絺羅，拘絺羅因此發憤向學，以至於沒有時間修飾邊幅。後者對舍利弗有較詳盡的解釋。第二例先分別標出其名「阿若多」與姓「憍陳如」之意譯，及解其姓之義。次標出全名，並言「那」之義，末了則謂有譯為「已知」者，乃解義之訛；但，未明言其因。第三例先釋其意譯，再解其義。次標出全名，及其意譯，並解其義。文末則謂意譯為文飾者，實太簡略；但，並沒有說明太簡略的原因。第四例先標其意譯，次標「離婆多」的全名與「又譯」，最後援引《大智度論》的經文，〔註32〕強調又譯「假和合」是合理的。

2. 經文中佛教術語的解釋

羅什譯本《法華經》，佛教術語中意譯詞多於音譯詞，對於這些詞彙，《法華合論》能隨經文解釋，詳略不等，視解明文句的需要而定，例述如下：

（1）佛號日月燈者，十號具足。佛自如實道來，故名如來。所作福德，應受一切供養，故名應供。諸法不動不壞為正，不為知一法二法，為悉知一切法為徧，故名正徧知。福慧兩足，故名明行足。如車兩輪，所往隨意，故名善逝。知世間，知世間盡，知世間盡道，故名世間解。於種種師為上，故名無上士、調御丈夫。以三乘法教化眾生，故名天人師。一切世間煩惱睡，能自覺覺人，故名佛。住最上處，故名世尊。〔註33〕

（2）佛以諸佛智慧不可思議，以玅方便示白毫之相光，入無量義處三昧，便諸學者自求而得之，謂之智慧門。〔註34〕

（3）西域以衣裓為盛華之器，以獻尊貴者，而裓常有香。〔註35〕

（4）枕以薦其首，故西域枕中以綿實之，外以赤皮鞔之，故名丹枕。〔註36〕

〔註32〕此經文見龍樹造 鳩摩羅什譯：《大智度論》卷十二，《大正新脩大藏經》第二十五冊，頁148下。

〔註33〕見《妙法蓮華經合論》卷一，《卍新纂續藏經》第三十冊，頁367上。

〔註34〕見《妙法蓮華經合論》卷一，《卍新纂續藏經》第三十冊，頁370下。

〔註35〕見《妙法蓮華經合論》卷二，《卍新纂續藏經》第三十冊，頁379上。

〔註36〕見《妙法蓮華經合論》卷二，《卍新纂續藏經》第三十冊，頁379下。

（5）五鈍使煩惱，謂貪、瞋、癡、慢、疑也。五利使煩惱，謂身見、
　　　邊見、邪見、見取、戒取也。〔註37〕

（6）心異念故，名生苦；念念不住故，名老苦；行擾擾妨定故，名
　　　病苦；以是退定故，名死苦；求定不得，即求不得苦；必為障
　　　礙，即冤憎會苦；四陰，即五陰盛苦；愛著此定，欲出不忍，
　　　即愛別離苦。〔註38〕

（7）栴檀，止蛇虺熱毒，智慧解脫之香，消一切眾生熱惱。〔註39〕

（8）得解一切眾生語言陀羅尼，此名入辭無礙三昧也。蓋言一切眾
　　　生語言者，雜偽也。又言「陀羅尼」者，真實也。雜偽而真實，
　　　終不可解，而有解之者，故《般若經》曰不可解者，即般若，
　　　般若非可解、非不可解是也。〔註40〕

（9）三昧者，正定也。《華嚴論》曰：「冬至之月為一陽，十二月為
　　　二陽，正月為三陽，則三為定也。方五蘊冥昧，未有分別時，
　　　則昧為定也。」《圓覺經》又曰：「三昧正受」〔註41〕

（10）妙者，至妙而難思者也。唯佛與佛乃能究盡，猶如優曇鉢華時
　　　一現爾。優曇鉢華，瑞蓮華也。此華難有，如佛難值。所謂「妙
　　　法蓮華經」者，非如諸經，蓮華或取其開敷出水，或取其因果
　　　同時也。〔註42〕

（11）一心合掌者，劉虬以謂一心則身無異念，合掌則意靡他緣。
　　　〔註43〕

（12）一念者，非異非如之念也。〔註44〕

（13）法師者，以無畏心說是妙經，則功德宜如何哉？是人也，不待
　　　受生，而獲報明矣。〔註45〕

〔註37〕見《妙法蓮華經合論》卷二，《卍新纂續藏經》第三十冊，頁380下。
〔註38〕見《妙法蓮華經合論》卷二，《卍新纂續藏經》第三十冊，頁381下。
〔註39〕見《妙法蓮華經合論》卷四，《卍新纂續藏經》第三十冊，頁399上。
〔註40〕見《妙法蓮華經合論》卷六，《卍新纂續藏經》第三十冊，頁419下。
〔註41〕見《妙法蓮華經合論》卷七，《卍新纂續藏經》第三十冊，頁422上。
〔註42〕見《妙法蓮華經合論》卷一，《卍新纂續藏經》第三十冊，頁370中。
〔註43〕見《妙法蓮華經合論》卷一，《卍新纂續藏經》第三十冊，頁386下。
〔註44〕見《妙法蓮華經合論》卷四，《卍新纂續藏經》第三十冊，頁399下。
〔註45〕見《妙法蓮華經合論》卷六，《卍新纂續藏經》第三十冊，頁414下。

（14）廣長舌者，阿僧祇劫不妄語之所莊嚴也。〔註46〕

第一例說解釋迦牟尼佛或諸佛通號之十大名號的來由。第二例解佛以妙方便
引導眾生入實智的方法，亦即解「智慧門」之義。第三例解釋衣裓的用處與
特性。第四例說解丹枕的用途及其構造。第五例解釋五鈍使煩惱與五利使煩
惱。第六例說解眾生輪迴六道所受的八種苦果。第七例說解栴檀之義。第八
例解釋「得解一切眾生語言陀羅尼」，並引《般若經》為之證明。第九例解釋
三昧之義，並援引《華嚴論》與《圓覺經》印證。第十例解釋經題。先以優
曇鉢華之「華難有」與「佛難值」相印證，說解「妙」義。次說明「蓮華」
之或義。第十一例援引劉虯之言，解「一心合掌」之義。第十二例解釋一念
之義。第十三例說明宣揚《法華經》者及其所具之功德，即解法師之功德。
第十四例說解廣長舌之義。其中第十例至第十四例，出自張商英的「附論」，
可與惠洪的「主論」，互為補充。

（二）解釋漢文詞義

汪耀楠的《注釋學綱要》一書，認為「釋字詞是注釋學研究的基本課題」，
書中云：「典籍之所以須要整理、注釋，首先是因為語言文字有障礙。」書中
並舉清人戴震在〈與段若膺論理書〉文中之言：「僕自十七歲時，有志聞
道，……，非從事於字義、制度、名物，無由以通其語言。宋儒譏訓詁之學，
輕語言文字，是欲度江而棄舟楫，欲登高而無階梯也。」〔註47〕文中說明了
詞義的了解是研究典籍經文的首要工作，如度江之舟楫、登高之階梯。

《法華合論》中，關於解釋漢文詞義，分述如下：

1. 「思」於文，從囟從心。《說文》曰。造形上，極思之又思之，乃
   至於無思，如囟上達，土氣然也。〔註48〕

2. 犛牛，南夷之牛也，長氄而尾佳，每自愛之，見人則以身自蔽，
   遂為所殺。〔註49〕

3. 守宮食朱砂七斤，搗以傅身，宮觸則滅。百足即蚿也，足多而行
   不速者也。鼯鼠即鼺鼠，由五技而窮者也。〔註50〕

〔註46〕見《妙法蓮華經合論》卷六，《卍新纂續藏經》第三十冊，頁 417 下。
〔註47〕見汪耀楠著：《注釋學綱要》，（北京：語文出版社出版，1991年），頁 47。
〔註48〕見《妙法蓮華經合論》卷一，《卍新纂續藏經》第三十冊，頁 372 上。
〔註49〕見《妙法蓮華經合論》卷一，《卍新纂續藏經》第三十冊，頁 375 中。
〔註50〕見《妙法蓮華經合論》卷二，《卍新纂續藏經》第三十冊，頁 380 中～下。

4.「魑魅魍魎」者，魑之言離，魅之言昧，魍之言罔，魎之言兩。
凡諸鬼物同一法性，皆由離而不守，昧而不明，罔而不出，兩而
不一，依止諸見，具六十二故。〔註51〕

5. 有之字從月，月無光，光之者日也。從又。又，手也，執而有，
凡有如此。〔註52〕

6. 脬者，宋玉曰：「中唇，謂之脬。」。〔註53〕

第一例徵引東漢許慎（約58～約147）《說文解字》〔註54〕，並由「從囟，從
心」的角度，說解「思」字之字義。第二例根據產地、結構特徵與習性介紹
犛牛。第三例分別說明守宮、百足、鼬鼠的特性或異名。第四例說明魑魅魍
魎，同一法性，但因依止諸見，而成不同的鬼物。惠洪透過聲訓方式，解魑
魅魍魎之義。「之言」是從語音的角度說明被訓釋詞與訓釋詞之間的關係，這
種訓解方式稱為聲訓。聲訓的原則，是訓釋詞與被訓釋詞之間，必須具有同
音或雙聲、疊韻的關係。因此「離」訓「魑」，「昧」訓「魅」，「罔」訓「魍」，
「兩」訓「魎」，即是以聲訓的方式訓解。第五例依據《說文解字》的說解模
式，解釋「有」字。第六例援引戰國·宋玉（約前298～約前222）〈風賦〉〔註
55〕說解「脬」字之義。

二、串講文意

所謂「串講文意」，是指注釋者在解釋詞義之外，再串講一下全句或全章
的大意。漢代學者稱這種注解方式為「章句」。《法華合論》也有串講文意的
注解方式，例如：解〈序品〉：「諸漏已盡，無復煩惱」〔註56〕句，惠洪的解
釋是：

諸漏，則欲漏、色漏、無明漏。由有漏故，有煩惱。夫能修無漏法，

〔註51〕見《妙法蓮華經合論》卷二，《卍新纂續藏經》第三十冊，頁380下。
〔註52〕見《妙法蓮華經合論》卷二，《卍新纂續藏經》第三十冊，頁388下。
〔註53〕見《妙法蓮華經合論》卷六，《卍新纂續藏經》第三十冊，頁412中。
〔註54〕《說文解字》：「思，容也，從心，從囟，凡思之屬皆從思。」段玉裁注：「容
者，深通川也。引申之，凡深通皆曰容。思與容雙聲；謂之思者，以其能深
通也。……自囟至心，如絲相貫不絕也。」見（漢）許慎撰（清）段玉裁注：
《說文解字注》，（台北市：天工書局，1987年），頁501下。
〔註55〕見（梁）昭明太子撰，（唐）李善注：《文選》，（臺北縣：藝文印書館，1983
年），頁196。
〔註56〕見《妙法蓮華經》卷一，《大正新脩大藏經》第九冊，頁1下。

證無漏智，則其神無隙，而煩惱不能入矣。結、使、流，則受、扼、縛，蓋、見、纏等，皆煩惱也。以其固結難盡故，謂之結。若無三漏之因，則無三有之果。三有，三界之別名也。〔註57〕

引文中既解釋文中詞義，也說全句的意旨。「諸漏，則欲漏、色漏、無明漏」，「結、使、流，則受、扼、縛，蓋、見、纏等，皆煩惱也」，「以其固結難盡故，謂之結」，「三有，三界之別名也」等屬於解釋詞義。其次，把這些詞義，連成條理明暢的文義。在句義的串講中，闡述了證「無漏智」，必要修「無漏法」。

又如：〈序品〉：「有四乾闥婆王——樂乾闥婆王、樂音乾闥婆王、美乾闥婆王、美音乾闥婆王」，〔註58〕惠洪解釋說：

乾闥婆，此言尋香，謂其以香為食。樂者，竽木等伎樂。音者，鼓節絃管。美者，艷姬妙舞。美音者，皓齒清唱。舊說絲不如竹，竹不如肉，以其漸近自然。四者俱以王稱，而執樂解藝，則有男女之異。鳩摩羅什曰緊那羅王，天帝俗樂神。寧有奏四諦、十二因緣、六波羅蜜，而名俗哉？什雖博聞，然不能折之以理，亦多誤也。〔註59〕

引文首先解釋乾闥婆的意譯，再分別解釋乾闥婆王、樂乾闥婆王、樂音乾闥婆王、美乾闥婆王，以及美音乾闥婆王，再串連文義。在句義的串講中，惠洪也闡述自己的論點。「舊說絲不如竹，竹不如肉，以其漸近自然。」「鳩摩羅什曰緊那羅王，天帝俗樂神。寧有奏四諦、十二因緣、六波羅蜜，而名俗哉？什雖博聞，然不能折之以理，亦多誤也。」屬於評論。

三、闡釋品旨

所謂「闡釋品旨」，即總理各品之旨意。關於「闡釋品旨」，多見於張商英的「附論」。例如：解〈譬喻品〉中之「火宅喻」，張商英說：

「然當復以譬喻，更明其義。」「有大長者，其年衰邁」，則佛之將入涅槃也。「其家廣大，唯有一門」，則十方佛乘無二、無三也。「有五百人，止住其中」，則五陰眾生也。「堂閣朽故」，則無所觀也。「墻

〔註57〕 見《妙法蓮華經合論》卷一，《卍新纂續藏經》第三十冊，頁363上。
〔註58〕 見《妙法蓮華經》卷一，《大正新脩大藏經》第九冊，頁2上。
〔註59〕 見《妙法蓮華經合論》卷三，《卍新纂續藏經》第三十冊，頁364下。

壁隤落」，則無所聞也。「柱根腐敗」，則下無以立。「梁棟傾危」，
則上無以承。「欻然火起」，則病苦將至。「戀著嬉戲」，則不知恐怖。
「鵄梟鵰鷲」，以言其搏擊也。「烏鵲鳩鴿」，以言其喧淫也。「蚖蛇
蝮蠍，蜈蚣蚰蜒」，以言其毒。「守宮百足」，以言其擾動。「鼬狸鼷
鼠」，以言其偷伏。「蜣蜋諸蟲」，以言其穢。「狐狼野干」，以言其
貪。「羣狗嘷吠」，以言其爭。「夜叉競來」，以言其殘。「鳩槃荼鬼」，
以言其虛。「餓鬼周障」，以言其熱惱。「毗舍闍鬼」，以言其本欲害
人，而亦遭其害也。凡此之類，起於三毒、無明，增為八萬四千煩
惱。以一身之微，而具足如此，皆由執著樂戀。佛愍此故，度以三
乘，而引出火宅，賜以一大寶乘，駕以白牛，則一體純淨；寶飾莊
嚴，則萬行相暉。悟於譬喻之理，得於言辭之表，此聲聞所以次第
授記也。〔註60〕

引文分兩部分：前半部份，以譬喻之語言，說明火宅內五陰眾生的種種習性，
皆導源於貪、瞋、癡三毒。後半部份：「凡此之類，起於三毒、無明，增為八
萬四千煩惱。以一身之微，而具足如此，皆由執著樂戀。」乃至「悟於譬喻
之理，得於言辭之表，此聲聞所以次第授記也。」此段是議論「火宅喻」。重
點是：其一、說明五陰眾生之所以八萬四千煩惱集於一身，是因為「無明」
與「執著樂戀」的緣故。其二、區分「度以三乘」與「賜以一大寶乘」。可知，
佛陀先以方便教說引度眾生，續以唯一佛乘教導之。只是，張商英的三車家
或四車家的主張並不明顯。其三、說明聲聞得以次第授記的理由。佛陀悲憫
眾生之苦，遂以譬喻方式，啟迪舍利弗等聲聞，使其悟入，再次第授予成佛
之記。綜上可知，張商英解釋「火宅喻」，實以點化方式，引導讀者。

　　又如：〈授記品〉載佛陀授記迦葉、須菩提、大迦旃延、大目連等四聲聞，
於未來世成佛。張商英的解釋是：

夫生、老、病、死、苦，人之所大怖畏也。無生、無老、無病、無
死、無苦，其惟修菩薩道成佛乎？過去佛日月燈明亦如是，見在佛
釋迦世尊亦如是，未來佛授記聲聞亦如是。然則佛無生無死，而有
前佛、後佛、彼劫、此劫、彼國、此國，何也？曰：虛空無邊，世
界無邊，國土無邊，而宿世因緣，或在此世界，或在彼國土。佛於

無量無邊浩劫，應緣而現。釋、梵、諸天、四眾見其滅度，而佛實
非滅度也；見其正法住世、像法住世有若干劫，而法實無正、像也，
劫實無久近也。故於閻浮那提金光佛，則但曰成佛，而不言其何劫、
何國。例此思之，則佛之意深也。〔註61〕

引文中，張商英連用二個設問以抒發己見，藉此說明佛陀授記成佛的用意和
目的。重點有三：其一、張商英以「生、老、病、死、苦」與「無生、無老、
無病、無死、無苦」的對比方式，說明眾生與佛陀的不同，在於修菩薩道以
成佛，則能免諸苦；並謂修菩薩道，是過去佛、現在佛、未來佛，歷劫以來
皆如此。其二、說明無前佛、後佛；此劫、彼劫；彼國、此國之分，其在此
世界，在彼國土，乃因佛陀應緣而現的關係。其三、釋、梵、諸天、四眾等，
因無明見起，妄念紛飛，迷卻本心，遂謂佛有滅度，有正法、像法住世之說，
並舉閻浮那提金光佛，即迦旃延為例。由此可知，佛與眾生之差別。

其次，解〈如來壽量品〉：「如來如實知見三界之相，無有生死、若退若
出，亦無在世及滅度者，非實非虛，非如非異」〔註62〕，張商英說：

夫三界唯心，萬法唯識，真識靈明而常寂，真心虛寂而常周，了知
下界之虛空，何用他方之往反？大慈大悲，以度五濁之苦，則三十
所以成道；難值難遭，以起眾生之想，則雙林所以入滅。默而喻之，
則方便皆誠諦之語；執而索之，則如如成幻戲之論。李長者謂《法
華經》引權就實，予竊以為不然。何以故？過去之日月燈明，無量
之大通智勝，十方之分身諸佛，十方之河沙菩薩，住世四十九年，
而法會移頃，乃坐五十小劫。耆闍崛山不遠王城，而三千大千世界
山川震裂，佛所言說誠實不虛。譬如良醫示死，本無虛妄之咎：狂
子飲藥，遂愈失心之疾。以此而思教意，則引權就實，豈一音誠諦
之語哉？〔註63〕

引文的重點：一是，張商英舉「三界唯心，萬法為識」之語解釋，目的在使
眾生排遣執著。所謂「心」指的就是「識」。三界所有現象皆由一心的變現，
也就是，心為萬物之本體，此外無別法，凡三界生死，十二緣生等諸法，實
是妄想心所變作。《華嚴經》卷十九〈夜摩天宮品〉謂：「心如工畫師，能畫

〔註61〕見《妙法蓮華經合論》卷三，《卍新纂續藏經》第三十冊，頁 392 上～中。
〔註62〕見《妙法蓮華經》卷五，《大正新脩大藏經》第九冊，頁 42 下。
〔註63〕見《妙法蓮華經合論》卷五，《卍新纂續藏經》第三十冊，頁 409 下。

諸世間；五蘊悉從生，無法而不造。」〔註64〕若能了解這個道理，則知佛所謂「三十成道」、「雙林入滅」，乃是方便之法，旨在引導眾生悟入。二是，張商英舉日月燈明佛，大通智勝佛，十方之分身諸佛，十方之河沙菩薩，住世四十九年，而法會移頃，已坐五十小劫。與良醫示死，狂子飲藥之事，證明佛所言誠實不虛，以此批駁唐代華嚴學者李通玄謂《法華經》為引權就實之經典。關於張商英與李通玄，根據〈長者龕記〉的記載，張商英於元祐戊辰（三年，1088，張商英四十六歲），曾經拜詣太原壽陽縣並瞻訪李長者像（李通玄，635～730），得長者著作「《華嚴修行決疑論》四卷、《十玄六相論》一卷，以及《十二緣生論》一卷，梵夾如新，從此遂頓悟華嚴宗旨」。〔註65〕

又如：解〈如來神力品〉，張商英說：

> 廣長舌者，阿僧祇劫不妄語之所莊嚴也。舌相至梵天者，舌者，宣說圓通之根超欲界，而說經不可以相求也。毛孔交光，佛佛互照，主伴重重也。滿百千歲，還攝舌相者，出攝久近自在在我也。諸佛謦欬聲及彈指之聲周聞十方國，此則諸佛說法妙而難思也。地皆六種動者，說法已竟，動地表法也。夫稱性而論，則不見修行之實證；執相而談，則昧於妄言之妙會。受持是經，囑累是經，意在茲乎！〔註66〕

引文的重點有二：一是，分別說明長舌相、毛孔放光相、謦欬、彈指以及六種震動等現象。其中「毛孔放光相」隱含華嚴宗「重重無盡」之意。「重重無盡」係華嚴宗緣起說特色的用語，此語用來比喻各種現象的存在，皆具有無限的關係，互為融攝，互相作用。《華嚴一乘十玄門》謂：「問若此宗明相入不論神力，乃言自體常如此者。斯則渾無疆界，無始無終，何緣得辨因果教義等耶？答以隨智差別故舉一為主，餘則為伴，猶如帝網舉一珠為首，眾珠現中，如一珠即爾，一切珠現亦如是。」〔註67〕即說一法為主，餘法為伴，法法為主，法法為伴。主伴圓融，重重無盡，猶如帝網天珠，珠珠相映。二是，本品所顯現的神通，目的乃在於勸導眾生受持是經，囑累是經。

〔註64〕見（唐）實叉難陀譯：《大方廣佛華嚴經》卷十九，《大正新脩大藏經》第十冊，頁 102 上。

〔註65〕見（清）胡聘之撰：〈長者龕記〉，《山右石刻叢編》卷十七，（上海：上海古籍，2002 年），頁 397。

〔註66〕見《妙法蓮華經合論》卷六，《卍新纂續藏經》第三十冊，頁 417 下～418 上。

〔註67〕見（唐）杜順說：《華嚴一乘十玄門》，《大正新脩大藏經》第四十五冊，頁 516 中。

又如：解〈藥王菩薩本事品〉，張商英說：

　供養奉事，若行捨愛，所獲報身如此，然猶未離有爲之果，「不如受
　持此經一四句偈，其福最多」，此我佛囑累之至也。〔註68〕

引文強調「供養奉事，行捨愛」，依舊屬於有爲法的範圍，因此，其究竟無爲
法，乃在於一心受持《法華經》，其福最多，此爲世尊所以一再囑累眾生之處。

四、說解譬喻之義

　　譬喻是「三世如來法施之式」，也是如來導引「十方菩薩悟入之因」。它
既能闡明佛經的玄奧之理，也能密契佛法的幽微之義。譬喻或只是修辭性的
語言，或只是注釋家說明譬喻的語言，它的目的都是希望透過這些譬喻性的
語言，架起溝通經典與讀者之間的橋樑，從而展開理論的教學與實踐的管道，
在譬喻語言裡，彰顯其思想的廣度與深度。

　　惠洪解「經題」，說：「心法之微妙，分別語言所不能形容，然則終不可
見之歟？曰：唯以方便設象，以達其意，使學者自求而得之，爲可見也。」
〔註69〕這是惠洪以譬喻解經的方法和目的。例如：解「經題」：「夫眾生難見
者，自心習見者，蓮華指其習見之象，示其難見之妙，故以經名『妙法蓮華』」。
〔註70〕

　　本小節分別以取象表法、以譬合法、以佛典故事爲喻，以及以史傳故事
爲喻等四個單元，探討之。

（一）取象表法

　　所謂「取象表法」，即取一現象、名物或事件作爲象徵，藉此象徵意義來
彰顯《法華經》的微言大義。藍吉富教授說，這是中國歷代祖師解經時所常
慣用的解經方法。「取象表法」即是惠洪、張商英以譬喻解經的方法之一。

　　例如：惠洪解〈序品〉：「爾時文殊」（至）「天人師佛世尊」段，說：「經
言『過去無量無邊不可思議阿僧祇劫』者，思慮不及之地，無時之時也。日
以照晝，月以照夜，燈以照幽，光明徧照之地，無處之處也。然不直言，如
《華嚴》、《圓覺》，而必言無數時劫及日月燈者，經唯以象達意故也。非特此

〔註68〕見《妙法蓮華經合論》卷六，《卍新纂續藏經》第三十冊，頁 412 上。
〔註69〕見《妙法蓮華經合論》卷一，《卍新纂續藏經》第三十冊，頁 362 中。
〔註70〕見《妙法蓮華經合論》卷一，《卍新纂續藏經》第三十冊，頁 362 中。

而已，所言欲說大法，而及雨者，偏普之象。螺者，橫亙十方之象；鼓者，豎窮三際之象。蓋吹螺必橫，擊鼓必豎也。」是取事物的特徵以象之。又如：〈授記品〉，解目犍連、迦葉、迦旃延、須菩提等四大弟子，即說：「是四大弟子泛觀其為象，則神通、光明、法相、空寂也。」分別以其因地所行象之。〈法師品〉，解「七寶塔」，說：「塔有寂滅之象，示一切寂滅也」。塔表寂滅。〈見寶塔品〉，解「三變淨土」，亦象也；〈從地湧出品〉，解「分身諸佛在於十方」，謂：「一切智智清淨，無二無二分，無別無斷故之象。」解「三千大千國土地皆振裂，而於其中有無量千萬億菩薩摩訶薩同時湧出」，惠洪說：「如來大智慧無量神通光明，皆出於止觀地中之象。」〔註71〕凡此種種，皆以象達意、以象釋義的例子。

其次，惠洪認為《法華經》雖以象為示，然因言語有沒辦法達其妙者，因此，《法華合論》有以數種之象乃盡一義者，也有以一種之象能賅眾義者。例如：解〈提婆達多品〉，說：「如過去滅度之佛，在寶塔中全身不散者，就是象自心之寂滅也。如出大音聲，讚歎言『此塔為聽《法華經》而至』者，以象寂滅非斷滅也。如釋迦牟尼佛入多寶塔中，與過去滅度之佛竝座而坐者，即象五蘊緣生之身，具證寂滅靈知之體。」〔註72〕以上是以數種之象乃盡一義的例子。又如：解〈提婆達多品〉，說：「此經不因地位修證，不因凡聖迷悟，不論善趣、惡趣，男子、女人之相，不論新熏、舊熏，遲成、速得之異，則以娑竭羅龍王之女獻珠之頃，而成正覺為象也。」〔註73〕則是以一種之象能賅眾義的例子。

張商英「附論」中的「取象表法」。例如：解〈序品〉：「爾時佛放眉間白毫相光，照東方萬八千世界，靡不周遍。」〔註74〕說：「眉間相光，中道之光也，表佛出現。照東方者，東者，日之始且，物之始生，以表此會始說佛乘也。萬八千世界者，一十八界歷劫修行，至此而佛光始現，故以東方表之也。」〔註75〕又如：解同品：「大比丘萬二千人，有學、無學二千人，摩訶波闍波提比丘尼與眷屬六千人，菩薩摩訶薩八萬人俱。」分別以「佛出現」、「此會始

〔註71〕分別見《妙法蓮華經合論》卷一，卷三，卷四，卷四，卷五，《卍新纂續藏經》第三十冊，頁366下，391下，399上，400中，406中。

〔註72〕見《妙法蓮華經合論》卷四，《卍新纂續藏經》第三十冊，頁402上。

〔註73〕見《妙法蓮華經合論》卷四，《卍新纂續藏經》第三十冊，頁402上。

〔註74〕見《妙法蓮華經》卷一，《大正新脩大藏經》第九冊，頁2中。

〔註75〕見《妙法蓮華經合論》卷一，《卍新纂續藏經》第三十冊，頁370中。

說佛乘」、「一十八界歷劫修行」表「眉間相光」、「照東方」，以及「萬八千世界」。〔註76〕張商英謂：「或二萬或二千，或六千或八萬者，以表二乘、十二因緣、六通、八解脫也。」〔註77〕張商英把法華會上來集之四眾，比喻成聲聞、辟支佛等二乘；無明、行、識、名色、六處、觸、受、愛、取、有、生、老死等十二因緣；天眼通、天耳通、他心通、宿命通、神足通、漏盡通等六通；內有色想觀諸色解脫、內無色想觀外色解脫、淨解脫身作證具足住、空無邊處解脫、識無邊處解脫、無所有處解脫、非想非非想處解脫、滅受想定身作證具足住等八解脫。又如：解〈譬喻品〉：「琉璃爲地，有八交道，黃金爲繩以界其側。其傍各有七寶行樹，常有華果。」〔註78〕說：「瑠璃爲地，以表淨光。有八交道，以表八正。金繩界道，以表戒體。七寶行樹，以表七覺。寶華承足，以表履踐。雜色華果，以表行解。」〔註79〕以事物的特徵、現象作爲象徵，解釋佛理。又如：解〈提婆達多品〉：「……捐捨國位，委政太子，擊鼓宣令四方求法：『誰能爲我說大乘者，吾當終身供給走使。』」〔註80〕說：「棄捨王位者，示欲樂之無常也。僕事仙人者，示善知識之難遇也。」〔註81〕以棄捨王位譬喻欲樂無常，暗示眾生當勤精進，與本經反覆強調的精進相呼應。以僕事仙人譬喻善知識之難遇。善知識，是成佛最大的因緣，凡夫想要成佛，必須以善知識爲勸發之友。

（二）以譬合法

《法華經》中，不乏寓言故事，例如：〈譬喻品〉中之火宅喻、〈信解品〉中之窮子喻、〈藥草喻品〉中之雲雨喻、〈化城喻品〉中之化城喻、〈五百弟子授記品〉中之衣珠喻、〈安樂行品〉中之髻珠喻、〈壽量品〉中之醫師喻等。惠洪往往將《法華經》的經文和經文中的譬喻故事對應起來，而作闡說，這種方法稱爲「以譬合法」。

例如：解〈信解品〉：「我等於中勤加精進，得至涅槃一日之價。既得此已，心大歡喜，自以爲足，而便自謂：『於佛法中勤精進故，所得弘多。』」然

〔註76〕見《妙法蓮華經》卷一，《大正新脩大藏經》第九冊，頁1下～2上。
〔註77〕見《妙法蓮華經合論》卷一，《卍新纂續藏經》第三十冊，頁370中。
〔註78〕見《妙法蓮華經》卷三，《大正新脩大藏經》第九冊，頁11中。
〔註79〕見《妙法蓮華經合論》卷三，《卍新纂續藏經》第三十冊，頁382下。
〔註80〕見《妙法蓮華經》卷四，《大正新脩大藏經》第九冊，頁34下。
〔註81〕見《妙法蓮華經合論》卷四，《卍新纂續藏經》第三十冊，頁402中。

世尊先知我等，心著弊欲，樂於小法，便見縱捨，不爲分別：『汝等當有如來知見寶藏之分。』世尊以方便力，說如來智慧。」〔註82〕惠洪解釋說：

> 「我等於中勤加精進」，則合「汝常作時，無有欺怠、瞋恨、怨言」也。「得至涅槃一日之價」，則合「更與作字，名之爲兒」也。「既得此已，心大歡喜，自以爲足，便自謂言：於佛法中勤精進故，所得弘多」，則合「窮子雖欣此遇」。「然世尊先知我等心著弊欲，樂於小法，便見縱捨，不爲分別汝等當有如來知見寶藏之分」，則合「猶故自謂客作賤人，二十年中常令除糞」也。「世尊以方便力說如來智慧」，謂對三乘說大乘法，如《大般若》、《維摩》等經，則合「心相體信，入出無難」也。〔註83〕

引文中，「汝常作時，無有欺怠、瞋恨、怨言」、「更與作字，名之爲兒」、「窮子雖欣此遇」、「猶故自謂客作賤人，二十年中常令除糞」以及「心相體信，入出無難」等，爲「窮子喻」，也就是〈信解品〉中的譬喻故事。惠洪藉此譬喻故事，比對精奧深邃的佛理，讓讀者更能深刻體會經文的涵義，也就是藉「以譬合法」的方式詮解經文。張商英說：「『貧子幼稚，捨父逃逝，後於父所，獲大珍寶』，以譬所聞希有之法。『貧子久住他國，或十、二十，至五十歲』，此則所見所著未離乎十使、二見、五陰也。『密遣二人無威德者，雇以除糞，二十年中常執此役』，此則二乘之法可以除治垢穢也。『脫上妙服，衣弊垢衣』，此則觀根而化也。『子意通泰，自鄙先心。會親族、國王、大臣、刹利、居士：此是我子，一切財物皆是子有』，此則於釋、梵、沙門、婆羅門四眾前授記也。」〔註84〕此段經文藉「貧子喻」，幫助讀者了解貧子由未離執著乃至得到授記所蘊含的佛教道理。也是以譬合法的例子。

其次，惠洪解〈藥草喻品〉：「譬如三千大千世界，山川谿谷土地所生卉木、叢林及諸藥草，種類若干，名色各異。」〔註85〕說：

> 三千大千世界同爲一地，而山川高下，谿谷險邃，以譬同一佛土，而有三界等故，諸趣苦惱之異。然卉木叢林及諸藥草，一地所生，而種性若干，名色差別，以譬法性本一，而有天、人、三乘、菩薩之殊。卉則有叢，木則有林，藥則出於卉木，而獨言草者，以譬天、人、三

〔註82〕見《妙法蓮華經》卷二，《大正新脩大藏經》第九冊，頁17中。
〔註83〕見《妙法蓮華經合論》卷二，《卍新纂續藏經》第三十冊，頁386中。
〔註84〕見《妙法蓮華經合論》卷二，《卍新纂續藏經》第三十冊，頁386下～387上。
〔註85〕見《妙法蓮華經》卷三，《大正新脩大藏經》第九冊，頁19上。

乘對菩薩爲小耳。種則種子，類則族類，名則稱謂，色則形相，以譬
天、人、三乘、菩薩，根性、伴助名狀體號亦有差別也。〔註86〕

引文以山川谿谷、草木叢林等不同大小、種類的名物風貌，譬喻三界、眾苦
以及五乘之不同，旨在藉此幫助讀者對經文的了解。又如，同品：「密雲彌布，
遍覆三千大千世界，一時等澍，其澤普洽。卉木叢林及諸藥草，小根小莖、
小枝小葉，中根中莖、中枝中葉，大根大莖、大枝大葉，諸樹大小，隨上中
下各有所受。一雲所雨，稱其種性而得生長華果敷實。雖一地所生，一雨所
潤，而諸草木，各有差別。」〔註87〕惠洪解釋說：

「密雲彌布，遍覆三千大千世界」，以譬如來出世，以大音聲普遍沙
界天、人、阿修羅眾。「一時等澍，其澤普洽」，以譬雨大法雨，無
不充足，卉木叢林及諸藥草根、莖、枝、葉，隨求所受之小大而滋
茂之。以一切眾生種性體相、好樂欣慕之不等。「一雲所雨，稱其種
性而得生長華果敷實」，以譬一音說法，隨類得解，任力所能而成道
果。「雖一地所生，一雨所潤，而諸草木各有差別」，以譬眾生俱是
一相一味之法，而有天、人、三乘、菩薩之差。〔註88〕

引文以雲雨普澤，譬喻如來一音說法；以草、木、根、莖、枝、葉所潤之不
同，譬喻眾生有天、人、三乘、菩薩之不同，顯見一相一味，一地一雨之法，
眾生隨類各得其解。一相指眾生之心體，一味指如來之教法。一地喻眾生之
心體，一雨喻如來之教法。真如之體（眾生之心體）與一實之理（如來之教
法）相契合而無間隔。

（三）以佛典故事為喻

所謂「以佛典故事爲喻」，是指《法華合論》中，有藉由佛教經典中的寓
言故事作爲譬喻，來彰顯《法華經》的微言大義的。《法華合論》所引用的佛
典故事，分別來自《華嚴經‧入法界品》、《維摩詰經‧不思議品》、《大莊嚴
論》，以及《涅槃經》等。例如：

〈序品‧偈〉：「眉間白毫，大光普照。……照于東方，萬八千土，……
從阿鼻獄，上至有頂。諸世界中，六道眾生，生死所趣，善惡業緣，受報好

〔註86〕見《妙法蓮華經合論》卷三，《卍新纂續藏經》第三十冊，頁 387 下。
〔註87〕見《妙法蓮華經》卷三，《大正新脩大藏經》第九冊，頁 19 上。
〔註88〕見《妙法蓮華經合論》卷三，《卍新纂續藏經》第三十冊，頁 387 下。

醜，於此悉見。……及千億事，如是眾多，今當略說。」〔註89〕段，惠洪的
解釋是：

> 如《華嚴經》曰：「善財童子見彌勒樓閣周回四壁，一一步內，一切
> 眾寶以爲莊嚴，一一寶中皆現彌勒曩劫修行菩薩道時，或施頭目，
> 或施手足、唇舌、牙齒、耳鼻、血肉、皮膚、骨髓，乃至爪髮，如
> 是一切悉皆能捨。妻妾、男女、城邑聚落、國土、王位，隨其所須，
> 盡皆施與。牢獄者，令得出離；被繫縛者，使其解脫；有病疾者，
> 爲其救療；入邪徑者，示其正道。或爲船師，令渡大海；或爲馬王，
> 救諸惡難；或爲大仙，善說妙論；或爲輪王，勸修十善；或爲醫王，
> 善療眾病；或孝順父母，或親近善方，或作聲聞，或作緣覺，或作
> 菩薩，或作如來，教化調伏一切眾生。乃至見彌勒菩薩百千萬億那
> 由他阿僧祇劫修行諸度一切色像。善財於樓閣眾寶莊嚴一一物中，
> 悉見如是及餘無量不思議自在境界。」〔註90〕

引文以《華嚴經》卷七十九〈入法界品〉第三十九之二十，〔註91〕善財童子
見到毗盧遮那莊嚴藏樓閣的周回四壁上，其每一寶中所呈現出來，彌勒菩薩

〔註89〕見《妙法蓮華經》卷一，《大正新脩大藏經》第九冊，頁2下。

〔註90〕見《妙法蓮華經合論》卷一，《卍新纂續藏經》第三十冊，頁366上～中。

〔註91〕原文爲：「見諸樓閣，周迴四壁，一一步內，一切眾寶，以爲莊嚴。一一寶中，
皆現彌勒曩劫修行菩薩道時，或施頭目，或施手足、唇舌、牙齒、耳鼻、血肉、
皮膚、骨髓，乃至爪髮；如是一切，悉皆能捨。妻妾、男女、城邑、聚落、國
土、王位，隨其所須，盡皆施與。處牢獄者，令得出離；被繫縛者，使其解脫；
有疾病者，爲其救療；入邪徑者，示其正道。或爲船師，令度大海；或爲馬王，
救護惡難；或爲大仙，善說諸論；或爲輪王，勸修十善；或爲醫王，善療眾病。
或孝順父母，或親近善友。或作聲聞，或作緣覺，或作菩薩，或作菩薩，教化
調伏一切眾生；或爲法師，奉行佛教，受持讀誦，如理思惟。立佛支提，作佛
形像，若自供養，若勸於他，塗香散華，恭敬禮拜。如是等事，相續不絕。或
見坐於師子之座，廣演說法，勸諸眾生安住十善，一心歸向佛、法、僧寶，受
持五戒及八齋戒，出家聽法，受持讀誦，如理修行。乃至見於彌勒菩薩，百千
億那由他阿僧祇劫，修行諸度一切色像；又見彌勒曾所承事諸善知識，悉以一
切功德莊嚴；亦見彌勒在彼一一善知識所，親近供養，受行其教，乃至住於灌
頂之地。時，諸知識告善財言：『善來童子！汝觀此菩薩不思議事，莫生疲厭。』
爾時，善財童子得不忘失憶念力故，得見十方清淨眼故，得善觀察無礙智故，
得諸菩薩自在智故，得諸菩薩已入智地廣大解故，於一切樓閣，一一物中，悉
見如是，及餘無量，不可思議，自在境界，諸莊嚴事。」見（唐）實叉難陀譯：
〈入法界品〉第三十九之二十，《大方廣佛華嚴經》卷七十九，《大正新脩大藏
經》第十冊，頁437上～437中。

在因地修行時所作的「隨類攝生」的種種事例爲喻，印證《法華經》中，佛陀眉間放白毫之光，彌勒菩薩所見所聞的千億事件。本引文，並非〈入法界品〉的全文，而是經由惠洪精裁簡化而成。惠洪經常以《華嚴經・入法界品》中，善財童子四處行腳，所經歷的事件爲對象，來印證《法華經》的義理，展現其華嚴信仰。讀者也可以藉由故事中的譬喻，了解《法華經》的思想。

〈譬喻品〉：「佛於大眾中，說我（舍利弗）當作佛，……初聞佛所說，心中大驚疑，將非魔作佛，惱亂我心耶？……世尊說實道，波旬無此事，以是我定知，非是魔作佛。」〔註92〕段，惠洪以佛典中的寓言故事爲喻，解釋此段，謂：

> 如善財童子至伊沙那聚落，勝熱婆羅門所，見四面火聚，猶如大山，中有刀山，高峻無極，登彼山上，投身入火，時善財念曰：「將非是魔，魔所使耶？」乃至登刀山，投火聚，未至中間，即得菩薩善住三昧；纔觸火燄，又得菩薩寂靜樂神通三昧。善財白言：「甚奇！聖者！如是刀山及大火聚，我身觸時安隱快樂。」時婆羅門告善財曰：「善男子！我唯得此菩薩無盡輪解脫，如諸菩薩摩訶薩大功德燄，能燒一切眾生見惑，令無有餘。〔註93〕

引文出自《大方廣佛華嚴經》卷六十四〈入法界品〉第三十九之五。〔註94〕勝熱婆羅門，示現印度外道的一種苦行，成就殊勝之行。火是般若火，是智德，無所不照。唐代僧清涼國師澄觀（738～839）說：「般若皆燒惑薪故。《智論》云：『般若波羅蜜猶如大火聚』。四邊不可取，取則燒人，離則成智。火有四義：一燒煩惱薪、二破無明闇、三成熟善根、四照現證理。」〔註95〕中間有一座刀山，高峻險拔，沒有極限，表示「無分別智，最居中道，無不割故」。刀是斷德，能割斷種種邪見與偏見，是一種解脫德。高峻無極，表示高而無上，難可登上。投身入火聚，是因爲障盡證理，理即法身。至於佛、魔之間，魔即是佛，佛即是魔。魔如佛如，並無二理。魔非由外來，也非由內出，佛、魔不一不異。迷則爲魔，悟則爲佛。因此，「刀山不可執，火聚不可

〔註92〕見《妙法蓮華經》卷二，《大正新脩大藏經》第九冊，頁11上～中。
〔註93〕見《妙法蓮華經合論》卷二，《卍新纂續藏經》第三十冊，頁377中。
〔註94〕見（唐）實叉難陀譯：〈入法界品〉第三十九之五，《大方廣佛華嚴經》卷六十四，《大正新脩大藏經》第十冊，頁346中～348上。
〔註95〕見（唐）澄觀撰：《大方廣佛華嚴經疏》卷五十七，《大正新脩大藏經》第三十五冊，頁932上。

取。若能不住，無分別智，遍入四句。則遠離四謗，不滯空有，何行不成。」〔註96〕善財童子終究自破見心，登上刀山，投身入火聚。

善財童子登上刀山，投身火聚之中，尚未達到火聚，即得菩薩善住三昧，因「上不依山，下不依火，正處於空，即顯般若，離於二邊，無所住故。名爲善住寂靜樂。」等到觸火燄，又得菩薩寂靜樂神通三昧，表示善財童子「親證般若實體，即性淨涅槃故，云寂靜樂，而大用無涯，故云神通。觸者，親證也。所以《淨名》云：『受諸觸如智證』。」〔註97〕

綜上可知，惠洪以善財童子從對勝熱婆羅門的示現起疑，至親證般若實體的過程，譬喻上根聲聞舍利弗，由起見惑，至確信自己定當作佛，爲天人所敬，轉無上法輪，教化諸菩薩。顯示舍利弗以知見力作爲功德燄。此引文呈顯般若、中觀與禪之義。

又如〈如來壽量品〉：「若有眾生來至我所，我以佛眼，觀其信等諸根利鈍，隨所應度，處處自說，名字不同、年紀大小，亦復現言當入涅槃，又以種種方便說微妙法，能令眾生發歡喜心。……如來所演經典，皆爲度脫眾生，或說己身、或說他身，或示己身、或示他身，或示己事、或示他事，諸所言說，皆實不虛。」〔註98〕惠洪的解釋是：

> 《涅槃經》曰：「譬如女人，因嬰兒疾，良醫授藥而教之言：『若服藥已，未可與乳，須其藥消，乃可乳之。』女人即以苦味自塗其乳，兒觸苦味，即便棄去。其藥度消，即洗苦味，呼兒與乳。兒癡，掉頭莫肯就飲。其母告曰：『我以毒塗，須汝藥消藥。今消已，毒則洗去。』於是嬰兒則復飲乳。」……《大莊嚴論》曰：「譬如工畫師，平起凹凸相，如是虛分別，於無見能所。譬如善巧畫師能畫平壁起凹凸相，實無高下，而見有高下。不眞分別亦復如是，於平等法界無二相處，而常見有能所二相。」〔註99〕

本段引文，分別出自《涅槃經》卷七〈如來性品〉第四之四：「苦塗水洗」，以及《大莊嚴論》卷六〈大乘莊嚴經論隨修品〉第十四：「凹凸高下」。

〔註96〕見（唐）澄觀撰：《大方廣佛華嚴經疏》卷五十七，《大正新脩大藏經》第三十五冊，頁932上。

〔註97〕見（唐）澄觀撰：《大方廣佛華嚴經疏》卷五十七，《大正新脩大藏經》第三十五冊，頁932中～下。

〔註98〕見《妙法蓮華經》卷五，《大正新脩大藏經》第九冊，頁42下。

〔註99〕見《妙法蓮華經合論》卷五，《卍新纂續藏經》第三十冊，頁408下。

　　「苦塗水洗」之言，屬於佛教四悉檀之一，也是《涅槃經》經中常引以
為譬喻的對象。眾生有種種欲，卻不自知。佛陀能知眾生之欲樂，因此隨眾
生之心病，廣為施設，即以種種方便法藥，對治眾生的煩惱，盼眾生能因藥
啟悟，因悟捨筏。換言之，惠洪以「苦塗水洗」譬喻「我以佛眼，觀其信等
諸根利鈍，隨所應度，處處自說，名字不同、年紀大小，亦復現言當入涅槃，
又以種種方便說微妙法。」「凹凸高下」之說，即顯現法界本平等無二。因眾
生無明，見有能、所二相，並執著於此，遂顛倒不明，造種種業。佛陀為了
救度眾生，脫離苦海，因此言說諸相，讓眾生能因此得解。換言之，惠洪以
「凹凸高下」譬喻「如來所演經典，皆為度脫眾生，或說己身、或說他身，
或示己身、或示他身，或示己事、或示他事，諸所言說，皆實不虛。」以上
是以譬喻方式曉諭眾生的事例。惠洪融通一經一論印證《法華經》經文，展
現其融通內典的精神。

（四）以史傳故事為喻

　　惠洪、張商英所引用的史傳故事，分別來自《史記》、《晉書》等。例如：
　　〈序品〉：「彌勒菩薩作是念：『今者世尊現神變相，以何因緣而有此瑞？
今佛世尊入于三昧，是不可思議、現希有事。當以問誰？誰能答者？』……
爾時，比丘、比丘尼……等，咸作此念：『是佛光明神通之相，今當問誰？』
爾時，彌勒菩薩，欲自決疑，又觀四眾……及諸天，龍、鬼神等眾會之心，
而問文殊師利。」〔註100〕段。惠洪對於此段的解釋是：

> 彌勒之深悲，欲眾生之猛省，如漢范增之愛項羽。增勸羽殺沛公，
> 因鴻門坐中，增數目項羽，舉所佩玉玦以示之者三，項羽默然不應。
> 彌勒之偈，敘所見聞，掩抑重複千餘言，時時泄佛之密機，如范增
> 之數舉玉玦也。〔註101〕

引文中，「漢范增之愛項羽」，出自司馬遷《史記·項羽本紀》。原文為：「項
王即日因留沛公，與飲。項王、項伯東嚮坐，亞父南嚮坐。亞父者，范增也。
沛公北嚮坐，張良西嚮侍。范增數目項王，舉所佩玉玦以示之者三，項王默
然不應。」〔註102〕引文的重點：其一、彌勒愛眾生，猶如范增愛項羽。其二、

〔註100〕見《妙法蓮華經》卷一，《大正新脩大藏經》第九冊，頁2中～下。
〔註101〕見《妙法蓮華經合論》卷一，《卍新纂續藏經》第三十冊，頁366上。
〔註102〕見（日本）瀧川龜太郎著：〈項羽本紀〉第七，《史記會注考證》卷七（台北
　　　　市：洪氏出版社，1986年），頁147。

彌勒偈中，泄佛的密機，如范增的舉玉玦。彌勒頻頻環顧四周，乃是為了替四眾，也替自己釋疑，因此請法於文殊師利菩薩。惠洪藉比喻的方式，不直接說明，只以眼睛示意、暗示。換言之，彌勒時時泄佛的密機的方法，就如當時范增以眼示意、暗示項羽一般。

承前例，文殊師利菩薩就彌勒菩薩之疑作回應。〈序品〉經文中，文殊師利菩薩曰：「是時，日月燈明佛說大乘經，名無量義，教菩薩法，佛所護念。說是經已，即於大眾中結加趺坐，入於無量義處三昧，身心不動。……爾時，如來放眉間白毫相光，照東方萬八千佛土，靡不周遍，如今所見是諸佛土。」〔註103〕這段經文，是文殊師利菩薩為解答彌勒菩薩與四眾的疑惑，特以當年所見日月燈明如來，也如此放眉間白毫相光的場景作回應。惠洪的解釋是：

> 諦觀耆闍崛山，今日一會，如印印泥，弗差毫髮。如晉陶侃，少嘗夢生八翼，飛而上天，見天門九重，已登其八，唯一門不得入。闍者以杖擊之，因墜地折其左翼。及寤，左腋猶痛。既老，都督八州，據上流，握強兵，潛有窺窬之志，每思折翼之祥，自抑而止。〔註104〕

「晉陶侃」一文，出自《晉書‧陶侃列傳》〔註105〕。惠洪以「方侃夢時，即是自抑之日」驗證文殊師利菩薩所敘當年日月燈明如來說無量義時，猶如今日耆闍崛山法華會上，世尊為舍利弗說《法華經》。期間年歲，也與此時相同，實無先後之分，體現一念，無十方三世之別，三世十方同時也。惠洪舉史傳事蹟以印證《法華經》，可看出其融通儒、釋的精神。

惠洪在其所撰《智證傳》一書中，說：「予論此經（《法華經》）皆象，象以盡意，欲眾生深觀自悟耳」〔註106〕。言不盡意，則立象以盡意，惠洪藉設象化導眾生，充分展現其注解經典的生動靈巧。

五、以佛教經論解經

「行文時徵援古人的言論或者事跡來增強表現力，稱作『引用』」，這是張勇在其〈唐五代禪宗修習的典籍──以敦煌寫本《六祖壇經》為考察範圍〉一文對「引用」所下的注腳。他同時表示：「『引用』應該屬於修辭學這一漢

〔註103〕見《妙法蓮華經》卷一，《大正新脩大藏經》第九冊，頁4上。
〔註104〕見《妙法蓮華經合論》卷一，《卍新纂續藏經》第三十冊，頁368中。
〔註105〕見（唐）太宗御撰：《晉書斠注》卷六十六，《二十五史》，（臺北市：藝文，1958年），頁1190。
〔註106〕見（宋）慧洪覺範撰：《智證傳》，《卍新纂續藏經》第六十三冊，頁185上。

語語言學的研究範圍。我們從這一語言現象中，卻還可以挖掘出其他的意義，例如：與宗教學的關涉。」〔註107〕這一闡述說明了「引用」一詞，不僅適用於漢語修辭學，同時也適用於宗教學領域。大量援引佛教經論來印證《法華經》的經文義理，也是《法華合論》的重要解經方式。

《法華合論》援引佛教經論，主要是使讀者在經典與經典的交相印證下，觸類旁通，豁然得解深奧的佛理，領悟《法華經》的義理。惠洪所援引的佛教經論內容，舉凡：《華嚴》經論、禪家典籍、如來藏典籍、般若典籍，無不涉獵，無不包舉。不僅顯示了當代諸經典籍的弘通，同時也突顯惠洪對佛教典籍經論的體悟之深。在援引典籍的方法上，惠洪並非一成不變，而是以靈活的視角出發，有時點明出處和來源，有時直接將引文編織於自己的注解中，或精簡長篇原典，或數次徵引，或與其他修辭交融運用，在在展現其敏銳的觀察力與分析力。由此可知其知識的廣度與深度。

本小節分別就以經解經、以論或燈錄解經，以及以僧傳故事解經等三個單元作探討。

（一）以經解經

所謂「以經解經」，是指惠洪、張商英引用其他佛教經典來解釋《法華經》，藉經經交相印證下，體現《法華經》的義旨。例如：

〈序品〉：「有四阿修羅王——婆稚阿修羅王、佉羅騫馱阿修羅王、毘摩質多羅阿修羅王、羅睺阿修羅王，各與若干百千眷屬俱。」〔註108〕惠洪解說：

> 《十地經》曰：有五類：一、極弱者住人間山林，西方山大深窟，有非天之宮。又譯阿素洛，此言非天也。二、妙高山北大海之下二萬一千由旬，有羅睺之宮。三、又二萬一千由旬，有勇健之宮。四、又下二萬一千由旬，有華鬘之宮。華鬘，此言綺畫，以文其身。五、又下二萬一千由旬，有毗摩質多羅之宮。凡八萬四千，深於須彌矣。〔註109〕

引文藉《十地經》的經文，證明《法華經》「四阿修羅」，並依序說明阿修羅

〔註107〕見張勇：〈唐五代禪宗修習的典籍——以敦煌寫本《六祖壇經》爲考察範圍〉，（《普門學報》，第十期，2002年），頁71。

〔註108〕見《妙法蓮華經》卷一，《大正新脩大藏經》第九冊，頁2中。

〔註109〕見《妙法蓮華經合論》卷一，《卍新纂續藏經》第三十冊，頁365上。

的五個不同住處。惠洪以經解經，在經經互證之下，讓讀者了解阿修羅各有不同的宮殿與動態。

又如：〈序品〉：「佛放一光，……放一淨光」，惠洪解釋說：

> 曰「佛放一光」，又曰「放一淨光」，何渠渠以光為言耶？蓋其欲學者寤之之切，如舉玉玦示之者三也。而學者之終不寤，如項羽之默然。何則？計著語言文字之深也。《楞嚴經》〔註110〕曰：「不應攝受隨說，計著真實者，離文字故。大慧！如為愚夫，以指指物，愚夫觀指，不得實義。如是愚夫，隨言說指，攝受計著，至竟不捨，不能得離言說指，第一實義。」〔註111〕

援引《楞伽阿跋多羅寶經》的經文，強調「計著真實者，離文字故」。愚夫隨言說指，不能得離言說指，因此無法得第一實義。惠洪援引此經印證《法華經》，說明「佛放一光」，又「放一淨光」，其心之迫切，但眾生終不寤，乃因計著語言文字。

又如：〈序品〉：「是諸王子，聞父出家，得阿耨多羅三藐三菩提，悉捨王位亦隨出家。」〔註112〕惠洪解釋說：

> 《圓覺經》曰：「身心寂滅，平等本際，圓滿十方，不二隨順，於不二境現諸淨土。」〔註113〕

惠洪引《圓覺經》經文作說明，意謂是諸王子，悉捨王位，隨父出家，修行得力，因此身心寂滅，得「平等本際，圓滿十方，不二隨順」的境界，也就是得阿耨多羅三藐三菩提，即一真法界，也即是一佛乘。此境界乃隨眾生業力的改變，信願具足，定慧等持，即得相應。因此，惠洪謂「淨土即身土也。所謂身土者，即轉八識、四大之相而為之，非別有也。」〔註114〕

又如：〈化城喻品〉：「無明緣行，行緣識，識緣名色，名色緣六入，六入緣觸，觸緣受，受緣愛，愛緣取，取緣有，有緣生，生緣老死憂悲苦惱。」〔註115〕惠洪解說：

> 《華嚴經‧十地品》第六地金剛藏菩薩曰：「三界所有，唯是一心。

〔註110〕應為（劉宋）求那跋羅陀譯《楞伽阿跋多羅寶經》的筆誤。
〔註111〕見《妙法蓮華經合論》卷一，《卍新纂續藏經》第三十冊，頁366下。
〔註112〕見《妙法蓮華經》卷一，《大正新脩大藏經》第九冊，頁4上。
〔註113〕見《妙法蓮華經合論》卷一，《卍新纂續藏經》第三十冊，頁367下。
〔註114〕見《妙法蓮華經合論》卷一，《卍新纂續藏經》第三十冊，頁367下。
〔註115〕見《妙法蓮華經》卷三，《大正新脩大藏經》第九冊，頁25上。

如來於此分別演說十二有支，皆從一心如是而立。何以故？隨事貪
欲與心共生，心是識，事是行，於行迷惑是無明，與無明及心共生
是名色，名色增長是六處，六處三分合爲觸，觸共生是受，受無厭
足是愛，愛攝不捨是取，彼諸有支生是有，有所起名生，生熟爲老，
老壞爲死。無明有二種業：一、令眾生迷於所緣；二、與行作生起
因。行亦有二種業：一、能生未來果報；二、與識作生起因。識亦
有二種業：一、能令諸有相續；二、與名色作生起因。名色亦有二
種業：一、互相助成；二、與六處作生起因。六處亦有二種業：一、
各自取境界；二、與觸作生起因。觸亦有二種業：一、能爲觸所緣；
二、與受作生起因。受亦有二種業：一、能領受愛憎等事；二、與
愛作生起因。愛亦有二種業：一、深著所愛事；二、與取作生起因。
取亦有二種業：一、令諸煩惱相續；二、與有作生起因。有亦有二
種業：一、能令於餘趣中生；二、與生作生起因。生亦有二種業：
一、能起諸蘊；二、與老作生起因。老亦有二種業：一、諸根變異；
二、與死作生起因。死亦有二種業：一、能壞諸行；二、與不覺知。
故相續不絕。」〔註116〕

十二有支因一心而立，十二有支相因而成，無有作用，無有體性。因心而立，
心迷爲眾生，心悟即爲佛。相因而成，如磁石與鐵，磁石不曾吸鐵，鐵也不
吸磁石，但兩者相見必相吸。惠洪援引《華嚴經》經文證明《法華經》經文。

「附論」中，也有以經解經的例子。例如：〈化城喻品〉：「諸比丘！大通
智勝佛過十小劫，諸佛之法乃現在前，成阿耨多羅三藐三菩提。」〔註117〕張
商英解釋說：

六祖曰：「前念後念及今念，念念不被愚迷染。」〔註118〕

念念正念，念念相續，諸佛之法乃現在前。張商英援引《六祖大師法寶壇經》
證明《法華經》經義。

（二）以論或燈錄解經

所謂「以論或燈錄解經」，即惠洪、張商英注解《法華經》時，藉由佛教
論典、燈錄，例如：《大智度論》、《瑜伽師地論》、《新華嚴經論》、《景德傳燈

〔註116〕見《妙法蓮華經合論》卷三，《卍新纂續藏經》第三十冊，頁394中～下。
〔註117〕見《妙法蓮華經》卷三，《大正新脩大藏經》第九冊，頁22下。
〔註118〕見《妙法蓮華經合論》卷三，《卍新纂續藏經》第三十冊，頁396上。

錄》，或梁僧眞諦、陳那菩薩的論作，以及注解佛教經典的論作等，經由經與論之相互印證過程，呈顯出《法華》經義。《法華合論》中，關於「以論或燈錄解經」，又以四種不同方式呈現，例如：指出論典名稱、指出論典作者、沒有標明出處的論著，以及以「舊疏」解釋經文，但沒有指出「舊疏」屬於何經或何人之疏。本小節將分別探討之。

1. 指出論典名稱

關於「以論或燈錄解經」，直接指出論典名稱的，例如：

〈序品〉：「……娑婆世界主、梵天王、尸棄大梵、光明大梵等，與其眷屬萬二千天子俱。」〔註119〕惠洪對於此段經文的解釋是：

> 至於色界，則《瑜伽論》曰：「有十八處，謂梵眾天、梵前益天、大梵天。此三由奭、中、上品重修初淨慮故。」經言「娑婆世界主、梵天王、尸棄大梵」者，是此勝流。……。此敘色界初禪來眾。《瑜伽論》又曰：「小光、無量光、極淨光。此三由奭、中、上品重修第二淨慮。」故經言「光明大梵」等，是此勝流。此敘二禪來眾。〔註120〕

初淨慮，指的是初禪天所攝。引文藉由《瑜伽論》中，色界初禪天所攝的三種天，和二禪所攝的三種天，說明法華會上色界天聽眾的來歷。惠洪以論典印證《法華經》，讓讀者了解色界天的概況。

又如：〈序品〉：「爾時，世尊，……爲諸菩薩說大乘經，名無量義，教菩薩法，佛所護念。佛說此經已，結加趺坐，入於無量義處三昧，身心不動。」〔註121〕惠洪的解釋是：

> 經文起伏頓挫爲兩段，而其辭互見，但是一意，何則？既言說無量義以教菩薩，則義以無量言之，豈於眾集之頃，便曰「說此經已」乎？又言「入無量義處三昧」，義無實相，而曰有處乎？茲可疑也。《華嚴論》曰：「佛在摩竭提國阿蘭若法菩提塲中始成正覺，於普光明殿入刹那際三昧，明以法界身爲定體，無三世性故，從兜率天下降神及入涅槃，七（四）十九年住世，轉一切法輪，總不出刹那際。以此三昧圓通始終，非三世古今故。」〔註122〕

〔註119〕見《妙法蓮華經》卷一，《大正新脩大藏經》第九冊，頁 2 上。
〔註120〕見《妙法蓮華經合論》卷一，《卍新纂續藏經》第三十冊，頁 364 中。
〔註121〕見《妙法蓮華經》卷一，《大正新脩大藏經》第九冊，頁 2 中。
〔註122〕見《妙法蓮華經合論》卷一，《卍新纂續藏經》第三十冊，頁 365 上～中。

惠洪以《新華嚴經論》中，「佛在摩竭提國阿蘭若法菩提場中始成正覺，於普光明殿入刹那際三昧」，論較本經「佛說此經已，結加趺坐，入於無量義處三昧，身心不動」，說明二個觀點：一、以法界身，即法身爲定體，實無三世古今之分。二、佛陀轉法輪，不出刹那際，即「一念普觀無量劫，無去無來亦無住。如是了知三世事，超諸方便成十力。」之義。〔註123〕也闡發佛陀以無時說法之義。〔註124〕

又如：〈方便品〉：「見六道眾生，貧窮無福慧，入生死嶮道，相續苦不斷，深著於五欲，如犛牛愛尾，以貪愛自蔽，盲瞑無所見。」〔註125〕惠洪解說：

> 《智度論》曰：「貪欲蓋非內非外，亦非兩間。何以故？若內法有，不應待外出；若外法有，於我亦何患？若兩中間有，兩中間則無處，亦不從先世來。何以故？以一切法無來故。如童子無有欲，若先世有者，小亦應有。以是故知，先世不來，亦不至後世；不從諸方來，亦不常自有；非一分中，非徧身中；亦不從五塵來，亦不從五情出。無所從生，無所從滅。若貪欲若先生，若後有，若一時生，是事不然。何以故！若先有生，後有貪欲，中不應貪欲生，未有貪欲故；若後有生，先有貪欲，則生無所生；若一時，則無生名生處，生者、生處無分別故。」〔註126〕

引文援引《大智度論》印證《法華經》。眾生「深著五欲」、「以貪愛自蔽，盲瞑無所見」，故而入生死險道，相續苦不斷，若能了解貪欲蓋本無生，則根自斷。此段會通中觀。

又如：〈藥草喻品〉：「如來觀知一切諸法之所歸趣，亦知一切眾生深心所行，通達無礙；又於諸法究盡明了，示諸眾生一切智慧。」〔註127〕所謂「諸法」，惠洪解說：

〔註123〕見（唐）實叉難陀譯：《大方廣佛華嚴經》卷十三，《大正新脩大藏經》第十冊，頁66上。

〔註124〕「經首言眾方集，便說無量義、教菩薩法、佛所護念已。夫眾集之頃，已說無量之義，則以無時，是說法時明矣。」見《妙法蓮華經合論》卷一，《卍新纂續藏經》第三十冊，頁375下～376上。

〔註125〕見《妙法蓮華經》卷一，《大正新脩大藏經》第九冊，頁9中。

〔註126〕見《妙法蓮華經合論》卷一，《卍新纂續藏經》第三十冊，頁375中。

〔註127〕見《妙法蓮華經》卷三，《大正新脩大藏經》第九冊，頁19上。

《中觀》偈曰：「諸法不自生，亦不從他生，不共不無因，是故說無

生。」〔註128〕

引文援引《中觀論》解釋諸法本無生。無生即唯心所現，心爲諸法之所會，因此，如來觀知一切諸法之所歸趣，亦知一切眾生深心所行。

2. 指出論典作者

關於「以論或燈錄解經」，指出論典作者的，例如：

〈序品〉：「如是我聞：一時。」〔註129〕惠洪的解釋是：

梁西域僧眞諦曰：依微細律，阿難當升座結集法藏之時，其身如佛，

具足相好。大眾仰瞻，生三種疑：疑從涅槃起，更爲眾生說法；疑

他方佛來此說法；疑阿難成佛，爲眾說法。爲除此三疑，故阿難稱

「如是我聞：一時」，於是三疑頓釋。〔註130〕

引文中，惠洪引用梁西域僧眞諦之語，說明「如是我聞：一時」的涵義。眞諦（499～569），西天竺優禪尼國人，是五、六世紀間的著名譯經僧，自梁五帝末至陳太建元年，共譯經論紀傳六十四部，二百七十八卷。與鳩摩羅什、玄奘、義淨，同稱四大翻譯家。

又如：〈如來壽量品〉：「如來如實知見三界之相，無有生死、若退若出，亦無在世及滅度者，非實非虛，非如非異，不如三界見於三界，如斯之事，如來明見，無有錯謬。」〔註131〕惠洪解說：

陳那菩薩曰：「三界者，唯以名言爲體，由強分別，非實有之法，故

不得眞也。將簡諸法自性，令生不顚倒智。」〔註132〕

引文指出語者：陳那菩薩。陳那之言出自《解捲論》。〔註133〕陳那菩薩於佛滅後一千百年頃出現於南印度案達羅國，是印度佛教因明論集大成者，作《因明正理門論》，是新因明之祖。引文說明三界本非實有之法，「唯以名言爲體」，但有言說，都無實義。眾生不知名言性空之理，妄計言說以爲實，遂執迷不悟，造種種業，而如來實知。惠洪藉陳那菩薩之言，證明本經。

〔註128〕見《妙法蓮華經合論》卷三，《卍新纂續藏經》第三十冊，頁 387 中。

〔註129〕見《妙法蓮華經》卷一，《大正新脩大藏經》第九冊，頁 1 下。

〔註130〕見《妙法蓮華經合論》卷一，《卍新纂續藏經》第三十冊，頁 362 下。

〔註131〕見《妙法蓮華經》卷五，《大正新脩大藏經》第九冊，頁 42 下。

〔註132〕見《妙法蓮華經合論》卷五，《卍新纂續藏經》第三十冊，頁 409 上。

〔註133〕見陳那菩薩造（陳）眞諦譯：《解捲論》，《大正新脩大藏經》第三十一冊，頁

883 下。

又如，惠洪於〈藥王本事品〉中，援引龍勝菩薩之言：「無有一法定性可取，故名不可破；以眾生著因緣空法，故名爲可破。譬如小兒見水中月，愛著欲取，而不可得，心懷憂惱。智者教言：『雖可眼見，不可手捉。』但破可取，不破可見。」〔註134〕解釋本經：「于時，菩薩於大眾中立此誓言：『我捨兩臂，必當得佛金色之身，若實不虛，令我兩臂還復如故。』作是誓已，自然還復」〔註135〕龍勝菩薩之言，出自《大智度論》，是以論解經的例子。惠洪的用意，在於說明圓成實智雖捨兩執，而不絕滅，但破可取，不破可見之旨。

張商英「附論」中，也有以論或燈錄解經的例子。例如：〈授學無學人記品〉：「佛告阿難：是諸人（學、無學二千人）等，當供養五十世界微塵數諸佛如來，恭敬尊重，護持法藏。末後同時於十方國各得成佛，皆同一號，名曰寶相如來、應供、正遍知、明行足、善逝、世間解、無上士、調御丈夫、天人師、佛、世尊。」〔註136〕張商英的解釋是：

> 學、無學二千人成佛，同一號曰寶相，五百羅漢同號普明。二千學、無學同號寶相，圭峰所謂河沙諸佛入我身，我身徧入河沙佛。亦如二萬佛同號日月燈明也。〔註137〕

引文援引圭峰宗密之言作解。圭峯禪師號宗密（780～841），姓何氏，唐代果州西充縣（四川西充）人，華嚴宗第五祖，世稱圭峯禪師、圭山大師。宗密幼習儒學，既長（二十五歲），隨南宗禪師遂州道圓出家，又師從澄觀（738～839），兼具禪僧與華嚴教僧的身分；因此，既被奉爲禪宗祖師，又被奉爲華嚴宗祖師。宗密思想，大力倡導禪、教融合乃至三教融合。引文意謂佛佛相即相入，圓融無礙；融通華嚴與禪。

又如：〈分別功德品〉：「聞我說壽命長遠，深心信解，則爲見佛常在耆闍崛山。……受持讀誦是經典者，則爲以佛舍利起七寶塔，……，種種舞戲，以妙音聲歌唄讚頌，則爲於無量千萬億劫作是供養已。」〔註138〕張商英解說道：

> 古德曰：「凡觀經教，皆須宛轉歸就自心。」〔註139〕

「古德」指的是唐洪州百丈山大智禪師，百丈懷海。懷海（720～814），俗姓

〔註134〕見《妙法蓮華經合論》卷六，《卍新纂續藏經》第三十冊，頁420上。
〔註135〕見《妙法蓮華經》卷六，《大正新脩大藏經》第九冊，頁54上。
〔註136〕見《妙法蓮華經》卷四，《大正新脩大藏經》第九冊，頁30中。
〔註137〕見《妙法蓮華經合論》卷四，《卍新纂續藏經》第三十冊，頁398上。
〔註138〕見《妙法蓮華經》卷五，《大正新脩大藏經》第九冊，頁45中～下。
〔註139〕見《妙法蓮華經合論》卷五，《卍新纂續藏經》第三十冊，頁411中。

王（一說姓黃），福州長樂人，爲中國禪宗叢林清規的制定者。引文出自《景德傳燈錄》卷六，其原文爲：「讀經看教，語言皆須宛轉，歸就自己」〔註140〕。張商英引百丈懷海之言，目的在於說明，無論自持、自書《法華經》，或教人持、教人書《法華經》，皆須消歸自己，如此，是人所得功德自然無有限量；此爲分別功德之旨。

3. 沒有標明出處的論著

惠洪注解《法華經》時，有時並沒有指出論典的名稱與作者。例如：〈方便品〉：「舍利弗！諸佛出於五濁惡世，所謂劫濁、煩惱濁、眾生濁、見濁、命濁。」〔註141〕惠洪的解釋是：

> 鳩摩羅什曰梵本多歲數，名多由泓。多由泓者，大劫也。如賢劫，比大劫中有小劫，名諸過惡，總名劫濁也。善良既盡，純惡種類，名眾生濁也。諸貪、瞋、癡等煩惱增長，爲增上緣重者，能障道入惡趣，名煩惱濁也。於煩惱中起邪見，謗無因果、罪福、涅槃，名見濁也。大劫初時，人壽無量，自後漸短，乃至一百二十歲及以下者，名命濁也。〔註142〕

引文出自僧肇撰的《注維摩詰所說經》卷三〈弟子品〉。〔註143〕主要是解釋「劫濁、眾生濁、煩惱濁、見濁、命濁」等五濁之義。

4. 以「舊疏」解釋經文，但沒有指出「舊疏」屬於何經或何人之疏

在「主論」的釋文中，經常可見「舊《疏》曰」的引文。惠洪引「舊《疏》」，並未說明此《疏》指的是何經論或出自何人之疏。惠洪援引「舊《疏》」的目的，主要是將其當成評論的對象。《法華合論》中，引「舊《疏》」之說，所指包括窺基《妙法蓮華經玄贊》、智顗《妙法蓮華經文句》、智顗《摩訶止觀》以及龍樹著的《大智度論》等。例如：

〈藥草喻品〉：「破有法王，出現世間，隨眾生欲，種種說法。」〔註144〕關於「破有」，惠洪說：

〔註140〕見（宋）道原纂：《景德傳燈錄》卷六，《大正新脩大藏經》第五十一冊，頁250下。

〔註141〕見《妙法蓮華經》卷一，《大正新脩大藏經》第九冊，頁7中。

〔註142〕見《妙法蓮華經合論》卷一，《卍新纂續藏經》第三十冊，頁373下。

〔註143〕見（後秦）僧肇撰：《注維摩詰所說經》卷三，《大正新脩大藏經》第三十八冊，頁360上～中。

〔註144〕見《妙法蓮華經》卷三，《大正新脩大藏經》第九冊，頁19下。

舊《疏》曰：「有者，即三有也。能破一有，謂三界爲一業有之所有
故；或破二有，謂本有、中有故；或破三有，即是三界故。」〔註145〕
引文中，「舊《疏》」指的是窺基《妙法蓮華經玄贊》。此段，惠洪援引舊《疏》
的觀點解釋「破有」，與自己的觀點：「言破以明有非實有，言有以明空非斷
空」不同。因此，惠洪解說「誤矣」。

（三）以僧傳故事解經

所謂「僧傳故事」，是記載歷代僧尼的傳記或事蹟。所謂「以僧傳故事解
經」，是指《法華合論》中，藉僧傳故事，印證《法華》經義。其所標舉的僧
傳故事，分別出自《高僧傳》和《付法藏因緣傳》等。例如：

〈序品・偈〉說：「或有諸比丘，在於山林中，精進持淨戒，猶如護明珠。
又見諸菩薩，行施忍辱等，其數如恒沙，斯由佛光照。又見諸菩薩，深入諸
禪定，身心寂不動，以求無上道。」〔註146〕關於「精進」，惠洪引僧傳故事，
印證之：

晉僧曇翼，以持律稱。住江寧長沙寺，修精進行，欲求佛舍利，置
寶瓶于齋几，日夕拜之。忽光夜出瓶中五色，一室如晝。翼加精進，
更求瑞像，日夕向十方拜之，曰：「像滿虛空，願早感應！」太元十
九年二月八日，光發城北白馬寺，寺僧見像不能舉。翼後至，曰：「像
爲我至。」即舉之，泠然而起，有旁行字曰：某年月阿育王造。翼
壽八十而化於像前。魏僧道進者，嘗詣曇摩懺受菩薩戒，懺曰：「當
洗心自悔，七日乃來。」既詣懺，懺忽怒，進默念曰：「此凤障也。」
加精進三年，夢中見釋迦像爲授戒，同夕十餘僧皆夢如進所見。又
詣懺，懺大驚曰：「善哉！已獲戒矣。」〔註147〕

引文分別以晉僧・曇翼與魏僧・道進的精進力事例論證。曇翼事跡，見於《高
僧傳》卷五；〔註148〕道進事跡，見於《高僧傳》卷二。〔註149〕曇翼與道進之
明驗，乃因修精進行所產生的功效，藉此呼應本經講一佛乘，欲凡夫實證，

〔註145〕見《妙法蓮華經合論》卷三，《卍新纂續藏經》第三十冊，頁388下～389上。
〔註146〕見《妙法蓮華經》卷一，《大正新脩大藏經》第九冊，頁4下。
〔註147〕見《妙法蓮華經合論》卷一，《卍新纂續藏經》第三十冊，頁369下。
〔註148〕見（梁）慧皎撰：《高僧傳》卷五，《大正新脩大藏經》第五十冊，頁355下
～356上。
〔註149〕見（梁）慧皎撰：《高僧傳》卷五，《大正新脩大藏經》第五十冊，頁336下。

...

必賴精進之力，因之六波羅蜜，以精進爲先。關於曇翼和道進的事蹟，可稱之爲僧傳故事。

又如：〈法師品〉：「諸佛世尊之所守護，從昔已來，未曾顯說而此經者；如來現在，猶多怨嫉，況滅度後？藥王：當知如來滅後，其能書、持、讀、誦、供養、爲他人說者，如來則爲以衣覆之」〔註150〕段，關於「如來以衣覆之」，惠洪引迦那提婆的事例解釋說：

> 迦那提婆嘗以無礙辯才折困諸外道論師，已而經行林間，爲外道弟子刀決其腹，曰：「汝以口舌困我師，我則以刀困汝，汝復能神乎？」於是提婆五臟委地，然命未絕，謂曰：「吾有三衣鉢具在禪室，汝急持以遁。我弟子未得法忍者，將害汝。汝未得法利，惜身惜重，惜名次之。夫身與名爲有生之累，今汝狂心所欺，忿毒所燒，罪報未已，痛泣受之。受之者，實自無主；爲之者，實自無人。無人無主，哀酷者誰？以實求之，實不可得，而昧者爲狂癡顛倒所惑，見得之心著已膠固，而有我人苦樂也。」俄眾弟子至，驚仆叫然而慟，聲震山谷。提婆曰：「諸法之實，誰怨誰酷？誰割誰截？諸法之實，實無受者，誰爲怨賊？汝爲癡毒所欺，妄生著見而號呼也。寧知彼人所害，害諸善報，非害我也。」言卒而逝。〔註151〕

引文所敘，見於《付法藏因緣傳》卷六，〔註152〕及《提婆菩薩傳》〔註153〕中。迦那提婆於怨嫉之世，具足柔和忍辱之心，披柔和忍辱之衣，以對治憎妬違害之緣。因此，惠洪認爲「若迦那提婆，則能受如來所覆之衣者也。」〔註154〕引文體現，迦那提婆與外道的不同，在於迦那提婆了解諸法無生無滅，諸法空性之意，可是外道弟子並沒有這樣的概念；因此，遂以刀決勝負，殺了辯才無礙的提婆。提婆尚且不怨，還救了外道弟子，迦那提婆實是兼具了慈悲與智慧。惠洪引此事例，也說明眾生不解空性之意，遂迷惑顛倒狂癡，種諸不善之業，如引文中的外道弟子。藉此勸勉眾生能早早醒悟。

〔註150〕見《妙法蓮華經》卷四，《大正新脩大藏經》第九冊，頁31中。
〔註151〕見《妙法蓮華經合論》卷四，《卍新纂續藏經》第三十冊，頁398下。
〔註152〕見（元魏）吉迦夜共曇曜譯：《付法藏因緣傳》卷六，《大正新脩大藏經》第五十冊，頁319中～下。
〔註153〕見（姚秦）鳩摩羅什譯：《提婆菩薩傳》，《大正新脩大藏經》第五十冊，頁187中～下。
〔註154〕見《妙法蓮華經合論》卷四，《卍新纂續藏經》第三十冊，頁398下。

又如：惠洪徵引晉僧佛圖澄的精進事例，解〈法師功德品〉之八百身功德。〈法師功德品〉：「常精進！若善男子、善女人，受持是經，若讀、若誦，若解說、若書寫，得八百身功德。」〔註155〕惠洪說：

> 晉僧佛圖澄者，天竺人也。以永嘉四年至洛陽，自言百餘歲。腹旁有孔，以絮塞之，夜讀書，則拔絮出光照室。又常將齋臨水，從孔中引腸胃洗濯，乃還納腹中。以油塗掌中，使童子即而窺之，童子驚走，曰：「是中有軍馬。」蓋照見石氏搞劉曜，計其處，千餘里。〔註156〕

引文見於《高僧傳》卷九。〔註157〕引文說明佛圖澄也是父母所生之常體，但何以能令三千大千世界眾生，生時、死時、上下、好醜、生善處、惡處悉於中現？乃因「精進之力成就」，自然證知。

又如，惠洪於解〈觀世音菩薩普門品〉中，以宋僧求那跋羅的事例示現觀世音菩薩的施無畏的精神。〈觀世音菩薩普門品〉：「是觀世音菩薩摩訶薩，於怖畏急難之中能施無畏，是故此娑婆世界，皆號之為施無畏者。」〔註158〕惠洪解說：

> 宋僧求那跋羅者，此云功德賢，中天竺人也。以元禧十二年至建業，為南譙王義宣所敬。王有逆謀，諫之至流涕，王雖不聽，亦不敢怒。梁山之敗，墮江水中，一心誦觀世音菩薩，手捉竹杖顧見童子牽其衣，曰：「汝小兒，乃能爾邪？」即及岸，脫衲衣欲賞之，而童子忽失所在。〔註159〕

求那跋羅一心誦持觀世音菩薩聖號，觀世音菩薩即現身而為說法。引文體現觀世音菩薩，以種種形，遊諸國土，度脫眾生。是故，應當一心供養觀世音菩薩，誦持觀世音菩薩聖號。

《法華合論》所引的僧傳故事，計有魏僧道進；晉僧曇諦、法賢、道生、佛圖澄、法羽、耆域、曇翼；陳僧慧思；唐僧無畏、智永、義福；宋僧普明、慧益以及龍勝（龍樹）菩薩等，惠洪欲藉此僧傳故事來印證佛理，闡述《法華》經義。

〔註155〕見《妙法蓮華經》卷六，《大正新脩大藏經》第九冊，頁 49 下。
〔註156〕見《妙法蓮華經合論》卷六，《卍新纂續藏經》第三十冊，頁 414 中。
〔註157〕見（梁）慧皎撰：《高僧傳》卷九，《大正新脩大藏經》第五十冊，頁 383 中 ～386 下。
〔註158〕見《妙法蓮華經》卷七，《大正新脩大藏經》第九冊，頁 57 中。
〔註159〕見《妙法蓮華經合論》卷七，《卍新纂續藏經》第三十冊，頁 425 上。

《法華合論》中，除了援引僧傳故事以外，惠洪也以示現故事解經。例如：〈觀世音菩薩普門品〉：「若有國土眾生，應以佛身得度者，觀世音菩薩即現佛身而爲說法；應以辟支佛身得度者，即現辟支佛身而爲說法；應以聲聞身得度者，即現聲聞身而爲說法；……」〔註160〕關於觀世音菩薩爲救度眾生而變現化身的思想，惠洪引「唐文宗嗜蛤蜊」的示現故事作印證：

> 大和中，沿海官吏先時遞進，人亦勞止。一日，御饌中有不可擘者，帝以其異，即焚香禱之。俄變爲菩薩形，梵相具足乃貯以金粟檀香合，覆以美錦，賜興善寺，令眾僧瞻禮。因問羣臣：「斯何祥邪？」或言：「太一山僧惟政者，於佛法博聞強識。」於是召至問其事，對曰：「臣聞物無虛應，此乃啓陛下信耳。故契經曰：『應以此身得度者，即現此身而爲說法。』」帝曰：「菩薩身則已現，然未聞說法。」政曰：「陛下睹此爲奇瑞，而敬信之乎？」帝曰：「朕實深信。」惟政者賀曰：「陛下已聞法竟。」於是皇情欣悦，得未曾有，詔天下寺院各立觀世音像，以答殊休。〔註161〕

這個故事最早見於唐代《杜陽雜編》〔註162〕，後來佛教文獻也都引用過這個故事，例如：《景德傳燈錄》卷四，〔註163〕《五燈會元》卷二，〔註164〕，《法華靈驗傳》卷下〈現身說法〉，〔註165〕《五燈嚴統》卷二。〔註166〕這是佛教非常有名的故事。

這個故事乃在藉文宗御饌，說明觀世音菩薩「應以此身得度者，即現此身而爲說法」之悲願。這是示現類的傳文，有以儆效尤的作用，屬於宗教實踐的範圍。惠洪於《石門文字禪》卷十八〈漣水觀音畫像贊〉，也說：「一切眾生殺生盛，癡暗不見不發心，（觀音）故現鷹巢蚌蛤中，……豈有種種心，皆其悲願力如是。」〔註167〕也是觀音示現的例子。

〔註160〕見《妙法蓮華經》卷七，《大正新脩大藏經》第九冊，頁57上～中。

〔註161〕見《妙法蓮華經合論》卷七，《卍新纂續藏經》第三十冊，頁424下～425上。

〔註162〕見（唐）蘇鄂撰：《杜陽雜編》，（臺北市：臺灣商務印書館股份有限公司，1979年），頁17。

〔註163〕見（宋）道原纂：《景德傳燈錄》卷四，《大正新脩大藏經》第五十一冊，234上～中。

〔註164〕見《五燈會元》卷二，《卍新纂續藏經》第八十冊，頁54中～下。

〔註165〕見觀識釋　了圓錄：《法華靈驗傳》，《卍新纂續藏經》第七十八冊，頁18上。

〔註166〕見《五燈嚴統》卷二，《卍新纂續藏經》第八十冊，頁607中～下。

〔註167〕見（宋）德洪覺範著：《石門文字禪》卷十八，（臺北市：新文豐出版股份有限公司，1973年），頁2。

六、以中國古代典籍解經

《法華合論》中，有多處引用中國古代典籍證明《法華》經義的。例如：惠洪引用《論語》、《周易》等，張商英引用《尚書》。

〈信解品〉：「世尊！是時窮子聞父此言，即大歡喜，得未曾有，而作是念：『我本無心有所希求，今此寶藏自然而至。』」〔註168〕對於「無量珍寶，不求自得」，惠洪解釋說：

《傳》曰：「百工居肆以成其事，君子學以致其道。」〔註169〕

引文中，《傳》指的是《論語・子張》〔註170〕子夏之言。子夏的用意，在表明百工不可不居肆，猶如君子不可不學習的道理。引文的重點在「學以致其道」，惠洪引子夏之言，目的在藉「百工」之喻，勸人勤學，以達君子之道。「學」是功夫，「道」是目標。諸佛之道也如是，通過眾生勤於修習的功夫，等待因緣時節，寶藏自然而至。

又如：〈化城喻品〉：「諸比丘！我今語汝：『……東方作佛，一名阿閦，在歡喜國，二名須彌頂；東南方二佛，一名師子音，二名師子相；南方二佛，一名虛空住，二名常滅；西南方二佛，一名帝相，二名梵相；西方二佛，一名阿彌陀，二名度一切世間苦惱；西北方二佛，一名多摩羅跋栴檀香神通，二名須彌相；北方二佛，一名雲自在，二名雲自在王；東北方佛，名壞一切世間怖畏，第十六、我釋迦牟尼佛，於娑婆國土成阿耨多羅三藐三菩提。』」〔註171〕惠洪解釋說：

> 萬物出乎震。震，東方也。二佛：一名阿閦，在歡喜國；二名須彌頂。……齊乎巽。巽，東南方也。……二佛：一名師子音，則其音無畏者也；二名師子相……。相見乎離。離，南方之卦也。……二佛：一名虛空住；二名常滅。……致役乎坤。坤，西南方也。二佛：一名帝相……二名梵相。說言乎兌。兌，西方也。……二佛：一名阿彌陀；二名度世間苦惱。……戰乎乾。乾，西北方之卦也。二佛：一名多摩羅跋栴檀香神通；二名須彌相。……勞乎坎。坎，水也，北方之卦也，萬物之所歸也。二佛：一名雲自在；二名雲自在王。……

〔註168〕見《妙法蓮華經》卷二，《大正新脩大藏經》第九冊，頁17中。
〔註169〕見《妙法蓮華經合論》卷二，《卍新纂續藏經》第三十冊，頁386上。
〔註170〕見（魏）何晏注（宋）邢昺疏：《論語注疏》卷十九，《十三經注疏》，（臺北縣：藝文印書館，1985年），頁171。
〔註171〕見《妙法蓮華經》卷三，《大正新脩大藏經》第九冊，頁25中～下。

　　成言乎艮。艮，東北方也。……佛名壞世間怖畏，則不見其有生死
　　怖畏也。釋迦牟尼，此言能仁寂默。娑婆，此言堪忍。唯能仁寂默，
　　所以於萬物終始之際，不厭生死，不住涅槃，而於忍土成無上正徧
　　正覺，救諸苦趣眾生也。〔註172〕

惠洪援引《易經‧說卦》中，八卦的象徵意義，以及後天八卦的位序，證明
大通智勝佛的十六王子。惠洪認為：援引中國的《易卦》解中、印祕言，並
無可疑或相礙之處。因為一切法分四重無礙：即理無礙、事無礙、理事無礙，
以及事事無礙，如以中、印語言為不可交相釋，則事事為礙，豈能達一切法
乎？

　　張商英的「附論」，解〈隨喜功德品〉中，世尊向彌勒菩薩講述，於佛入
滅後，聞說《法華經》，能隨順歡喜，展轉教人，其福無量，至須臾聽受，勸
人坐聽，以至往聽，所得功德倍倍殊勝，或為天人，或為釋梵，世世所生人
相具足。〔註173〕關於「隨喜功德者」，張商英的解釋是：

　　予聞聽《法華》者，耳根不壞；誦者，舌根不壞。此其見於世者，
　　班班可攷也。今以儒書考之。〈洪範〉曰：「威用六極，嚮用五福。
　　五福者，壽也、富也、康寧也、攸好德也、考終命也。六極者，凶
　　短折也、疾也、憂也、貧也、惡也、弱也。」以〈洪範〉而推釋氏
　　之因果，則華梵一也。〔註174〕

引文中，張商英援引儒家《尚書》的〈洪範〉篇〔註175〕，箕子告訴周武王九
種治國應當採取的方略，其中最後一種：「嚮用五福，威用六極」，證明〈隨
喜功德品〉的經文。由〈洪範〉篇，可知天之賞賜人民在於五福，天之降災
於人民在於六極。所謂五福，即壽考、富有、健康安寧、備有一切美德以及
老壽而死等。所謂六極，即短命夭折而死、生病、憂愁、貧困、遭凶以及發
育不全有缺陷等。眾生欲天賞賜或降災，皆取決於自心。因此，張商英謂：「生
而凶，幼而短折，與夫百年而壽；攸好德，與夫以惡駭天下；康寧之，與疾
病」「此豈人力之所致哉？」其實「殃慶之來，有所自矣。」如果能「於《法

〔註172〕見《妙法蓮華經合論》卷三，《卍新纂續藏經》第三十冊，頁 395 上～中。
〔註173〕見《妙法蓮華經》卷六，《大正新脩大藏經》第九冊，頁 46 下～47 上。
〔註174〕見《妙法蓮華經合論》卷六，《卍新纂續藏經》第三十冊，頁 412 中～下。
〔註175〕原典為：「嚮用五福，威用六極。……五福：一曰壽、二曰富、三曰康寧、四
　　　　曰攸好德、五約考終命。六極：一曰凶短折、二曰疾、三曰憂、四曰貧、五
　　　　曰惡、六曰弱。」見（漢）孔安國傳（唐）孔穎達等正義：《尚書正義》卷十
　　　　二，《十三經注疏》，（臺北縣：藝文印書館，1985 年），頁 168～179。

華經》信而持之，聞而喜之，不恡不妬，樂與人共」，則「功德之報，可量也哉！」〔註176〕可知，隨喜功德之大。

綜上可知，《法華合論》的釋經方法，不論是解釋詞義，廣引經論印證本經，或設喻取譬，多可見其技巧純熟靈活，內容豐富充足。在修辭技巧上，除了以上所列的譬喻與引用外，也有交錯語次的錯綜用法，例如：解〈藥草喻品〉的「華果敷實」，惠洪以「華敷果實」〔註177〕表示。也有運用依事物的差別情況、事理的發展先後，作前後順序排列，表達出層層遞進的層遞用法。例如：解〈方便品〉偈中，自「諸佛滅度已」至「皆已成佛道」之敘塔廟段，則謂：「聚沙之戲，不如曠野積土；曠野積土，不如石香木殖；石香木殖，不如寶飾萬億。」又解同品偈中，自「若人為佛故」至「皆已成佛道」之敘佛像段，說：「戲畫易於彩畫，彩畫易於塑像，塑像易於鑄像，鑄像易於雕像。」解同品偈中，自「若人於塔廟」至「皆已成佛道」的敘聲音段，說道：「一稱南無，輕於一舉手，一舉手輕於小低頭，小低頭輕於合掌，合掌輕於禮拜、散華，一華微於一音，一音微於歌唄，歌唄微於眾妙音，眾妙音微於眾妙供。」〔註178〕〈安樂行品〉中，也有「則最初息惑之要，無如止觀。自止觀，乃證定慧也；自定慧，乃能同塵也；自同塵，乃能會悲也。」〔註179〕之句。這樣的釋經方式，實得力於惠洪對於佛教經論與歷代典籍的融會貫通，熟能生巧，才能在深入淺出中，為人解粘去縛，讀者也因此得以了解深邃的佛理，《法華》經義。

第二節　釋經特色

本節分述簡明直截的釋經風格、橫說豎說的釋經技巧，以及融通精神的展現等三小節，探討惠洪、張商英的釋經特色。

一、簡明直截的釋經風格

《法華經》，由於具有：眾生皆可成佛的包容性；內容譬喻生動、想像豐富，頗能深植人心；文句明暢優雅；留傳甚廣等特色。因此，歷來注疏家特多。漢地《法華經》之注疏家，以深且廣之義理詮釋為能事，多半造成研經

〔註176〕見《妙法蓮華經合論》卷六，《卍新纂續藏經》第三十冊，頁412下。
〔註177〕見《妙法蓮華經合論》卷三，《卍新纂續藏經》第三十冊，頁388上。
〔註178〕見《妙法蓮華經合論》卷一，《卍新纂續藏經》第三十冊，頁375上。
〔註179〕見《妙法蓮華經合論》卷五，《卍新纂續藏經》第三十冊，頁404上。

者望之卻步。宋代戒環之《法華經要解》，曾一反此一注釋風格，而以簡明扼要之釋經態度，彰顯其經典之意旨。〔註180〕惠洪、張商英注解《法華經》，也具有這個特色。

實養長與認為上溯天台，下及蕅益，注解《法華經》的，不在少數，但多「各自披新獵異，此立彼破，始涉徒讀之三四過而不通」；為了突顯自己的見解，刻意新奇，反而影響讀者的研讀興趣。惠洪就不同了，往往能「就自己所證，向不說破處說之者」。「向不說破處說之」是文字禪的特色，實養長與讚歎惠洪之注經為「足是為講經者之點眼藥。」〔註181〕馮夢禎更讚歎惠洪「議論直截痛快，能為人解粘去縛。」〔註182〕馮夢禎也稱讚張商英「議論亦直截可喜」，「足以羽翼覺範」。〔註183〕宋代臨濟宗黃龍派僧道融，在其所撰《叢林盛事》卷下，曰：「本朝士大夫與當代尊宿撰語錄序，語句斬絕者，無出山谷、無為、無盡三大老」。〔註184〕無盡，即指張商英；「語句斬絕」即語句乾脆俐落，亦即語句直截簡明之意。

簡明直截，是當代注疏家普遍的注經風格，也是惠洪與張商英注經的特色。

〈序品〉中，惠洪認為菩薩欲以方便度諸眾生，越生死流，到涅槃岸，必先悲智；欲具足萬行，莊嚴智地，必先六波羅蜜。因此，解〈序品〉：「文殊師利菩薩、觀世音菩薩、得大勢菩薩、常精進菩薩、不休息菩薩」乃至「彌勒菩薩、寶積菩薩、導師菩薩」〔註185〕段，說：

> 然《金剛般若經》之敘六度，必自檀度，以及戒、忍。此獨不然，
> 何也？曰：經示一佛乘，欲凡夫實證，故實證必藉精進之力，所以
> 六度之首弁以精進，以致其意焉。〔註186〕

〔註180〕見黃國清：〈宋代戒環《法華經要解》的釋經態度與注解方法〉，《佛教文獻與文學國際學術研討會》（2008年10月），頁5。

〔註181〕見實養長與：〈《法華合論》序〉，《卍新纂續藏經》第三十冊，頁362上。

〔註182〕見（明）馮夢禎：〈重刻《妙法蓮華經合論》跋語〉，《卍新纂續藏經》第三十冊，頁429上。

〔註183〕見（明）馮夢禎：〈重刻《妙法蓮華經合論》跋語〉，《卍新纂續藏經》第三十冊，頁429中。

〔註184〕見（宋）道融撰：《叢林盛事》卷下，《卍新纂續藏經》第八十六冊，頁700下。

〔註185〕見《妙法蓮華經》卷一，《大正新脩大藏經》第九冊，頁2上。

〔註186〕見《妙法蓮華經合論》卷一，《卍新纂續藏經》第三十冊，頁364上。

關於此段經文，惠洪能由菩薩的排列次序，點出本經的中心思想：一佛乘。惠洪藉《金剛般若經》與本經，關於六波羅蜜的排列順序之不同，即《金剛般若經》以檀度為先，本經以精進為先，由此證明本經的中心思想。惠洪認為凡夫實證，必藉精進之力。因此，呼籲凡夫應以精進為先。惠洪將六度以精進為首，即是這個道理；惠洪的議論，可謂直截暢快。

又如：〈方便品〉：「所以者何？如來方便知見波羅蜜皆已具足。舍利弗！如來知見，廣大深遠，無量無礙，力、無所畏、禪定、解脫三昧，深入無際，成就一切未曾有法。舍利弗！如來能種種分別，巧說諸法，言辭柔軟，悅可眾心。舍利弗！取要言之，無量無邊未曾有法，佛悉成就。」〔註187〕惠洪的解釋是：

> 經言「所以者何」，疊前段經意之辭也。經意有三種，所謂「如來方便、知見、波羅蜜」者，即「隨宜所說，意趣難解」是也。所謂「如來知見廣大深遠，無量無礙」者，即「放毫相之光，現凡聖之土」是也。所謂「力、無所畏、禪定、解脫、三昧，深入無際」者，即「入無量義處三昧，身心不動」是也。一切未曾有法以是三種，所以成就。豈特三種，雖無量無邊皆悉成就，故曰「舍利弗！取要言之」。取要者，檃括之辭也。〔註188〕

引文中，惠洪把佛陀所具備的能力，概分成三種；並謂一切未曾有法，因此三種能力得以成就。三種只是概要的說法。惠洪又將此三種能力與「方便教說」、「放光景象」以及「甚深禪定」，作連結，讓讀者得以看注解明白經義。其注直截曉暢，不僅有北宋注疏家的風格，亦與其禪家精神互為表裡。

又如：〈方便品〉：「過去……未來……現在……諸佛亦以無量無數方便、種種因緣、譬喻言辭，而為眾生演說諸法，是法皆為一佛乘故。是諸眾生，從佛聞法，究竟皆得一切種智。……是諸佛但教化菩薩，欲以佛之知見示眾生故，欲以佛之知見悟眾生故，欲令眾生入佛之知見故。……我今亦復如是，……如此皆為得一佛乘、一切種智故。」〔註189〕惠洪解釋說：

> 文起前義，示過去、未來、現在諸佛，皆言「以無量無數方便、種種因緣、譬喻言辭」者，必說三乘法也。所以說三乘法者，引令趣

〔註187〕見《妙法蓮華經》卷一，《大正新脩大藏經》第九冊，頁5下。
〔註188〕見《妙法蓮華經合論》卷一，《卍新纂續藏經》第三十冊，頁371上～中。
〔註189〕見《妙法蓮華經》卷一，《大正新脩大藏經》第九冊，頁7中。

一佛乘故，因一佛乘以得一切種智。則一佛乘者，因也；一切種智者，果也。故三世聞法之眾，皆言「從諸佛聞法，究竟皆得一切種智」。三世之凡聖，頓漸之權實，與夫一佛乘之因果，既已詳具之矣，乃明告以所以，謂之一佛乘者，欲示佛之知見，令一切眾生悟入之耳。夫佛之知見不存三世情見，凡聖、權實之號，故終則不言皆爲一佛乘，便言皆爲得一佛乘、一切種智。故一佛乘、一切種智同時言得，則因果一念也。《楞伽經》曰：「如世尊所說，我從某夜得最正覺，乃至某夜入般涅槃，於其中間不說一字，亦不已說、當說、今說，是佛說。」以此而觀，雖一佛乘，亦爲剩法也。〔註190〕

引文的重點：其一、明白表示三世諸佛的方便演說。其二、說三乘法，乃爲趣向一佛乘；說一乘法，乃爲趣向佛智。其三、說解皆爲得一佛乘、一切種智之理；因果一念故。其四、援引《楞伽經》的經文證明本經，說明佛性不落言說。其五、說一佛乘只是一種教法。惠洪先將三乘法和一佛乘作區分，次言一佛乘與一切種智同時言得之義，爲了讓讀者深體其義，遂引經證之。惠洪解經可謂直截簡明，不拖泥帶水，引導讀者知其本末始終。

又如：〈方便品〉：「於諸過去佛，在世或滅度，若有聞是法，皆已成佛道。未來諸世尊，其數無有量，是諸如來等，亦方便說法。一切諸如來，以無量方便，度脫諸眾生，入佛無漏智，若有聞法者，無一不成佛。諸佛本誓願，我所行佛道，普欲令眾生，亦同得此道。未來世諸佛，雖說百千億，無數諸法門，其實爲一乘。」〔註191〕惠洪解釋說：

自「於諸過去佛」至「其實爲一乘」，結其辭，以三世諸佛莫不皆以是異方便助發之。然法無生滅，則生與滅等，證知三世同時也。

〔註192〕

引文說明過去、未來、現在諸佛成就佛道的種種方便法門，皆爲促發一佛乘；並謂法本質是空，不生不滅，生滅同時，三世同時。不僅點出〈方便品〉的品旨，亦說明諸法的本質。讓讀者於簡明直截的注解中了解《法華》經義。

又如：〈譬喻品〉：「舍利弗！若國邑聚落，有大長者，其年衰邁，財富無量，多有田宅及諸僮僕。其家廣大，唯有一門。」〔註193〕惠洪解說：

〔註190〕見《妙法蓮華經合論》卷一，《卍新纂續藏經》第三十冊，頁373中～下。
〔註191〕見《妙法蓮華經》卷一，《大正新脩大藏經》第九冊，頁9上～中。
〔註192〕見《妙法蓮華經合論》卷一，《卍新纂續藏經》第三十冊，頁375上。
〔註193〕見《妙法蓮華經》卷三，《大正新脩大藏經》第九冊，頁12中。

> 或謂之國，謂之邑，謂之聚落，則欲界、色界、無色界也。大富長
> 者，則佛世尊也。幻滅都盡，慧光渾圓，故言其身老邁。萬德成就，
> 光嚴住持，故言財富無量。涅槃法界，吾所轉也，天魔外道，吾所
> 役也，故言多有田宅，及諸童僕。區三界以爲宅，一佛乘以爲歸，
> 故言其家廣大，唯有一門。〔註194〕

以國、邑、聚落譬喻欲界、色界、無色界等三界，以大富長者喻佛世尊，以
其身老邁喻幻滅都盡等。讓讀者一看，即能了解其意義。又如：同品：「首如
牛頭」，〔註195〕惠洪解說：

> 斷、常二邊，牛之兩角也，《智度論》曰邊地人。〔註196〕

引文的解釋可謂簡明直截。

　　張商英「附論」中，也有顯現直截簡明的特色。例如：〈譬喻品〉，張商
英解釋說：

> 「有大長者，其年衰邁」，則佛之將入涅槃也。「其家廣大，唯有一
> 門」，則十方佛乘無二、無三也。「有五百人，止住其中」，則五陰眾
> 生也。〔註197〕

引文顯現其直截簡明的特色。又如：〈化城喻品〉，張商英說：

> 聲聞大弟子既授記於未來成佛，然過去、現在佛以何爲證？佛即爲
> 說：「過去無量無邊不可思議阿僧祇劫，有佛名大通智勝。我以如來
> 知見力故，觀彼久遠猶若今日。」偈言曰：「大通智勝佛，十劫坐道
> 場，佛法不現前，不得成佛道。」何也？十六王子，十方梵天請轉
> 法輪，佛雖許之，而說時未至，故佛法不現前也。初轉法輪，宣說
> 四諦、十二因緣，度六百萬億眾阿羅漢而已；再轉法輪，千萬恒沙
> 眾於諸法不受，亦得阿羅漢而已；至十六王子，出家作沙彌，請佛
> 爲我等說阿耨多羅三藐三菩提：受請過二萬劫已，乃說大乘經，名
> 《妙法蓮華經》，如恒河沙偈，佛法現前。則向之十六沙彌，今謂之
> 十六菩薩已。六祖曰：「前念後念及今念，念念不被愚迷染。」苟非
> 弟子與師宿世因緣，正念常住未嘗生滅，則何以植德本於沙界，種
> 善根於曩劫猶如今日也？且釋迦文佛自大通智勝佛時出家，教化至

〔註194〕見《妙法蓮華經合論》卷三，《卍新纂續藏經》第三十冊，頁378下。
〔註195〕見《妙法蓮華經》卷三，《大正新脩大藏經》第九冊，頁14上。
〔註196〕見《妙法蓮華經合論》卷三，《卍新纂續藏經》第三十冊，頁381上。
〔註197〕見《妙法蓮華經合論》卷三，《卍新纂續藏經》第三十冊，頁382下。

此，而後聲聞授記，何其悠久也！蓋人之貪著未易遺拂，厭苦則欣慕，欣慕則著小法。佛以是故說化城採寶之喻，先以二乘涅槃息其疲懈，而終示之以佛寶也。然則四諦、十二因緣者，化城也。息於化城，而得佛寶，故偈曰：「是十六王子，皆得成佛道。」法不妄起，數不虛設，通此則通彼，知喻則知實矣。〔註198〕

引文分兩部份：前半部述說〈化城喻品〉的內容概述。後半部抒發己見。前部分由「聲聞大弟子既授記於未來成佛」，以至「今謂之十六菩薩已」。說明了佛陀經三轉法輪，最後才說《妙法蓮華經》。所謂初轉法輪、再轉法輪，都是方便教說。後部分由「前念後念及今念，念念不被愚迷染」，以至「通此則通彼，知喻則知實矣。」說明四個重點：其一、張商英援引六祖惠能之言，〔註199〕說明每一念都是正念；正念常住，未嘗生滅，即妄念不起，達到禪定的狀態，生滅同時。有這種境界，是因為弟子和師之間種下的宿世因緣；因此，說種善根於曩劫猶如今日。其二、眾生貪著小法，執著五欲，實為佛陀教說〈化城喻品〉的緣由。其三、明白表示四諦、十二因緣等方便教說，實為趣向一佛乘作準備。即以化城採寶的譬喻，揭示這個道理。其四、張商英認為眾生應由〈化城喻品〉的譬喻，了解《法華經》之真諦。

綜上可知，張商英說明佛陀與眾生的不同，在於眾生之貪著；佛陀愍念眾生的欲望，遂示現〈化城〉採寶，藉此引導眾生。全文，張商英以約四百九十多字之文，解釋長約七千一百多字的〈化城喻品〉原文，不僅概述全品大意，並能抒發議論與呼籲眾生因喻知實，可謂處處兼顧，面面俱到，實極盡簡約明確之能事。

又如：〈安樂行品〉，張商英解釋說：

文殊師利見諸菩薩敬順佛意，發大誓願，疑後惡世難說是經。佛言：「欲說是經，當安住四法。」四法者，安樂行也。第一行者，勿行於不可行，勿近於不可近；第二行者，勿談於長短，勿生於怨嫌；第三行者，勿懷諂嫉，亦勿戲慢；第四行者，於在家、出家人中生大慈心，於非菩薩人中生大悲心。住此四行，人安之，己亦樂之；己樂之，人亦安之。如此而後，經可廣宣，法可久持也。若不具此

〔註198〕見《妙法蓮華經合論》卷三，《卍新纂續藏經》第三十冊，頁396上～中。
〔註199〕原文為：「前念今念及後念，念念不被愚迷染。」見（元）宗寶編：〈懺悔〉第六，《六祖大師法寶壇經》，《大正新脩大藏經》第四十八冊，頁353下。

> 安樂四行,雖使聲聞如稻麻竹葦,辟支佛如恒河沙,亦不能使其信
> 受也。故誓願者,所以持經;安樂行者,所以持願。二者相須,不
> 可偏廢。〔註200〕

引文說明四安樂行的名目,並且以回文方式,解釋住此四法所得之利益。利
益既得,經亦能廣爲宣傳,法則得以久持;反之,若無法安住此四法,則沒
辦法使聲聞、辟支佛等二乘人信受。可見,誓願、持願,當相輔相成。張商
英以約二百四十的文字,論述長約三千九百多字的〈安樂行品〉原文,說出
安樂行四法之重點,可謂簡潔明確。

二、橫說豎說的釋經技巧

實養長與說:「石門圓明禪師《合論》能就自己所證,向不說破處說之
者。……足是爲講經者之點眼藥。」〔註201〕馮夢禎說:「覺範此論,大都就自
己所悟,印正《法華》,橫說豎說,無不如意,而亦未嘗有一語說破。」〔註
202〕「向不說破處說之」,可以說是惠洪「主論」的釋經內容。「橫說豎說」,
即是惠洪「向不說破處說之」的方法與技巧。

所謂「橫說豎說」,即是指惠洪以文字禪的方式解釋經文的最好說明。也
就是惠洪在注解《法華經》的過程中,往往不直接說破經中意旨,而是以繞
路說禪,也就是通過廣引經論,亦即大量徵引內典與外典的方式,印證《法
華經》經義,讓讀者藉由所引經論的體悟,了解惠洪的《法華》思想。換言
之,惠洪是以疏通的方式,隱隱約約的帶出自己的思想。這種方法充分展現
了惠洪純熟圓活的釋經技巧。

惠洪在《臨濟宗旨》一書中,說:「言通大道,不坐平常之見,此第一句
也,古謂之句中玄。」〔註203〕《石門文字禪》卷二十五〈題讓和尙傳〉:「心
之妙,不可以語言傳,而可以語言見。蓋語言者,心之緣,道之標幟也。標
幟審則心契,故學者每以語言爲得道淺深之侯」。〔註204〕〈題雲居弘覺禪師語

〔註200〕見《妙法蓮華經合論》卷五,《卍新纂續藏經》第三十冊,頁 405 下。
〔註201〕見實養長與:〈鎸《法華合論》序〉,《卍新纂續藏經》第三十冊,頁 362 上。
〔註202〕見(明)馮夢禎:〈重刻《妙法蓮華經合論》跋語〉,《卍新纂續藏經》第三十
　　　冊,頁 429 上。
〔註203〕見(宋)慧洪撰:《臨濟宗旨》,《卍新纂續藏經》第六十三冊,頁 168 下。
〔註204〕見(宋)德洪覺範著:《石門文字禪》卷二十五,(臺北市:新聞豐出版股份
　　　有限公司,1973 年),頁 11。

錄〉:「借言以顯無言,然言中無言之趣,妙至幽玄。」〔註205〕語言是溝通大
道的外在標幟,心的作用藉語言來表現,語言的旨趣在於顯現無言。換言之,
語言運用的巧妙,能使大道得以溝通,心的作用得以表現,無言之趣得以顯
現。可見,語言技巧的運用是很重要的。引經據典,可以說是一種語言技巧
的運用。《法華合論》中,惠洪即通過引經據典的方式,闡述《法華經》的經
文義理。

關於以文字禪的方式注解《法華經》,例如:

〈序品〉:「又見諸如來,自然成佛道」。〔註206〕惠洪解曰:

> 「又見諸如來,自然成佛道」者,經意佛道之妙,有不假修證而成
> 者,如《首楞嚴經》曰「何藉劬勞,肯綮修證」是也。譯者潤色不
> 工,乃曰「自然成佛道」。……《圓覺經》更三菩薩之問,乃盡其辭。
> 初告文殊師利,則曰「永斷無明,方成佛道」;次告普眼,則曰「始
> 知眾生本來成佛」;後告彌勒,則曰「一切眾生皆證圓覺」。初則顯
> 言有無明可斷,次則遮無無明,而曰本來成佛,至於其卒,乃曰皆
> 證也。皆證之旨如此其難知,幸而知之,文字之師反罪譯者,而易
> 之曰「證知眾生具有圓覺」,甚矣。三乘學者之難窺也,昧一切眾生
> 皆證之旨,而自然及譯者得之,而講師又更易之以循其私,不可以
> 不辨也。〔註207〕

引文先以《首楞嚴經》證明本經「自然成佛道之說」。其次,援引《圓覺經》
經文,初告文殊師利,次告普眼,三告彌勒之言,說明「成就佛道」不是一
件容易的事,證明譯者之潤色不工。最後批駁文字之師之說。本文援引二經,
以及文字之師之說,充分顯現惠洪廣引佛教經論印證《法華》經義的釋經特
色。

〈序品〉:「其最後佛,未出家時有八王子:一名有意,二名善意,三名
無量意,四名寶意,五名增意,六名除疑意,七名嚮意,八名法意。」〔註208〕
惠洪解釋說:「《瑜伽論》:一、依止執受相;二、最初生起相;三、有明了性
相;四、有種子性相;五、業用差別相;六、身受差別相;七、處無心定相;

〔註205〕見(宋)德洪覺範著:〈題雲居弘覺禪師語錄〉,《石門文字禪》卷二十五,(臺
北市:新文豐出版股份有限公司,1973年),頁14~15。
〔註206〕見《妙法蓮華經》卷一,《大正新脩大藏經》第九冊,頁4下。
〔註207〕見《妙法蓮華經合論》卷一,《卍新纂續藏經》第三十冊,頁369中~下。
〔註208〕見《妙法蓮華經》卷一,《大正新脩大藏經》第九冊,頁4上。

八、命終時分相。何以是義知有本識八王子，一名有意是也。緣本識，有執識，……，二名善意是也。……至於六識、五識，則《維摩經》曰：『所見色，與盲等；所聞聲，與響等；所齅香，與風等；所食味，不分別；受諸觸，如智證；知諸法如幻相，無自性，無他性；本自不然，今則不滅。』《起信論》曰：『若有所見，則有不見之相；若無所見，即是徧照法界義故。』……，三名無量意。《首楞嚴經》曰『金剛王寶覺』。……，四名寶意也。《智度論》曰：『二乘出無漏道時，六情隨俗分別，取諸法相故，不盡心力。諸佛及大菩薩智慧無量無邊，常在禪定，於世間、出世間無所分別。』……，五名增意也。《華嚴經》曰：『應以智證，明白自心。』……六名除疑意也。《智度論》曰：『若耳根聞，耳根無覺知故，不應聞；若耳識聞，耳識一念故，不能分別，不應聞。』……七名響意也。《起信論》曰：『凡所分別，即分別自心，心不見心，無相可得。』……八名法意也。」〔註209〕惠洪先徵引《瑜伽論》證明八識，即八王子，其次，以《維摩經》證明六識及五識，又分別引《起信論》、《首楞嚴經》、《智度論》、《華嚴經》、《智度論》、《起信論》等經文，證明無量意、寶意、增意、除疑意、響意、法意等六王子。顯現惠洪「橫說豎說，無不如意」。

〈方便品〉：「舍利弗當知，諸佛語無異，於佛所說法，當生大信力，世尊法久後，要當說真實。」〔註210〕惠洪引經論作解，以強調諸佛所說法之可信：

> 《金剛般若經》曰：「須菩提白佛言：『世尊！頗有眾生得聞如是言說章句，生實信不？』佛告須菩提：『莫作是說。如來滅後，後五百歲，有持戒修福者，於此章句能生信心，以此為實。當知是人不於一佛、二佛、三、四、五佛而種善根，已於無量千萬佛所種諸善根，聞是章句，乃至一念生淨信者。』」……舍利弗始從外道沙然學，學成而去，道逢頞〔卑※頁〕比丘，愛其威儀，問曰：「汝師為誰耶？」頞〔卑※頁〕曰：「諸法從緣生，是故說因緣，是法緣及盡，我師如是說。」舍利弗一聞而悟曰：「世尊有大智慧，我亦當師事之。」唐僧元曉自東海來，欲傳習《華嚴》大教。夜宿塚間，渴甚，引手掬于坐旁，得水甘涼。明日見之，髑髏也，欲嘔而悟曰：

〔註209〕見《妙法蓮華經合論》卷一，《卍新纂續藏經》第三十冊，頁368上～中。
〔註210〕見《妙法蓮華經》卷一，《大正新脩大藏經》第九冊，頁4上。

「心生則種種法生，心滅則髑髏不二。」經言「三界唯心」。世尊

豈欺我哉？〔註211〕

此段引文分別徵引《金剛般若經》、《大智度論》卷十一，〔註212〕以及惠洪《林間錄》，〔註213〕以印證「諸佛語無異，於佛所說法，當生大信力」。引文可知惠洪連續援引經論以及禪宗語錄，印證《法華經》。充分展現惠洪「橫說豎說，無不如意」的釋經特色。

引文闡明三個重點：其一、依據《金剛般若經》之言，說明能信解此甚深法門，是因為過去生中，曾於無量千萬佛所，積集深厚的善根福德因緣。其二、舍利弗因聞「諸法從緣生，是故說因緣，是法緣及盡，我師如是說。」而生信力，遂離開外道，誓願師事佛陀。此偈演說三諦，即蓋諸法從緣生，說諸法之為因緣生，苦空、無常、無我，苦諦之相也。此法、緣二字，說其生苦法之因緣之法，即集諦也；「盡」之一字說滅苦集，即滅諦。其三、由元曉之例，可知一切分別皆源自自心，心生則法生，心滅則法滅。「了知自心之外，無有一法，是謂大信力」。惠洪說明諸佛語無異，目的在開啓眾生的信念。又，信力的產生本非一朝一夕，乃因久積淨業，曠劫修持所致。舍利弗聞偈而信，元曉遇緣而信。因此，本經誡令眾生應於佛所說法，當生大信力。

惠洪釋經技巧純熟靈活，《法華合論》中，所援引的經論不僅多樣，而且每一經論所引的次數也很頻繁。例如：引用《華嚴經》三十次、《新華嚴經論》十九次、《維摩詰所說經》二十次；另外，也引用《金剛般若經》、《首楞嚴經》、……等。由這些引用的資料中，可以歸納出二個重點：其一、惠洪藉經論印證《法華》經義，以體現其法華思想。其二、由其援引經論之多且廣，可以看出惠洪對經論的理解之深入及其學識之廣博精湛。換言之，不僅可以由此了解惠洪的法華思想，也可以由此看出其所推崇的經典與人物，以及其所受該人或該經的影響。

例如：惠洪多次援引唐‧李通玄所撰《新華嚴經論》及《解迷顯智成悲十明論》，可知惠洪對於李通玄是情有獨鍾的。根據《宋高僧傳》卷二十二的

〔註211〕見《妙法蓮華經合論》卷一，《卍新纂續藏經》第三十冊，頁372上～中。
〔註212〕見（後秦）鳩摩羅什譯：《大智度論》卷十一，《大正新脩大藏經》第二十五冊，頁136中～下。
〔註213〕見（宋）洪覺範：《林間錄》，《卍新纂續藏經》第八十七冊，頁247中～247下。

記載：「唐開元中太原東北有李通玄者，該博古今，洞精儒、釋，……傾心《華藏》，未始輟懷。每覽諸家疏義繁衍，學者窮年無功進取。開元七年春，齎《新華嚴經》，曳筇自定襄而至并部盂縣之西南同穎鄉大賢村高山奴家，止於偏房中，造論演暢《華嚴》，不出戶庭，幾于三載。每日食棗十顆，柏葉餅一枚，餘無所須。……所造論四十卷，總括八十卷經之文義。次《決疑論》四卷，縮十會果因之玄要，列五十三位之法門。」〔註214〕世稱李長者，是初唐著名的華嚴學者。惠洪於《石門文字禪》卷十八〈棗柏大士畫像贊〉中，說他：「道之深妙，不可以義得，故設象象，以盡其旨；心之精微，不可以言傳，故指事法，以傳其妙，惟棗柏大士，深入此三昧。」流露出惠洪對於棗柏大士，其人及其學識的讚歎。

在《石門文字禪》中，惠洪有〈題《華嚴十明論》〉、〈讀《十明論》〉以及〈注《十明論》〉等關於閱讀李通玄撰作的心得紀錄，〔註215〕又有關於紀念李通玄的詩文偈作，例如：〈卷八〉有「三月二十八日棗柏大士生辰二首」、「棗柏大士生辰因讀易豫卦有感作此」等；〈卷十三〉有「三月二十八日棗柏大士生辰六首」；〈卷十七〉有「棗柏生辰」、「三月二十八日棗柏大士生辰，用『達本情忘，知心體合』為韻，作八偈供之，時在建康獄中」等；〈卷十八〉有「棗柏大士畫像贊」等。〔註216〕

《法華合論》中，惠洪曾讚歎李通玄援引《周易》艮卦與離卦，〔註217〕印證「文殊師利菩薩」與「南無佛陀」，讚歎他：「論釋以理，方隅定位，而論媲以法，是眞達事事無礙之旨者也」〔註218〕，惠洪說：

> 《華嚴論》曰：閻浮東北，艮位也。文殊師利童子游行居止之，所以明啓蒙之首，故名童子。菩薩其實爲十方諸佛無性玅慧，成佛必

〔註214〕見（宋）贊寧撰：〈宋魏府卯齋院法圓傳（礦師李通玄）〉，《宋高僧傳》卷二十二，頁853下～854上。

〔註215〕分別見於（宋）德洪著：《石門文字禪》卷二十五、卷十七、卷十五，（臺北：新文豐出版公司，1973年），頁3、18、3。

〔註216〕分別見（宋）德洪著：《石門文字禪》卷八、卷十三、卷十七、卷十八，（臺北市：新文豐出版社，1973年），頁2、15、16、9、18、20。

〔註217〕「潘桂明在其〈李通玄的東方智慧論〉一文中，指出：『《新華嚴經論》對後代學者影響更爲深廣的，是以《周易》會通《華嚴經》。」見潘桂明著：〈李通玄的東方智慧論〉，《隋唐五代卷》上，《中國佛教思想史稿》第二卷，（江蘇：江蘇人民出版社，2009年），頁438。

〔註218〕見《妙法蓮華經合論》卷三，《卍新纂續藏經》第三十冊，頁395中～下。

由之門，眾生皆具，而以迷理，自惑不見。欲見者，現行分別是也。

以定慧照之即明，故艮爲止也。又曰「南無佛陀」者，南方離卦，

離虛其中，自心之象也。〔註219〕

李通玄根據佛教經典上有關文殊師利菩薩所在的方位，以及龍女南方成佛的記載，援引《周易》八卦加以證明。引文的意思是說，無性妙慧，本眾生與佛之所共具，無有差別，自心與一切眾生，心一體無二。眾生所以未能成佛，是因爲迷理自惑，迷即爲凡，悟即是佛，因此，欲成佛，則必定慧照之。

潘桂明在其〈李通玄的東方智慧論〉一文中，指出：「《新華嚴經論》對後代學者影響更爲深廣的，是以《周易》會通《華嚴經》。」〔註220〕惠洪本身曾精研《華嚴經》與《周易》，因此，對於李通玄的《新華嚴經論》，其會通《周易》與《華嚴經》的特色，更加歡喜。因此，惠洪深刻讚歎李通玄爲「得解一切眾生語言陀羅尼」。其因是：惠洪認爲李通玄論《華嚴經》，說：「文殊師利居東北方清涼山者，艮卦也。艮爲小男，主東北方，故艮爲小男，爲童蒙，爲文殊，常化凡夫，啓蒙見性及本智之初首故。又與普賢俱在東方卯位，卯爲震卦也。震爲長男，又像日出，東方春陽發萌，無物不生，無物不照，理智雙徹，體一無二。如日出東方，無物不照，春陽發萌，無物不生。以根本智、差別智無別體用，生萬行故。子爲佛位，丑爲信位，寅爲十住，卯爲十行，辰爲十迴向，巳爲十地，午爲等覺，未爲晦明，入俗同俗化迷，申、酉、戌、亥爲所化。」〔註221〕惠洪認爲李通玄能以《周易》之象，印證文殊師利與普賢，及其精神表徵，又以十二地支，說明菩薩的修行次第，是「眞入辭無礙三昧，游戲於眾生語言陀羅尼」者。〔註222〕

儘管惠洪受到李通玄的影響，但關於李通玄認爲「轉女時分，不逾刹那，具行佛果，無虧毫髮」之言，說明凡夫發心之時，即與十方諸佛不二。惠洪則認爲「《華嚴論》所示者，法本然故，而不知《法華》龍女轉身成佛者，象也，便以象爲實法而優劣之，其可哉？」〔註223〕可知，惠洪對於李通玄的見解，未必照單全收。

〔註219〕《妙法蓮華經合論》卷三，《卍新纂續藏經》第三十冊，頁395中。

〔註220〕見潘桂明著：〈李通玄的東方智慧論〉，《隋唐五代卷》上，《中國佛教思想史稿》第二卷，（江蘇：江蘇人民出版社，2009年），頁438。

〔註221〕見《妙法蓮華經合論》卷六，《卍新纂續藏經》第三十冊，頁420下～421上。

〔註222〕見《妙法蓮華經合論》卷六，《卍新纂續藏經》第三十冊，頁421上。

〔註223〕見《妙法蓮華經合論》卷四，《卍新纂續藏經》第三十冊，頁402中。

三、融通精神的展現

佛教到了北宋，對內禪、教趨於合一，對外儒、釋、道三教進一步融合，是當代佛教發展的基本趨勢和重要特點。這樣的佛教學術環境影響了惠洪與張商英。從融通精神來看，《法華合論》充分體現了融攝性與包容性的特點。不僅是對佛教各大乘經論、各學說、各宗派的包容與融會，在與儒、道思想的交涉上，亦展現其包容與融通的態度，呈現儒、釋、道三教合一的現象。另外，惠洪在釋經過程中，其修辭技巧的運用，也展現了融通精神。

本小節分別探討《法華合論》中，修辭方法的融通，以及經典的融通等。

（一）修辭方法的融通

關於修辭方法的融通，惠洪善於在每段釋文中，運用不同的修辭方法，以突顯《法華經》的旨意。例如：融通設問、引用，融通設問、譬喻、引用；……等，充分展現其高超的文學造詣與純熟的寫作技巧。例如：

〈序品〉：「是八王子，威德自在，各領四天下。」〔註224〕惠洪的解釋是：

經言「八王子各領四天下」者，何也？曰：本識、執識、分別事識及眼、耳、鼻、舌、身之五識爲八種，皆依地、水、火、風四大軀命而住。八王子者，八識也。四天下者，四大也。《圓覺經》曰：「四緣假合，妄有六根。六根、四大中外合成，妄有緣氣，於中積聚，似有緣相，假名爲心。」〔註225〕

引文「經言『八王子各領四天下』者，何也？曰：本識、執識、分別事識及眼、耳、鼻、舌、身之五識爲八種，皆依地、水、火、風四大軀命而住。八王子者，八識也。四天下者，四大也。」是設問修辭。又援引《圓覺經》，因此，引文融通了設問與引用的修辭技巧。「八識」表「八王子」，「四大」表「四天下」。惠洪援引《圓覺經》之文，證明眾生是四大與六根，因緣假合而成。

又如：〈譬喻品〉：「釋提桓因、梵天王等，與無數天子，亦以天妙衣、天曼陀羅華、摩訶曼陀羅華等，供養於佛——所散天衣，住虛空中，而自迴轉；諸天伎樂百千萬種，於虛空中一時俱作，雨眾天華」〔註226〕，惠洪解釋說：

諸天所脫上妙之衣，於虛空而自回轉者，欲示回而隨順殊勝淨妙之

〔註224〕見《妙法蓮華經》卷一，《大正新脩大藏經》第九冊，頁4上。
〔註225〕見《妙法蓮華經合論》卷一，《卍新纂續藏經》第三十冊，頁367下。
〔註226〕見《妙法蓮華經》卷二，《大正新脩大藏經》第九冊，頁12上。

　　國之象也。何以知之？《維摩經》曰「慚愧上服」，豈非諸天以其耽
　　著三界火宅之久，而聞舍利弗成佛之國嚴淨，競生慚愧乎？不然，
　　何天樂自奏，天華自雨，而衣獨迴轉耶？〔註227〕

引文融通譬喻、提問、引用、激問以及疑問等的修辭方式，解說諸天沉溺三
界火宅，起慚愧心的情形。

（二）經典的融通

　　惠洪融通精神的展現，也可由他「橫說豎說，無不如意」的釋經特色中
得知。惠洪廣覽群書，諸如：《大智度論》、《瑜伽論》、《華嚴經》等經論，《周
易》、《史記》等典籍。張商英閱讀《圓覺經》、李通玄等經論，以及《尚書》、
《莊子》等典籍。因此，在注解《法華經》上，即能廣引經論，達到融通經
典的特色。

　　本小節分別探討《法華合論》中，內典的融通，以及內外典的融通。

1. 內典的融通

　　惠洪廣覽群書，諸如：《大智度論》、《瑜伽論》、《華嚴經》、《新華嚴經論》、
《圓覺經》、《楞嚴經》、《楞伽經》、《維摩詰經》、《涅槃經》、天親菩薩、無著
菩薩的撰作，以及智顗、窺基等人的《法華經》疏解。因此，在注解《法華
經》上，能熟稔地旁徵博引佛教經論，展現其融通內典的精神。例如：

　　〈譬喻品〉：「今日乃知眞是佛子，從佛口生，從法化生，得佛法分。」〔註
228〕惠洪解釋說：

　　　　《金剛般若經》曰：「譬如人身長大」，而無著菩薩釋之曰：「菩薩證
　　　道時，得二種智慧，謂攝種性智及平等智。」如人身長者，以方生
　　　如來家，決定紹佛種故，名攝種性智。如人身大者，已於一切智智
　　　悉成就，到平等際，有大勢力故，名平等智。言譬如人身長大者，
　　　兼此二義。舍利弗方生如來家者也，但得攝種性智，故言眞是佛子。
　　　　《瑜伽論》曰：「謂是大師子，佛腹所生，佛口所生，佛法所生，佛
　　　法所化，得佛等分。」則攝種性智也。〔註229〕

惠洪援引《金剛般若經》、無著菩薩之《金剛般若波羅蜜經論》，以及《瑜伽
論》等經論，印證《法華經》經文之旨意。引文融通一經二論。

〔註227〕見《妙法蓮華經合論》卷一，《卍新纂續藏經》第三十冊，頁378中～下。
〔註228〕見《妙法蓮華經》卷二，《大正新脩大藏經》第九冊，頁10下。
〔註229〕見《妙法蓮華經合論》卷二，《卍新纂續藏經》第三十冊，頁376下～377上。

又如：〈如來壽量品〉：「如來如實知見三界之相，無有生死、若退若出，亦無在世及滅度者，非實非虛，非如非異，不如三界見於三界，如斯之事，如來明見，無有錯謬。」〔註230〕惠洪解釋說：

> 陳那菩薩曰：「三界者，唯以名言爲體，由強分別，非實有之法，故不得眞也。將簡諸法自性，令生不顚倒智。」經言「無有生死」者，三界既是名言，由妄分別而有，則生死寧是眞實之物哉？《中觀論》曰：「佛所言說，無不是實，說生死無始。何以故？生死初、後不可得，是故言無始。汝謂若無初、後，應有中者，是亦不然。何以故？若無有始終，中當云何有？是故於此中，先、後，共亦無。因中、後，故有初，因初、中，故有後。若無初無後，云何有中？生死中無初、中、後，是故說先、後，共不可得。何以故？若使先有生，後有老死者，不老死有生，不生有老死。若先有老死而後有生者，是則爲無因，不生有老死。」〔註231〕

援引陳那菩薩《解捲論》，以及《中論》卷二經文，印證〈如來壽量品〉之旨意。引文闡述若能如實觀《中論》之言，陳那之語，則顚倒想滅。

又如：〈囑累品〉：「若有善男子、善女人，信如來智慧者，當爲演說此《法華經》，使得聞知，爲令其人得佛慧故。若有眾生不信受者，當於如來餘深法中，示教利喜。」〔註232〕惠洪解說：

> 《金剛般若經》：「須菩提恭敬而白佛言：『希有！世尊！如來善護念諸菩薩，善付囑諸菩薩。』」天親菩薩釋之曰：「善護念者，爲根熟眾生說；善付囑者，爲根未熟眾生說。」〔註233〕

惠洪徵引《金剛般若經》，以及天親菩薩《金剛般若波羅蜜經論》，印證《法華經》經文義理。展現融通經論，融通內典的精神。引文闡述眾生當信受如來智慧，並善護念之，善付囑之。

又如：〈方便品〉：佛告舍利弗：「如是妙法，諸佛如來時乃說之，如優曇缽華，時一現耳。」〔註234〕惠洪解「如是妙法」，說：

> 十方三世微塵數佛，以無礙辯才，於此經不能增一字；以無量三昧，

〔註230〕見《妙法蓮華經》卷五，《大正新脩大藏經》第九冊，頁42下。
〔註231〕見《妙法蓮華經合論》卷五，《卍新纂續藏經》第三十冊，頁409上。
〔註232〕見《妙法蓮華經》卷六，《大正新脩大藏經》第九冊，頁52下。
〔註233〕見《妙法蓮華經合論》卷六，《卍新纂續藏經》第三十冊，頁418中。
〔註234〕見《妙法蓮華經》卷一，《大正新脩大藏經》第九冊，頁7上。

於此經不能增一毫。蓋辯才無所施其巧，三昧無所施其力，巧力絕矣。而名如是妙法者，如夜半正明，天曉不露也。譬如射者，射至百步，力也；射中百步，巧也。至於箭鋒相直，則非巧力所能及也。維摩詰聞三十二菩薩談不二法門竟，於是文殊師利問維摩詰曰：「我等各自說已，仁者當說何等是菩薩入不二法門？」時維摩詰默然無言。而文殊師利歎以為是真入不二法門。龍勝菩薩聞迦那提婆來，過將及門，遣侍者以滿鉢水置座前，提婆既見，以針投之。於是龍勝欣然付以祖位。夫文殊師利之歎維摩詰，迦那提婆之契龍勝菩薩，箭鋒相直也，豈有法可傳哉？優曇鉢，此言瑞應，三千歲乃華，華必金輪王應世。佛以況第一希有之法，故經言「諸佛如來時乃說之」也。〔註235〕

引文分別以曹洞宗禪詩、《維摩詰經》之經文以及禪宗公案，闡述「如是妙法」。所謂「如是妙法」；即無有譬喻言辭可形容，言語道斷，心行處滅，是超越言說的局限性與相對性，從實踐的方法上說，屬於頓教的教法。惠洪先以曹洞宗的禪詩，喻「如是妙法」。夜半正明，指暗中有明；天曉不露，指明中有暗。在洞山五位中，「夜半」、「不露」，相當於正位，有平等之意；「正明」、「天曉」，相當於偏位，有差別性之意。因此，「夜半正明」與「天曉不露」，表示真如法性與森羅萬法彼此相入，互為一體之狀態。〔註236〕「夜半正明，天曉不露」與「箭鋒相直」之語，分別出自〈寶鏡三昧歌〉，〔註237〕為唐代曹洞宗祖洞山良价（807～869）所撰。次引證《維摩詰經》的「不二法門」以及「以針投鉢」之公案。文殊師利之歎維摩詰，迦那提婆之契龍勝菩薩，箭鋒相直也，豈有法可傳？〔註238〕「不二法門」之語，出自《維摩詰經》卷中。〔註239〕「以針投鉢」，則出自《大唐西域記》卷十。〔註240〕

〔註235〕見《妙法蓮華經合論》卷一，《卍新纂續藏經》第三十冊，頁373上。

〔註236〕見吳言生著：《經典與禪詩》，（臺北市：東大圖書股份有限公司，2002年），頁102。

〔註237〕分別見（日本）慧印校：《筠州洞山悟本禪師語錄》，《大正新脩大藏經》第四十七冊，頁515上；515中。（宋）智昭集：《人天眼目》卷三，《大正新脩大藏經》第四十八冊，頁321上；321中。

〔註238〕見《妙法蓮華經合論》卷一，《卍新纂續藏經》第三十冊，頁373上。

〔註239〕見（姚秦）鳩摩羅什譯：《維摩詰所說經》卷中，《大正新脩大藏經》第十四冊，頁551中～下。

〔註240〕見（唐）玄奘譯，辯機撰：《大唐西域記》卷十，《大正新脩大藏經》第五十一冊，頁929上～中。

另外,《景德傳燈錄》卷二,《傳法正宗記》卷三,《五燈會元》卷一,〔註241〕亦均有載。

本引文,惠洪不僅融通了譬喻與引用的修辭方法,也展現了內典的融通。明末四大師之一的紫柏真可於〈重刻智證傳引〉一文中,謂惠洪「乃離合宗教,引事比類,折衷五家宗旨」,撰成《智證傳》。其「離合宗教,引事比類」,指的是從事經典之融通;「折衷五家宗旨」,則指融通禪門五宗。本引文可見融通了曹洞和臨濟宗門。

在內典的融通上,惠洪特別重視禪教的融通。禪教的融通,源自唐代宗密。入宋以來,永明延壽禪教一致觀點的推動,惠洪恩師真淨克文「融通宗教」家風的加持下,奠定了惠洪融通禪教的基礎。〔註242〕惠洪注解《法華經》,經常援引《華嚴經》、李通玄的《新華嚴經論》等華嚴經論,以及援引《圓覺經》、《金剛般若經》、《楞伽經》、《楞嚴經》,以及《維摩經》等禪宗典籍,展現其融通禪教的精神。例如:

〈序品〉:「佛放眉間白毫相光,照東方萬八千世界,靡不周遍」〔註243〕段,惠洪解釋說:

> 《華嚴論》曰:「一剎那際,三世互參」,乃至「無量劫海,依今而住」,不移時也。一切聖賢知此而得道,情想妄見三世者,不知智為先導,則能知之。由是以觀,則十方器界皆顛倒所持,三世根身皆情想所見。所謂無上妙覺徧諸十方,出生如來與一切法同體者,固自若也。〔註244〕

引文「所謂無上妙覺徧諸十方,出生如來與一切法同體者,固自若也。」載自《圓覺經》。惠洪徵引華嚴與禪宗典籍,印證《法華》的經文義理,展現其融通禪教的精神。

〔註241〕分別見(宋)道原纂:《景德傳燈錄》卷二,《大正新脩大藏經》第五十一冊,頁 211 中。(宋)契嵩編:《傳法正宗記》卷三,《大正新脩大藏經》第五十一冊,頁 27 下。(宋)普濟集:《五燈會元》卷一,《卍新纂續藏經》第八十冊,頁 35 中。

〔註242〕周裕鍇在其〈惠洪文字禪的理論與實踐及其對後世的影響〉一文中,認為惠洪承真淨克文主張「融通宗教」的家風,亦即通過對佛教經論的研討,來達到妙悟禪學宗旨的目的,提倡「禪教合一」,以箋釋《楞嚴經》、《法華經》。見周裕鍇:〈惠洪文字禪的理論與實踐及其對後世的影響〉,《北京大學學報》(2008 年 7 月),第 45 卷第 4 期,頁 83。

〔註243〕見《妙法蓮華經》卷一,《大正新脩大藏經》第九冊,頁 2 中。

〔註244〕見《妙法蓮華經合論》卷一,《卍新纂續藏經》第三十冊,頁 365 下。

〈化城喻品〉：「大通智勝佛，十劫坐道場，佛法不現前，不得成佛道。」
〔註245〕段，惠洪解道：

> ……曰：一佛乘唯論知見，唯以佛之知見開悟眾生，故鄙陋功力取
> 證也。《華嚴經》曰：「如來常愍會中一切諸大菩薩求覓普賢，不見
> 其身及座」者，以功力取證者也。又曰「令各生想念，殷勤三禮，
> 普賢菩薩方以神通力，如應現化」者，以知見之力了達者也。……。
> 《金剛般若經》曰：「應無所住而生其心」，若心有住，即爲非住。
> 〔註246〕

惠洪分別援引《華嚴經》和《金剛般若經》，證明《法華》經義，闡述一佛乘
知見，乃以功利取勝，即「應無所住而生其心」。引文也展現了禪教的融通。

張商英「附論」中，也有融通內典的釋經例子。例如：〈法師品〉：「爾時
世尊因藥王菩薩，告八萬大士：『藥王！汝見是大眾中，無量諸天、龍王、夜
叉、乾闥婆、阿修羅、迦樓羅、緊那羅、摩睺羅伽、人與非人，及比丘、比
丘尼、優婆塞、優婆夷，求聲聞者、求辟支佛者、求佛道者，如是等類，咸
於佛前，聞《妙法華經》一偈一句，乃至一念隨喜者，我皆與授記，當得阿
耨多羅三藐三菩提。』」〔註247〕，張商英的解釋是：

> 聲聞弟子授記作佛則不疑矣，諸天、龍王、夜叉、乾闥婆、阿修羅、
> 迦樓羅、緊那羅、摩睺羅伽、人、非人，如是等類，皆與授記，何
> 也？曰：是皆圍繞佛會聽法之眾，非有恭敬心、歡喜心、信受心、
> 隨順心，則豈能在此？佛不云乎：「我滅度後，能竊爲一人說《法華
> 經》，乃至一句，當知是人則如來使，如來所遣，行如來事。」又曰：
> 「若人在空閒，我遣天、龍王、夜叉、鬼神等，爲作聽法眾。」以
> 此佛語審諦推尋，則我等人趣也，所知者人趣而已。佛以一音演說
> 法，眾生隨類各得解，則天、龍、鬼神授記，復何疑哉？裴休曰：「修
> 羅方瞋，諸天正樂，鬼神沉幽愁之苦，鳥獸懷獝狖之悲。整心慮，
> 趣菩提，唯人能爲。」裴休之言，讚《圓覺經》則美矣，於諸佛之
> 慈悲智願無量無邊，未之盡也。〔註248〕

〔註245〕見《妙法蓮華經》卷三，《大正新脩大藏經》第九冊，頁26上。
〔註246〕見《妙法蓮華經合論》卷三，《卍新纂續藏經》第三十冊，頁395下。
〔註247〕見《妙法蓮華經》卷四，《大正新脩大藏經》第九冊，頁30下。
〔註248〕見《妙法蓮華經合論》卷四，《卍新纂續藏經》第三十冊，頁399中～下。

此段引文，在修辭方法上，是融通提問、引用，以及激問等三種方法；就經
典的引用言，則是內典的融通。「佛以一音演說法，眾生隨類各得解」，載自
《維摩詰所說經》卷上〈佛國品〉。〔註249〕裴休（797～870）之言，出自《圓
覺經序注》。〔註250〕裴休，字公美，唐代孟州濟源（河南濟源）人，一作河東
聞喜（山西聞喜）人，是唐宣宗時的宰相，宣宗嘗稱其為「真儒者」。休性寬
惠，善為文。家世奉佛，尤深於釋典。中年後，不食葷血，常齋戒，摒嗜慾，
香爐貝典，不離齋中，詠歌讚唄，以為法樂。〔註251〕世稱「河東大士」。與宗
密禪師往來甚親，是宗密禪思想的主要追隨者和扶植者，在士大夫中，是倡
導禪、教統一，納教入禪，促進佛教禪宗化最有力的人物。〔註252〕有著作：《黃
檗山斷際禪師傳心法要》一卷，〈禪源諸詮集都序敘〉、〈注華嚴法界觀門序〉、
〈大方廣圓覺經疏序〉等。

　　引文主要闡述聽聞《法華經》的功德，可以分四個要點：其一、諸天、
龍王、夜叉、乾闥婆、阿修羅、迦樓羅、緊那羅、摩睺羅伽、人、非人等，
皆是圍繞佛會聽法之眾，均具恭敬心、歡喜心、信受心、隨順心，因為這樣
的因緣，所以得以授記。其二、闡發人乘與佛乘的不同。其三、佛陀之教說
平等無二無別，眾生則各以機類之別，隨其所聞，各得受益。其四、修羅因
為瞋業好戰，何暇進修？諸天耽樂，不能了悟妙覺明心，福盡尚墮。鬼神，
指的是地獄、餓鬼二道，它們常沒於幽暗哀愁之苦趣。猲者，鳥驚恐飛散的
樣子。狘者，獸驚走的樣子。畜生道中，唯知畏死貪生，何由出離？上五不
可；休苦心勞慮，攝歸正念，趣向菩提，唯人界可行。因此，裴休《圓覺經
序注》說：「六道皆為苦趣，然作佛、作祖亦從人道」。〔註253〕

　　張商英認為，裴休之言，如讚歎《圓覺經》，是可以的，但對於《法華經》
中諸佛無量無邊之慈悲智願，則未盡也。因為《法華經》中之諸佛，對於四
眾以及天龍八部，聞《妙法華經》一偈一句，乃至一念隨喜者，則皆能得到
未來成佛的授記。由此可知，《法華經》中之諸佛具無量無邊之慈悲智願。

〔註249〕見（姚秦）鳩摩羅什譯：〈佛國品〉，《維摩詰所說經》卷上，《大正新脩大藏
　　　　經》第十四冊，頁538上。
〔註250〕見（唐）裴休撰：《圓覺經序注》，《卍新纂續藏經》第十冊，頁435上。
〔註251〕見（後晉）劉昫撰：《舊唐書》卷一七七〈裴休傳〉，（臺北市：藝文印書館，
　　　　1958年），頁2299～2300。
〔註252〕見杜繼文、魏道儒著：《中國禪宗通史》，（江蘇：江蘇古籍出版社，1995年），
　　　　頁300～301。
〔註253〕見（唐）裴休撰：《圓覺經序注》，《卍新纂續藏經》第十冊，頁435上。

2. 內、外典之融通

儒、釋、道三教融通，不僅是當代佛教學術環境的主流，也是《法華合論》的一個重要特色。《法華合論》中，有融通儒、釋二教，也有融通儒、釋、道三教。惠洪窮通子史，例如：《論語》、《史記》、《周易》、《後漢書》、《唐書》等典籍，因此，在注解《法華經》上，即可見其融通內、外典，即融通儒、釋，或融通儒、釋、道的精神展現。例如：

〈序品〉：「普佛世界，六種震動。」〔註254〕惠洪的解釋是：

> 東涌西沒，南涌北沒，中涌邊沒，謂地動驚震，使達法相之虛誑耳。佛與大眾儼然寂住，而天地為之變動，則知一切法即真，故無情、無情之異。《肇論》曰：「玄道在乎妙悟，妙悟以即真，即真則物己同觀，物己同觀，則彼己莫二。是以天地與我同根，萬物與我一體。」
>
> 〔註255〕

《肇論》之言，原文應為：「玄道在於妙悟，妙悟在於即真，即真即有無齊觀，齊觀即彼己莫二。所以天地與我同根，萬物與我一體。」〔註256〕《肇論》是東晉高僧僧肇（384～414）的著作，內容闡述諸法無自性，不可得空等妙理。僧肇初好老、莊，後來讀《維摩經》而感悟，遂作《肇論》。引文是僧肇化用《莊子》內篇〈齊物論〉：「天地與我並生，而萬物與我為一」〔註257〕之語而成。「即真」的「真」，指的是真諦所詮顯的本性寂空，〔註258〕因此，才能顯現含有《般若經》「有無齊觀」的萬物平等思想的「天地與我同根，萬物與我一體」之境。惠洪援引《肇論》之言，有融通釋、道的色彩。反映了北宋釋、道融通的時代思潮。

又如：〈方便品〉：「舍利弗！若我弟子，自謂阿羅漢、辟支佛者，不聞不知諸佛如來，但教化菩薩事，此非佛弟子，非阿羅漢，非辟支佛。又，舍利弗！是諸比丘、比丘尼，自謂已得阿羅漢，是最後身，究竟涅槃，便不復志

〔註254〕見《妙法蓮華經》卷一，《大正新脩大藏經》第九冊，頁2中。

〔註255〕見《妙法蓮華經合論》卷一，《卍新纂續藏經》第三十冊，頁365中。

〔註256〕見（後秦）釋僧肇作：《肇論·涅槃無名論》，《大正新脩大藏經》第四十五冊，頁159中。

〔註257〕見郭象子玄注，陸德明音義：《莊子十卷》，（上海市：中華書局，1936年），頁18。

〔註258〕見楊惠南：〈信仰與土地——建立緣起性空的佛教深層生態學〉，《慶祝印順導師九秩晉七嵩壽第三屆印順導師思想之理論與實踐——「人間佛教與當代對話」學術研討會會議論文》（2002年4月），頁J～12。

求阿耨多羅三藐三菩提，當知此輩皆是增上慢人。所以者何。若有比丘、實得阿羅漢，若不信此法，無有是處。」〔註259〕惠洪的解釋是：

> 此一佛乘，如來知見，唯佛與佛乃能究竟。若二乘、阿羅漢、辟支佛之知見，則不能知也。……《圓覺經》曰：「眾生有妄業故，妄見流轉。厭流轉者，妄見涅槃，是故不能入清淨覺，非覺違拒諸能入者。有諸能入，非覺入故。」非覺入故，猶言非入覺故。非覺違拒諸能入者，則經言「於教化菩薩事，不聞不知」者類也。有諸能入，非覺入故者，則經言「實得阿羅漢，而不信此法」者類也，《易》曰：「仁者見之謂之仁，智者見之謂之智，百姓日用而不知，故君子之道鮮矣。」〔註260〕

引文闡明如來知見，唯佛與佛乃能究竟，若二乘、阿羅漢、辟支佛則不能知。惠洪援引《圓覺經》和《周易·繫辭》之文，證明一佛乘之法，即在日用之間，眾生日用而不自知。所謂「佛法在日用處，在行住坐臥處，喫茶喫飯處，語言相問處。所作所為，舉心動念，又卻不是也。」〔註261〕但眾生卻日用而不知，背覺合塵，狂迷諸趣，眾生起惑造業，二乘沉空滯寂，故不能入清淨覺。其不入之因，非覺違拒諸能入也，乃因其「於教化菩薩事，不聞不知」。至於「有諸能入，非覺入故」，即能入者亦非覺使之入，猶如經之言：「實得阿羅漢，而不信此法」之類。《易》指的是《周易·繫辭》上；〔註262〕「仁者見仁，智者見智」，眾生、二乘各依自己的觀點，體認了道的奧妙，但各自的執著不同，妄見流轉或妄見涅槃，「妄想執著而不能證得」，自然不能與佛性相應。這種吸取內、外典籍的精義，融通儒、釋的思想，充分體現惠洪融通內外典的精神。

又如：惠洪分別以《易經·說卦》，震、巽、離、坤、兌、乾、坎、艮等八卦，注解〈化城喻品〉中，大通智勝佛的十六王子，也展現了融通內、外典，融通儒、釋的精神。

惠洪又徵引樂廣，以及唐僧智勇之事例，解〈常不輕菩薩品〉之「常不輕告之之辭未善」。〈常不輕菩薩品〉：「常不輕菩薩，凡有所見，……皆悉禮

〔註259〕見《妙法蓮華經》卷一，《大正新脩大藏經》第九冊，頁7中～下。
〔註260〕見《妙法蓮華經合論》卷一，《卍新纂續藏經》第三十冊，頁374上。
〔註261〕見（宋）洪覺範：《林間錄》卷一，《卍新纂續藏經》第八十七冊，頁245下。
〔註262〕見（魏）王弼、韓康伯注，（唐）孔穎達等正義：〈繫辭〉上，《周易正義》卷七，《十三經注疏》，（臺北縣：藝文印書館，1985年），頁148。

拜讚歡而作是言：『我深敬汝等，不敢輕慢。所以者何？汝等皆行菩薩道，當得作佛。』」乃至「說是語時，眾人或以杖木瓦石而打擲之。」〔註263〕惠洪解釋說：

> 晉樂廣，與客飲，客見盃中有蛇，既歸而病。廣知其蛇蓋所坐署屋之畫也，不告之，而復延其客於畫影之下。客見盃中之蛇，畫影也，其病遂瘉。唐僧智永，號書字工。有來學者，依止二十年而去。永知業未精，而不告之，但付一篋，曰：「到家當發。」其人中路疑而發之，則磨穿之硯數枚，其人乃悟其學之未至也。〔註264〕

惠洪分別援引西晉名士樂廣與唐僧智永的事例，比對常不輕菩薩告人必以成佛之事，體現告人妙密如此，不得不深思。惠洪援引一僧一俗之事例，也展現其融通內外典的精神。

又如：〈如來神力品〉：「爾時世尊，於文殊師利等無量百千萬億舊住娑婆世界菩薩摩訶薩，及諸比丘、比丘尼、優婆塞、優婆夷，……，一切眾前，現大神力。」〔註265〕關於「大神力」，惠洪解釋說：

> 陳那，嘗與外道論義，外道墮負，化而爲石。陳那則結草肖其形而鞭之，因血流，石亦吼而升空。……漢孝子蔡順，負薪入郭。忽客至其舍，母自齕其指，而順心動，馳而歸。……唐元德秀猶子，提孩失母，家貧，無乳媼，而德秀乃自乳之，而乳爲之湩。……漢孝子孟宗之母，冬月思筍，宗泣於竹間而筍生。〔註266〕

引文融通內、外典。引文援引陳那、蔡順、德秀、孟宗等的事蹟，印證如來神力的不可思議。陳那的資料，詳上。陳那因與外道伽毗羅仙之化石者論議問答，石爲之裂，世遂云陳那有吼石的能力。〔註267〕蔡順，後漢時期，安

〔註263〕見《妙法蓮華經》卷六，《大正新脩大藏經》第九冊，頁50下。
〔註264〕見《妙法蓮華經合論》卷六，《卍新纂續藏經》第三十冊，頁415下。
〔註265〕見《妙法蓮華經》卷六，《大正新脩大藏經》第九冊，頁51下。
〔註266〕見《妙法蓮華經合論》卷六，《卍新纂續藏經》第三十冊，頁417上。
〔註267〕「有外道名伽毗羅，修道得五通，造略數論，知世無常，身不久住，恐後有人破我所造之論，遂欲駐身拒來破者，便往自在天所，求延壽法。天云：『我今變汝爲一物，最爲長壽。』其仙人遍報門徒，我今化爲石，若有異宗來難我法者，但教書於石上，我自答通。天遂變仙人爲一方石，可長一丈餘，在頻陀餘柑林中。後陳那造因明論成，以宗因喻三支比量，破其數論，弟子莫能通答，將陳那比量，往餘柑林，書於石上，尋書出答。後又書比量於石，與弟子同封記之。至明旦往看，石上書答訖，如是陳那又書比量於石上，難彼外道，至二三日方答得。陳那復書，至七日後方答。如是又書其石，並不

城人，字君仲，以至孝稱。元德秀，字紫芝，河南人，質厚少緣飾，少孤，事母孝。孟宗，字子恭，三國吳，江夏人，性至孝。其中，蔡順、元德秀以及孟宗的事蹟，分別出自《後漢書》、《唐書》以及《建康實錄》等史傳中。〔註268〕

　　張商英「附論」中，也有融通內、外典及修辭方法的例子。例如：〈藥草喻品〉：「譬如大雲，起於世間，遍覆一切；慧雲含潤，電光晃曜，雷聲遠震，……其雨普等，四方俱下，……其雲所出，一味之水，草木叢林，隨分受潤。一切諸樹，上、中、下等，稱其大小，各得生長，根莖枝葉，華果光色，一雨所及，皆得鮮澤。如其體相，性分大小，所潤是一，而各滋茂。佛亦如是，出現於世，譬如大雲，普覆一切。既出于世，爲諸眾生，分別演說，諸法之實。」〔註269〕張商英的解釋是：

> 示之以一相一味之法。譬如大雲遍覆一切，則孰爲先後？孰爲廣狹？「電光晃曜」，劉虯所謂類應身之顯知見。「雷聲遠震」，劉虯所謂類應身之發鴻唱。「其雨普等，四方俱下。其雲所出，一味之水」者，以明解脫相、離相、滅相、究竟涅槃相、常寂滅相，何法不爾？卉木、藥草，上、中、下樹各得生長，根、莖、枝、葉各得滋茂。潤於人華，各得成實生長之，茂盛之，成實之。所稟各異，所潤是同，斯則無一趣而不攝，無一類而不度，無一法而不周，非若貧子得財之喻，鄙先心而存二見也。〔註270〕

引文的重點：其一、在修辭方法上，融通了設問、引用與譬喻等；在援引經典的方法上，融通了內、外典。劉虯（438～495），根據《南齊書》卷五十四〈劉虯傳〉的記載：「劉虯（《南齊書》：「虯」作「虯」），字靈預，南陽涅陽人也。徙居江陵。虯少而抗節好學，須得祿便隱。宋泰始中，仕至晉平王驃騎記室，

書出答詞，被陳那難詰，其石汗出，大吼振破，昇在空中，所以世云陳那有吼石之能也。」見（宋）延壽述：《註心賦》卷三，《卍新纂續藏經》第六十三冊，頁138上～中。

〔註268〕關於蔡順、元德秀以及孟宗的事蹟，分別見於（南朝宋）范曄撰，（梁）劉昭補志，（唐）章懷太子注：《後漢書集解・周磐傳》，（臺北市：藝文，1958年）；（宋）歐陽修撰：《唐書》卷一百九十四，（臺北市：藝文，1958年）；（唐）許嵩撰：《建康實錄》卷三，（臺北市：臺灣商務，1976年），頁473；2205；17～18。

〔註269〕見《妙法蓮華經》卷三，《大正新脩大藏經》第九冊，頁19下～20上。

〔註270〕見《妙法蓮華經合論》卷三，《卍新纂續藏經》第三十冊，頁389上～中。

當陽令。罷官歸家，靜處斷穀，餌朮及胡麻。精信釋氏，衣麤布衣，禮佛長齋。注《法華經》，是一親自講述佛學的隱士。現存著書有：〈無量義經序〉。建武二年，詔徵國子博士，不就。當年多天，蚘病，正晝有白雲徘徊簷戶之內，又有香氣及磬聲，其日卒。年五十八。」〔註271〕可知，劉虯之學思歷程，亦儒、亦佛。張商英援引其說印證《法華》經義，展現融通儒、釋的精神。

其二、佛陀藉〈藥草喻品〉闡述「一相一味」之法義。所謂「一相一味」，一相，指眾生之心體，詮一實之真如。一味，指如來之教法，詮一實之理。亦即張商英所謂「大雲遍覆一切，則孰為先後？孰為廣狹？」指的是一雨之均霑萬物。至於「電光晃曜」、「雷聲遠震」，劉虯分別以「類應身之顯知見」、「類應身之發鴻唱」作解。所謂「類應身」，即隨著眾生之種類和根基，應現種種之身去化度。即如一雨之普潤，其下之上、中、下樹，卉木、藥草，各依其種性而隨順滋長。換言之，佛陀之教法，一味，眾生各因根機而受化。亦即「所稟各異，所潤是同」。張商英由此說明所謂「解脫相、離相、滅相、究竟涅槃相、常寂滅相」之各異。

其三、張商英把〈藥草喻品〉「一相一味之法」與〈信解品〉「窮子喻」中之義理相比對，得出：一相一味之法「非若」貧子得財之喻，因貧子「鄙先心而存二見」。

又如：〈見寶塔品〉：「大樂說！我分身諸佛——在於十方世界說法者，今應當集」〔註272〕張商英解釋說：

> 「或曰：佛說往古日月燈明、多寶諸佛，何其佛之多名也？曰：《莊子》云：『容成氏、大庭氏、柏皇氏、中央氏、栗陸氏、驪畜氏、赫胥氏。』管仲云：『封泰山，禪梁父者，七十二君子。』能以傳記之所聞，攷之乎？子以為駕說乎？」〔註273〕

引文徵引《莊子》之言與管仲之言，證明「佛之多名」。《莊子》之言出自《莊子》卷四〈胠篋〉，〔註274〕指稱古代的帝王。管仲之說，出自《史記》卷二十

〔註271〕見（梁）蕭子顯撰：〈劉虯傳〉，《南齊書》第三冊，（北京：中華書局出版，1972年），頁939。
〔註272〕見《妙法蓮華經》卷四，《大正新脩大藏經》第九冊，頁30下。
〔註273〕見《妙法蓮華經合論》卷四，《卍新纂續藏經》第三十冊，頁401中。
〔註274〕全文是：「容成氏、大庭氏、伯皇氏、中央氏、栗陸氏、驪畜氏、軒轅氏、赫胥氏、尊盧氏、祝融氏、伏戲氏、神農氏」，見郭象子玄注，陸德明音義：《莊子十卷》，（上海市：中華書局，1936年），頁13。

八〈封禪書〉，〔註275〕指稱欲行封禪大典的王者。此爲兼以道家之言及歷史史傳解經。在修辭方法上，張商英融通提問、激問與引用等方式解釋經文。在釋經的風格上，張商英採用外典傳記之所聞，考證內典「多佛之名」，展現了融通儒、釋、道三教的精神。

第三節　與前代《法華經》釋經說法的辯證

　　宋仁宗慶曆年間（1041～1048），出現懷疑注疏乃至經書、拋棄漢注疏而講明義理的趨向，疑古思潮逐漸波及學術各領域。〔註276〕汪耀楠在其所著《注釋學綱要》一書中，認爲「宋人懷疑經傳的風氣，表現了他們勇於獨立思考，不迷信古聖賢，進行自由研究的學風。他們對漢唐舊注乃至經文本身的懷疑，雖不可避免地摻雜著猜測、臆斷的因素，但從總體看，卻是把他們的懷疑建立在對各有關材料的比較研究基礎上的。」並謂：「通過對種種材料的辨析，探討經傳的訛錯，判定其是非，這便是考據。」〔註277〕惠洪注解《法華經》，深受這一風潮的影響，深具獨立思考的特質。這種影響與特質建立在其對於智者大師與窺基注解《法華經》的基礎上，換言之，惠洪對於隋代智顗《法華經文句》、《摩訶止觀》，以及唐代窺基《法華經玄贊》中的某些觀點，或表贊同，或有所批判。對於龍樹菩薩的《大智度論》的某些觀點，也提出自己獨到的見解。惠洪往往透過「舊疏」云云，進行與《法華經玄贊》、《法華經文句》作深層的辯證，深層的對話。舉例於下：

　　〈序品〉：「爾時，佛放眉間白毫相光，照東方萬八千世界，靡不周遍，下至阿鼻地獄，上至阿迦尼吒天。於此世界，盡見彼土六趣眾生，又見彼土現在諸佛，及聞諸佛所說經法。并見……復見……復見諸佛般涅槃者。復見諸佛般涅槃後，以佛舍利起七寶塔。」〔註278〕惠洪的論說，是：

　　　　以東方萬八千世界，下至阿鼻地獄。上至阿迦尼吒天。無不周遍，
　　　　則此世界亦廣大矣，乃現於一毫相光之中乎？六趣異生自其緣業之

〔註275〕「管仲曰：『古者封泰山禪梁父者七十二家，而夷吾所記者十有二焉。』」見（日本）瀧川龜太郎著：《史記會注考證》卷二十八〈封禪書〉，（台北市：洪氏出版社，1986年），頁499上。
〔註276〕見高尚榘主編：《文獻學專題史略》，（濟南：齊魯書社，2007年），頁139。
〔註277〕見汪耀楠著：《注釋學綱要》，（北京：語文出版社出版，1991年），頁330。
〔註278〕見《妙法蓮華經》卷一，《大正新脩大藏經》第九冊，頁2中。

善惡至其受報之好醜，比丘、菩薩行道以至於作佛；諸佛說法、涅
槃以至於起塔，則此歲時亦長久矣，乃見於一念之頃乎？……眉間
之光，如指井以示渴者，告以水之所在也。〔註279〕

佛以方便，光照一方，便知十方悉亦如是。如嘗一臠，知鼎味，不
必盡鼎而食也。《經》但舉東方，則可以知餘諸方，此示器界也。舉
器界則可以知根身，欲學者互見而自明之耳。〔註280〕

上述引文，歸納出二個重點：

第一、所謂「東方萬八千世界之廣，而現於一毫相光之中。六趣異生緣
業受報之久，而見於一念之頃」，佛性空性，超越時空，根身、器界能所冥合。

第二、「眉間放光」，乃佛陀所開的方便門。欲令眾生解迷開悟，即於器
界，舉東方，則十方自具；舉所緣，亦自具。欲令眾生不應攝受隨說計著。
若「愚夫以指指物，愚夫觀指，不得實義。如是愚夫，隨言說指，攝受計著，
至竟不捨，終不能得離言說指，第一實義。」因為「真實者，離文字故」。〔註
281〕關於「眉間放光」之意，惠洪解〈序品〉的偈、〈化城喻品〉、〈見寶塔品〉
以及〈妙音菩薩品〉等，皆有闡發：

兩偈之中疊稱放光，如曰「佛放一光」又曰「放一淨光」，何渠渠以
光為言耶？蓋其欲學者寤之之切，如舉玉玦示之者三也。而學者之
終不寤，如項羽之默然。〔註282〕

佛放眉間之光，但照東方者，密示無量義處三昧之相。如指飢者以
甑，飢者但見甑，而不見飯。……蓋佛意不在放光照東方而已，恐
學者機思不紗，作如言執。〔註283〕

此毫光離念、離見之象也。不以象論，則佛放眉間白毫相光已，照
東方萬八千土矣。其光未收，今又放白毫一光，何也？〔註284〕

「及放眉間白毫相光」者，顯發中道義故。〔註285〕

〔註279〕見《妙法蓮華經合論》卷一，《卍新纂續藏經》第三十冊，頁 365 中～下。

〔註280〕見《妙法蓮華經合論》卷一，《卍新纂續藏經》第三十冊，頁 365 下。

〔註281〕見（劉宋）求那跋羅陀譯：《楞伽阿跋多羅寶經》卷第四，《大正新脩大藏經》
第十六冊，頁 507 上。

〔註282〕見《妙法蓮華經合論》卷一，《卍新纂續藏經》第三十冊，頁 366 下。

〔註283〕見《妙法蓮華經合論》卷三，《卍新纂續藏經》第三十冊，頁 393 下。

〔註284〕見《妙法蓮華經合論》卷四，《卍新纂續藏經》第三十冊，頁 400 中。

〔註285〕見《妙法蓮華經合論》卷七，《卍新纂續藏經》第三十冊，頁 421 中。

四則引文與解〈序品〉的引文之意，可以相互補充，相互印證。惠洪認爲：其實，佛意不在放光照東方而已，其意主要在破學者如言執。其次，佛陀藉「佛放一光」、「放一淨光」，其心之迫切，乃欲眾生藉著見光中之相，悟佛入無量義處三昧的用意。無量義處三昧，即諸佛刹那際定也，爲本經的宗旨，宗之微妙，無以寄之，而寄之於無量義處三昧而已。〔註286〕

關於惠洪的見解，有持不同觀點者，惠洪則大加抨擊，其言曰：

> 《經》之意明如日星，而文字之師爲之疏釋，方毛數名相瑕求，義理雜然而興，雲升烟聚，雷馳電走，使學者四方易位，昏昕莫辨，爲可歎也。……反愛其欄楯之巧，瑩砌之工，又以夸於人，是豈能止渴也哉？〔註287〕

> 舊《疏》曰：「西域以東爲上，《經》被佛性大乘根機，不被餘乘根性故，如日之出，先照高原，佛故先度上根。」失經之旨甚矣。〔註288〕

引文中有三個重點：其一、「文字之師」，指的是窺基大師。「舊《疏》」指的是窺基撰的《妙法蓮華經玄贊》。

其二、引文一，文字之師對於眉間之光所見，解以「放光遂至一萬八千顯明權實故也，亦如光照五趣皆蒙，緣集聞經唯在四趣」〔註289〕，窺基並鉅細靡遺，以六門分別解六趣眾生。與惠洪的觀點不同。惠洪謂東方所見，面向之廣大，皆見於白毫相光之中，六趣異生，自其緣業，以至於涅槃、起塔，時間之久遠，乃於一念呈現，其義蘊如唐代華嚴學者李通玄的說法：「一刹那際，三世互參」，「無量劫海，依今而住」。〔註290〕惠洪又引《圓覺經》：「無上妙覺，徧諸十方，出生如來，與一切法同體者。」作說明，〔註291〕意謂妙覺眞心徧虛空界，爲萬法之體，含攝一切萬法，無所不在。從妙覺眞心緣生的一切如來，與有情、無情等一切法，其在本體上是平等無差別的，佛性、法性不二，體現了心、佛、眾生三無差別。因此，言十方，則自具三世。惠洪並認爲一切聖賢知此而得道；若情想妄見三世者，應以智爲先導，則能知之。

〔註286〕見《妙法蓮華經合論》卷三，《卍新纂續藏經》第三十冊，頁393下。
〔註287〕見《妙法蓮華經合論》卷一，《卍新纂續藏經》第三十冊，頁365中。
〔註288〕見《妙法蓮華經合論》卷一，《卍新纂續藏經》第三十冊，頁365下。
〔註289〕見（唐）窺基撰：《妙法蓮華經玄贊》卷二，《大正新脩大藏經》第三十四冊，頁681上～682下。
〔註290〕見《妙法蓮華經合論》卷一，《卍新纂續藏經》第三十冊，頁365下。
〔註291〕見《妙法蓮華經合論》卷一，《卍新纂續藏經》第三十冊，頁365下。

只是眾生因迷所牽，故謂十方器界皆顛倒所持，三世根身皆情想所見，因而喟嘆。

其三、引文二，根據《妙法蓮華經玄贊》，其原文為：「西域以東為上，表《法華經》唯被佛性大乘機根，不被餘性，故不照餘，譬如日出先照高原，佛日亦爾，先照根熟，故舉東方，有所表矣。《正法華》中亦照東方，殊無照彼餘方之文。」〔註292〕窺基之意，蓋謂《法華經》只被佛性大乘根基者，而不被餘乘根性，譬如日出，先照高原，先照根熟者。窺基並引《正法華經》當佐證。窺基乃是站在法相學統的立場所做的教說。「先照高原，先照根熟者」之類說法，亦見於《華嚴經》與《涅槃經》中。根據《華嚴經》卷三十四〈寶王如來性起品〉第三十二之二：「譬如日出，先照一切諸大山王、次照一切大山、次照金剛寶山、然後普照一切大地。……如來、應供、等正覺亦復如是，成就無量無邊法界智慧日輪，常放無量無礙智慧光明，先照菩薩摩訶薩等諸大山王，次照緣覺，次照聲聞，次照決定善根眾生，隨應受化，然後悉照一切眾生。」〔註293〕《涅槃經》有「三子」的譬喻：「譬如父母唯有三子，其一子者，有信順心，恭敬父母，利根智慧，於世間事能速了知；其第二子，不敬父母，無信順心，利根智慧，於世間事能速了知；其第三子不敬父母，無信順心，鈍根無智。父母若欲教告之時，應先教誰，先親愛誰，當先教誰知世間事？……應先教授有信順心，恭敬父母，利根智慧知世事者；其次第二乃及第三。……其三子者，初喻菩薩，中喻聲聞，後喻一闡提。」〔註294〕另外，例如：三種田、三罌、三病人、三種馬以及大施時有三人來的譬喻，皆揭示世尊說法之次第是先優後劣。〔註295〕

綜上可知，惠洪是站在禪宗的觀點，發揮此段經文的旨意；窺基則站在法相學統上看問題，觀點不同，造就不同的立論與學說。

其次，關於演說正法。〈序品〉：「演說正法，初善、中善、後善，其義深

〔註292〕見（唐）窺基撰：《妙法蓮華經玄贊》卷二，《大正新脩大藏經》第三十四冊，頁 680 下。

〔註293〕見（東晉）佛陀跋陀羅譯：《大方廣佛華嚴經》卷三十四，《大正新脩大藏經》第九冊，頁 616 中。

〔註294〕見（北涼）曇無讖譯：《大般涅槃經》卷三十三，《大正新脩大藏經》第十二冊，頁 560 中。

〔註295〕見（北涼）曇無讖譯：《大般涅槃經》卷三十三，《大正新脩大藏經》第十二冊，頁 560 下～561 上。

遠，其語巧妙，純一無雜，具足清白梵行之相。」〔註296〕惠洪的解釋是：

> 修多羅有不壞假名，說實相義者，初、中、後善三法是也。然此三
> 句必相連以達其辭。以初善爲假立，以中善爲實義，以後善亦爲假
> 立。〔註297〕

引文的重點有二：其一、所謂正法，必須具備初善、中善、後善三法，此三
法相連一契，即初善爲假立，中善爲實義，後善亦爲假立。其二、所謂「實
相」，即諸法實相，不可以「有」、「無」等去敘述他，也不可以「彼此」、「大
小」等去想像他，「實相」是離一切相——言語相、文字相、心緣相，而無所
取著的；〔註298〕如《法華經》所謂：「唯佛與佛乃能究盡諸法實相」。然實相
必藉語言、文字的詮釋，方能體會；但卻不能因此詮解，而心生執著，因此
說：「修多羅有不壞假名，說實相義者」。惠洪續引經典證明：

> 故《金剛般若經》曰：「般若波羅蜜，即非般若波羅蜜，是名般若波
> 羅蜜。」無著菩薩釋曰：「如露形神所持之杵，兩頭闊，其中狹。」
> 故闊者虛，狹者實。故所言般若波羅蜜者，假名也；即非般若波羅
> 蜜者，實相也；是名般若波羅蜜者，亦假名也。〔註299〕

引文《金剛般若經》中，第一句「般若波羅蜜」，是討論觀察的對象，是約定俗
成的稱呼，是緣起的，由因緣和合而成，空無自性，所以說「即非般若波羅蜜」。
雖空無自性，但並不破壞緣起施設。印順說：「緣起，所以無性，無性所以待緣
起，因此『即非』的必然『是名』，『是名』的必然『即非』，即二諦無礙的中道。」
〔註300〕因此，惠洪認爲：首句「般若波羅蜜」，是「假名」；次句「即非般若
波羅蜜」是實相；末句「般若波羅蜜」，亦假名也。如此說法，即如無著菩薩所謂
「如露形神所持之杵，兩頭闊，其中狹」。關於此，惠洪於《石門文字禪》卷十
七〈僧請釋《金剛經》卒軸〉一偈中，亦謂：「杵形中實兩頭虛，法喻初、中、
後善俱。九類眾生同寂滅，四重我相頓消除。」〔註301〕可互爲補充。

〔註296〕見《妙法蓮華經》卷一，《大正新脩大藏經》第九冊，頁3下。
〔註297〕見《妙法蓮華經合論》卷一，《卍新纂續藏經》第三十冊，頁367上。
〔註298〕見印順：《般若經講記》，（臺北市：正聞出版社，1992年），頁3～4。
〔註299〕原文爲：「如畫金剛形，初後闊中則狹。」見無著菩薩造，（隋）達磨笈多譯：
　　　　《金剛般若論》，《大正新脩大藏經》第二十五冊，頁759上。
〔註300〕見印順：《般若經講記》，（臺北市：正聞出版社，1992年），頁70。
〔註301〕見（宋）釋德洪覺範著 覺慈編錄 法雲堂校：《石門文字禪》卷十七，（臺北
　　　　市：新文豐出版股份有限公司，1973年），頁18。

至於正法的修行，惠洪特舉《瑜伽論》爲例：「一、初善，謂聽聞時生歡喜故；二、中善，謂修行時無有艱苦，遠離二邊，依中道行故；三、後善，謂極究竟離諸垢故，及一切究竟離欲爲後邊故。」〔註302〕初善乃在引發聽聞正法時之歡喜心，中善即引導不執著二邊的中道修行，後善則能遠離垢染，達到究竟解脫。法性離垢，離一切障垢，顯現出清淨的本來面目。理論與實踐融合一契。

至於持不同於此立論者，例如：

> 舊《疏》曰：聲聞法，名初善；辟支佛法，名中善；大乘法，名後善。〔註303〕

「舊《疏》」指的是《大智度論》。原文是：「解說聲聞乘，名爲『初善』；說辟支佛乘，名爲『中善』；宣暢大乘，名爲『後善』。」〔註304〕《大智度論》是就三乘教法說初善、中善和後善，也就是就眾生根機之鈍、中、利，佛應之而說的三乘教法，與惠洪根據《瑜伽論》論修行之次第不相同，因此，惠洪評議：「誤矣」。惠洪所依據的論典不同，而有不同的說解角度與觀點，是可以理解的。

關於諸法實相。見於〈方便品〉：「佛所成就第一希有難解之法，唯佛與佛，乃能究盡諸法實相。所謂諸法，如是相，如是性，如是體，如是力，如是作，如是因，如是緣，如是果，如是報，如是本末究竟等。」〔註305〕《法華經》中舉出十項「如是」之語，稱爲「十如是」。「十如是」是〈方便品〉的核心之一，是佛陀於過去世，親近無數諸佛，修學無量道法，所圓滿成就的「甚深未曾有法」的具體內涵；換言之，世尊自十個方式說明「諸法實相」。

關於「十如是」，僅出現於羅什所譯《妙法蓮華經》中，其他譯本並無所見。歷代諸師對「十如是」有著各種不同的闡述〔註306〕。惠洪的理解是：

〔註302〕見《妙法蓮華經合論》卷一，《卍新纂續藏經》第三十冊，頁367上。

〔註303〕見《妙法蓮華經合論》卷一，《卍新纂續藏經》第三十冊，頁367上。

〔註304〕見（後秦）鳩摩羅什譯：《大智度論》卷四十九，《大正新脩大藏經》第二十五冊，頁412中。

〔註305〕見《妙法蓮華經》卷一，《大正新脩大藏經》第九冊，頁5下。

〔註306〕「道生將十如是段分解成十一事緣，最後的『本末究竟等』被分爲『本末』與『究竟等』。道生認爲這十一個事緣在說明『萬善』，即與成佛有關的一切事項。法瑤以三乘歸一乘作爲十如是解釋的主軸。玄暢則將其理解爲佛所專屬的十種智力的觀照境。達摩鬱多將十如是與《大智度論》卷三十一的九種法相配。每一法各有九種：體、法、力、因、緣、果、性、限礙、開通方便。

諸法實相而曰如是相者，生而無生之相也。生而無生，則無以名之，
但曰如是而已。然相言如是可也，又申之曰其性、體、力、作、因、
緣、果、報，皆名如是，何也？曰：此九種義起，必同時於一刹那，
無有先後，所以結其辭曰本末究竟等。等之爲言，齊也。〔註307〕

引文的重點：其一、惠洪扣緊中道的眞俗二諦詮解「十如是」。所謂「生而無
生」，俗諦謂之「生」，是因緣和合的假生；眞諦謂之「無生」，即不生不滅的
眞如實相。諸法實相是離一切言語相、文字相、心緣相。惠洪以「生而無生」
解釋「如是相」，因「生而無生」無法道盡此「相」，故而，僅以「如是」（這
樣的）之詞形容之。其二、「等」謂之「齊」也，說明「其相、性、體、力、
作、因、緣、果、報」之作用，皆同時起於一刹那，無有本末、終始、先後
之分；換言之，九種義皆起於一念。一念之間，九種義即告完成。惠洪站在
禪家的立場說解。他並援引禪宗祖師傳承所依據的重要教典《楞伽經》解「十
如是」，說：

《楞伽經》曰：「一切法不生，我說刹那義，當生即有滅，不爲愚者
說。」以其偈觀九義，若合符契。一切法不生，則如是性、如是體
也；我說刹那義，則如是相、如是力、如是作也。問曰：三義同一
刹那，有據乎？曰：《瑜伽論》曰「唯有因法有，諸行皆刹那，住尚
無況用，即說彼生起，爲用爲作者」之用力也。夫一刹那生起之相
用與作便具，則三義同一刹那明矣。當生即有滅，則如是因、如是
緣、如是果、如是報也。唯其當生而滅，則本末等之謂也。不爲愚
者說，則第一希有之法，唯佛與佛乃能究盡。〔註308〕

引文以《楞伽經》之言，比對「十如是」，《楞伽經》的原文是「一切法不生，
我說刹那義，物生則有滅，不爲愚者說。」《楞伽經》之言與「十如是」的比
對之間，有四個重點：其一、世尊說刹那義之根本意，是說明「一切法不生」，

法雲將十如是的前五項歸爲權智境，與三乘有關；其後四項是實智境，關於
一佛乘；末一項雙結權智境與實智境。智顗由『十法界釋』、『佛法界釋』、『離
合釋』、『位釋』等四個層面解『十如是』。吉藏就佛因果論十如是。窺基則會
通五何法（何等法、云何法、何似法、何相法、何體法）與十如是。」見黃
國清：〈如是本末究竟──《法華經》十如是〉，《香光莊嚴》（2006年6月），
第八十六期，頁30～35。

〔註307〕見《妙法蓮華經合論》卷一，《卍新纂續藏經》第三十冊，頁371中。
〔註308〕見《妙法蓮華經合論》卷一，《卍新纂續藏經》第三十冊，頁371中。

常住不變，無生無滅，生即無生，滅即無滅。惠洪以此說明「如是性，如是體」。其二、惠洪以「我說剎那義」解「如是相」、「如是力」、「如是作」；並舉《瑜伽論》之言，立論此三義，同一剎那。有爲法生起時，皆剎那剎那生滅，在剎那相續當中輪迴，「住」尚且不能，何況「作用」。世尊說諸法剎那義，是爲止息愚夫計常之煩惱，遠離能作、所作，此爲佛所說剎那義的眞義。其三、「當生即有滅」，亦即一切緣生之物，有生則有滅，生滅剎那相續，例如：鏡中像，空中花。惠洪以此說明「如是因」、「如是緣」、「如是果」、「如是報」。內在之「因」，外輔之「緣」，業因招感之「果」，酬因受用之「報」，皆「當生即有滅」。其四、因其當生而滅，唯佛與佛能究盡明瞭，故而「不爲愚者說」，因爲愚夫計著剎那生滅。惠洪又謂，「此九種義一寂滅耳」，意謂絲毫無法以言語、文字描述諸法實相。言語道斷，心行處滅。就如：本經之言「是法不可示，言辭相寂滅」。

　　然有持不同觀點者，例如：

> 舊《疏》曰：相如水火之相，異故易知。性如火，以熱爲性，水以濕爲性，體則以主質爲義。如十法界陰入，俱用色心爲體，力則以堪任爲義，心亦具有如來十力，作則以運爲建立爲義。若離心者，更無所作，因則以招果爲因，緣則以緣由助業，果則以克獲爲果，報則以酬因爲報，相以爲本，報以爲末，悉入緣生，緣生故空，則空等也。相但有字，報亦但有字，悉假、施設假等也。又相即無相，無相而相，非相非無相。報亦然，一一皆入如實之際，則中等也。
>
> 〔註309〕

「舊《疏》」指的是天台智者大師的《摩訶止觀》。〔註310〕前之九如是爲諸法，而此本末究竟等爲實相。智顗的意思是：「相」以據外，「性」以據內。如：通常我們能由水與火的表相，知道其爲水，爲火。「性」指的是水、火的本質、特性，即「熱」是火的本質，「濕」是水的本質。「體」則外相與內性之和合。「力」是心具有一切法之功德力用，「作」指心之力付諸於行動，「因」是就「果」而言，「緣」則指的是緣由，「果」爲因因造就而成，「報」爲酬報因行而一感得果報。「如是相」爲本，「如是報」爲末，本末諸相落下處爲究竟等。智顗以

〔註309〕見《妙法蓮華經合論》卷一，《卍新纂續藏經》第三十冊，頁371下。
〔註310〕見（隋）智顗說：《摩訶止觀》卷五，《大正新脩大藏經》四十六冊，頁53上～下。

空、假、中三觀來詮解「十如是」。就空而言，一切法皆由因緣和合而產生，皆無自性，從本至末都是空，故言「本末究竟等」；就假而言，諸法雖空無自性，但皆各有其緣生的相貌與悉假施設之名，因此亦說「本末究竟等」；就中而言，「非相非無相」，「非報非無報」，不偏於空、假二邊，一一法皆入如實之際，故言「本末究竟等」。〔註311〕此論述不同於惠洪之言：「《經》示諸法之相，如是皆本末等者」，乃因「法當生即有滅」。因此，惠洪乃加以評議，而謂「文字之師乃撰造其辭，入空、假、中三觀之中。譬如夷狄入華夏，假華夏之語，以遮夷狄之形，自以爲至矣。而華人聞其謦咳，則掩口而笑也。」〔註312〕智者大師站在空、假、中三諦圓融的理念，解說十如是，惠洪則站在禪家的觀點釋解十如是。不同學說，其見解理路自然有異。

關於佛知見，因善知識之緣而啓悟之說，見〈方便品〉：「諸佛興出世，懸遠值遇難，正使出于世，說是法復難。無量無數劫，聞是法亦難，能聽是法者，斯人亦復難。」〔註313〕段，惠洪解釋說：

> 經言「諸佛興出世，懸遠值遇難；能聽是法者，斯人亦復難」，三復之爲之流涕。疏此經者，能聽是經者也，而反不信。如經言「使諸眾生悟佛知見」，其辭意皎如日星，輒曲說曰悟者不知義，以一切聲聞、辟支佛不知彼眞實處故。不知眞實處者，不知究竟唯一佛乘故，謂如有人至親友家，醉酒而臥，以無價寶珠繫之衣裏，尋彼不覺，後悟方知。佛以無漏智所示，以如實語所演，曰：「使諸眾生悟佛知見。」而文字之師臆斷苟認，曰悟者不知義，特標聲聞、辟支佛爲不知眞實處，如人失心，以白爲黑也。又經言「聚沙爲佛塔」乃至「皆已成佛道」，則疏之曰，謂發菩提心者，行菩薩行者，所作善根，能證菩提，非諸凡夫及決定性聲聞、未發菩提心者之所能得，故乃至舉手、低頭等，其義皆同。佛方示誨時，但言「如是諸眾生，皆已成佛道」，而疏者則枝辭蔓說更易之。審如疏者之論，則何不明告曰諸發菩提心，聚沙爲佛塔，乃至小低頭，皆已成佛道乎？〔註314〕

〔註311〕見（隋）智顗說：《摩訶止觀》卷五，《大正新脩大藏經》四十六冊，頁53中～下。

〔註312〕見《妙法蓮華經合論》卷一，《卍新纂續藏經》第三十冊，頁371下。

〔註313〕見《妙法蓮華經》卷一，《大正新脩大藏經》第九冊，頁10上。

〔註314〕見《妙法蓮華經合論》卷一，《卍新纂續藏經》第三十冊，頁376上。

此段引文的重點：其一、引文中，「曲說」者、「文字之師」即指窺基，所引為《妙法蓮華經玄贊》卷三、卷四之經文。〔註315〕其二、關於「使諸眾生悟佛知見」段，惠洪的理解是：佛知見「眾生本自有之，不從他以得之也。」「雖不從他以得之，必藉善知識為之緣，以方便為開示，而使之悟入也。」〔註316〕重點在佛知見乃眾生本有，不假借他人授予，只要憑藉善知識的方便教說，則能開示悟入。佛以無漏智所示，以如實語所演，皆在於使眾生悟佛知見。至於窺基之意，認為聲聞、辟支佛不知眞實處，必經由他人授予方知。因此，惠洪認為窺基的見解，「如人失心，以白為黑也」。其三、關於「聚沙為佛塔」至「皆已成佛道」段，惠洪舉「春在萬物，大如山川，細如毫忽，繁如草木，妙如葩葉，纖穠、橫斜、深淺、背向雖不一，而其明秀艷麗之色，隨物具足，無有間限。」為例，〔註317〕謂一切眾生本來成佛之妙見，於日用亦復如是。想要眾生自證此妙，則必於因緣時節中。因此，眾生若行六波羅蜜或聚沙成佛塔、雕刻佛像、音樂供佛、低頭垂手，皆能導向成佛之路。窺基則認為唯有發菩提心者，行菩薩道者，方能證菩提。凡夫及決定性聲聞、未發菩提心者，則無法成佛。所謂「決定性聲聞」，窺基將聲聞分為決定種姓及不定種姓二類。「決定種姓」，即指無法再發起菩提心者。〔註318〕綜上可知，惠洪與窺基，兩個人的關鍵點，在於所選擇的進路不同，遂有不同的觀點。

　　上根舍利弗以「信」得入此經，餘者聲聞、以「信」受佛語之說。關於「信」之一字，見〈譬喻品〉之偈文：「汝舍利弗！尚於此經，以信得入；況餘聲聞。其餘聲聞，信佛語故，隨順此經，非己智分。」〔註319〕惠洪解「信」，說：

> 信有二種：一者、智通之信；二者、依通之信。智通之信者，所謂
> 一切智、無師智、自然智悉已成就，信如來出世、說法、度生、入
> 般涅槃，始終不出一刹那際，故經言「汝舍利弗！尚於此經，以信
> 得入」者，智通之信也。依通之信者，所謂以情解故，疑網不除，

〔註315〕分別見於（唐）窺基撰：《妙法蓮華經玄贊》卷三、卷四，《大正新脩大藏經》第三十四冊，頁711上、726下。

〔註316〕見《妙法蓮華經合論》卷一，《卍新纂續藏經》第三十冊，頁373中。

〔註317〕見《妙法蓮華經合論》卷一，《卍新纂續藏經》第三十冊，頁375上。

〔註318〕見黃國清：《窺基《妙法蓮華經玄贊》研究》，（桃園縣：國立中央大學博士論文，2005年），頁82。

〔註319〕見《妙法蓮華經》卷二，《大正新脩大藏經》第九冊，頁15中。

且信佛語,故經言「其餘聲聞,信佛語故,隨順此經,非己智分」
者,依通之信也。晉王羲之以善書名世,其子弟皆師其筆法。羲之
方落筆時,手忘筆,筆忘法,心融神會,點畫所至,意態自足。師
其筆法者,手不忘筆,心不忘字,通則行,否則止,皆曰書也。如
羲之者,智通之信也;師之者,依通之信也。〔註320〕

引文說明「信」有二種。所謂「智通之信」,即憑著自己信受的力量,信如來
出世、說法、度生,以及入涅槃,始終不出一刹那,也憑著信受的力量,得
以理解這部《法華經》,猶如王羲之之善書,手落筆的當下,則心領神會。有
頓悟之意。所謂「依通之信」,即因信佛語,才隨喜信受,並非自己的智慧本
分已能理解,猶如從王羲之之書者,通則行,否則止。有漸悟之意。根據《石
門文字禪》卷二十六〈題昭默自筆小參〉的記載:「游東吳,見岑遼,爲予言:
『秦少游絕愛政黃牛書。問其筆法,政曰:書,心畫,地作意,則不妙耳。
故喜求兒童字,觀其純氣』」。〔註321〕惠洪舉王羲之之書法論智通之信,應該
於此的體悟有關。

關於「信」的解釋,也有持不同觀點者,例如:

舊《疏》曰:此以不定性二乘方順生信故,謂舍利弗:「如汝上根,
尚信我語,方漸證入,況餘不定性聲聞乎?」〔註322〕

引文中,「舊《疏》」指的是窺基《妙法蓮華經玄贊》卷六。〔註323〕窺基站在
法相宗的立場,說明上根舍利弗因信佛語,才能漸漸證入,何況是其餘的不
定性聲聞。因爲惠洪和窺基站在不同宗派的立場解釋經典,因此,惠洪評窺
基之說「悞矣」。〔註324〕

惠洪解「破有法王」,見〈藥草喻品〉:「破有法王,出現世間」,〔註325〕
惠洪解說爲:

《首楞嚴經》曰:「空生大覺中,如海一漚發。」又曰:「一人發眞
歸源,十方虛空悉皆消殞。」然則虛空亦生滅法也。顯此虛空必由

〔註320〕見《妙法蓮華經合論》卷一,《卍新纂續藏經》第三十冊,頁382中。
〔註321〕見(宋)釋德洪覺範著:〈寂音自序〉,《石門文字禪》卷二十六,(臺北市:
新文豐出版股份有限公司,1973年),頁2。
〔註322〕見《妙法蓮華經合論》卷二,《卍新纂續藏經》第三十冊,頁382中。
〔註323〕見(唐)窺基撰:《妙法蓮華經玄贊》卷六,《大正新脩大藏經》第三十四冊,
頁765上。
〔註324〕見《妙法蓮華經合論》卷二,《卍新纂續藏經》第三十冊,頁382中。
〔註325〕見《妙法蓮華經》卷三,《大正新脩大藏經》第九冊,頁19下。

色法，該諸色法，總名為有。蓋嘗深觀之，有若真實，則不可破；
不可破，則空有不遍之處。何以故？以真實有體為間礙故。有若可
破，則非真實；既非真實，則便可言無，何必更名破有哉？曰：論
必有旨也。言破以明有非實有，言有以明空非斷空。故經言「破有
法王，出現世間」。有之字從月，月無光，光之者日也。從又。又，
手也，執而有之。凡有如此。〔註326〕

引文有兩個重點：其一、先藉《首楞嚴經》之「空」與「大覺」；「真」與「虛
空」作對比，闡述虛空是生滅法，是色法，此色法稱之為「有」，亦即有質礙
之物，佔有一定的空間，並有自他互相障礙，即是會變壞之性質。〔註327〕其
二、惠洪先檢視「有」之可否破，進而提出「破有」之義，為非有非空，亦
即指中道之義。其三、惠洪藉由拆解「有」字，得知：「有」並非真實，乃由
層層的筆畫，不同的文字組合而成，其本質為空，亦即緣起性空之義。

　　至於，持不同觀點者，說：

　　舊《疏》曰：「有者，即三有也。能破一有謂三界，為一業有之所有
　　故；或破二有，謂本有、中有故；或破三有，即是三界故。」〔註328〕

「舊《疏》」指的是窺基的《妙法蓮華經玄贊》卷七，其文為：「破有者，能
破一有謂三界，為一業有之所有故；或破二有，本有、中有；或破三有，即
是三界；或破四有，謂生有、死有、中有、本有。新翻經論名前時有。或破
五有，即是五趣；或破七有，謂五趣、業有，中有；或破九有，謂即九地、
九有情居；或破二十五有。」〔註329〕佛陀超越三界二十五有。窺基即站在破
因果，以超越因果的立場，解釋「破有」之意。這樣的注解，惠洪認為是「誤
矣」。

　　又如：〈藥草喻品〉解「慧雲含潤」〔註330〕一語，說：「慧雲以譬應身，
以能具微塵沙數修多羅教，故言含潤。」〔註331〕惠洪以慧雲譬喻佛之應身。
慧雲即智慧之雲；換言之，惠洪以佛陀智慧，如大雲一般遮覆一切眾生之煩

〔註326〕見《妙法蓮華經合論》卷三，《卍新纂續藏經》第三十冊，頁388下。
〔註327〕見慈怡主編：《佛光大辭典》，（高雄市：佛光出版社，1989年），頁2544中。
〔註328〕見《妙法蓮華經合論》卷三，《卍新纂續藏經》第三十冊，頁389上。
〔註329〕見（唐）窺基撰：《妙法蓮華經玄贊》卷七，《大正新脩大藏經》第三十四冊，
　　　　頁785上。
〔註330〕見《妙法蓮華經》卷三，《大正新脩大藏經》第九冊，頁19下。
〔註331〕見《妙法蓮華經合論》卷三，《卍新纂續藏經》第三十冊，頁389上。

惱障，解「慧雲」之義。以其具有微塵沙數之文身、句身，以教化眾生，故解爲「含潤」。持不同觀點者，說：

> 舊《疏》曰：慧雲含潤者，慈心龍所起之雲。此龍將施雨，必先七日布以雲陰，候眾事辦乃雨，故稱含潤。〔註332〕

「舊《疏》」指的是窺基的《妙法蓮華經玄贊》卷七，其文爲「一慧雲含潤，如慈心龍，起雲含雨七日住，待農夫作了方始下雨，喻佛慈雲內含萬德。」〔註333〕窺基把慧雲喻爲慈心龍所起之雲，說明慧雲即慈悲的象徵義，與惠洪的觀點不同，因此，惠洪評其爲「審如疏所論，則經乃不言慈雲，而言慧雲邪？夫佛應身全是智慧故。」〔註334〕

又如：〈見寶塔品〉中，對於多寶佛與釋迦佛同塔並坐之事，惠洪與窺基亦持不同的見解。「多寶佛：『若我寶塔，爲聽《法華經》故，出於諸佛前時，其有欲以我身示四眾者，彼佛分身諸佛——在於十方世界說法，盡還集一處，然後我身乃出現耳。』……釋迦牟尼佛所分之身，次第皆悉來集。……即時一切眾會，皆見多寶如來於寶塔中坐師子座，全身不散，如入禪定。」〔註335〕惠洪解釋說：

> 此佛寓其意於事法之中，使學者觀象而自求之，然竟莫有知者。《起信論》曰：「若心馳散，即當攝來住於正念。是正念者，當知唯心無外境界。」所言「若心馳散，即當攝來住於正念」，則「十方分身來集」之旨也。所言「是正念者，唯心無外境界」，則「全身不散，如入禪定」之旨也。使釋迦牟尼所分之身來集，多寶如來全身出現，非以象論，則是外道譊亂邪說，豈一佛乘之教法乎？〔註336〕

引文的重點，在於惠洪認爲釋迦牟尼佛所分之身來集，多寶如來全身出現，乃皆以象論。惠洪認爲佛陀寓意於事法，欲學者觀象以知理，觀指而得實義。「十方分身來集」意謂「若心馳散」，即當「攝來住於正念」，「全身不散，如入禪定」，即是專注「正念」，「唯心，無外境界」。持不同觀點者，說：

〔註332〕見《妙法蓮華經合論》卷三，《卍新纂續藏經》第三十冊，頁389上。

〔註333〕見（唐）窺基撰：《妙法蓮華經玄贊》卷七，《大正新脩大藏經》第三十四冊，頁785上。

〔註334〕見《妙法蓮華經合論》卷三，《卍新纂續藏經》第三十冊，頁389上。

〔註335〕見《妙法蓮華經》卷四，《大正新脩大藏經》第九冊，頁32下～33中。

〔註336〕見《妙法蓮華經合論》卷四，《卍新纂續藏經》第三十冊，頁400上。

舊《疏》曰：此以顯多寶、釋迦同塔，二身無差別，故十方分身佛
集，身無異故，彼身即我身故。〔註337〕

「舊《疏》」指的是窺基《妙法蓮華經玄贊》卷八之文，〔註338〕窺基認爲多寶
佛與釋迦牟尼佛是一非二，彼身即我身，二身無差別。惠洪對於這種觀點，
大不以爲然因此，惠洪評論窺基之論爲「九十六種之論也」〔註339〕。

關於三變淨土之說，見〈見寶塔品〉：「時娑婆世界即變清淨……一方所
分之身，猶故未盡。時釋迦牟尼佛，欲容受所分身諸佛故，……諸天寶華遍
布其地。釋迦牟尼佛爲諸佛當來坐故，……諸天寶華遍布其地。」〔註340〕惠
洪解釋說：

……亦象也。破凡夫眾生無明煩惱麤細之相也。初變娑婆之穢土爲
眾寶嚴淨之境，是凡夫執相應染，所謂麤中之粗者也；中變二百萬
億那由他之境爲廣大清淨之土，是勝妙轉變自在，所謂細中之麤者
也；終變二百萬億那由他之境爲微妙無礙之土，是一切處解脫自在，
所謂細中之細者也。〔註341〕

惠洪認爲：三變淨土主要在於破除眾生無明煩惱粗細之象。並各以粗中之粗、
細中之粗以及細中之細，次第相應於初、中、終之三變淨土作解，用來開導
疑惑的眾生能做深入之觀照。其次，惠洪更舉《首楞嚴經》：「緣妄有生，因
生有滅，生滅名妄，滅妄名眞。」以及《起信論》：「分別生滅相者，有二種。
云何爲二？一者、麤與心相應故；二者、細與心不相應故。又麤中之麤，凡
夫境界；麤中之細及細中之麤，菩薩境界；細中之細，是佛境界。」〔註342〕
說明分別生滅之相未盡，是爲未見性。佛三變淨土，乃表無明煩惱生滅微細
之相，引導學者知其體性，亦即欲眾生藉由生滅的流轉，悟入寂滅常恆的眞
淨心性。至於，不同觀點者，例如：

舊《疏》曰：「初變大千，表至聲聞；次變二百萬億那由他國土，表
至獨覺；後更變二百者，表出二乘至一乘位，極滿故。」〔註343〕

〔註337〕見《妙法蓮華經合論》卷四，《卍新纂續藏經》第三十冊，頁400上。
〔註338〕見（唐）窺基撰：《妙法蓮華經玄贊》卷第八，《大正新脩大藏經》第三十四
　　　　冊，頁811上。
〔註339〕見《妙法蓮華經合論》卷四，《卍新纂續藏經》第三十冊，頁400上。
〔註340〕見《妙法蓮華經》卷四，《大正新脩大藏經》第九冊，頁33上～中。
〔註341〕見《妙法蓮華經合論》卷四，《卍新纂續藏經》第三十冊，頁400中～下。
〔註342〕見《妙法蓮華經合論》卷四，《卍新纂續藏經》第三十冊，頁400下。
〔註343〕見《妙法蓮華經合論》卷四，《卍新纂續藏經》第三十冊，頁400下。

「舊《疏》」指的是窺基《妙法蓮華經玄贊》卷八之文。〔註344〕窺基以次第修行表三變淨土，觀點不同於惠洪，惠洪評之為「失經之旨為甚，不可信也」。〔註345〕惠洪站在破眾生執著，依次第見性，窺基站在修行次第以成一乘，觀點雖不同，但目標卻一致。

向來，佛陀對於一切菩薩、聲聞、天、龍之眾的問難，皆不逆其意，可是〈從地湧出品〉卻不然。其中緣由為何？〈從地湧出品〉：「他方國土諸來菩薩摩訶薩，白佛言：『世尊！若聽我等，於佛滅後，在此娑婆世界，勤加精進，護持、讀誦、書寫、供養是經典者，當於此土而廣說之。』爾時佛告諸菩薩摩訶薩眾：『止，善男子！不須汝等護持此經。所以者何？我娑婆世界自有六萬恒河沙等菩薩摩訶薩，一一菩薩各有六萬恒河沙眷屬，是諸人等，能於我滅後，護持、讀誦、廣說此經。』」〔註346〕惠洪認為其主要關鍵，在於：

> 此品乃佛示依法力自然修行為貴，而鄙未覺幻力而修者也。〔註347〕

引文點出他方國土諸來菩薩與娑婆世界諸菩薩在修行上的不同處。惠洪舉《圓覺經》的三種觀法，所謂寂靜、如幻、寂滅，以及《大乘起信論》的未相應、已相應說，以明其見：

> 佛為辯音菩薩說，則曰「若諸菩薩唯取極靜，以靜力故」；乃至「若諸菩薩唯觀如幻，以佛力故」；乃至「若諸菩薩唯滅諸幻，不取作用」。如是三種，謂之依於未覺幻力修習而已。至為威德自在菩薩說，則曰「若諸菩薩悟淨圓覺，以淨覺心取靜為行」；乃至「若諸菩薩悟淨圓覺，以淨覺心知覺心性」；乃至「若諸菩薩悟淨圓覺，以淨覺心不取幻化及諸靜相」。而此三種，先必言悟淨圓覺，而後乃起行進修，謂之親近隨順也。三乘淨土菩薩則依於信力而修，故不言悟淨圓覺。地上法身菩薩則依於法力而修，故《圓覺經》曰：「皆是圓覺，親近隨順。」……《起信論》亦曰：「體用熏習分別復有二種。云何為二？一者、未相應，謂凡夫、二乘、初發意菩薩以意識熏習，依信力故，而能修行，未得無分別心與體相應故，未得自在業修行與用相應故。

〔註344〕見（唐）窺基撰：《妙法蓮華經玄贊》卷第八，《大正新脩大藏經》第三十四冊，頁813上。
〔註345〕見《妙法蓮華經合論》卷四，《卍新纂續藏經》第三十冊，頁400下。
〔註346〕見《妙法蓮華經》卷五，《大正新脩大藏經》第九冊，頁39下。
〔註347〕見《妙法蓮華經合論》卷五，《卍新纂續藏經》第三十冊，頁405下。

　　二者、已相應，謂法身菩薩得無分別心與諸佛智用相應，唯依法力

　　自然修行，熏習眞如，滅無明故。」〔註348〕

引文舉《圓覺經》和《起信論》，闡發「依未覺幻力而修」及「依法力自然修行」之不同。依《圓覺經》之文而言：其一、唯取極靜，主要在返觀妄心，棄除妄想、雜念。從圓覺的道理，知道一切外在有爲的人事物等，都是幻境，了知眾生皆有佛性，含藏一切妙用。心在一切境界中，而能不分別取捨，了了分明。依此次第修行，謂之未覺幻力修習。三乘淨土菩薩，因未證圓覺，必須仰賴諸佛菩薩之言，藉信力而修習。所謂悟淨圓覺，即是悟圓覺自心，本無能所，取捨分別。修行時，以圓覺自心爲基礎，消除妄念，既知外境由無明而起，則知幻離幻，由悟淨圓覺，而後乃起行進修，便是趣入圓覺最便捷順暢的法門。此爲地上法身菩薩修行的方式，亦即地上菩薩依於法力而修。

　　若依《大乘起信論》之文，可以就兩層面探究：一是，未相應者，即指凡夫、二乘及初發意菩薩等，因爲他們尚未證如來藏性，他們的修行尚須仰賴諸佛菩薩所說而熏修。他們的眞如熏習，還是「以意意識熏習，依信力而能修行的」。這三類眾生，由於沒有現證如來藏性，所以所有的眞如熏習，都但是意識及五意的熏習，即有漏淨善而熏習的。也就是說：凡夫、二乘位的體用熏習，是意識熏習的；三十賢位菩薩的體用熏習，是意熏習的。〔註349〕二是，已相應者，即已與本覺眞如的體用相應的法身菩薩。根據印順的說法，這是現證「法身」的大地「菩薩」，已經離妄心而「得無分別心」。無分別心，是「與諸佛智用相應」了的。〔註350〕只要依循本覺眞如，自然地任運修行，即可熏習眞如，斷滅無明，究竟成佛。惠洪引《圓覺經》與《起信論》印證《法華經》，說明《法華經》是依法力自然修行，而非依未覺幻力修行。

　　至於，有持不同觀點者，說：

　　舊《疏》曰：「如來止之者，有三義：汝等各各自有己任，若許汝住

　　此土，則廢彼土利益；又他方此土結緣事淺，雖欲宣授，必無大益；

　　又若許之，則不得名下方諸菩薩矣。下方諸菩薩若不來，跡不得破。

　　是謂三義。」〔註351〕

〔註348〕見《妙法蓮華經合論》卷五，《卍新纂續藏經》第三十冊，頁 406 上。

〔註349〕見印順：《大乘起信論講記》，（臺北市：正聞出版社，1992 年），頁 254。

〔註350〕見印順：《大乘起信論講記》，（臺北市：正聞出版社，1992 年），頁 255。

〔註351〕見《妙法蓮華經合論》卷五，《卍新纂續藏經》第三十冊，頁 406 上～中。

「舊《疏》」〔註352〕指的是智顗的《妙法蓮華經文句》。舊《疏》之言，意謂諸菩薩摩訶薩各有所依止處，各有在自己本土的承擔與責任，應各在自己本土，各種因緣上司其事。對於這樣的說法，惠洪評其爲「陋哉之論也」。

惠洪解同品：「娑婆世界三千大千國土地皆震裂，而於其中，有無量千萬億菩薩摩訶薩同時踊出。是諸菩薩，先盡在此娑婆世界之下、此界虛空中住。是諸菩薩，聞釋迦牟尼佛所說音聲，從下發來。」〔註353〕段，認爲「菩薩摩訶薩同時踊出」是如來大智慧無量神通光明，皆出於止觀地中之象。因爲諸菩薩既「在此娑婆世界之下」，又在「此界虛空中住」，是究竟無所住的意思。又「聞釋迦牟尼佛所說音聲，從下發來」，是究竟無所來的意思。惠洪引《華嚴論》之言：「當以止觀力功熟乃證，急亦不成，緩亦不得。但知不休，必不虛棄。如乳有酪皆須待，緣緣之中無作者，故其酪成已，亦無來處，亦非本有。」又說：「如來智慧以戒定慧眾善方便以照之，而緣緣之中無作者，無成就故。然於一切智、一切種智，於中而得朗然於諸法中無能作、所作，故亦非本有，亦非本無。以第一義中無本無末，無始無終，無成無壞，無三世古今，不可作本有及以修生，成就世間斷常諸見及諸諍論，應如是知。」〔註354〕印證《法華經》「菩薩摩訶薩同時踊出」之意。至於，持不同意見者，例如：

舊《疏》曰：「在下不屬彼，非此非彼，即中道也。」〔註355〕

「舊《疏》」〔註356〕是指智顗《妙法蓮華經文句》。智顗以「中道」之說，解釋這種現象，被惠洪評爲「錯謬甚矣」。〔註357〕

惠洪解〈分別功德品〉：「深心信解，則爲見佛常在耆闍崛山，共大菩薩、諸聲聞眾圍繞說法。又見此娑婆世界，其地琉璃，坦然平正，閻浮檀金以界八道」乃至「是爲深信解相」〔註358〕惠洪解說：

《涅槃經》曰：「調達教阿闍世王放五百護財醉象，奔衝世尊來眾。

爾時，佛垂十指，醉象見佛十指間皆有師子，驚怖伏地，遺糞而去。

〔註352〕見（隋）智顗說：《妙法蓮華經文句》卷九上，《大正新脩大藏經》第三十四冊，頁124下。
〔註353〕見《妙法蓮華經》卷五，《大正新脩大藏經》第九冊，頁39下～40上。
〔註354〕見《妙法蓮華經合論》卷五，《卍新纂續藏經》第三十冊，頁406中。
〔註355〕見《妙法蓮華經合論》卷五，《卍新纂續藏經》第三十冊，頁406中～下。
〔註356〕天台智者大師說：《妙法蓮華經文句》卷第九上，《大正新脩大藏經》第三十四冊，頁125上。
〔註357〕見《妙法蓮華經合論》卷五，《卍新纂續藏經》第三十冊，頁406下。
〔註358〕見《妙法蓮華經》卷五，《大正新脩大藏經》第九冊，頁45中。

佛言：『善男子！我時指中實無師子，皆我慈善根力，令諸醉象見有
師子。』」陳僧慧思，坐夏衡岳，夏休自念：「此夏空過，又無所證。」
放身倚壁未至之間，豁然大悟，曰：「是眞精進，是名眞法供養如來。」
於是諦見靈山一會，儼然如昨。於自悟親證之際，靈妙發現如此，
是謂慈善根力也。〔註359〕

惠洪認爲《法華經》的原文，乃是「慈善根力」的表述。所謂慈善根力，是
以成熟心不動本際，徧應十方一切眾生之前，對現色身三昧。〔註360〕慈善根
力，必須由自己自悟親證。惠洪藉《涅槃經》經文，以及慧思的事例證明《法
華》經文。至於持不同觀點者，說：

舊《疏》曰：「加修觀行，入禪用慧，想成相起，能見有餘、實報兩
土想懇，見佛共比丘僧常在耆闍崛山者，方便有餘土相也。」〔註361〕

「舊《疏》」是指智顗《妙法蓮華經文句》卷十上。〔註362〕智顗認爲只要精進
修行，則能見方便有餘土。惠洪認爲智顗的注解，是「此殆夢中之語也，其
可憑哉？」

　　綜上可知，惠洪批駁智者大師觀點者少，批駁窺基觀點者多，而批評《法
華玄贊》，又多集中在「五性個別說」的議題上。黃國清指出瑜伽行派「五性
個別說」，反對一切眾生皆可成佛的命題，窺基在《法華玄贊》中根據此說，
論述得以會入一乘者的條件限定。窺基並區分「理佛性」和「行佛性」以會
通諸經之說，提出具行佛性者始得成佛。又五種性當中，窺基排除聲聞定性、
獨覺定性、斷善根一闡提等三類人的成佛機會，一乘只開放給定性菩薩與不
定種性者。〔註363〕但惠洪主張的是眾生成佛說，由此可知兩個人的選擇進路
不同，因此，在注疏解經的角度切入即有不同。

　　另外，張商英「附論」中，其解〈法師功德品〉：「八百眼功德、千二百
耳功德、八百鼻功德、千二百舌功德、八百身功德、千二百意功德，以是功
德、莊嚴六根，皆令清淨。」〔註364〕段，說：

〔註359〕見《妙法蓮華經合論》卷五，《卍新纂續藏經》第三十冊，頁411上。
〔註360〕見《妙法蓮華經合論》卷五，《卍新纂續藏經》第三十冊，頁411上。
〔註361〕見《妙法蓮華經合論》卷五，《卍新纂續藏經》第三十冊，頁411上。
〔註362〕見（隋）智顗說：《妙法蓮華經文句》卷十上，《大正新脩大藏經》第三十四
　　　　冊，頁137下～138上。
〔註363〕見黃國清：〈《法華經》三車與四車之辯——以《法華五百問論》爲中心〉，《揭
　　　　諦》（2010年1月），第十八期，頁101～103。
〔註364〕見《妙法蓮華經》卷六，《大正新脩大藏經》第九冊，頁61下。

舊《經》本云：身根、鼻根各具千二百功德，恐梵本翻譯或藏經傳

寫之誤。予以《海眼經》文殊偈觀音入理之門，校正身、鼻二根，

改從《海眼》，庶行布圓融，不相違戾。〔註365〕

引文中，舊《經》本，指的是《正法華經》卷八〈正法華經歎法師品〉第十

八。其言曰：「眼功德之本八百名稱，千二百耳根，千二百鼻根，千二百舌根，

千二百身行，千二百意淨，是為無數百千品德，則能嚴淨六根功祚。」〔註366〕

張商英把兩《經》本不一之處，以《海眼經》校勘之。這也是疑經的現象，

與北宋時期學者士大夫之疑經風潮與精神相符合。根據《大慧普覺禪師普說》

的記載，張商英並有《清淨海眼經注》的撰作，〔註367〕可惜並沒有保存下來。

〔註365〕見《妙法蓮華經合論》卷六，《卍新纂續藏經》第三十冊，頁 415 上。

〔註366〕見（西晉）竺法護譯：〈正法華經歎法師品〉第十八，《正法華經》卷八，《大
正新脩大藏經》第九冊，頁 119 上。

〔註367〕「無盡居士這一箇人，不知幾百生中學般若來，今生如此得大受用，注《清
淨海眼經》。」見（宋）蘊聞錄：《大慧普覺禪師普說》，《卍正藏經》第五十
九冊，頁 931 上。

第四章　惠洪、張商英的法華思想

本章探討惠洪與張商英的法華思想。惠洪的法華思想，包括惠洪的眾生成佛思想、惠洪的一佛乘思想、惠洪的心性思想，以及惠洪的佛身觀等四節。張商英的法華思想，包括張商英《法華合論》各品要旨的詮釋、張商英的眾生成佛思想，以及張商英的一佛乘思想等。

第一節　惠洪的眾生成佛思想

眾生成佛是《法華合論》的核心思想。惠洪認為「佛知見，眾生本自有之」，即眾生本來具有成佛的潛能。惠洪眾生成佛的思想是扣著「緣起無性」的觀點而來。惠洪會通禪宗、華嚴等宗派的經論與學說來闡明他的眾生成佛思想。本節分眾生成佛的成佛思想與緣起無性的成佛思想來探討。

一、眾生成佛的成佛思想

「佛知見，眾生本自有之」，「闡提人亦有佛性」是惠洪闡述眾生成佛理念的關鍵。本節將由此二個觀點，探討惠洪的眾生成佛的成佛思想。惠洪眾生成佛的成佛思想，是通過諸家經論與學說的會通，即惠洪在申釋《法華經》的章句和意旨，經常引入大量經典，例如：《涅槃經》、《金剛經》、《勝天王般若經》以及《華嚴經》等，以自己獨特的表達方式與技巧，揭示其眾生成佛的成佛思想。

本小節的論述，包括眾生成佛與闡提成佛。

（一）眾生成佛

惠洪「眾生成佛」的觀點，首先見於〈方便品〉。〈方便品〉：「諸佛世尊，

唯以一大事因緣故出現於世。諸佛世尊，欲令眾生開佛知見，使得清淨故，出現於世；欲示眾生佛之知見故，出現於世；欲令眾生悟佛知見故，出現於世；欲令眾生入佛知見道故，出現於世。」〔註1〕關於此段的解釋，惠洪首揭「佛知見，眾生本自有之」的理念。惠洪謂：

> 佛不言以佛知見授之眾生，而言欲令眾生開佛知見，示佛知見，悟佛知見，入佛知見者，則知眾生本自有之，不從他以得之也。雖不從他以得之，必藉善知識為之緣，以方便為開示，而使之悟入也。如世良醫之治目病者，目以翳故無所見，哀求目明。良醫笑曰：「我能去翳耳，翳除則目自明，非有明持以相與也。明如可與，還應是翳。」以是觀之，則佛於佛之知見一大事因緣，但曰：開示使之悟入者，法如是故。然此非佛自智，故言十方諸佛法亦如是。言十方，則自具三世。〔註2〕

惠洪認為佛陀不言以佛知見，授之眾生，是因為「佛知見是眾生本自有之，不從他以得之」，也就是：佛知見，是一切眾生本有，不假外求。佛知見，既是「本有」，但必須藉善知識的提點，方便開示，才能悟入。例如：良醫之去眼翳，翳除目明。目明是本有，良醫為善知識。

　　惠洪解釋〈譬喻品〉：「爾時，佛告舍利弗：『……我昔教汝志願佛道，汝今悉忘，而便自謂已得滅度。……汝於未來世，過無量無邊不可思議劫，供養若干千萬億佛，奉持正法，具足菩薩所行之道，當得作佛。』」〔註3〕段，說：

> 眾生本來成佛而不自知，由不自知故，反從人覓。所以供養承事善知識者以此，然善知識者明告之曰：「汝固本來成佛。」則不信。默不欲告，則益疑。不得已而言曰：「汝信根成熟，當自開悟耳。」

〔註4〕

前一段提到「佛知見，眾生本自有之」，這一段進一步強調：眾生「本來成佛而不自知」、「汝固本來成佛」、「信根成熟，當自開悟」。其中「眾生本來成佛

〔註1〕見（姚秦）鳩摩羅什譯：《妙法蓮華經》卷一，《大正新脩大藏經》第九冊，頁7上。

〔註2〕見《妙法蓮華經合論》卷一，《卍新纂續藏經》第三十冊，頁373中。

〔註3〕見（姚秦）鳩摩羅什譯：《妙法蓮華經》卷二，《大正新脩大藏經》第九冊，頁11中。

〔註4〕見《妙法蓮華經合論》卷一，《卍新纂續藏經》第三十冊，頁377中～下。

而不自知」、「汝固本來成佛」，指的是眾生具有成佛的因子，也就是眾生本有成佛的潛能。「信根成熟，當自開悟」，是「眾生本來成佛而不自知」、「汝固本來成佛」的延伸，即眾生有成佛的潛能，只要「信根成熟」，即能「開悟」。

接著，惠洪援引南越蜑目病者、《金剛般若經》以及《勝天王般若經》的故事與經文，進一步說明：

> 南越有蜑方病目，聞其鄰漁於海濱，得明珠，問：「珠狀何若？」其鄰曰：「圓如彈，光如月。」目病者疑不決，更欲問。有蜑叟笑曰：「汝目病若愈，當自見珠也。」……《金剛般若經》曰：「『須菩提！於意云何？如來於然燈佛所，有法得阿耨多羅三藐三菩提不？』『不也，世尊！如我解佛所說義，佛於然燈佛所，無有法得阿耨多羅三藐三菩提。』佛言：『如是，如是！須菩提！實無有法如來得阿耨多羅三藐三菩提。若有法如來得阿耨多羅三藐三菩提者，然燈佛則不與我授記。』」……《勝天王般若經》曰：「菩薩須眞胝白勝天王言：『如來爲大王授記乎？』勝天王答善思惟菩薩言：『善男子！我授記如夢相。』又問曰：『大王！如此授記，當得何法？』答曰：『不得眾生、壽者、我、人、養育、陰、界、入悉無所得。若善、若不善，若染、若淨，若有漏、若無漏，若世間、出世間，若有爲、若無爲，若生死、若涅槃，悉無所得。』又問：『若無所得，用授記爲？』答曰：『善男子！無所得故，則得授記』」。〔註5〕

引文舉南越之蜑目病者爲例，眼睛本是沒有障礙，是清淨明亮的，因爲眼翳病，致使眼睛無法辨識清楚事情的眞相，只要袪除眼翳，自然病除目明。惠洪曾經在政和三年（1113），嘗抵廉州對岸，館於蜑叟之舍。《石門文字禪》卷二十三〈夢徐生序〉：「政和三年，……十二月五日，風自南至，天海在中，日出瑩碧間，舟行如鏡面。未及晡，抵廉州對岸，館於蜑叟之舍。」〔註6〕蜑叟之說，也許由此取得靈感。其次，惠洪認爲《金剛般若經》中，佛陀並沒有由燃燈佛那裡獲得阿耨多羅三藐三菩提這樣的大法，即佛無法與人。《勝天王般若經》中，勝天王也沒有從如來那裡獲得任何法。燃燈佛與如來只給予釋迦牟尼佛與勝天王授記。「授記」，是佛對發心修行的眾生，授與將來必當

〔註5〕見《妙法蓮華經合論》卷二，《卍新纂續藏經》第三十冊，頁377中～下。
〔註6〕見（宋）德洪覺範著：《石門文字禪》卷二十三，（臺北市：新文豐出版股份有限公司，1973年），頁21。

成佛的一種「記別」。引文「沒有獲得大法」，只「蒙授記」，顯示眾生本有佛知見，眾生本有成佛的可能。

由上可知，惠洪認為「佛知見，眾生本自有之」，即眾生本來具有成佛的因子，成佛的潛能。但惠洪並沒有在這個議題上發揮，點到之後即轉向「眾生本來成佛而不自知，反從人覓」。因為，惠洪認為眾生必藉「善知識」為之緣，「信根」成熟，即自開悟。

惠洪認為「自凡夫以至成佛，必依善知識為勸發之友」，因為「善知識」是成佛最大因緣，譬如乳中有酪，酪非自然而成，須酵以作而發之。〔註7〕惠洪於〈如來神力品〉中，解「廣長舌相」，而引《圓覺經》：「一切眾生皆證圓覺，逢善知識，依彼所作因地法行。爾時，修習便有頓漸。若遇如來無上菩提正修行路，根無大小，皆成佛果。」《圓覺經》經文的意思是說，一切眾生皆有證圓覺的可能，即成佛的可能。看他所依止怎樣的善知識，若是碰到大乘的善知識，直修大乘法門，稱為頓，碰到小乘的善知識，則先修小乘法門，稱為漸。若碰到佛，直修圓覺法門，根無大小，都能圓成佛果。

惠洪認為：善知識是眾生成佛了緣。他在解〈妙莊嚴王本事品〉：「當知善知識者，是大因緣，所謂化導令得見佛。」惠洪認為善知識之示教善利，當用四法以攝化一切眾生，使其淳熟，則可以入道。即以利行、布施、愛語、同事等四法引導眾生。所謂利行，即利他人之行。布施，是捨所甚難。所謂愛語，即愛人以德，而語和美，故言愛語。同事，非獨善者，必與人同。通過這四法攝受、教化，則可以成佛。惠洪又援引《雜阿含經》中，所謂「善知識者，如貞良妻；善知識者，如宗親財；善知識者，如商主導；善知識者，如子臥父懷。」〔註8〕《雜阿含經》之言，恰與愛語、布施、利行、同事能相互印證。換言之，惠洪認為善知識，即是經由愛語、布施、利行、同事等四法的化導，即可成佛。

綜上，惠洪認為眾生本具有成佛的潛能，成佛的因子必須藉善知識的化導，待因緣時節，即能成就佛道。

（二）闡提成佛

一闡提的概念，發生很早，但「一闡提」一詞，在中期的大乘佛教經論中才陸續出現。一闡提，又作一闡底迦、一顛迦、一闡提柯、闡提。另有阿

〔註7〕見《妙法蓮華經合論》卷一，《卍新纂續藏經》第三十冊，頁369中。
〔註8〕見《妙法蓮華經合論》卷七，《卍新纂續藏經》第三十冊，頁426中。

顛底迦、阿闡提、阿闡底迦等詞，應該是一闡提同類語之訛音。此語的原意爲「正有欲求之人」，故譯爲斷善根、信不具足、慧不具足、極欲、大貪、無種性、燒種等，即指斷絕一切善根、無法成佛的眾生。〔註9〕綜上可知，一闡提是全無菩提因緣可能性的人。

「闡提成佛」的議題，爲鳩摩羅什之門人竺道生所首倡，〔註10〕幾遭抨擊，至曇無讖譯《涅槃經》以降，才漸定調。然而由於宗派與經典的主張不一，因此仍然是教界爭論不休的問題。例如：法相宗及其所依據之教典，主張：部分的一闡提不能成佛。又如：《大般涅槃經》，也有「前分」與「後分」主張上的差異。其「前分」，主張除了少部份認爲一闡提具有佛性，可以成佛外，〔註11〕大部分是認爲一闡提的惡行卑劣，不能成佛；其「後分」，認爲「一闡提有佛性」，加上佛菩薩能循循善誘地爲他們說法，提升其善根力，因此，一闡提是可以成佛的。在這裡，若以法相學統的理佛性、行佛性觀之，前者是就行佛性說，表成佛之因，後者則就理佛性說。〔註12〕另外，天台、華嚴等大乘諸宗，也認爲一闡提終將成佛。一闡提是否成佛，通常視其所依據的經典或宗派而定。惠洪認爲一闡提是可以成佛的，其觀點理路，依《華嚴經》「金翅鳥王食命將盡的龍」的線索展開。

惠洪疏釋〈方便品〉：「世尊告舍利弗：『……汝今諦聽，……，吾當爲汝分別解說』說此語時，會中有比丘、比丘尼、優婆塞、優婆夷五千人等，即從座起，禮佛而退。此輩罪根深重及增上慢，未得謂得、未證謂證」〔註13〕段，說：

〔註9〕　見慈怡主編：《佛光大辭典》，（高雄市：佛光出版社，1989年），頁85中。
〔註10〕　「……迺說阿闡提人皆得成佛，于時大本未傳，孤明先發獨見忤眾，於是舊學以爲邪說，譏憤滋甚。……後《涅槃》大本至于南京，果稱闡提悉有佛性。」見（梁）慧皎撰：《高僧傳》卷七，《大正新脩大藏經》第五十冊，頁366下。
〔註11〕　「彼一闡提雖有佛性，而爲無量罪垢所纏，不能得出如蠶處繭，以是業緣不能生於菩提妙因，流轉無有窮已。」又「不定者如一闡提，究竟不移，犯重禁者，不成佛道，無有是處。何以故？是人若於佛正法中心得淨信，爾時即便滅一闡提。若復得作優婆塞者，亦得斷滅於一闡提，犯重禁者滅此罪已，則得成佛，是故若言畢竟不移不成佛，無有是處。」分別見（北涼）曇無讖譯：《大般涅槃經》卷九，卷五，《大正新脩大藏經》第十二冊，頁419中，393中。
〔註12〕　見廖明活著：《中國佛性思想的形成和開展》，（臺北市：文津出版社有限公司，2008年），頁156。
〔註13〕　見（姚秦）鳩摩羅什譯：《妙法蓮華經》卷一，《大正新脩大藏經》第九冊，頁7上。

《涅槃經》曰：「譬如有人以雜毒藥用塗大鼓，於眾人中擊之發聲，雖無心欲聞，聞之皆死，唯除一人不橫死者。是大乘典《大涅槃經》亦復如是，在在處處，諸行眾中有聞之者，貪欲、瞋恚、愚癡悉皆滅盡，其中雖有無心無念，是《大涅槃經》因緣力故，能滅煩惱而自結滅；犯四重禁及五無間聞是經已，亦作無上菩提因緣，漸斷煩惱，除不橫死一闡提也。」〔註14〕

引文中，「塗毒鼓」是《涅槃經》中著名的譬喻之一，隱含深刻的象徵意義。引文強調一闡提無法因聞鼓聲而死。惠洪援引《涅槃經》比對《法華經》，即以「無心欲聞，聞之皆死」，比喻「龍女獻珠之頃，忽然變成男子，具菩薩行，即往南方無垢世界，坐寶蓮華，成等正覺者」；以「不橫死一闡提」，比喻「五千人」。張商英認為這五千人猶存五蘊，聞佛智慧微妙甚深，難信難解，望涯而返。〔註15〕另外，惠洪認為「授舍利弗大弟子、五百阿羅漢、學、無學人成佛之記」，是《涅槃經》：「聞是經已作無上菩提因緣，漸斷煩惱，如聞鼓聲，而久乃死」。〔註16〕龍女，頓悟成佛；舍利弗、五百阿羅漢，以及學、無學人，漸悟成佛；只有自甘退去的五千人，罪障深重或增上慢，是不橫死一闡提，無法成佛。

接著，惠洪認為「耆闍崛山預法會者，無慮百千萬眾，推之人情，莫不欽奉慈嚴，欣聞明誨，不信是五千人自甘刪去，經必有意耶」，「佛為世間大悲慈父，等視眾生猶如一子，豈於五千人獨不憐愍之乎」〔註17〕，這是惠洪對於一闡提是否成佛的思索。因此，舉「金翅鳥食命將盡之龍」的例子，闡述自己的觀點與思想：

《華嚴經》曰：「金翅鳥王以龍為食，先觀大海諸龍命將盡者，即以兩翅擘海取而食之。」〔註18〕

引文中的金翅鳥，意譯羽毛美麗者，又譯食吐悲苦聲，又作妙翅鳥。八部眾之一，翅翮金色，故名金翅鳥。兩翅廣三百六萬里，住於須彌山下層，常取龍為食。金翅鳥王是金翅鳥中之最勝者。用以譬佛。

關於金翅鳥王以龍為食，根據《華嚴經》卷五十二〈如來出現品〉第三

〔註14〕見《妙法蓮華經合論》卷一，《卍新纂續藏經》第三十冊，頁372下。
〔註15〕見《妙法蓮華經合論》卷一，《卍新纂續藏經》第三十冊，頁376中。
〔註16〕見《妙法蓮華經合論》卷一，《卍新纂續藏經》第三十冊，頁372下。
〔註17〕見《妙法蓮華經合論》卷一，《卍新纂續藏經》第三十冊，頁372下。
〔註18〕見《妙法蓮華經合論》卷一，《卍新纂續藏經》第三十冊，頁372下。

十七之三載：「佛子：譬如金翅鳥王，飛行虛空，迴翔不去，以清淨眼觀察海內諸龍宮殿，奮勇猛力，以左右翅鼓揚海水，悉令兩闢，知龍男女命將盡者而搏取之。如來、應、正等覺，金翅鳥王亦復如是，住無礙行，以淨佛眼觀察法界諸宮殿中一切眾生，若曾種善根已成熟者，如來奮勇猛十力，以止觀兩翅鼓揚生死大愛水海，使其兩闢而撮取之，置佛法中，令斷一切妄想戲論，安住如來無分別無礙行。」〔註19〕佛陀，應、正、等覺，如來如去。把金翅鳥喻爲佛陀，以淨佛眼觀察眾生，以止觀兩翅鼓揚生死海，使龍之命盡者脫離生死苦海。惠洪認爲佛猶如金翅鳥王。「彼五千人者」，如「命未盡之龍」，其所以不取的原因，在於其罪深重及增上慢，未得謂得，未證謂證。待因緣時節，終將被金翅鳥王所食，也就是終將被金翅鳥王感化而證菩提。由此可知，惠洪趣向一闡提終究能成佛。惠洪舉「金翅鳥以命將盡之龍爲食」作爲佐證對象，解佛陀將對五千人的對待，展示惠洪「闡提成佛」的理論基礎。

　　其次，惠洪解《法師功德品》：「復次，常精進：若善男子、善女人，受持是經，若讀、若誦、若解說、若書寫，得千二百舌功德。」〔註20〕時，舉了晉僧道生的例子：

> 晉僧道生者，隱於姑蘇虎丘山，欲講《涅槃經》，患無聽徒，乃豎石
> 爲講之。至闡提人亦有佛性，普告曰：「如我所說義，契佛心不？」
> 於是眾石作首肯之狀。〔註21〕

竺道生隱居姑蘇虎丘山，聚石爲徒，講《涅槃經》，闡述「闡提人亦有佛性」的道理，群石感動點頭。不僅看出了道生之舌功德，也肯定了「闡提亦有佛性」之說。惠洪舉此例，顯現了他肯定「闡提成佛」的觀點。

　　惠洪強調「佛知見，眾生本自有之」、「眾生本來成佛」，具有成佛的潛能，事實上是扣著「緣起無性」的觀點，這觀點將在下節論述。

二、緣起無性的成佛思想

　　惠洪以眾生成佛作爲疏釋《法華經》的核心概念，這個概念則扣緊「緣起無性」的觀點而來。本小節中匯集《法華合論》中與緣起無性相關的文句，

〔註19〕見（唐）實叉難陀譯：〈如來出現品〉第三十七之三，《大方廣佛華嚴經》卷五十二，《大正新脩大藏經》第十冊，頁274中～274下。

〔註20〕見《妙法蓮華經》卷一，《大正新脩大藏經》第九冊，頁49中。

〔註21〕見《妙法蓮華經合論》卷六，《卍新纂續藏經》第三十冊，頁414上～中。

展示惠洪緣起無性的成佛思想，除了考察這種思想源自哪些佛教經論或宗派學說外，還探討他如何運用這種觀點注解《法華經》。

關於惠洪「緣起無性」的觀點，見於《法華經‧方便品》中。〈方便品〉：「諸佛兩足尊，知法常無性，佛種從緣起，是故說一乘。是法住法位，世間相常住。」〔註22〕惠洪釋爲：

> 《般若燈論》曰：「若諸緣起彼無起，彼起自體不可得。若緣自在說彼空，解空名爲不放逸。若人知無一物起，亦復知無一物滅，彼非有故亦非無，見彼世間悉空寂。本來寂靜無諸起，自性如是已涅槃。」然則何以知其然乎？曰：以緣起無性故知之。夫塵爲心緣，心爲塵因，因緣和合，幻相方生。由從緣生，必無自性，此一佛乘知見也。成佛以是爲種，故經言「佛種從緣起，是故說一乘」。於一切法不生異見。何以故？任萬用之自然，故其體本眞，無轉變相，故《起信論》曰：「一切法常靜，無有起相，無明不覺，妄與法違，是故不能隨順世間種種知。」故經言「是法住法位，世間相常住」，即一切法常靜，無有起相也。然世之相既稱種種，則非以本自性而從緣起乎？

〔註23〕

關於「法住法位，世間相常住」，惠洪有和會之論如下：

> 所謂是法住法位者，馬鳴所言「隨順世間種種知故」，世間之相既曰種種，則非以本自無性，而皆從緣起何哉？知其緣起而無生，即是佛種。所謂世間相常住者，馬鳴所言「一切法常靜，無有起相」。

〔註24〕

惠洪援引《般若燈論》的論文，主要在闡述「緣起無性」的觀點，說明因緣和合的本體是寂靜空寂的涅槃，是自性空，不生不滅，非有非無。引《華嚴經義海百門》，說明六塵是心所攀緣的外境，因塵而有心；心是產生六塵的原因，因心而現塵。因緣和合，產生如幻無實體的相。因緣和合而生，必無自性，即緣起無性，是一佛乘知見，是眾生成佛的種子。一切萬法，其體本眞，不生異見，**無轉變相**，可以順任萬物之自然。援引《起信論》「隨順世間種種知故」、「一切法常靜，無有起相」解釋「是法住法位，世間相常住」，說明因

〔註22〕見（姚秦）鳩摩羅什譯：《妙法蓮華經》卷一，《大正新脩大藏經》第九冊，頁9中。

〔註23〕見《妙法蓮華經合論》卷二，《卍新纂續藏經》第三十冊，頁375上～中。

〔註24〕見（宋）慧洪覺範撰：《智證傳》，《卍新纂續藏經》第六十三冊，頁176下。

緣和合的本質是寂靜不動，無生無滅，本體是空，可以隨順世間一切差別境界的各種如實之知。緣起無生是成佛的種子。惠洪和會禪、華嚴、中觀的觀點，說明緣起無性的成佛思想。

　　關於惠洪「緣起無性」的思想，來自於惠洪童子時。惠洪童子時，聞三峰靚禪師誦迦葉波偈：「諸法從緣生，諸法從緣滅。我師大沙門，常作如是說。」雖然不懂意思，但心裡很喜歡。落髮以後，游方學道，閱讀唐代華嚴學者李通玄棗柏大士《新華嚴經論》，曰：

> 有作之法，難成隨緣，無作易辦。作者勞而無功，不作隨緣自就。
>
> 無功之功，功不虛棄；有功之功，功皆無常。多劫積修，終歸敗壞。
>
> 一念緣起無生，超彼三乘權學等見。〔註25〕

此段釋文說明有作之法，即就事相方面說的有爲法，有生滅，因緣和合而生；無爲法，就理體方面說，是無因緣造作，無生滅變化又寂然常住之法。一念緣起無生，無生則無滅，本體空寂，即能隨緣變現。超越三乘權學等見。惠洪讀了此論之後，頓見迦葉波說偈之意。惠洪童子時，一直無法理解的「諸法從緣生，諸法從緣滅」，經李通玄《新華嚴經論》的提點，茅塞頓開。李通玄對於惠洪的影響是很大的。惠洪在《智證傳》一書中，說：

> 維摩謂文殊師利曰：「不來相而來，不見相而見。」文殊師利曰：「如
>
> 是，居士！若來已更不來，若去已更不去。所以者何？來者無所從
>
> 來，去者無所至去，可見者更不可見。」與《法華》同旨也。〔註26〕

引文分兩部分來談，第一部份：維摩之言。就緣起性空的角度看，實相無相，即性空，一切法性空，性空無自性，能夠隨緣變現。因此，第二個「來」字與第二個「見」字，是因緣和合下的產物，本身無自性可得，因此說「不來相而來，不見相而見」。第二部份：文殊師利之言。就「若來已更不來，若去已更不去」而言，實相無相，本身無來無去，其「來」與「去」，乃在時空下顯現，亦即在因緣和合下所現之幻相。「不來」，「不去」呈顯實相不動，因爲實相不動，所以「來者無所從來，去者無所至去」。至於「可見者更不可見」，可見者，是幻相，在刹那生滅中呈現，不可見者，指實相，實相無相，故不可見。以上可知，因緣所生的一切法，無有自性。因此，惠洪認爲《維摩經》此言與《法華經》同旨皆講「緣起無性」之理。〔註27〕

〔註25〕見（宋）慧洪覺範撰：《智證傳》，《卍新纂續藏經》第六十三冊，頁176下。

〔註26〕見（宋）慧洪覺範撰：《智證傳》，《卍新纂續藏經》第六十三冊，頁176下。

〔註27〕見（宋）慧洪覺範撰：《智證傳》，《卍新纂續藏經》第六十三冊，頁176下。

關於「緣起無性」的概念，惠洪在注解《楞嚴經》卷四：「譬如虛空，體非羣象，而不礙彼諸相發揮」〔註28〕時，有詳細地說明。首先，惠洪分別以地性、水性、火性，以及風性為例，說明其性本質是空，但不妨礙諸相的發揮。以水性為例，眾生通常認為水性是真實，是不可更易的，但天人見水，說它是琉璃；餓鬼見水，說它是火；魚說水是室廬。水性其實是隨不同的眾生，而有不同的解讀，並不是真的實相。又如：眾生以為風性是真實，但列子御之而行，旬有五日而後反；舟順其風相之便而駕之，它豈是真實？龍勝菩薩問：地、水、火、風，既是非真實，何以有名字？惠洪對這段文字的解釋是：

> 無智人謂地等諸物以為實，聖人慧眼觀之，皆是虛誑。譬如小兒見鏡中像以為實，懽喜欲取，大人觀之，但誑惑人眼。諸凡夫見微塵和合而成，謂為實地，除有天眼者能散此地，但見微塵，慧眼分別，雖散此地，初不可得。以是觀之，各各發明，則有俱現不待，兩人同觀水中之日，東西各行，日各隨去也。故觀相元妄，觀性元真，則任彼諸法，各各發明，何所拒哉。〔註29〕

引文說明無性之義。法法本無性，本性是空寂，遍一切處，不變隨緣，圓融無礙，虛空的本身安住不動，從來沒有變化，六趣所感，萬象之所以產生，乃皆相應於虛空之中。如靜止的湖面，可依萬物的形象，呈現萬物之狀，卻不礙湖面之靜止。地、水、火、風，因凡夫而各自有相，其實本質是虛空的，是無相。其次，聖人與凡夫的最大不同點，在於聖人了知萬物無性，凡夫則謂眼所見，耳所聽，皆以為是實，因而產生執著。

惠洪說：「無性的性，即是法性」。惠洪疏釋〈譬喻品〉：「我等同入法性，云何如來以小乘法而見濟度？」〔註30〕段，說：

> 夫法性者，無性之性也。以無性故，循三乘之性所起，而為聲聞，為辟支佛，為菩薩，非實有三乘決定之性。惟其無決定性故，無取無證。〔註31〕

〔註28〕見（唐）般剌蜜帝譯：《大佛頂如來密因修證了義諸菩薩萬行首楞嚴經》卷四，《大正新脩大藏經》第十九冊，頁120下。

〔註29〕見（宋）德洪造論：《大佛頂如來密因修證了義諸菩薩萬行首楞嚴經合論》，《卍新纂續藏經》第十二冊，頁34上。

〔註30〕見（姚秦）鳩摩羅什譯：《妙法蓮華經》卷二，《大正新脩大藏經》第九冊，頁10下。

〔註31〕見《妙法蓮華經合論》卷二，《卍新纂續藏經》第三十冊，頁376下。

「無性之性」即是「法性」。「無性」，即「無自性」，指無實在的自體。一切諸法因緣和合而生，緣散則滅，無有實體，故稱無性。無性即空，一切法空無性，所以能轉凡成聖，故可以爲聲聞、辟支佛、菩薩三乘。因「無性之妙，佛祖所祕」。惠洪在其所撰《智證傳》一書中，解《楞伽經》：「前聖所知，轉相傳授，妄想無性」，說：

> 無性之妙，佛祖所祕，蓋嘗密演，未嘗顯說，何以知之？《圓覺》曰：「圓覺自性，非性性有；循諸性起，無取無證。」《維摩》曰：「不生不滅，是無常義。」〈十地品〉曰：「以不了第一義故，號爲無明。」《起信》曰：「以不如實知眞如法一故，不覺而有妄念。」夫言「非性性有」，不生滅而無常，及不了知，皆以無性故也。而其言皆遮之者，欲學者自悟，此予所謂密演者也。今則明告無性，是謂顯說。
> 〔註32〕

引文旨在藉《圓覺經》、《維摩經》、〈十地品〉、《起信論》等經論的說法，遮妄顯眞，說明「無性」之妙。《圓覺經》言：「圓覺自性，非性性有」，是說圓覺心，非離塵而獨立，能在法塵萬象中，產生覺悟或鑑照的作用，並能不被境界所染。「循諸性起」，因爲是無自性，所以能循諸差別性。「性起」是緣起。既循性而起，即非實有諸性，因此說無取無證。「非性性有」，並無否定三乘；「循諸性起」，是因無性。惠洪會通無性、法性與心性。《維摩經》言，法由緣起，便無自性，無自性，即能隨緣而起。無自性即不生不滅，因此一切法不生不滅，是無常義。綜上可知，一切法空無自性，可以隨緣起一切現象，因此可以循三乘之性起，而爲聲聞、爲辟支佛、爲菩薩。

　　循三乘之性所起而爲聲聞、爲辟支佛、爲菩薩。是因爲無性，也因無性，而轉凡成聖，轉識成智。

　　另外，《法華合論》闡述緣起無性的觀點，也由生滅的諸法，其本體是空的觀點呈現，並且提出「生滅同時」的說法。生滅法即緣起法，生滅的當體是不生滅的，是如如不動的常住。印順在其所著《中觀今論》一書上說：「諸法生滅不住，即是無自性，無自性即無生無滅，所以生滅的本性，即是不生不滅的」。〔註33〕旨在說明諸法無自性，其本質是不生不滅，依緣而起，則見生滅萬象。此論亦見諸多經論中。例如：《維摩詰所說經》卷上：「迦旃延！

〔註32〕見（宋）慧洪覺範撰：《智證傳》，《卍新纂續藏經》第六十三冊，頁180中。
〔註33〕見印順：《中觀今論》，（臺北市：正聞出版社，1992年），頁32。

無以生滅心行說實相法。迦旃延！諸法畢竟不生不滅是無常義。」〔註 34〕無常是生滅有爲法，不生不滅是寂滅無爲法。可是凡夫愚人不解，視爲眞實。智覺禪師在其所集《宗鏡錄》卷七十六，說：「如燈焰，前焰引後焰，後焰續前焰，相續不斷，似常似一，凡夫不達，或執生死爲常，不知前焰無體，因後焰續起，後焰無體，仗前焰引生，焰焰皆虛，自性寂滅。」〔註 35〕一樣說著這個道理。《大智度論》卷二十二，說：「有爲法無常，念念生滅故，皆屬因緣，無有自在；無有自在故無我。無常、無我、無相，故心不著，無相不著故，即是寂滅涅槃」，〔註 36〕皆在通過生滅法，體現諸法實相。

　　惠洪在疏釋〈方便品〉：「是故舍利弗！我爲設方便，說諸盡苦道，示之以涅槃。我雖說涅槃，是亦非眞滅。諸法從本來，常自寂滅相。」〔註 37〕段，即闡述生滅諸法，其本體是空的觀點：

> 眞滅者，當觀諸法從本來，常自寂滅相。不言寂滅性者，經有微旨。
> 《入大乘論》曰：「諸法體相，世間現見，云何言無耶？曰：『凡夫妄見，此非可信，生滅之法，皆悉是空。生滅流轉，無暫停時。相似相續故，妄見有實。猶如燈焰，念念生滅，凡夫愚人謂爲一燄。』」
> 〔註 38〕

此段引文的重點：生滅諸法的本質是空。換言之，一切法從本來不生不滅，常現寂滅無相的實相狀態。惠洪藉由《入大乘論》之言，說明這現象。諸法現相，本非眞實，亦即世間所見之諸法，本是幻相，猶如燈焰，焰焰生滅，凡夫愚人，以爲一焰，不知生滅法，其本體是空。惠洪於其所撰《智證傳》一書中，傳釋《入大乘論》此文，有更詳盡的詮釋：

> 《涅槃經》曰：「如燈雖念念滅，而有光除破暗冥。念等諸法，亦復如是。如眾生食，雖念念滅，亦能令飢者而得飽滿。譬如上藥，雖

〔註34〕見（姚秦）鳩摩羅什譯：《維摩詰所説經》卷上，《大正新脩大藏經》第十四冊，頁 541 上。
〔註35〕見（宋）延壽集：《宗鏡錄》卷七十六，《大正新脩大藏經》第四十八冊，頁 838 上。
〔註36〕見龍樹菩薩造，（後秦）鳩摩羅什譯：《大智度論》卷二十二，《大正新脩大藏經》第二十五冊，頁 223 中。
〔註37〕見（姚秦）鳩摩羅什譯：《妙法蓮華經》卷一，《大正新脩大藏經》第九冊，頁 8 中。
〔註38〕見《妙法蓮華經合論》卷一，《卍新纂續藏經》第三十冊，頁 362 中。

念念滅，亦能愈病。日月光明，雖念念滅，亦能增長草木。」蓋一
切諸法念念滅絕，而今現見者，相似相續故。《首楞嚴》曰：「諦觀
法法何狀。」則知但自燈明，法本無暗，明暗俱空，無作無取。明
若有作，不應容暗。暗若有取，不應容明。今觀夜室之暗，何自而
來？忽有燈燄，暗何所往？石頭曰：「當明中有暗者，以明無作故。
當暗中有明者，以暗無取故。」〔註39〕

引文所引，分別出自北本《大般涅槃經》卷二十九，《楞嚴經》卷三以及石
頭希遷之〈參同契〉之文，〔註40〕而略有改動。石頭希遷，唐代禪僧，端州
（廣東）高要人，俗姓陳氏。又稱無際大師，著有〈參同契〉、〈草庵歌〉各
一篇行世。引文的重點：藉由燈焰的明晦交替、一焰一焰相續間，闡述念等
諸法之無常，也就是：生滅諸法，其本質皆悉是空。燈火中的火焰，後焰接
前焰，焰焰不絕，相續不斷；念念相續，念念生滅，念念剎那，在剎那流變
中，後一念所現，已非前一念矣。生滅法，即有為法，亦即藉因緣和合而成
立的一切法，若離因緣而永久不變之一切存在，是無為法，則不生不滅，本
體是空。生滅法，其所見所存之生滅相，只是假象，明暗生滅，皆是眾生妄
心所現。因此說，應仔細觀照種種法塵。惠洪說不僅燈體相如此，實則法法
皆然。由此觀之，惠洪依緣起無性觀點闡述成佛之說，是藉由諸法本體是空
而呈顯的。

　　惠洪疏釋同品「又諸大聖主」（至）「其實為一乘」〔註41〕段，於其段末
曰：「法無生滅，則生與滅等，證知三世同時也」，可知，生滅法是世間法。
就其本質而言，生與滅是同時的，亦即不生不滅。法體三世同時，三世一如。

　　綜上所述，惠洪藉由諸法本體是空，是無性，因緣所生法，是念念生滅
等觀點，闡述唯佛與佛乃能究盡的諸法實相。

　　惠洪疏解〈方便品〉：「所謂諸法如是相，如是性，如是體，如是力，如

〔註39〕見（宋）慧洪覺範撰：《智證傳》，《卍新纂續藏經》第六十三冊，頁174中～
　　　　下。
〔註40〕分別見（北涼）曇無讖譯：《大般涅槃經》卷二十九，《大正新脩大藏經》第
　　　　十二冊，頁537中。（唐）般剌蜜帝譯：《大佛頂如來密因修證了義諸菩薩萬
　　　　行首楞嚴經》卷三，頁117中。「當明中有暗，勿以暗相遇。當暗中有明，勿
　　　　以明相睹。」（宋）普濟集：《五燈會元》卷五，《卍新纂續藏經》第八十冊，
　　　　頁108下。
〔註41〕見（姚秦）鳩摩羅什譯：《妙法蓮華經》卷一，《大正新脩大藏經》第九冊，
　　　　頁8下～9中。

是作，如是因，如是緣，如是果，如是報，如是本末究竟等。」〔註42〕惠洪釋爲：

> 諸法實相而曰如是相者，生而無生之相也。生而無生，則無以名之，但曰如是而已。然相言如是可也，又申之曰其性、體、力、作、因、緣、果、報，皆名如是，何也？曰：此九種義起，必同時於一刹那，無有先後，所以結其辭曰本末究竟等。等之爲言，齊也。《楞伽經》曰：「一切法不生，我說刹那義，當生即有滅，不爲愚者說。」以其偈觀九義，若合符契。一切法不生，則如是性、如是體也；我說刹那義，則如是相、如是力、如是作也。問曰：三義同一刹那，有據乎？曰：《瑜伽論》曰「唯有因法有，諸行皆刹那，住尚無況用，即說彼生起，爲用爲作者」之用力也。夫一刹那生起之相用與作便具，則三義同一刹那明矣。當生即有滅，則如是因、如是緣、如是果、如是報也。唯其當生而滅，則本末等之謂也。不爲愚者說，則第一希有之法，唯佛與佛乃能究盡。〔註43〕

「無生」是諸法的實相，不生不滅，本性空寂，即《楞伽經》：「一切法不生」。「生」是因緣和合而生，是生滅法，即《楞伽經》：「當生即有滅」。因緣果報之相，皆無生之相。關於《法華合論》與《楞伽經》、《瑜伽論》，圖示如下：

《法華合論》	如是性、如是體	如是相、如是力、如是作	如是因、如是緣、如是果、如是報
《楞伽經》	一切法不生	我說刹那義	當生即有滅
《瑜伽論》		唯有因法有，諸行皆刹那，住尚無況用，即說彼生起，爲用爲作者	

　　「一切法不生」，即「一切法不滅」，生滅同時。指的是諸法的體性。「我說刹那義」，指的是生滅法，有爲法，因緣法，刹那生滅，是無常的。「當生即有滅」，指因緣果報觀。由此觀之，惠洪藉「十如是」的緣起無性、緣起性空觀點，闡述諸法實相的眞諦。

〔註42〕見（姚秦）鳩摩羅什譯：《妙法蓮華經》卷一，《大正新脩大藏經》第九冊，頁5下。
〔註43〕見《妙法蓮華經合論》卷一，《卍新纂續藏經》第三十冊，頁371中。

綜上所知，惠洪童子時，即經常誦「諸法從緣生，諸法從緣滅」的偈語，但始終不解其意。稍長，閱李通玄《新華嚴經論》：「一念緣起無生，超彼三乘權學等見」，遂頓悟「緣起無性」、「緣起無生」，以及「因緣所生法，皆無自性」的道理。惠洪進一步由生滅法皆無自性，證知無自性的本質是生滅同時，三世同時。這是佛與佛乃能窮盡的諸法實相。因其無自性，故能為聲聞、為緣覺、為菩薩；因其無自性，故能轉凡成聖、轉染成淨、轉識成智因其無性，故能成聖成佛。由此觀點證知，緣起無性是成佛的種子。惠洪遂廣引與這觀點相關的經論，印證《法華》經義。

第二節　惠洪的一佛乘思想

印順在《初期大乘佛教之起源與開展》：「『開權顯實』說乘權乘實，『開跡顯本』說身權身實，為《法華經》的兩大宗要。……《法華經》起來說：聲聞與辟支佛的果證，都是方便說，二乘也是要成佛的。『無二無三』，名為一佛乘。」〔註44〕「開權顯實」、「開跡顯本」是構成《法華經》的兩大宗要。眾生成佛的一佛乘思想即是「開權顯實」的展現。

關於一佛乘，古來論議極多。論諍的焦點在《法華經・譬喻品》中的會歸問題上發酵。〈譬喻品〉中「三車火宅」之譬喻論說，〔註45〕火宅內所指門外「羊、鹿、牛」三車中的「牛車」，與界外露地所授的「大白牛車」，究竟是同或異，是一是二。換言之，《法華經》是會聲聞乘、辟支佛乘等二乘，使其成為菩薩乘而入一佛乘的三車思想，或是會聲聞乘、辟支佛乘以及菩薩乘三乘，而歸入於一佛乘的四車思想。此問題一直以來，是《法華經》留給歷代注釋家，一個最有力的思想交換空間。這也是《法華合論》中一個值得探討的問題。

本節分四小節探討，即：一、《法華經》一乘義之詮釋，二、《法華合論》一乘義之詮釋，三、會三歸一，四、一佛乘之實踐。

〔註44〕見印順：《初期大乘佛教之起源與開展》，（臺北市：正聞出版社，1994年），頁 1177～1178。

〔註45〕「（火宅內）如此種種羊車、鹿車、牛車，今在門外，可以遊戲。汝等於此火宅、宜速出來，隨汝所欲，皆當與汝。……（火宅外）爾時，長者各賜諸子等一大車。」見（後秦）鳩摩羅什譯：《妙法蓮華經》卷一，《大正新脩大藏經》第九冊，頁 12 下。

一、《法華經》一乘義之詮釋

〈方便品〉是《法華經》闡述一佛乘思想的主要依據。「佛陀出世的一大事因緣」、「開三顯一」、「會三歸一」、「開權顯實」等主題意識，都由〈方便品〉的經文和偈語中推演開來，其次，〈譬喻品〉的火宅喻、〈信解品〉的窮子喻、〈藥草喻品〉的雲雨喻、〈化城喻品〉的化城喻等，則承此「方便」，巧妙設喻，闡述〈方便品〉：「三乘方便，一乘真實」之旨。〈方便品〉的經文，說：

> 諸佛世尊唯以一大事因緣故出現於世。……諸佛世尊，欲令眾生開佛知見，使得清淨故，出現於世；欲示眾生佛之知見故，出現於世；欲令眾生悟佛知見故，出現於世；欲令眾生入佛知見道故，出現於世。〔註46〕
>
> 佛以方便力，示以三乘教，眾生處處著，引之令得出。〔註47〕
>
> 舍利弗！如來但以一佛乘故，為眾生說法，無有餘乘，若二、若三。〔註48〕
>
> 過去……未來……現在……是諸佛亦以無量無數方便，種種因緣、譬喻、言辭，而為眾生演說諸法，是法皆為一佛乘故。是諸眾生，從佛聞法，究竟皆得一切種智。……舍利弗！我今亦復如是，知諸眾生有種種欲，深心所著，隨其本性，以種種因緣、譬喻、言辭，方便力，而為說法。舍利弗！如此皆為得一佛乘、一切種智故。〔註49〕
>
> 舍利弗！十方世界中，尚無二乘，何況有三。〔註50〕
>
> 諸佛以方便力，於一佛乘，分別說三。〔註51〕

〔註46〕見（後秦）鳩摩羅什譯：《妙法蓮華經》卷一，《大正新脩大藏經》第九冊，頁7上。

〔註47〕見（後秦）鳩摩羅什譯：《妙法蓮華經》卷一，《大正新脩大藏經》第九冊，頁6上。

〔註48〕見（後秦）鳩摩羅什譯：《妙法蓮華經》卷一，《大正新脩大藏經》第九冊，頁7上～中。

〔註49〕見（後秦）鳩摩羅什譯：《妙法蓮華經》卷一，《大正新脩大藏經》第九冊，頁7中。

〔註50〕見（後秦）鳩摩羅什譯：《妙法蓮華經》卷一，《大正新脩大藏經》第九冊，頁7中。

〔註51〕見（後秦）鳩摩羅什譯：《妙法蓮華經》卷一，《大正新脩大藏經》第九冊，頁7中。

至於〈方便品〉之偈語：

十方佛土中，唯有一乘法，無二亦無三。〔註52〕

唯此一事實，餘二則非眞。〔註53〕

我有方便力，開示三乘法。一切諸世尊，皆說一乘道。今此諸大眾，
皆應除疑惑，諸佛語無異，唯一無二乘。〔註54〕

是諸世尊等，皆說一乘法，化無量眾生，令入於佛道。〔註55〕

更以異方便，助顯第一義。〔註56〕

未來世諸佛，雖說百千億，無數諸法門，其實爲一乘。〔註57〕

雖示種種道，其實爲佛乘。〔註58〕

由上述引文，可歸納出以下四點：

第一、《法華經》中，將開示悟入佛之知見與一佛乘作連結，說明佛陀唯
一成佛的教法，即在開示悟入佛之知見。

第二、引文中，經常把「一乘」與「二乘」、「三乘」對舉，主要在突顯
「二乘」、「三乘」是趣向「一佛乘」的方便教說，體現「三乘方便，一乘眞
實」之旨。

第三、偈語不僅呼應了〈方便品〉經文之說，也呼應了《法華經》一佛
乘的義蘊。

所謂「一乘法」、「一乘道」、「第一義」、「佛乘」、「一乘」，皆爲「一佛乘」
的同義異名詞。

第四、二乘，指的是聲聞乘、辟支佛乘，或說聲聞、緣覺。三乘，《法華

〔註52〕見（後秦）鳩摩羅什譯：《妙法蓮華經》卷一，《大正新脩大藏經》第九冊，
　　　頁8上。
〔註53〕見（後秦）鳩摩羅什譯：《妙法蓮華經》卷一，《大正新脩大藏經》第九冊，
　　　頁8上。
〔註54〕見（後秦）鳩摩羅什譯：《妙法蓮華經》卷一，《大正新脩大藏經》第九冊，
　　　頁8中～下。
〔註55〕見（後秦）鳩摩羅什譯：《妙法蓮華經》卷一，《大正新脩大藏經》第九冊，
　　　頁8下。
〔註56〕見（後秦）鳩摩羅什譯：《妙法蓮華經》卷一，《大正新脩大藏經》第九冊，
　　　頁8下。
〔註57〕見（後秦）鳩摩羅什譯：《妙法蓮華經》卷一，《大正新脩大藏經》第九冊，
　　　頁9中。
〔註58〕見（後秦）鳩摩羅什譯：《妙法蓮華經》卷一，《大正新脩大藏經》第九冊，
　　　頁9中。

經》分別有「聲聞、辟支佛、佛乘」；〔註59〕「聲聞、辟支佛、佛道」；〔註60〕
「聲聞、辟支佛、菩薩道」等說法。〔註61〕所謂「一佛乘」即一切眾生成佛
的教法，是引導眾生悟入佛知見的唯一教義，是佛法之令眾生從生死此岸運
至涅槃彼岸，出三界而到一切智海之教。「一」指的是唯一、不二之義，唯此
而更無第二，故名之唯一。「乘」，音譯爲衍那，有乘物、運載、運度等意。
眾生因無明、愛欲、執著，佛陀遂隨緣應現，設喻巧譬，施設方便，其所演
諸法，目的只爲趣向一佛乘，眾生因聽法得佛智。

　　以上《法華經》論說一佛乘，依止於〈方便品〉的經文和偈語，強調二
乘與三乘只是方便教說，一佛乘才是究竟之教。《法華經》中，欲眾生成佛之
教說，尚分布於各品中。例如：

> 舍利弗！汝於未來世，過無量無邊不可思議劫，供養若干千萬億佛，
> 奉持正法，具足菩薩所行之道，當得作佛，號曰華光如來……。〔註62〕

> 汝舍利弗！我爲眾生，以此譬喻，說一佛乘。汝等若能，信受是語，
> 一切皆當，得成佛道。〔註63〕

> 以是因緣，十方諦求，更無餘乘，除佛方便。〔註64〕

> 於此經中唯說一乘，而昔於菩薩前，毀呰聲聞樂小法者，然佛實以
> 大乘教化。〔註65〕

> 世間無有二乘而得滅度，唯一佛乘得滅度耳。〔註66〕

〔註59〕見（後秦）鳩摩羅什譯：《妙法蓮華經》卷二，《大正新脩大藏經》第九冊，
　　　　頁13中。

〔註60〕見（後秦）鳩摩羅什譯：《妙法蓮華經》卷四，《大正新脩大藏經》第九冊，
　　　　頁30下。

〔註61〕見（後秦）鳩摩羅什譯：《妙法蓮華經》卷五，《大正新脩大藏經》第九冊，
　　　　頁38中。

〔註62〕見（後秦）鳩摩羅什譯：《妙法蓮華經》卷二，《大正新脩大藏經》第九冊，
　　　　頁11中。

〔註63〕見（後秦）鳩摩羅什譯：《妙法蓮華經》卷二，《大正新脩大藏經》第九冊，
　　　　頁15上。

〔註64〕見（後秦）鳩摩羅什譯：《妙法蓮華經》卷二，《大正新脩大藏經》第九冊，
　　　　頁15上。

〔註65〕見（後秦）鳩摩羅什譯：《妙法蓮華經》卷二，《大正新脩大藏經》第九冊，
　　　　頁17下。

〔註66〕見（後秦）鳩摩羅什譯：《妙法蓮華經》卷三，《大正新脩大藏經》第九冊，
　　　　頁25下。

上述引文，可歸納出以下三點：

第一、佛爲眾生說譬喻，是趣向一佛乘的前方便，只要信受佛說，則能得佛道。

第二、唯有一佛乘得眞滅度，非二非三。

第三、「二乘作佛」是《法華經》授記〔註67〕思想的範疇。授記作佛，除了上根聲聞舍利佛外，佛尚爲中根聲聞摩訶迦葉、大目犍連、須菩提、摩訶迦旃延等四大弟子授記。〔註68〕此外《法華經》中，還提到佛爲下根聲聞富樓那等千二百阿羅漢，〔註69〕學無學二千人授記，〔註70〕爲提婆達多，龍女授記，〔註71〕乃至爲憍曇彌比丘尼，耶輸陀羅比丘尼授記作佛。〔註72〕甚至如果有人聽聞《妙法蓮華經》一偈一句，乃至一念隨喜者，一

〔註67〕　「『授記』之語，即『授記作佛』（未來成佛的預言）之意爲，僅使用於大乘經典上。」見（日本）平川彰等著；林保堯譯：《法華思想》，（臺北市：佛光，1998年），頁228。

〔註68〕　「我以佛眼，見是迦葉，於未來世，過無數劫，當得作佛。……我大弟子，須菩提者，當得作佛，號曰名相。……是迦旃延，當以種種，妙好供具，供養諸佛。諸佛滅後，起七寶塔，亦以華香，供養舍利，其最後身，得佛智慧，成等正覺。……我此弟子、大目犍連，捨是身已，得見八千，二百萬億，諸佛世尊。爲佛道故，供養恭敬，於諸佛所，常修梵行，於無量劫，奉持佛法。諸佛滅後，起七寶塔，長表金刹，華香伎樂，而以供養，諸佛塔廟。漸漸具足，菩薩道已，於意樂國，而得作佛。號多摩羅。」見（後秦）鳩摩羅什譯：〈授記品〉第六，《妙法蓮華經》卷三，《大正新脩大藏經》第九冊，頁20下～22上。

〔註69〕　「富樓那，……過無量阿僧祇劫，當於此土，得阿耨多羅三藐三菩提，號曰法明如來。」「是千二百阿羅漢，我今現前次第與授阿耨多羅三藐三菩提記。」分別見（後秦）鳩摩羅什譯：〈五百弟子品〉第八，《妙法蓮華經》卷四，《大正新脩大藏經》第九冊，頁27下，28中。

〔註70〕　「學、無學二千人……是諸人等，當供養五十世界微塵數諸佛如來，恭敬尊重，護持法藏。末後同時於十方國各得成佛，皆同一號，名曰寶相如來。」見（後秦）鳩摩羅什譯：〈授學無學人記品〉第九，《妙法蓮華經》卷四，《大正新脩大藏經》第九冊，頁30中。

〔註71〕　「提婆達多卻後過無量劫，當得成佛，號曰天王如來。」「爾時娑婆世界，菩薩、聲聞、天龍八部、人與非人，皆遙見彼龍女成佛。」見（後秦）鳩摩羅什譯：〈提婆達多品〉第十二，《妙法蓮華經》卷四，《大正新脩大藏經》第九冊，頁35上，35下。

〔註72〕　「憍曇彌！……汝如是漸漸具菩薩道，當得作佛，號一切眾生喜見如來。……佛告耶輸陀羅：汝於來世百千萬億諸佛法中修菩薩行，爲大法師，漸具佛道。於善國中當得作佛，號具足千萬光相如來。」見（後秦）鳩摩羅什譯：〈勸持品〉第十三，《妙法蓮華經》卷四，《大正新脩大藏經》第九冊，頁36上。

樣可得到佛的授記。〔註73〕可知,《法華經》中,眾生成佛的尺度之寬且廣。

　　綜上可知,《法華經》的一乘義,是通過二乘、三乘的方便教說,趣向一佛乘之佛智。一乘是唯一成佛的教法,亦即引導眾生開示悟入佛之知見,成就佛智,達至涅槃境界的唯一教法。授記作佛是一佛乘中的其中一環。

二、《法華經合論》一乘義之詮釋

　　《法華合論》中,惠洪會通了禪宗、華嚴、中觀等佛教的相關經論,以他橫說豎說的寫作技巧,展示了一佛乘思想。

　　惠洪一佛乘思想,主要見於《法華經‧方便品》。〈方便品〉:「過去……未來……現在……諸佛以無量無數方便,種種因緣、譬喻言辭,而為眾生演說諸法,是法皆為一佛乘故。是諸眾生,從佛聞法,究竟皆得一切種智。……是諸佛但教化菩薩,欲以佛之知見示眾生故,欲以佛之知見悟眾生故,欲令眾生入佛之知見故。……我今亦復如是,……如此皆為得一佛乘、一切種智故。」〔註74〕惠洪釋曰:

> 過去、未來、現在諸佛,皆言「以無量無數方便、種種因緣、譬喻言辭」者,必說三乘法也。所以說三乘法者,引令趣一佛乘故,因一佛乘以得一切種智。則一佛乘者,因也;一切種智者,果也。故三世聞法之眾,皆言「從諸佛聞法,究竟皆得一切種智」。三世之凡聖,頓漸之權實,與夫一佛乘之因果,既已詳具之矣,乃明告以所以,謂之一佛乘者,欲示佛之知見,令一切眾生悟入之耳。夫佛之知見不存三世情見,凡聖、權實之號,故終則不言皆為一佛乘,便言皆為得一佛乘、一切種智。故一佛乘、一切種智同時言得,則因果一念也。《楞伽經》曰:「如世尊所說,我從某夜得最正覺,乃至某夜入般涅槃,於其中間不說一字,亦不已說、當說、今說,是佛說。」以此而觀,雖一佛乘,亦為剩法也。〔註75〕

引文說明一佛乘之法微妙,不可以驟語之,故以方便力,於一佛乘,分別說三。過去、未來、現在諸佛以方便教說,譬喻言辭,說三乘法,目的在引導

〔註73〕「……聞妙法華經一偈一句,乃至一念隨喜者,我皆與授記,當得阿耨多羅三藐三菩提。」見(後秦)鳩摩羅什譯:〈法師品〉第十,《妙法蓮華經》卷四,《大正新脩大藏經》第九冊,頁30下。

〔註74〕見《妙法蓮華經》卷一,《大正新脩大藏經》第九冊,頁7中。

〔註75〕見《妙法蓮華經合論》卷一,《卍新纂續藏經》第三十冊,頁373中～下。

眾生趣向一佛乘，因一佛乘方法的引導，而得一切種智。一佛乘是因，一切種智是果。因果是二非一，有次第，循序漸進。可知，三乘法是方便法門。瞭解了三乘法，再引導令趣一佛乘。所謂一佛乘，是引導眾生開示悟入佛之知見的唯一方法，佛之知見並不存在三世情見，凡聖、權實之號，因此不說皆爲一佛乘，而言皆得一佛乘、一切種智。一佛乘即一切種智，因果同時。惠洪援引《楞伽經》，說明一切皆眞實不顛倒。即「佛初得道夜，至般涅槃夜，是二夜中間所說經教，一切皆實不顛倒。」〔註76〕之義。惠洪此據禪宗、般若、中觀之義。

　　一佛乘之法微妙，不可以驟語之，故採對機方便，說三乘。惠洪在《法華合論》中，往往通過二乘、三乘與一佛乘的對舉，即由諸佛的智慧難解難入，所證之涅槃，以及一佛乘知見，非地位修行所能攝等三個方面，突顯一佛乘的唯一。

　　關於「諸佛的智慧難解難入」。在〈方便品〉中，「諸佛智慧甚深無量，其智慧門難解難入，一切聲聞、辟支佛所不能知。」〔註77〕這是世尊從三昧安詳而起，對舍利弗說的第一句話。舍利弗是佛陀弟子中，智慧第一，佛陀之所以對舍利弗說，只要是希望舍利弗能捨小向大，因爲小乘智慧不足爲恃。因此，惠洪劈頭就說：「此爲一佛乘境界，三乘種性其能入之哉？」〔註78〕接著舉了兩個例子：

> 維摩詰聞東方度三十六恒河沙國，有世界號須彌相，其佛號須彌燈王。彼佛長八萬四千由旬，其師子座高八萬四千由旬，嚴飾第一。於是，維摩詰現神通力，即時彼佛遣二萬二千師子座，高廣嚴淨，來入維摩詰室。諸菩薩、大弟子、釋梵等，昔所未見。舍利弗曰：「未曾有也！如是小室，乃能容受此高廣之座，於毗耶室無所妨礙。」此舍利弗佇思其間，自成妨礙，非毗耶離室之罪也。善財童子至彌勒樓閣之前，以彌勒菩薩威神力故，及不思議幻智力故，能以幻智知諸法故，得諸菩薩自在力故，見樓閣中一切莊嚴自在境界。爾時，彌勒菩薩摩訶薩即攝神力，入樓閣中，彈指作聲，告善

───────────────

〔註76〕見（後秦）鳩摩羅什譯：《大智度論》卷一，《大正新脩大藏經》第二十五冊，頁59下。
〔註77〕見（後秦）鳩摩羅什譯：《妙法蓮華經》卷一，《大正新脩大藏經》第九冊，頁5中。
〔註78〕見《妙法蓮華經合論》卷一，《卍新纂續藏經》第三十冊，頁370下。

財言：「善男子：起法性如是。此是菩薩知諸法智因緣聚所現之相，如是自性，如幻如夢，如影如像，悉不成就。」爾時，善財聞彈指聲，從三昧起，見種種境界。善財於彈指頃，自覺成就，非彌勒閣之功也。〔註79〕

第一個例子出現在《維摩詰所說經》卷中〈不可思議品〉中的一段話。佛陀所現之一切境界大小相融，互攝無礙，此不可思議境界對於初發心菩薩、證得阿羅漢果的大弟子、欲界之帝釋天、色界之大梵天王以及聲聞、舍利弗，是從未見過的。經文展現一乘與二乘、三乘的差別。第二個例子出自《華嚴經》卷七十九〈入法界品〉第三十九之二十，說明善財童子因彌勒菩薩的威神力及不可思議幻智力之故，即因彌勒菩薩的慈悲加持力，得以見彌勒菩薩樓閣的種種境界。惠洪藉〈不可思議品〉和〈入法界品〉的經文印證《法華經》，主要在於通過一乘與二乘、三乘境界的不同，突顯一佛乘境界之不可思議。二乘、三乘之教爲權教，就理而言，未達到圓融無礙的境界，一乘之教爲實教，宇宙中的森羅萬象，完全是實相妙法的展現。

在「所證之涅槃」上，也可看出一乘與二乘、三乘的差異。惠洪疏解〈譬喻品〉：「我本著邪見，爲諸梵志師，世尊知我心，拔邪說涅槃。我悉除邪見，於空法得證，爾時心自謂，得至於滅度；而今乃自覺，非是實滅度。」段〔註80〕，惠洪針對「涅槃」一詞，做了分析：

一切賢聖證四種涅槃，而佛祕密藏大涅槃不預也。何謂四種？曰：一者、自性清淨涅槃，謂雖有染心，性常明潔，具足一切性功德，故一切有情平等共有，與一切法不一不異，離一切相、一切分別，尋思路絕，名言道斷，惟眞聖者自內所證故。二者、有餘依涅槃，謂眞如出煩惱障，雖有微苦，所依未滅，而障永寂故。三者、無餘依涅槃，謂眞如出生死苦，煩惱既盡，餘依亦滅，眾苦永寂故。四者、無住處涅槃，謂眞如出所知障，大悲般若常所輔翼，所以不住生死涅槃，利樂有情，窮未來際，用而常寂故。至如佛祕密藏大般涅槃，則如伊字三點，竝則不成伊，縱亦不成伊。如摩醯首羅面上三目，乃得成伊；三點若別，亦不得成。我亦如是。解脫之法亦非

〔註79〕 見《妙法蓮華經合論》卷一，《卍新纂續藏經》第三十冊，頁 370 下～371 上。
〔註80〕 見（後秦）鳩摩羅什譯：《妙法蓮華經》卷二，《大正新脩大藏經》第九冊，頁 11 上。

涅槃，如來之身亦非涅槃，摩訶般若亦非涅槃，三法各異亦非涅槃。

我今安住如是三法，為眾生故，名入涅槃。〔註81〕

惠洪舉唯識法相宗所立，一切賢聖所證之四種涅槃與《大般涅槃經》卷二：「佛祕密藏大般涅槃」，〔註82〕比較其差別。所謂「賢聖」，即賢者和於善之義，聖者會於正之義。和於善，雖離惡，而未發無漏智，不證理，不斷惑，在凡夫之位者，謂之賢。既發無漏智，證理斷惑，次捨凡夫之性者，謂之聖。見道前七方便之位，名為賢，見道以上，名為聖。「自性清淨涅槃」，是就本體上說，法身自性清淨，是眾生平等本具。「有餘依涅槃」，指三乘聖人，雖斷盡見思，猶存無明。「無餘依涅槃」，則斷盡分別執著。「無住處涅槃」，指佛與大菩薩的境界，真如出所知障，不住生死與涅槃，悲智雙運，利樂眾生，圓融無礙。所謂「佛祕密藏大般涅槃」，即如伊字三點。所謂「伊字」，即指∴三點，三點圓融互攝，舉其一則融攝其餘兩點。引文指出，伊字三點象徵法身、般若和解脫等三法，亦即舉法身，則該攝般若與解脫；舉般若，則該攝法身與解脫；舉解脫，亦該攝法身與般若。換言之，佛祕密藏大般涅槃乃同時兼具般若、法身、解脫等三法。是大乘圓教的涅槃。至於二乘人所證涅槃則大異於此。

二乘所證之涅槃，則異於是五種者矣。初則諦觀以求親證，以心麤故，不見正智，及生空真如，乃見惑、業，後苦不生，心便變作涅槃想解。《圓覺經》曰：「但諸聲聞，所圓境界，身心語言，皆悉斷滅；終不能至，彼之親證所現涅槃。」又曰：「有妄業故，妄見流轉。厭流轉者，妄見涅槃。」〔註83〕

引文可知二乘人所證之涅槃，尚在變易生死中，因心粗故，不能辨微細生滅，所斷的是見思煩惱，所證的是生空（人空，我空）智。因此，無法了知佛陀真正的涅槃境界。誠如《圓覺經》之言，二乘人所證的四果境界，身心語言皆悉斷滅，也如禪宗所謂「言語道斷，心行處滅」，其已證得之涅槃，終不能至彼之親證所現涅槃，因二乘人以住著於心，用意識心、思惟心去分別。又因妄執我、我所為實有，遂造種種業，知生死苦，又想像另一個涅槃境界，形成妄見有生死可離，有涅槃可求。惠洪又認為「學、無學人，亦各自以離

〔註81〕見《妙法蓮華經合論》卷二，《卍新纂續藏經》第三十冊，頁377上。

〔註82〕見（北涼）曇無讖譯：《大般涅槃經》卷二，《大正新脩大藏經》第十二冊，頁376下。

〔註83〕見《妙法蓮華經合論》卷二，《卍新纂續藏經》第三十冊，頁377上～中。

我見，及有無見，便謂已得涅槃」，關於這點，惠洪援引《佛性論》，以破迷開悟。其於〈譬喻品〉之偈：「是時長者」（至）「令至滅度」段，解曰：

> 彼安知祕密藏大涅槃哉？《佛性論》曰：「如《摩揵特經》說：『世尊！若涅槃是有，我今自有聰明利智，云何不見？』佛言：『涅槃實有，汝今未得無分別聖智，故不得見。以微細故，非聞慧所得；以真實故，非思慧所得。』」夫以聞慧、思慧之妙，且不能以得之，則但離虛妄，名為解脫者，豈能得之耶？問曰：說三乘，而單言四諦，四諦三乘皆具耶？曰：四諦於《華嚴經》則名四聖諦，蓋三乘之通法也，隨其所證淺深如何耳。辟支佛觀無明乃至老死，是為苦集，觀無明盡乃至老死盡，是為滅道。菩薩觀四諦即是一諦，頓漸有異故也。〔註84〕

所謂無分別智，即指無分別心，亦即遠離名想概念等虛妄分別之世俗認識，唯對真如之認識能如實而無分別。二乘人有世俗的聰明利智，尚見分別心，故不得見大涅槃。其次，亦非聞慧、思慧可證得。至於四諦法，是三乘之共通法，辟支佛修十二因緣法，就是四聖諦的開展。十二因緣法的流轉生死，是四聖諦的苦集二諦，十二因緣法的還滅涅槃，是四聖諦的滅道二諦。菩薩觀四諦為一諦。一諦即一實諦，是究竟無二之實義。《大智度論》卷八十六，云：「聲聞人以四諦得道；菩薩以一諦入道。佛說是四諦皆是一諦，分別故有四；是四諦，二乘智斷，皆在一諦中。」〔註85〕由此觀之，亦可見二乘與菩薩所證深淺不同，頓漸不一，與一佛乘相較，又更遠矣。綜上可知，不僅說明一乘與二乘對所證涅槃之不同處。也說明涅槃離思惟相，若欲以思惟心、意識心測度佛涅槃境界，終不可得。對於四諦、一諦說，在於迷與悟。也說明了一乘與二乘的差異。

在「修行」上，惠洪認為一佛乘知見，決非地位修行所能攝。他在解〈方便品〉：「聲聞若菩薩，聞我所說法，乃至於一偈，皆成佛無疑」段〔註86〕，提到：

> 如三乘知見，則佛道之成必歷三大阿僧祇劫，盡行種種苦行，始從

〔註84〕見《妙法蓮華經合論》卷二，《卍新纂續藏經》第三十冊，頁380上。

〔註85〕見（後秦）鳩摩羅什譯：《大智度論》卷八十六，《大正新脩大藏經》第二十五冊，頁662中。

〔註86〕見（後秦）鳩摩羅什譯：《妙法蓮華經》卷一，《大正新脩大藏經》第九冊，頁8上。

　　凡夫而入信位，自十信以入十住，自十住以入十行，自十行以登十
　　回向。然未及十地，猶是地前假名菩薩，其去等覺、妙覺之位尚遼
　　邈。而此經乃言：「聲聞若菩薩，聞我所說法，乃至於一偈，皆成佛
　　無疑」，則知一佛乘知見決非地位修行所能受攝。迦陵仙禽方出殼
　　時，鳴聲超越，已勝羣鳥；堅好之樹初出土時，高特敷茂，已勝眾
　　木。《華嚴經》曰：「譬如王子生於王家，王后所生，具足王相，生
　　已即勝一切臣眾。」〔註87〕

所謂「三大阿僧祇劫」，又作三阿僧祇劫。指菩薩成佛之年時。十信、十住、
十行、十回向之四十位，為第一阿僧祇劫，十地之中，自初地至第七地，為
第二阿僧祇劫，自八地至十地為第三阿僧祇劫。第十地卒，即佛果。劫有大
中小，此劫為大劫，故曰三大阿僧祇劫。可知，三乘人成就佛道，所經歷之
久遠。而聽聞佛陀說法，乃至於一偈，皆成佛無疑。可知，一佛乘知見，非
地位修行所攝。顯見一乘與二乘、三乘的差異。其次，經由《華嚴經》經文
之言：迦陵先禽以及堅好之樹，可知一佛乘知見，乃眾生本具。《寶篋經》曰：
「猶如迦陵頻伽鳥王卵中之子，其㗊未現，便出迦陵頻伽妙聲。佛法卵中諸
菩薩等，未壞我見，未出三界，然能演出佛法妙音也。」〔註88〕亦闡述此理。

　　綜上可知，惠洪每以事例，通過一乘，以及二乘、三乘的對舉，突顯一
佛乘之特殊與唯一。一佛乘知見，如來知見，唯佛與佛乃能究竟，二乘、阿
羅漢、辟支佛之知見，則不能知，因此，佛陀告誡學者毋於二乘尋求，但於
佛乘生信。〔註89〕

三、會三歸一

　　所謂「會三歸一」，其「一」是指佛乘或是菩薩乘，換言之，佛乘與菩薩
乘，是一或是二。是本小節探討的重點。本小節先考察《法華經》的「會三
歸一」的論諍，再以《法華合論》為中心，來論述惠洪之說。

　　《法華經》中，關於「會三歸一」或「會二歸一」說的諍論，主要出自
〈譬喻品〉之經文：

〔註87〕見《妙法蓮華經合論》卷一，《卍新纂續藏經》第三十冊，頁374上～中。
〔註88〕見（宋）求那跋陀羅譯：《大方廣寶篋經》卷上，《大正新脩大藏經》第十四
　　　　冊，頁468中。
〔註89〕見《妙法蓮華經合論》卷一，《卍新纂續藏經》第三十冊，頁373下。

（火宅中，父）而告之言：「……如此種種羊車、鹿車、牛車，今在門外，可以遊戲。汝等於此火宅、宜速出來，隨汝所欲，皆當與汝。」……（火宅外）爾時長者各賜諸子等一大車，其車高廣。〔註90〕

爲說三乘：聲聞、辟支佛、佛乘。〔註91〕

舍利弗！若有眾生，内有智性，從佛世尊聞法信受，慇懃精進，欲速出三界，自求涅槃，是名聲聞乘，如彼諸子爲求羊車出於火宅；若有眾生，從佛世尊聞法信受，慇懃精進，求自然慧，樂獨善寂，深知諸法因緣，是名辟支佛乘，如彼諸子爲求鹿車出於火宅；若有眾生，從佛世尊聞法信受，勤修精進，求一切智、佛智、自然智、無師智，如來知見、力、無所畏，慇念、安樂無量眾生，利益天人，度脱一切，是名大乘，菩薩求此乘故，名爲摩訶薩，如彼諸子爲求牛車、出於火宅。〔註92〕

引文一，說明火宅内，父答應諸子，給予羊車、鹿車、牛車等三車，出了火宅則各賜諸子等一大車。引文二，說明三乘，即聲聞乘、辟支佛乘、佛乘。引文三，以羊車喻聲聞乘，鹿車喻辟支佛乘，牛車喻大乘，即大菩薩乘。竺法護的《正法華經》的三乘說，爲：「現聲聞、緣覺、菩薩之道，以是三乘」。〔註93〕就上述引文，可歸納出二個問題：

第一、佛乘與菩薩乘是同或異。

第二、火宅内所指之門外，「羊、鹿、牛」三車中之「牛車」，與界外露地所授予之「大白牛車」，是一是二，是同是異。

以上兩個議題，留下諸多揣測空間。因此，讓歷代注釋家各因其所識所學，各取所需爭相論諍。四車家、三車家即由此伏筆，展開各注釋家論議的平台。

〔註90〕見（後秦）鳩摩羅什譯：《妙法蓮華經》卷二，《大正新脩大藏經》第九冊，頁12下。

〔註91〕見（後秦）鳩摩羅什譯：《妙法蓮華經》卷二，《大正新脩大藏經》第九冊，頁13中。

〔註92〕見（後秦）鳩摩羅什譯：《妙法蓮華經》卷二，《大正新脩大藏經》第九冊，頁13中。

〔註93〕見（西晉）竺法護譯：《正法華經》卷二，《大正新脩大藏經》第九冊，頁76上。

　　歷代《法華經》的注釋家中，東晉道生，其《妙法蓮華經疏》，說：「破三之僞，成一之美，謂之眞實。」也說：「無二乘之僞，唯一乘實也」〔註94〕，明顯突出一乘的立場，至於三車或四車的主張並不明確，日本學者野村耀昌認爲「可勉強地說是取三車家之說」。梁代法雲（467～529）、隋朝智顗（538～597）明白主張四車說。三車說的倡家則屬唐代窺基。〔註95〕隋朝吉藏站在會二歸一的立場，也試圖融通會三與會二之說。〔註96〕惠洪的觀點，如下文示：

> 佛視聲聞、辟支佛，則二乘子也；視菩薩，則大乘子也。然眾生皆佛之子，何獨以三乘爲子乎？曰：彼方捨父逃逝未還，唯三乘之子行至父舍故。變百言十者，明眾生入三乘者，纔十一也，況至佛乘者乎？〔註97〕

> 羊、鹿二車小而非大，牛與羊、鹿大而非一。今無羊、鹿之二車，亦無羊、鹿、牛之三車，故言等與一大車而已。舍利弗既疑佛獨以小乘濟度，謂一佛乘外，有別出之二乘。又疑我等同入法性，謂一佛乘中有分別之三乘，今皆無之，唯一佛乘，以此乘無上無邊，故言其車高廣。〔註98〕

> 求自然慧，不從人得，則優於聲聞；然樂獨善寂，不能兼善，則劣於菩薩深知諸法因緣，此其所以爲緣覺法。不從人得，又樂獨善，如鹿不依人，而力小於牛也。佛徧知一切法，一切智即是佛智。佛名自然人，佛智即自然智，自然智即無師，自然智即是無師智，轉相釋也。辟支佛亦名自然人，但無一切智，止名慧而已。譬之牛者，以其力大於羊、鹿也。大乘雖從人得，而是法住法位，世間相常住故，不以依人爲嫌也。然未出火宅之時，雖大乘猶與羊、鹿爲三，至其等，則唯一佛乘而已。此其所以爲異。〔註99〕

引文一，把二乘視爲聲聞、辟支佛，大乘視爲菩薩，明白指出三乘爲聲聞、

〔註94〕分別見（東晉）竺道生撰：《妙法蓮華經疏》卷上，《卍新纂續藏經》第二十七冊，頁1中，4中。

〔註95〕見（日本）野村耀昌：〈一佛乘的思想〉，《法華思想》，（台北縣：佛光文化事業有限公司，1999年），頁199。

〔註96〕見黃國清：〈《法華經》三車與四車之辯──以《法華五百問論》爲中心〉，《揭諦》（2010年1月），第十八期，頁76。

〔註97〕見《妙法蓮華經合論》卷二，《卍新纂續藏經》第三十冊，頁378下。

〔註98〕見《妙法蓮華經合論》卷二，《卍新纂續藏經》第三十冊，頁379下。

〔註99〕見《妙法蓮華經合論》卷二，《卍新纂續藏經》第三十冊，頁380上。

辟支佛、菩薩。文末又說況至「佛乘」者乎？由此觀之，菩薩乘非佛乘，即採會三歸一說。引文二，「今無羊、鹿之二車，亦無羊、鹿、牛之三車，故言等與一大車而已。」呼應「無二亦無三，唯一佛乘」，其解舍利弗之疑，文義亦同。由此觀之，其三非一，即菩薩乘非佛乘，採會三歸一說。引文三，把緣覺乘喻為鹿車。「未出火宅之時，雖大乘猶與羊、鹿為三，至其等，則唯一佛乘而已。」由此觀之，火宅內的大乘，即菩薩乘，與羊、鹿為三，至其等，也只有一佛乘，因此，採會三歸一說。

綜上觀之，惠洪的主張，應是「會三歸一」之說。

四、一佛乘之實踐

一佛乘既是開示悟入佛知見之唯一教法，至於如何實踐此一佛乘，惠洪提出精進力與止觀法門。

關於一佛乘之實踐，惠洪首重精進力之養成，其解〈序品〉：「菩薩摩訶薩八萬人，皆得阿耨多羅三藐三菩提不退轉」〔註100〕段，說：

> 然《金剛般若經》之敘六度，必自檀度，以及戒、忍。此獨不然，
> 何也？曰：經示一佛乘，欲凡夫實證，故實證必藉精進之力，所以
> 六度之首弁以精進，以致其意焉。〔註101〕

《金剛般若經》標示六波羅蜜，以布施為先，其次是持戒、忍辱、精進、禪定、般若。本經則以精進為先，可以知道成佛之首要條件，在於精進力。惠洪說：經欲學者精進，每於會要，必致其意。〔註102〕《法華合論》中，惠洪多處提到以精進力論證的事例，除了本論文第三章第一節，提到的晉僧曇翼與魏僧道進的例子外，尚有晉僧法賢、道生、佛圖澄，唐代有義福和西域僧無畏，以及龍勝菩薩等的精進事蹟。

惠洪解〈法師功德品〉：「父母所生清淨肉眼，見於三千大千世界內外所有山林河海，下至阿鼻地獄，上至有頂，亦見其中一切眾生，及業因緣、果報生處，悉見悉知。」段，〔註103〕舉了晉僧法賢為例，可以看出其精進力之成就：

〔註100〕見（後秦）鳩摩羅什譯：《妙法蓮華經》卷一，《大正新脩大藏經》第九冊，
　　　　頁2上。
〔註101〕見《妙法蓮華經合論》卷一，《卍新纂續藏經》第三十冊，頁364上。
〔註102〕見《妙法蓮華經合論》卷一，《卍新纂續藏經》第三十冊，頁369下。
〔註103〕見（後秦）鳩摩羅什譯：《妙法蓮華經》卷六，《大正新脩大藏經》第九冊，
　　　　頁47下。

晉僧法賢者，天挺神俊，博通經論。秦太子弘延至東宮，與鳩摩羅
什議論，什莫敢觸其鋒。太子既崇尚，出入宮闈者三千僧，賢獨靜
退頹然而已。偶謂弟子曰：「昨見天竺五舶俱發。」眾聞之，以爲顯
異。而賢有弟子自言得阿那含果。主事僧〔（半※力）／石〕、道恆
者，倡於眾，曰：「佛不聽説已所得、五舶之語，何以窮詰？又弟子
詿惑，妄生同異，於律有違，理不同止。」賢笑，與慧觀等四十輩
渡江。姚興驚詬〔（半※力）／石〕等，使人追之不及。至江陵少留，
而五舶尋畢至矣。〔註104〕

法賢即佛馱跋陀羅（359～429），北印度那呵利城人，五世紀之譯經僧，姓釋，
爲迦維羅衛城甘露飯王的後裔，世稱天竺禪師，爲廬山十八高賢之一。引文
所言，精進力若是，無怪乎惠洪耳提面命，叮囑再三。一佛乘的實踐，以精
進力爲首要功夫。

　　惠洪重視修習止觀法門。他認爲息惑之要，在於止觀。〔註105〕例如：「旅
泊之人，忽蒙天王賜與華屋，雖獲大宅，要因門入。」〔註106〕因止觀之法，
得以探得進入大宅之門，盡享宅中之寶。惠洪解〈安樂行品〉，云：「自止觀，
乃證定慧也；自定慧，乃能同塵也；自同塵，乃能會悲也。」〔註107〕可知，
止觀不僅是修習經藏之首要條件，也是導引眾生邁向成佛之道的首要法門。
至於，何爲止觀之義？惠洪說：

　　「心不卒暴，亦不驚」者，不動如山，止也。「於法無所行，而觀諸
　　法如實相」者，空也。空則離分別相，乃曰「亦不行不分別」者，
　　假也。觀空而不礙假，中也。空、中、假者，觀法也。〔註108〕

修止法時，心不爲外物所遷，如如不動，是爲止。修觀法時，確實掌握空、
中、假的要領，即知諸法實相是空，一切因緣所生法，是假，是世諦，是分
別，是相。觀空而不礙假，即空不礙相，相不礙空，空觀不礙假觀，假觀不
礙空觀，非空非假，亦空亦假，是中道之理。例如：〈入法界品〉：「善財童子
登妙峯山，於其山上，東西南北，四維上下，觀察求覓渴仰，欲見德雲比丘。

〔註104〕見《妙法蓮華經合論》卷六，《卍新纂續藏經》第三十冊，頁413中。
〔註105〕見《妙法蓮華經合論》卷五，《卍新纂續藏經》第三十冊，頁404上。
〔註106〕見（唐）般剌蜜帝譯：《大佛頂如來密因修證了義諸菩薩萬行首楞嚴經》卷第
　　　　四，《大正新脩大藏經》第十九冊，頁122上。
〔註107〕見《妙法蓮華經合論》卷五，《卍新纂續藏經》第三十冊，頁404上。
〔註108〕見《妙法蓮華經合論》卷五，《卍新纂續藏經》第三十冊，頁404上。

經于七日，見彼比丘在別山上徐步經行。」〔註109〕玅峯山，是止之象。十方觀察，是觀之象。偏住於止，則防其沉；偏在於觀，是防其亂。因言徐步，乃除其沉掉，故則不拘亂體。言經行，則不住淨心。融會定亂，方能契入。

其次，惠洪又於〈從地湧出品〉中，闡述止觀法之義。〈從地湧出品〉：「三千大千國土地皆振裂，而於其中，有無量千萬億菩薩摩訶薩同時涌出。是諸菩薩，身皆金色，三十二相，無量光明，先盡在此娑婆世界之下、此界虛空中住。是諸菩薩，聞釋迦牟尼佛所說音聲，從下發來。」〔註110〕惠洪言：「如來大智慧、無量、神通、光明，皆出於止觀地中之象。」他的解釋是：

> 既言：「在此娑婆世界之下」，又言：「此界虛空中住」，則究竟無所
> 住矣。言：「聞釋迦牟尼佛所說音聲從下發來」，則究竟無所來矣。
> 住不見其處，來不知所從，但見從地涌出，則無量智慧、神通、光
> 明不可知其所從來，所可知者，出於止觀法而已。〔註111〕

究竟無所住，即空，究竟無所來，即假，住不見其處，來不知所從，即中。因說，出於止觀法。如《華嚴論》言：「當以止觀力功熟乃證，急亦不成，緩亦不得。但知不休，必不虛棄。如乳有酪，皆須待緣，緣緣之中無作者，故其酪成已，亦無來處，亦非本有。如來智慧以戒定慧眾善方便以照之，而緣緣之中無作者，無成就故。然於一切智、一切種智，於中而得朗然於諸法中無能作、所作，故亦非本有，亦非本無。以第一義中無本無末，無始無終，無成無壞，無三世古今，不可作本有及以修生，成就世間斷常諸見及諸諍論，應如是知。」〔註112〕《華嚴論》之言，即為修習止觀法的認知、過程與態度，由此，則能知究竟第一義之真理。惠洪又於解〈從地湧出品〉偈中云止觀之義，說道：

> 「不樂在眾，多有所說，常樂靜處，勤行精進，未曾休息」者，止
> 也。又曰：「亦不依止人天而住，常樂深智，無有障礙，亦常樂於諸
> 佛之法，一心精進，求無上慧」者，觀也。止法貴不懈，故稱勤行

〔註109〕實叉難陀譯：〈入法界品〉第三十九之三，《大方廣佛華嚴經》卷第六十二，《大正新脩大藏經》第十冊，頁334上。

〔註110〕見（後秦）鳩摩羅什譯：《妙法蓮華經》卷五，《大正新脩大藏經》第九冊，頁40上。

〔註111〕見《妙法蓮華經合論》卷五，《卍新纂續藏經》第三十冊，頁406中。

〔註112〕見（唐）李通玄撰：〈釋十二緣生〉，《解迷顯智成悲十明論》，《大正新脩大藏經》第四十五冊，頁770上～770中。

精進；觀法貴專主，故稱一心精進。止法貴不懈，故稱勤行精進；

觀法貴專主，故稱一心精進。〔註113〕

止者，言其「默」之精進，觀者，言其「照」之精進。由此觀之，止、觀二法與精進之力，必相輔相成，成佛之道由此實踐。其實，如來大智慧、無量、神通、光明是如來本具，常住不滅，然憂眾生不解不知，特別藉止、觀方便之力展現，換言之，一切眾生趨向無上菩提，必以止、觀之法調伏自心，迷滅惑障，一心精進。

　　精進、止觀法門之外，惠洪又以「春在萬物，大如山川，細如毫忽，繁如草木，妙如葩葉，纖穠、橫斜、深淺、背向雖不一，而其明秀艷麗之色，隨物具足，無有間限。」〔註114〕來強調「一切眾生本來成佛的妙見，就在日用間」。〔註115〕欲令眾生自證此妙，則必於因緣時節之中。因此，三世諸佛為了使眾生成佛，除了使眾生行六波羅蜜等出世間法外，同時也以特殊的方便法門助發之。例如：建造塔廟，雖然所用材料，麤妙不等，但一樣可以成就佛道。繪畫雕刻佛像，雖然真戲不等，但一樣可以成就佛道。甚至，一稱南無，一舉手，小低頭，一合掌，禮拜、散華，一華微於一音，一音微於歌唄，歌唄微於眾妙音，眾妙音微於眾妙供，雖勤怠不等，但是一樣成就佛道，一樣成佛。

第三節　惠洪的心性思想

　　禪宗是心宗，自菩提達摩「藉教悟宗」，〔註116〕唐代宗密主張禪教一致，把經典與心作緊密的結合〔註117〕以來，自唐入宋，對北宋禪學的影響極大。惠洪《楞嚴經合論》：「成佛顯決，唯了知自心。入道要門，但隨順心體。何謂隨順？曰：『稱性觀照也』何謂了知？曰：『超情悟明也』。所以悟明不礙精嚴，觀照謂之方便。故古之聖師宏經，必立宗趣也。」〔註118〕明末憨山德清

〔註113〕見《妙法蓮華經合論》卷五，《卍新纂續藏經》第三十冊，頁 407 下。

〔註114〕見《妙法蓮華經合論》卷一，《卍新纂續藏經》第三十冊，頁 374 下。

〔註115〕見《妙法蓮華經合論》卷一，《卍新纂續藏經》第三十冊，頁 374 下～375 上。

〔註116〕「達摩禪法的『藉教悟宗』所藉之教乃《般若》實相學與《楞伽》心性說的結合」，見洪修平著：《禪宗思想的形成與發展》，（南京：江蘇古籍出版社，2000 年），頁 83。

〔註117〕見（日本）荒木見悟著，廖肇亨譯注：《佛教與儒教》，（臺北市：聯經，2008 年），頁 162～163。

〔註118〕見般剌密諦譯，德洪造論：《楞嚴經合論》，《卍新纂續藏經》第十二冊，頁 2 下。

〈禮石門圓明禪師文〉，說：「門（石門圓明禪師）嘗曰：吾見雲菴之後，不惟死生禍福，皆我道具，即語言文字三昧。千萬言可以立就。又拈《楞伽經》曰：以自心執著，心似外境轉，彼所見非有，是故說惟心。予即師所拈觀之。但了心外無法，則前境頓融；法外無心，則我相自化。噫！前境融而我相化。始能自信。」〔註119〕「自心」即自性清淨的眞心，是禪宗的重要觀念，也是惠洪的重要觀點。惠洪即依此觀點注解《法華經》。

惠洪的心性思想受到來自禪宗、華嚴、中觀，以及《般若經》、《圓覺經》、《楞伽經》等宗派與經論的心性觀念的影響。他的心性觀點，往往與空性、無生作連結，有時候也與一念、一刹那、時空等觀點作連結。本節將匯集《法華合論》中與心性意義相關的文句，展示惠洪的心性思想。

本節分別就會通一念、會通時空、會通空性、迷與悟等四個小單元，探討惠洪的心性思想。

一、會通一念

惠洪心性思想的特色是會通一念即惠洪的心性思想，往往通過「一念」來展現。《法華合論》中，也可見「一念」和「一刹那」、「刹那際」、「一刹那際」作連結。一念在《法華合論》中出現的次數很多，是屬於禪宗的思想範疇。禪宗向來標榜「不立文字，教外別傳，直指人心，見性成佛」，六祖慧能也說：「諸佛理論，若取文字，非佛意也」。〔註120〕這種論點，到了文化高度發達的北宋時期，儒者士大夫與禪僧交遊交流的背景下，產生了莫大的變化。以文字示禪悟，以文字解禪理，成爲當代的主流。因此，禪宗思想的特色之一，是廣引佛教經論，成一家之言，〔註121〕成爲欲廣彰禪宗思想者的重要方式。換言之，通過禪教的會通來解禪悟或禪家義理，是當代禪宗重要的主題。

禪教的會通可推至唐代宗密，北宋有擴大的趨勢。周裕鍇在其〈惠洪文字禪的理論與實踐及其對後世的影響〉一文中，認爲惠洪承眞淨克文主張「融

〔註119〕見（明）德清閱：〈禮石門圓明禪師文〉，《紫柏老人集》卷十四，《卍新纂續藏經》第七十三冊，頁268下。

〔註120〕見（宋）贊寧等撰：〈唐韶州今南華寺慧能傳〉，《宋高僧傳》卷八，《大正新脩大藏經》第五十冊，頁754下。

〔註121〕見吳言生著：〈導言〉，《禪宗思想淵源》，（北京：中華書局，2001年），頁1～2。

通宗教」的家風，亦即通過對佛教經論的研討，來達到妙悟禪學宗旨的目的，提倡「禪教合一」，以箋釋《楞嚴經》、《法華經》。〔註122〕陳自力在其〈惠洪的禪學思想〉一文中，認爲惠洪以入宋以來，禪宗「混融」、「窄而深」的兩個特徵，造論《法華經》與《楞嚴經》。〔註123〕惠洪注解《法華經》與《楞嚴經》，實兼具此特色。換言之，惠洪《法華合論》與《楞嚴經合論》的思想體系，往往兼融禪教之經典，或教義與教理。《法華合論》中，講會通，心性與一念的會通，以及所援引禪教經論的會通，是時代精神的顯現。

要了解「一念」之前，先了解什麼是「念」。所謂「念」，根據《說文·心部》言：「念，常思也。从心，今聲。」〔註124〕丁福保《佛學大辭典》的「念」義有三：一是，於所對之境記憶不忘者，謂之念。二是，深思其事者。三是，心之發動，遷流於三世。〔註125〕明朝一如法師集註《通檢本三藏法數》對「念」的解釋有四：其一、念，明記不忘也。其二、念者，謂專念正助之法，而無他念也。其三、念者，內心存憶也。其四、念即心念。〔註126〕〈注維摩詰經〉謂：「惑心微起名爲動，取相深著名爲念」〔註127〕。綜上可知，念即指心的作用而言，妄心起，念念生滅；妄心止，則無他念。

關於「一念」義，有四個解釋：

（一）又作一刹那，一瞬。指極短促之時刻。根據《佛說仁王般若波羅蜜經》卷上的記載：「九十刹那爲一念，一念中，一刹那經九百生滅，乃至色，一切法亦如是。」〔註128〕經中所言「刹那」，譯言一念，指時之最少者。《華嚴探玄記》卷十八，說：「刹那者，此云念頃，於一彈指頃有六

〔註122〕見周裕鍇：〈惠洪文字禪的理論與實踐及其對後世的影響〉，《北京大學學報》（2008 年 7 月），第 45 卷第 4 期，頁 83。

〔註123〕見陳自力著：〈惠洪的禪學思想〉，《釋惠洪研究》，（北京市：中華書局，2005 年），頁 143。

〔註124〕見（漢）許慎撰（清）段玉裁注：《說文解字注》，頁 502 下。

〔註125〕見丁福保：《佛學大辭典》，（台北市：新文豐出版社股份有限公司，1985 年），頁 1347 下。

〔註126〕見（明）一如法師集註，丁福保校訂，黃中理通檢：《通檢本三藏法數》，（臺北市：新文豐出版社股份有限公司，1996 年），頁 193 中，559 下，339 下，8 中。

〔註127〕見（後秦）僧肇撰：《注維摩詰經》卷八〈入不二法門品〉第九，《大正新脩大藏經》第三十八冊，頁 397 上。

〔註128〕見（姚秦）鳩摩羅什譯：《佛說仁王般若波羅蜜經》卷上，《大正新脩大藏經》第八冊，頁 826 上。

十剎那」〔註129〕。《翻譯名義集》卷二，曰：「剎那毘曇翻爲一念」〔註130〕。可知，一念即一剎那。《大方廣佛華嚴經》卷四十八，即廣陳此意。〔註131〕

　　（二）念即心念。此之一念，有眞有妄，若凡夫以根對塵所起之念，念念生滅，此妄念也。若離根塵眞淨明妙虛徹靈通之念，即是如來正智之念也。此正智之念，非生非滅，不常不斷，促一剎那而非短，延無量劫而非長。《經》云：「一念普觀無量劫，是也。」〔註132〕

　　（三）一念相應。指依據與剎那一念相應之智慧，而頓時開悟，稱爲一念相應。《大乘起信論》等謂，本覺與始覺相應，而理智冥合之無念之念，即是一念。

　　（四）念是稱念。以聲音稱名念佛，「念與聲是一」，一念即是發出一聲來稱名念佛。誦法華謂之念法華，稱佛名謂之念佛。

　　綜上可知，「一念」義，可爲一剎那，指時間的最少單位；可爲心的作用，心雜染，妄念起，離念則與自性清淨心相合。如天台宗言一念，即指妄念，所謂一念三千。《大乘起信論》言一念，則指本覺的靈知。〔註133〕一念即眞，一念即妄，取決於自心。

　　《法華合論》的「一念」義，主要建立在無念的基礎上，所謂「無念」，即指念不起，一念即無念，亦即無妄念之義。《法華合論》會通心性與一念，通過《華嚴經》、《新華嚴經論》、《般若經》等經論的論述，加以闡發，達到其旨趣。本小節將匯集與心性、一念相關文句的資料，探討惠洪的心性思想。

　　《法華合論》會通心性與一念的思想，首見於惠洪疏解「經題」：

　　　蓮之方開，已有子，子中已有薏，三際同時也。以之觀自心，則知古今圓於一念。在《華嚴經》則曰：「智入三世，而無來往」。蓮之子既已分布，又會屬焉。以之觀根境，則知能所分而不斷。在《般若經》則曰：「無二無二分，無別無斷故」。由是論之，則古今圓於

〔註129〕見（唐）法藏述：《華嚴經探玄記》卷十八，《大正新脩大藏經》第三十五冊，頁458中。

〔註130〕見（宋）法雲編：《翻譯名義集》卷二，《大正新脩大藏經》第五十四冊，頁1093上。

〔註131〕見（唐）實叉難陀譯：《大方廣佛華嚴經》卷四十八，《大正新脩大藏經》第十冊，頁251上～中。

〔註132〕見（明）一如法師集註 丁福保校訂 黃中理通檢：《通檢本三藏法數》，（臺北市：新文豐出版社股份有限公司，1996年），頁8中。

〔註133〕見吳汝鈞：《佛教思想大辭典》，（北市：臺灣商務，1992年），頁289。

一念者，三世之蓮也；能所分而不斷者，十方之蓮也。〔註134〕

引文指出，蓮之方開，花中有子，子中有蕊，三世同時。「自心」與「一念」連結，自性清淨心與無念連結。智體無形無色，不造不作。一切事物畢竟平等，非一亦非異，非常亦非斷，非有亦非無，是超越時空，超越相對，一切智智清淨。

「經題」中，惠洪舉《華嚴經・入法界品》之文說明一念無念的觀點，他說：「毗目仙人執善財童子手，即時善財自見其身，往十佛剎微塵數世界中，到十佛剎微塵數諸佛所，見彼佛剎及其眾會，諸佛相好，種種莊嚴。乃至或經百千億不可說不可說佛剎微塵數劫，乃至時彼仙人放善財童子手，即自見身還在本處。」並謂：「善財自見其身到十佛剎微塵數佛所者，十方不隔也；或經百千億不可說佛剎微塵數劫者，三世不移也。」〔註135〕「毗目仙人執善財童子手」，意思是：「方執其手，即入觀門，見自他不隔於毫端，始終不移於當念。」如永明之言：「是知不動本位之地，而身遍十方。未離一念之中，而還經塵劫。」本位不動，遠近之剎歷然；一念靡移，延促之時宛爾。及至放手，即是出定。〔註136〕意思是說當妄念不起，心性本淨，則三世同時，亦即深入三昧，於甚深三昧當下，即超越時空，遠近無礙，念劫圓融。即是「無邊剎境，自他不隔於毫端；十世古今，始終不離於當念。」〔註137〕但當無念初歇，妄念一起，則三世歷歷分明。這是惠洪《法華合論》中，所闡發的一念義。念起，心不淨；念不起，則心清淨。

其次，惠洪把「或經百千億不可說佛剎微塵數劫者，三世不移也。」和「蓮之方開，已有子，子中已有蕊，三際同時也」作比對，而總攝於「古今圓於一念」，說明無妄念，始覺與本覺合一，三世同時。把「善財自見其身到十佛剎微塵數佛所者，十方不隔也」和「十方之蓮」作比對，而總攝於「能所分而不斷」，說明契入本覺，無空間之隔。

由時間角度來看，惠洪認為這個觀點，即如《華嚴經》言：「智入三世，而無來往」。《華嚴經》之言，惠洪在其所撰《智證傳》中，做了詳細的疏解：

〔註134〕見《妙法蓮華經合論》卷一，《卍新纂續藏經》第三十冊，頁 362 中。

〔註135〕見《妙法蓮華經合論》卷一，《卍新纂續藏經》第三十冊，頁 362 下。

〔註136〕見（宋）慧洪覺範撰：《智證傳》，《卍新纂續藏經》第六十三冊，頁 172 中～下。

〔註137〕見（唐）李通玄撰：《新華嚴經論》卷一，《大正新脩大藏經》第三十六冊，頁 721 上。

傳曰：棗柏曰：「此華藏世界海，明此教法一念三世故。一念者，爲無念也，無念即無三世古今等法，以明法身無念，一切眾生妄念三世多劫之法，不離無念之中。以是義故，此華藏世界所有莊嚴境界，能現諸佛業、眾生三世所行行業因果，總現其中。或過去業現未來中，或未來業現過去中，或過去、未來業現現在中，或現在業現過去、未來中。如百千明鏡俱懸，四面前後影像，互相徹故，爲法界之體性無時故，妄計三世之業，頓現無時法中。故《經》曰：『佛子：汝應觀察，剎種感神力。未來諸國土，如夢悉令現。十方諸世界，過去國土海。咸於一剎中，現像猶如化。三世一切佛，及以其國土。於一剎種中，一切悉觀見。』」乃作偈曰：「三世無有時，妄計三世法。以眞無妄想，一念現三世。三世無時者，亦無有一念。計著三世法，總現無時中。了達無時法，一念成正覺。」〔註138〕

引文說明一念與妄念所顯現的境界的不同。分述三點：其一、華藏世界即華嚴四祖清涼大師（澄觀）所謂「理事無礙，事事無礙」的華嚴圓融境界，此境界建立於深沉的禪定之中。其二、一念不生，妄念不起，呈顯華藏世界海境界，諸佛業、眾生業果，過去業、未來業、現在業，皆現其中，如鏡中影像，交相融攝，一即一切，一切即一，重重無盡，總含萬象，稱性自在。由此體現法界體性超越時空，在於一念，在於一心，一念一心，則一眞法界現前。若一念止，妄心起，以妄爲眞，分別執著，障礙自心，以妄起業，業造輪迴。由此觀之，法身無念與眾生妄念的不同。其三、棗柏大士李通玄之偈，說明三世乃眾生虛妄計度分別而有；一念即眞，無三世之別。若能了達於此，即成正覺。

　　惠洪藉由探討《華嚴經》的經文，達到窮究禪悟之妙。理論的探索，必須由實例加以證明，臻至完美境界。因此，惠洪舉《神仙傳》和《西域記》之文，說明一念與妄念。

《神仙傳》：「漢神爵元年，東吳金華山，世傳多地行仙。有木客薪於山中，見兩黃冠碁於松下，木客隅坐而窺之，黃冠碁自若也。良久，欠伸欲歸，俄失黃冠所在，而碁殘之局在地未收。舉手中斧視之，柄已爛壞，大驚，疾馳出山，而陵谷已改，國邑非舊。問路人：『今爲何時？』有對者曰：『宋元嘉十三年也。』於是木客太息，因隱于山中。」又，《西域記》曰：「中印度有隱者，能黃金瓦礫，更

〔註138〕見（宋）慧洪覺範撰：《智證傳》，《卍新纂續藏經》第六十三冊，頁182上。

求輕舉之術，久乃得之法用。烈士抱劍立壇之側，屏息不語。一夕，則自誦祕呪，然後仙去。其後得一烈士，傾意禮之。將行法，謂曰：『君能爲我一夕不語乎？』對曰：『公見禮之厚，死且不辭，一夕不語，豈難事哉？』於是使依法爲之。將旦，烈士者絕叫，火自空中而下，隱士蒼黃引入水避之。讓曰：『誡君勿語，何妄叫呼耶？』對曰：『自受命後，夢舊主人，責以不語，遂爲所殺。託生南印度大婆羅門家，追惟厚恩，終以默然。忽生一子，其妻曰：汝今不語，即殺此兒。舉刀擬之，因急止之，不覺語發耳。』」〔註139〕

《西域記》之文，出自《大唐西域記》卷七〈施鹿林東行二三里，至窣堵波〉。〔註140〕引文指出，一念，無時空之隔。《神仙傳》中，漢神爵元年至宋元嘉十三年，時間相隔很久，《西域記》中，一夜易兩世，都是凡夫妄念下產生的時間區隔。當妄念不起，在甚深的禪定中，三世同時，超越時空。因此，碁未終局，木客坐易四朝；夜未達旦，烈士夢更兩世。覺夢雖殊，不出一念。順便一提，這裡由所引的資料看來，融通內外典。

由空間角度來看，惠洪引《般若經》：「無二無二分，無別無斷故」，闡明能所分而不斷的道理。《智證傳》和會此論如下：

> 《般若經》曰：「無二無二分，無別無斷故」者，眞常也，非凝然一物，卓不變壞之常也。〔註141〕

引文指出如來所證得的智慧，一切智智清淨，眞實常住，是超越相對的，非常亦非斷，非有亦非空，非一亦非異。

綜上可知，一切諸法依妄念而有差別。一念無念，三世同時，因果同時，無能所之分，超越相對。自性清淨心與一念的結合，頓見華藏世界海，一眞法界。惠洪融合了禪宗、《般若經》以及《華嚴經》，闡述其心性思想。

惠洪的心性思想，惠洪亦通過解〈化城喻品〉的「大通智勝如來」來呈顯。〈化城喻品〉：「大通智勝如來，……觀彼久遠、猶若今日。」〔註142〕段，惠洪的解釋是：

〔註139〕見《妙法蓮華經合論》卷一，《卍新纂續藏經》第三十冊，頁366中～366下。
〔註140〕見（唐）玄奘譯，辯機撰：《大唐西域記》卷七，《大正新脩大藏經》第五十一冊，頁906下～907中。
〔註141〕見（宋）慧洪覺範撰：《智證傳》，《卍新纂續藏經》第六十三冊，頁174下。
〔註142〕見（姚秦）鳩摩羅什譯：《妙法蓮華經》卷三，《大正新脩大藏經》第九冊，頁22上～中。

大通智勝如來者，能證無量義處三昧之佛也。以「大通智」三字，
攝三重法界，以如來知見力，入三重觀門故。又以「勝」之一字足
其義，乃言：「觀於久遠猶若今日」。初入真空絕相觀，偈曰：「若人
欲識真空理，身內真如還徧外，情與無情共一體，處處皆同真法界。」
故經於此言大也。次入理事無礙觀，偈曰：「只用一念觀一境，一切
諸境同時會，於一境中一切智，一切智中諸法界。」故經於此言通
也。次入周徧含容觀，偈曰：「一念照入於多劫，一一念劫收一切，
時處帝網現重重，一切智通無障礙。」故經於此言智也。以此三重
妙觀，而入三重法界，以顯此三昧出情離見，一切諸三昧無能及者，
故經於此言勝也。《華嚴經》曰：「世尊在摩竭提國阿蘭若法菩提場
中，始成正覺，於普光明殿，入剎那際諸佛三昧，以一切智自在神
通力，現如來身，清淨無礙，無所依止」者，即是此大通智勝如來
也。……必言：「觀於久遠，猶若今日」者，以明古今不移一念故。
〔註143〕

引文的重點：其一、解釋大通智勝如來之名。大通智，即統攝理法界，理事
無礙法界，事事無礙法界者。即能以如來知見力入真空絕相觀（理法界），理
事無礙觀（理事無礙法界）以及周遍含容觀（事事無礙法界）者。所謂三重
觀門，是華嚴宗所立，即華嚴初祖杜順（557～640）開顯實踐修行之觀門，
建立三觀，用以彰顯觀行，悟入一真法界。全稱為三重法界觀門，又作三重
觀，法界三觀。〔註144〕是華嚴宗觀門之樞要。法界即所觀之境，三觀即能觀
之觀。杜順，唐代雍州萬年人，俗姓杜，十八歲出家，法號法順。其次，勝
之一字，又能補足前三字之義。「觀於久遠，猶若今日」，無時空之隔，性空
三世的意思。其二、依次以三重法界觀門解「大通智」三字之義。所謂「真
空絕相觀」，即觀理法界。如偈所說，法界之事相，無一有自爾之別性，含攝
情與無情，真如之理性超然，顯真空之妙體。惠洪以此法界解為「大」。所謂
「理事無礙觀」，即觀理事無礙法界。如偈所說，顯現一念之禪觀，即一念頓
悟毗盧法界。換言之，一念即見現象事物與真如之間，處處相即相入，圓融
無礙的關係，也就是吾人所見之萬象皆為真如之隨緣，隨緣之萬相即真如，
亦即所謂「色即是空，空即是色」。惠洪以此法界解為「通」。所謂「周徧含

〔註143〕見《妙法蓮華經合論》卷三，《卍新纂續藏經》第三十冊，頁392中～下。
〔註144〕見慈怡主編：《佛光大辭典》，（高雄市：佛光出版社，1989年）頁3369上。

容觀」，即觀事事無礙法界。如偈所說，由一悟解無量，又由無量覺觀於一，知法界一一之事相，為真如之隨緣性起，其一微一塵，又具足真如之全體，且相互融通無礙，如因陀螺網，重重無盡，盡虛空徧法界。惠洪以此解「智」。其三、惠洪解所謂「勝」者，乃因以此妙三觀，呈顯之三妙法界，且皆於「無量義處三昧」中展現，亦即於生出無量義依處之實相無相三昧中顯現。惠洪謂：「無量義處三昧者，諸佛剎那際定也，為此經之宗，宗之微妙，無以寄之，而寄之於無量義處三昧而已。」〔註145〕可知，本經乃在藉佛入於無量義處三昧，顯示眾生開示悟入佛之知見。其四、援引《華嚴經》卷四十〈十定品〉之文，〔註146〕解大通智勝如來。並重申「觀於久遠，猶若今日」，為以明古今不移一念故，由此闡述定中觀古今同時。綜上可知，惠洪藉由疏釋「大通智勝如來」之名，把一念和三重法界作連結，也就是把禪宗和華嚴宗作連結，顯現《法華合論》中，會通心性與一念思想之特質，實含容華嚴圓融無礙之觀點。與解「經題」的觀點是一致的。

其次，《法華經》是經中之王，是最難信難解又最為重要的經典，可是只要受持、讀誦、書寫、演說此部經典，即已接近佛智。惠洪認為凡於此經受持、讀誦、書寫、演說者，就是觀照方便，通過此觀照，即可悟入一佛乘知見。惠洪解「觀照」之意，亦會通了一念義：

「一念普觀無量劫，無去無來亦無住。如是了知三世事，超諸方便

成十力。」又曰：「照心無體，則境無所起。心境總無，業體便謝。

唯普光明智，無暗無明。即無明滅，十二虛妄緣滅。」〔註147〕

引文分別以《華嚴經》卷十三〈光明覺品〉第九，以及李通玄所撰《新華嚴經論》卷二十八之文，解「觀」與「照」二門。一念不起，三世同時。無量劫僅在一境之中，惠洪以此觀點解「觀」字。例如：李通玄云：「世尊在摩竭提國，阿蘭若法菩提場中始成正覺。於普光明殿入剎那際三昧。明以法界身為定體，無三世性故。從兜率天下降神，及入涅槃，四十九年住世，轉一切法輪，總不出剎那際。以此三昧圓通始終，非三世古今故。如是敘致，以總言之，一切過去、現在、未來諸佛，皆盡一智成佛；并眾生生死，亦不移剎

〔註145〕見《妙法蓮華經合論》卷三，《卍新纂續藏經》第三十冊，頁393下。

〔註146〕見（唐）實叉難陀譯：〈十定品〉第二十七之一，《大方廣佛華嚴經》卷四十，《大正新脩大藏經》第十冊，頁211上。

〔註147〕見《妙法蓮華經合論》卷四，《卍新纂續藏經》第三十冊，頁398中。

那際。但眾生妄計有年歲長短，如佛所說，即生即死，皆不移時。」〔註148〕
所謂「入剎那際三昧」，即入盡虛空徧法界，於此無時空之分，亦即超越時空，
此境界為佛與佛始能證得。眾生迷，隨情言說，無有實義，出情之法則不然。
但入剎那際三昧。即成無上覺道。〔註149〕至於「照心無體」，性體無生無滅，
無明畢竟滅，諸行亦畢竟滅，乃至生畢竟滅，老死亦畢竟滅，即是空。既是
空，則境無所起，業體亦空。這是眾生成佛的要道。惠洪以此觀點解「照」
字。他認為受持、讀誦、書寫、演說《法華經》，皆能以此觀照，則是悟入一
佛乘之妙方便。

　　以上，惠洪把「一念」、「剎那際三昧」以及「照心無體」（空）作連結，
顯發其會通一念的思想。通過《華嚴經》和《新華嚴經論》解禪的例子，充
分顯現惠洪「禪教合一」之旨，此一旨趣，由會通一念思想呈顯出來。值得
一提，關於受持《法華經》，則能悟入一佛乘知見的見解，張商英認為善受持
《法華經》者，忽然之間而非速也，無量阿增祇劫而非遠也，三乘非權也，
一乘非實也。法法融通，則法音方便，旋陀羅尼昭然現前矣。〔註150〕

　　綜上，一念即心無妄念，即在甚深的禪定中，無三世、十方之隔，始覺
契入本覺，若一妄念起，則三世、十方，歷歷分明。惠洪依此觀點，廣引經
論，印證《法華》經義。

二、會通時空

　　眾生本來具有成佛的潛能，欲成佛，必假功力，精進修證。惠洪認為成
佛若以時期、以功計、以時論，則落入思惟、言說等範疇，皆成戲論；換言
之，眾生若執著思惟、言說，將拘礙局限而不能廣大。例如：《起信論》曰：
「若心起見，則有不見之相；心性離見，即是徧照法界義故」。〔註151〕亦即若
以言說、思惟度，則無法成就。

　　《法華合論》中，多處突顯這種觀點。例如：〈譬喻品〉：「舍利弗：汝於
未來世，過無量無邊不可思議劫，……當得作佛，號曰：華光如來……國名

〔註148〕見（唐）李通玄撰：《新華嚴經論》卷八，《大正新脩大藏經》第三十六冊，
　　　　頁 769 上～中。
〔註149〕見（宋）慧洪覺範撰：《智證傳》，《卍新纂續藏經》第六十三冊，頁 181 上。
〔註150〕見《妙法蓮華經合論》卷四，《卍新纂續藏經》第三十冊，頁 402 下。
〔註151〕見馬鳴菩薩造（梁）真諦譯：《大乘起信論》，《大正新脩大藏經》第三十二冊，
　　　　頁 579 上～579 中。

離垢，其土平正，清淨嚴飾，安隱豐樂，天人熾盛。琉璃爲地，……劫名大寶莊嚴……其國中以菩薩爲大寶故」〔註152〕段，惠洪的解釋是：

> 經言：「汝於未來，過無量無邊不可思議劫」者，成佛不可以時期也。供養若干千萬億佛，受持正法，具足菩薩所行之道者，成佛不可以功計也。以所經之劫、所供養之佛，皆非思慮所及故也。夫思不及之地，豈關時數功用哉？〔註153〕

此段引文的重點在於「以時期」、「以功計」，才入思惟，便成剩法；換言之，佛性「甚深極甚深，難通達極難通達」，實非凡常的名言思度可測。接著，惠洪說：「經言：『國名離垢，其土平正，清淨嚴飾』者，一切智智（佛智）之境，非心識無明之相也。『安隱豐樂，天人熾盛，瑠璃爲地』者，神通光明之藏，非分別煩惱之區也」。可知，眾生心識無明、分別煩惱是虛妄分別的，是染污的，是生滅的；因此，無法以眾生心測度如來法身自性清淨的覺地。又，「『佛號華光，劫名大寶莊嚴，而其中菩薩皆爲大寶』者，則以不思議功德莊嚴以爲主伴，不思議無漏三昧以爲眷屬，故言：彼諸菩薩無量無邊不可思議，筭數譬喻所不能及也。」〔註154〕可知，佛之智境，出於形數之表。思慮所及皆形數也形數是有爲法。又，惠洪疏釋〈方便品〉：「諸佛弟子眾，曾供養諸佛，一切漏已盡，住是最後身，如是諸人等，其力所不堪。假使滿世間，皆如舍利弗，盡思共度量，不能測佛智。」〔註155〕段，說：

> 《華嚴論》曰：「如來第三會於須彌山頂說十住者，以明入理契智，非生滅心所得至故。如此山在海中，高八萬四千由旬，非手足攀攬所及，明八萬四千塵勞山在煩惱大海。於一切法無思無爲，即煩惱海枯竭，塵勞山成一切智山，煩惱海成一切性海；若起心思慮，有所攀緣，則無明山愈高，煩惱海愈深，不可至其智頂也。」
> 〔註156〕

引文說明淨除煩惱海，成一切性海，淨除塵勞山，成一切智山。淨除之法，

〔註152〕見（姚秦）鳩摩羅什譯：《妙法蓮華經》卷二，《大正新脩大藏經》第九冊，頁7上。
〔註153〕見《妙法蓮華經合論》卷二，《卍新纂續藏經》第三十冊，頁378上。
〔註154〕見《妙法蓮華經合論》卷一，《卍新纂續藏經》第三十冊，頁378上。
〔註155〕見（姚秦）鳩摩羅什譯：《妙法蓮華經》卷一，《大正新脩大藏經》第九冊，頁5下～6上。
〔註156〕見《妙法蓮華經合論》卷一，《卍新纂續藏經》第三十冊，頁372上。

在於離一切思惟相。一切性海，一切智山，自然呈顯。也就是：棄其生滅，守於眞常。常光現前，根、塵、識心，應時消落。〔註157〕這種說法與禪宗主張的「無念」、「無住」的禪法是一致的。

其次，惠洪疏釋上段經文同段後的偈文：「舍利弗來世，成佛普智尊，號名曰華光，當度無量眾。……佛爲王子時，棄國捨世榮，於最末後身，出家成佛道。」〔註158〕，說：

> 經則先敘時節進修之因，而後敘佛號；偈則先敘佛號，而後敘時節進修之因。……蓋成佛之義不可以時論。《圓覺經》：「金剛藏菩薩嘗問佛曰：『若諸眾生本來成佛，何故復有一切無明？若諸無明眾生本有，何因緣故，如來復說本來成佛？十方異生本成佛道，後起無明，一切如來何時復生一切煩惱？』而佛特不答，但呵之曰：『一切世界始終生滅、前後、有無、聚散、起止，念念相續，循環往復，種種取捨，皆是輪迴。未出輪迴，而辯圓覺，彼圓覺性即同流轉。若免輪迴，無有是處。』」以佛所呵之辭，以觀此經所敘先後之不倫，則成佛不可以時論明矣。〔註159〕

此段引文闡述：成佛不可以時論。含有三個重點：其一、金剛藏菩薩的疑惑。金剛藏菩薩有三個疑惑，亦是眾生的疑惑：一爲，若眾生本來成佛，何故復有無明；二爲，若眾生本有無明，因何說眾生本來成佛；三爲，如來是否也生煩惱。此疑惑的關鍵，在於眾生以妄情的角度，看待「眾生本來成佛」與「無明」的關係，因此產生迷惑；亦即金剛藏菩薩把「眾生本來成佛」與「無明」定位在「時間」的關係上，因此，有先後的順序位差，其實，「眾生本來成佛」與「無明」是並舉共存的，之間並無先後關係。其二、世尊開示正見，勸眾生止息妄念。始終生滅、前後有無、聚散起止，念念相續，循環往復，本是有情世界的輪迴相。於輪迴相中，一切欣取與厭捨，皆起心於妄念，妄念無非輪迴，因此，欲以輪迴相辨明圓覺，終將無法達圓覺眞境。其三、惠洪認爲，若以《圓覺經》所敘，以有情眾生之輪迴相，觀舍利弗之「佛號」與「時節進修之因」的關係，決無是理。於此，呈現成佛不可以時論。換言

〔註157〕見（唐）般剌蜜帝譯：《大佛頂如來密因修證了義諸菩薩萬行首楞嚴經》卷四，《大正新脩大藏經》第十九冊，頁124中。

〔註158〕見（姚秦）鳩摩羅什譯：《妙法蓮華經》卷二，《大正新脩大藏經》第九冊，頁11下。

〔註159〕見《妙法蓮華經合論》卷二，《卍新纂續藏經》第三十冊，頁378上～中。

之，佛性是離一切相——離言說相、離心緣相、離文字相，無可取著的，離一切相，表世間法的當體即空，是本不生滅的第一義。

另外，惠洪在其所撰《智證傳》一書中，對於上引《圓覺經》之文，作了如是疏解：

> 圭峰曰：「此段義窮盡甚深疑念，故菩薩難意云：『眾生本佛，今既無明，十方如來後應煩惱。』佛答意云：『即此分別，便是無明，故見圓覺，亦同流轉。如雲駛月運等，但一念不生，則前後際斷，如翳差華亡。』眾生即佛，人罕能知，知而寡信，信而鮮解，解亦難臻此境。」〔註160〕

圭峰，即圭峰宗密禪師，唐代果州（四川西充）人，華嚴宗第五祖，諡號定慧禪師。引文說明分別心起，即成妨礙。分別心是眾生所專屬，以分別妄心測度圓覺，無有是處。「一念不生，則前後際斷」，一念不生，指不起任何心念之境界，此超越念慮，超越時空之境界即是佛境。換言之，佛境是不落思慮、不落言詮的。《法華合論》開卷的「經題」，言：「心法之微妙，分別語言所不能形容。」〔註161〕這裡的「心法」，指的是「性」、「體」，也就是「佛性」，佛性是本來智慧的流露，例如：童子之謠，筮瓦之卜，是非分別語言所能詮釋。〈方便品〉中，惠洪亦引《華嚴經》：「佛子：如來以一切譬喻說種種事，無有譬喻能喻此法。何以故？心智路絕，不思議故。」〔註162〕說是妙法，無有譬喻言辭可形容。《楞嚴經合論》之言：「明見佛性者，以其離一切見故。」〔註163〕，亦說心法之無法藉言說譬喻說明表述。

綜上可知，惠洪「成佛不可以時期、以功計、以時論」，因為時空是眾生的時空，有其局限性，一旦落入有為法，則生滅無常，無法明見佛性。

三、會通空性

惠洪的心性思想有時與空性作連結，本小節搜尋《法華合論》中，心性與空性會通的資料，展示惠洪的心性思想。

〔註160〕見（宋）慧洪覺範撰：《智證傳》，《卍新纂續藏經》第六十三冊，頁192上。
〔註161〕見《妙法蓮華經合論》卷一，《卍新纂續藏經》第三十冊，頁362中。
〔註162〕見（唐）實叉難陀譯：〈如來出現品〉第三十七之三，《大方廣佛華嚴經》卷五十二，《大正新脩大藏經》第十冊，頁277中。
〔註163〕見《大佛頂如來密因修證了義諸菩薩萬行首楞嚴經合論》，《卍新纂續藏經》第十二冊，頁2中。

　　惠洪以不變之心體會通空性，通過經典的連結，呈現其心性思想。惠洪疏解〈信解品〉中，須菩提等中根聲聞，聽「世尊往昔說法既久，我時在座，身體疲懈，但念空、無相、無作，於菩薩法──遊戲神通、淨佛國土、成就眾生──心不喜樂。」段〔註164〕，說：

> 《維摩經》曰：「若菩薩欲得淨土，當淨其心，隨其心淨，則佛土淨」者，心空則佛土空也。《圓覺經》曰：「一世界清淨故，多世界清淨」者，一世界空故，多世界空也。何以知清淨謂之空耶？《智度論》曰：「清淨者，即空義。以眾生畏空故，言清淨以遮之耳。」諸佛菩薩之談空法，如聲度墻，無所留礙；如山出雲，無有窮極。而諸眾生不知無始世來虛妄受用也。聲、香、味等諸外境界皆亦實無，而誠以執著之深，故顛倒不信。〔註165〕

引文中，惠洪把《維摩經》之「心淨」和《圓覺經》之「清淨」以及《智度論》之「清淨者，即空義」作連結，說明心淨即心空。心空，心、佛、眾生三無差別。只是眾生不解空義，愛戀執著，視外境為實有，畏空，顛倒不信。為了讓眾生深省，惠洪再援引經論說明：

> 佛以神力，令寶積五百長者子蓋合而成一徧覆三千大千，而此世界廣長之相悉於中現；又此三千大千世界諸須彌山等，乃至大海、江河、川流、泉源及日月、星辰、諸龍宮殿悉現蓋中；又十方諸佛諸菩薩說法亦現蓋中。此何意耶？曰：欲以是三昧方便，壞二乘、凡夫之見惑也。見惑壞滅，則慧身現前。《華嚴經》曰：「知一切法，即心自性，成就慧身，不由他教。」又示阿難五體之光，遠灌十方微塵如來及法王子諸菩薩頂。彼諸如來亦於五體同放寶光，從微塵方來灌佛頂，并灌會中諸大菩薩及阿羅漢。林木、池沼皆演法音，交光相羅，如寶絲網。此何意耶？曰：欲以是無分別智光，破二乘、凡夫之癡暗也。癡暗破除，則自心發露。《楞伽經》曰：「由自心執著，心似外境轉，彼所見非有，是故說惟心。」〔註166〕

《維摩經》卷一〈佛國品〉之經文顯現，佛以威神力，令諸寶蓋合為一蓋，

〔註164〕見（姚秦）鳩摩羅什譯：《妙法蓮華經》卷二，《大正新脩大藏經》第九冊，頁16中。
〔註165〕見《妙法蓮華經合論》卷二，《卍新纂續藏經》第三十冊，頁383上。
〔註166〕見《妙法蓮華經合論》卷二，《卍新纂續藏經》第三十冊，頁383中。

此蓋之廣大，徧覆三千大千世界，又諸相皆現於此蓋中，闡述佛陀所證真如理性，充徧法界，也說明法法交融，不相妨礙，與「一即一切，一切即一」的道理，並藉此三昧方便，消弭二乘和凡夫之我見與邊見。《華嚴經》卷十七〈梵行品〉之經文，不僅彰顯即同即異，即多即一之理，亦體現一切法不離自性，離了自性，則無以成就一切法。惠洪舉《楞嚴經》卷六之經文，闡明圓通總相，圓通妙理，佛佛道同，藉此無分別智光，亦即無分別心，消弭凡夫和二乘人之癡迷，次引《入楞伽伽他中說》「一切唯心造」以證。綜上可知兩個重點：一是，惠洪會通禪宗以及《維摩經》、《圓覺經》、《智度論》之經文，闡明心性即空性的道理，此心指的是自性清淨的真心。是心、佛、眾生，三無差別，只是凡夫、二乘人為客塵所染，只要癡暗破除，自性清淨心則顯露。換言之，迷與悟，在於一心。二是，自性清淨心所顯現境界是相即相入，重重無盡，理事無礙，事事無礙的一真法界。因此，惠洪認為二乘空法，無如來藏。二乘人觀空，只在於取證，因此，無以顯發色心不二之空。色心不二，則智智清淨，即《般若經》：「無二無二分，無別無斷故」。〔註167〕

體性是無生，無生即無滅，無生即空，一切法無生，唯心所現。惠洪疏釋〈藥草喻品〉：「如來觀知一切諸法之所歸趣，亦知一切眾生深心所行，通達無礙；又於諸法究盡明了，示諸眾生一切智慧。」〔註168〕段，說：

> 《中觀》偈曰：「諸法不自生，亦不從他生，不共不無因，是故說無生。」若言自生，心豈復生心？若言他生，自尚無體，寧曰有他？若言共生，自他俱無，以何為共？若言無因生者，有因且不言生，況復無因？如是推求四者，皆無系屬，即證無生。無生即唯心所現，心為諸法之所會，故經言「如來觀知一切諸法之所歸趣」者。以此凡夫以天人之樂，為求二乘；以禪悅之樂，為求菩薩；以六度萬行之樂，為求佛。洞見諸三乘人種種心行，而能隨其所欲，解脫成就，故經言「亦知一切眾生深心所行，通達無礙」者。以此「又於諸法究盡明了」者，疊前歸趣之義，斷是一心。「示諸眾生一切智慧」者，疊前通達無礙之義，知是智慧。〔註169〕

〔註167〕見（唐）玄奘譯：《大般若波羅蜜多經》卷二百二十，《大正新脩大藏經》第六冊，頁102中。

〔註168〕見（姚秦）鳩摩羅什譯：《妙法蓮華經》卷三，《大正新脩大藏經》第九冊，頁19上。

〔註169〕見《妙法蓮華經合論》卷三，《卍新纂續藏經》第三十冊，頁387中～下。

引文指出《中觀》偈中，諸法「不自生、不從他生、不共生、不無因生」的觀點，即是「無生」之義。既是無生，即無滅，本體是空，諸法本無生無滅。無生，則依緣隨形，唯心所現。惠洪將「無生」與「一心」作連結，闡明「如來常說：唯心所現；一切因果，世界微塵，因心成體。」〔註170〕的道理。因此，佛陀依此原理原則，隨緣度眾生。謂求二乘、求菩薩、求佛，皆在此心中，「斷是一心」。佛陀了知眾生心行，為了幫助眾生解脫，遂隨眾生之欲而化導之。由此觀之，諸法無生，無生是體，唯心所現。佛陀方便知見施設，是解迷遣惑之智，眾生若能覺知萬法，唯心所變現，則能化迷返智。

〈妙音菩薩品〉中，對於釋迦與多寶二佛，文殊與妙音二菩薩，既已相語卻又彼此不相知的過程，提到：「因緣果報之相，皆無生之相」〔註171〕段，惠洪的解釋是：

> 《華嚴經》：「文殊師利問覺首菩薩言：『佛子：心性是一，云何見有種種差別？所謂往善趣、惡趣；諸根滿缺；受生同異；端正醜陋；苦樂不同：業不知心，心不知業；受不知報，報不知受；心不知受，受不知心；因不知緣，緣不知因；智不知境，境不知智。』時覺首菩薩以頌答曰：『諸法無作用，亦無有體性，是故彼一切，各各不相知。譬如河中水，湍流競奔逝，各各不相知，諸法亦如是。亦如大火聚，猛燄同時發，各各不相知，諸法亦如是。又如長風起，遇物成鼓扇，各各不相知，諸法亦如是。又如眾地界，展轉因依住，各各不相知，諸法亦如是。眼耳鼻舌身，心意諸情根，以此常流轉，而無能轉者。法性本無生，亦現而有生，是中無能現，亦無所現物。眼耳鼻舌身，心意諸情根，一切空無性，妄心分別有。如理而觀察，一切皆無性，法眼不思議，此見非顛倒。若實、若不實，若妄、若非妄，世間、出世間，但有假言說。』」〔註172〕

引文藉文殊師利菩薩與賢首菩薩的問答，闡述心性是一，「見」有種種差別之因，以對應「因緣果報之相，皆無生之相」之意。諸法的本體是空，本無所生，隨緣示現而有種種相，其相是唯心所變現的，其所現之相皆是虛妄。因

〔註170〕見（唐）般刺蜜帝譯：《楞嚴經》卷一，《大正新脩大藏經》第十九冊，頁109上。

〔註171〕見（姚秦）鳩摩羅什譯：《妙法蓮華經》卷七，《大正新脩大藏經》第九冊，頁55中～56上。

〔註172〕見《妙法蓮華經合論》卷七，《卍新纂續藏經》第三十冊，頁422中～下。

緣果報，亦復如是，緣起無性，緣起性空。例如：《大乘起信論》說：「以一切法本來唯心，實無於念，而有妄心，不覺起念，見諸境界故說無明。心性不起，即是大智慧光明義故。若心起見，則有不見之相。心性離見，即是遍照法界義故。」〔註173〕所謂「若實、若不實，若妄、若非妄，世間、出世間」，只是假名，只是應眾生之分別心而說，並無實體。其次，能說者，即非第一義諦，第一義諦，離言說相。因此，若能如理而觀，則一切皆無自性。迷爲凡夫眾生，悟爲佛，迷有分別心，悟則知空性。

綜上可知，惠洪的心性思想，也藉由緣起無性、緣起無生、萬法唯心等觀點來闡明。

四、迷與悟

心性是迷悟之所依，迷者爲凡夫，悟者爲諸佛聖人。轉染成淨，轉凡成聖，轉識成智，皆在於一心。惠洪在〈化城喻品〉：「無明緣行」〔註174〕段，闡明眾生之迷與悟，皆由「一心」：

> 《華嚴經・十地品》第六地金剛藏菩薩曰：「三界所有，唯是一心。如來於此分別演說十二有支皆從一心，如是而立。何以故？隨事貪欲與心共生，心是識，事是行，於行迷惑是無明，與無明及心共生是名色，名色增長是六處，六處三分合爲觸，觸共生是受，受無厭足是愛，愛攝不捨是取，彼諸有支生是有，有所起名生，生熟爲老，老壞爲死。」〔註175〕

引文旨在闡述十二因緣。三界所有現象，即一切外境，皆由一念心所變現出來，「一心具足十法界」，即是說的此理。心爲萬物之本體，離開了心，並無實有的外境，但是眾生礙於無明之障蔽，因此執外境爲實有，因而產生種種的煩惱，殊不知舉凡三界生死，十二有支，皆是一心之所變現。《大乘起信論》亦謂：「三界虛僞，唯心所作，離心則無六塵境界。此義云何？以一切法，皆從心起妄念而生，一切分別，即分別自心，心不見心，無相可得。當知世間

〔註173〕見馬鳴菩薩造（梁）眞諦譯：《大乘起信論》，《大正新脩大藏經》第三十二冊，頁 579 上～中。

〔註174〕見（姚秦）鳩摩羅什譯：《妙法蓮華經》卷三，《大正新脩大藏經》第九冊，頁 25 上。

〔註175〕見《妙法蓮華經合論》卷三，《卍新纂續藏經》第三十冊，頁 394 中。

一切境界，皆依眾生無明妄心而得住持，是故一切法，如鏡中像，無體可得，唯心虛妄。以心生則種種法生，心滅則種種法滅故。」〔註176〕由此觀之，心可以是迷的根源，也可以是悟的根源。觀照此心，確知此心不生不滅，是重要課題。惠洪說：「殊勝妙境之因，爲身土之報；污穢不祥之宅，爲五陰區宇之譬，非二法也。惟眾生所趣向，而隨順之如何耳。」〔註177〕惠洪於〈譬喻品〉：「四部眾見舍利弗，於佛前受阿耨多羅三藐三菩提記」〔註178〕段，引《解迷顯智成悲十明論》，云：「以迷十二有支，名一切眾生；悟十二有支，即是佛。故眾生即以有支皆無自性，若隨煩惱無明、行、識、名色、六相相對，生觸、受、愛、取、有，成五蘊身，即有生、老、病、死，常流轉故。若以戒、定、慧，觀照方便力，照自身、心、境、體、相皆自性空，無內外有，即眾生心全佛智海。故偈曰：『欲知諸佛心，當觀佛智慧。佛智無依處，如空無所依。眾生種種樂，及諸方便智，皆依佛智起。』」〔註179〕十二有支，任何一支都是假名，皆無自性，若隨順無明，即生死流轉；隨順智慧，即證覺道。因此，迷與悟，在於心之所向，取決於心。

眾生迷之來源，在於眾生因無始無明所覆蓋，爲五欲所惑，爲愛結所繫縛，如火方熾，而沃之以油，顛倒貪戀，因而佛性蒙塵，無法顯發。惠洪對於五欲的爲害，詳細的分析：

> 特不敘兜率、炎摩諸天，何也？曰：《智度論》曰：「欲界，四王及忉利天所依止地，近佛故，佛生時，苦行時，得道時，轉法輪時，常來供佛。餘四天宮殿在虛空，五欲之妙染著深，故不來耳。兜率雖利根，自有補處說法，故亦不來。梵天雖遠，以離欲故，愛法情深，請佛轉法輪，故來。」以《智度》所論觀此經，知五欲之爲害也，甚矣！諸天值佛出世，且爲之障而不聞法，矧佛滅度之後，六趣之異生乎？〔註180〕

引文援引《智度論》，說明兜率、炎摩諸天缺席法華會的原因，在於五欲的爲

〔註176〕見馬鳴造（梁）真諦譯：《大乘起信論》，《大正新脩大藏經》第三十二冊，577中。

〔註177〕見《妙法蓮華經合論》卷二，《卍新纂續藏經》第三十冊，頁378中。

〔註178〕見（姚秦）鳩摩羅什譯：《妙法蓮華經》卷三，《大正新脩大藏經》第九冊，頁19上。

〔註179〕見《妙法蓮華經合論》卷二，《卍新纂續藏經》第三十冊，頁378中。

〔註180〕見《妙法蓮華經合論》卷一，《卍新纂續藏經》第三十冊，頁364中。

害。惠洪認爲值佛之世，其障尚且如此，何況佛滅度之後的六道眾生。足見五欲的爲害之深。關於五欲之爲害，《法華合論》中，惠洪特別提出對貪欲蓋的看法。

> 《智度論》曰：「貪欲蓋非內非外，亦非兩間。何以故？若內法有，不應待外出；若外法有，於我亦何患？若兩中間有，兩中間則無處，亦不從先世來。何以故？以一切法無來故。如童子無有欲，若先世有者，小亦應有。以是故知，先世不來，亦不至後世；不從諸方來，亦不常自有；非一分中，非徧身中；亦不從五塵來，亦不從五情出。無所從生，無所從滅。若貪欲若先生，若後有，若一時生，是事不然。何以故！若先有生，後有貪欲，是中不應貪欲生，未有貪欲故；若後有生，先有貪欲，則生無所生；若一時生，則無生名生處，生者、生處無分別故。〔註181〕

引文由《中觀》八不思想的角度看貪欲蓋，說明貪欲本無生。無生即無滅，無生無滅，當體即空，即無性。「佛以一切眾生覺性無性故，不能自知無性，名曰無明。若知無性，無明即滅，慧身成就。」〔註182〕知貪欲蓋無生，則根自斷。若五欲染著，貪欲成性，引發生命流轉，輪迴不爽。惠洪疏解〈如來壽量品〉，曰：「如來如實知見三界之相，無有生死、若退若出，亦無在世及滅度者，非實非虛，非如非異，不如三界見於三界，如斯之事，如來明見，無有錯謬。」〔註183〕段，謂：「陳那菩薩曰：『三界者，唯以名言爲體，由強分別，非實有之法，故不得真也。將簡諸法自性，令生不顛倒智。』經言『無有生死』者，三界既是名言，由妄分別而有，則生死寧是真實之物哉？《中觀論》曰：『佛所言說，無不是實，說生死無始。何以故？生死初、後不可得，是故言無始。汝謂若無初、後，應有中者，是亦不然。何以故？若無有始終，中當云何有？是故於此中，先、後、共亦無。因中、後，故有初，因初、中，故有後。若無初無後，云何有中？生死中無初、中、後，是故說先、後、共不可得。何以故？若使先有生，後有老死者，不老死有生，不生有老死。若先有老死而後有生者，是則爲無因，不生有老死。』」〔註184〕三界非實有，但

〔註181〕見《妙法蓮華經合論》卷一，《卍新纂續藏經》第三十冊，頁 365 中。
〔註182〕見《妙法蓮華經合論》卷一，《卍新纂續藏經》第三十冊，頁 371 上。
〔註183〕見（姚秦）鳩摩羅什譯：《妙法蓮華經》卷五，《大正新脩大藏經》第九冊，頁 42 下。
〔註184〕見《妙法蓮華經合論》卷五，《卍新纂續藏經》第三十冊，頁 409 上。

眾生迷以爲有，遂無明執著。眾生若能體會生死亦無始，則顛倒想滅。這裡，惠洪會通了中觀思想。因眾生有種種根性、欲樂、行業、憶想分別，雖病不同，但皆出於眾生迷的本性。因此，欲返妄復歸本心、本性，則能轉染成淨，轉識成智。因此，惠洪認爲以精進斷滅貪愛，方能轉識成智，他說：

> 問：八識何以能轉而爲四智乎？曰：以無性故能轉也。如其有性，則是凝然不可更易之物，聖應自聖，凡應自凡，從古至今無一人發菩提心者；一切眾生流轉三界，無有止息者。不知無性之妙。」〔註185〕

引文說明因爲「無性」，所以能轉。此觀點即印順所謂「理佛性」。印順在其所著《成佛之道》一書中，云：「一切法是從本以來無自性的，也就是本性空寂的。法法常無性，法法畢竟空；這無性即空，空即不生滅的法性，可稱爲佛性的。……。好在一切法是空無性的，才能轉染成淨，轉迷成悟，轉凡成聖。此法空性，就是可凡可聖，可染可淨的原理，也就是可能成佛的原理。」〔註186〕眾生因迷而流轉三界，因不知無性之妙。惠洪「轉識成智」的觀點，也是根據「無性」之說，他舉了〈序品〉日月燈明佛的八王子以及〈化城喻品〉的十六王子爲例。惠洪認爲「妙光菩薩持《妙法蓮華經》」，是轉汙染意識爲平等性智。汙染意識，是住持三世之法。惠洪並援引《起信論》之言：「以念相應不斷故，住持過去無量世等善惡之業令不失故，復能成熟現在、未來苦樂等報無差違故，能令現在已經之事忽然而念，未來之事不覺妄慮。」證明此意識具如是堪能，於轉依時，則轉其名。因爲其能持經而光無憎愛，因而知其爲平等性智。又言，「八子皆師妙光，妙光教化，令其堅固」，乃至「最後成佛，名曰然燈」，是轉本識爲大圓鏡智。因爲「此智在諸識位，得執持名，入第七地，方稱異熟，至於佛地，乃爲智」，所以說「最後成佛，名曰然燈」。而「八百弟子中，有一人號曰求名」，乃至「爾時，妙光菩薩豈異人乎？我身是也」，是轉第六分別事識爲妙觀察智，乃文殊師利菩薩。又說：「求名菩薩，汝身是也」，是轉五識爲成所作智也。〔註187〕惠洪解釋了八王子之所以轉識成智的理由與過程。至於十六王子，惠洪闡述了三轉四諦法，即十二因緣法，以盡其義。〔註188〕

〔註185〕見《妙法蓮華經合論》卷二，《卍新纂續藏經》第三十冊，頁369下～370上。

〔註186〕見印順：《成佛之道》，（臺北市：正聞出版社，1993年），頁265。

〔註187〕見《妙法蓮華經合論》卷一，《卍新纂續藏經》第三十冊，頁369下～370上。

〔註188〕見《妙法蓮華經合論》卷三，《卍新纂續藏經》第三十冊，頁394上。

　　綜上可知，《法華合論》中，惠洪首先闡明「佛知見」，乃生佛所本具，悟者為佛，迷者為凡夫眾生，迷悟取決於心，取決於無性。無性是諸法的體性，本空寂，不生不滅，生滅同時，依緣而有生滅，依緣而現萬象。所謂「一切眾生現行無明，即是如來根本大智」，〔註189〕眾生無明，背覺合塵，認妄棄真，乃因不解無性之義。因此，惠洪以「無性」闡述迷悟之說，因其無性，故能轉凡成聖，轉染成淨，轉迷成悟，轉識成智。惠洪藉轉識成智，闡明去妄返歸於自心。

　　惠洪的心性思想，亦連接「涅槃」與「自心」，表明諸佛之涅槃與眾生之自心，非二法也。其解〈譬喻品〉中，自「又舍利弗」至「莫說此經」，凡三十六偈，謗經者所獲報時，曰：

> 所言斯經者，非語言、品目、紙墨、文字也，一切眾生之自心也。……
> 至親者，心也，而不信，反信物，是謂顛倒。夫顛倒者，必流轉故。……
> 《首楞嚴經》曰：「阿難！是諸眾生非破律儀，犯菩薩戒，毀佛涅槃，
> 諸餘罪業歷劫燒然，後還罪畢，受諸鬼形；乃至鬼業既盡，則情與
> 想二俱成空，方於世間與元負人冤對相值。身為畜生，酬其宿債。
> 從是畜生酬償先債，若彼酬者分越所酬，此等眾生還復為人，反徵
> 其剩。」此言毀佛涅槃者，罪報如是，則諸佛之涅槃、眾生之自心，
> 非二法也。〔註190〕

引文說明如何對待此經典，無他，端看眾生之自心。相信自心，則不顛倒。並詳言謗經者之罪報。謗經、毀佛涅槃，源於自心，可知諸佛之涅槃與眾生之自心，是一非二。諸佛了知，眾生執迷。所謂「自心」，即自性清淨心，為諸佛與眾生之本具。由此觀之，自心本來清淨，自心本來不生不滅，自心與涅槃本不二，自心即涅槃。心、佛、眾生本無差別，但眾生因無明，加以愛著故，往來六趣，迷惑顛倒，遂有謗經，謗法之說。

　　綜觀上述，惠洪的心性思想，藉由一念、空性無性、時空、迷與悟等觀點闡明，其心性思想，不僅會通了禪、教，也會通了般若與中觀。

〔註189〕見（唐）李通玄撰：《新華嚴經論》卷第十四，《大正新脩大藏經》第三十六冊，頁 808 下。
〔註190〕見《妙法蓮華經合論》卷二，《卍新纂續藏經》第三十冊，頁 382 中。

第四節　惠洪的佛身觀

　　「開迹顯本」，是《法華經》的另一個重點。佛身觀即是「開迹顯本」這一主題的展現。關於佛陀觀，主要建立在佛教裡，佛弟子對佛陀的永遠敬仰與崇拜。這種現象，及至大乘佛教興起之後，迅速展開變化，遂有法身、報身、應身等三身之說。

　　歷代學者對於佛身觀的看法，依宗派的不同也有各自不同的解讀。惠洪的佛身論，不限於探討佛陀本身，更廣及菩薩成佛的問題。本節先考察《法華經》中的佛陀觀，次以《法華合論》為中心，論述惠洪的佛身觀。

一、《法華經》的佛陀觀

　　《法華經》以眾生成佛的一佛乘思想為主要的核心，釋迦並開顯授記作佛的先例，因此，佛壽無量，方能為後世弟子們無盡的授記。本門的中心議題即以佛壽無量為主。換言之，〈如來壽量品〉是闡述《法華經》「久遠釋迦」的主要依據來源。吉藏在其所撰《法華玄論》卷十，云：「此品（〈如來壽量品〉）大明覺理囊括古今，文約義豐，意深致遠。雖是一章之經，乃通會釋迦始終一化意也。若能解其義趣，生無盡之慧長，無邊之福，亦滅無量重罪。」〔註191〕可知，〈如來壽量品〉意義之深遠。

　　「久遠釋迦」除了展現佛在壽命上的無量無邊外，尚表現在其分身無數上。因此，本小節考察《法華經》的「久遠釋迦」，資料依據，來自〈見寶塔品〉以及〈如來壽量品〉：

> 我分身諸佛——在於十方世界說法者，今應當集。〔註192〕

> 一一方四百萬億那由他國土，諸佛如來遍滿其中。〔註193〕

> 一切世間天、人及阿修羅，皆謂：「今釋迦牟尼佛，出釋氏宮，去伽耶城不遠，坐於道場，得阿耨多羅三藐三菩提。」善男子：我實成佛已來，無量無邊百千萬億那由他劫。……我成佛已來，復過於此百千萬億那由他阿僧祇劫。自從是來，我常在此娑婆世界說法教化，

〔註191〕見（隋）吉藏撰：《法華義疏》，《大正新脩大藏經》第三十四冊，頁 602 中。
〔註192〕見（後秦）鳩摩羅什譯：《妙法蓮華經》卷四，《大正新脩大藏經》第九冊，頁 32 下。
〔註193〕見（後秦）鳩摩羅什譯：《妙法蓮華經》卷四，《大正新脩大藏經》第九冊，頁 33 中。

亦於餘處百千萬億那由他阿僧祇國導利眾生。……諸善男子：如來
見諸眾生樂於小法，德薄垢重者，爲是人說：「我少出家，得阿耨多
羅三藐三菩提。」然我實成佛已來，久遠若斯，但以方便教化眾生，
令入佛道，作如是說。……如是，我成佛已來，甚大久遠，壽命無
量阿僧祇劫，常住不滅。諸善男子：我本行菩薩道，所成壽命，今
猶未盡，復倍上數。〔註194〕

由以上資料，可歸納出三個特點：

第一、釋迦佛久遠以前即已成佛。其分身的眾多，以及於伽耶城成佛、
入滅的說法，是應樂於小法，德薄垢重者的應機方便之說。

第二、「我實成佛已來，無量無邊百千萬億那由他劫。」「我成佛已來，
復過於此百千萬億那由他阿僧祇劫。」「所成壽命，今猶未盡，復倍上數」，
就時間而言，佛壽無量，因稱久遠釋迦。「常住不滅」，是法身的表現。〔註195〕

第三、久遠釋迦與應機方便釋迦，是一非二。

二、《法華經合論》的佛身觀

關於惠洪的佛身觀，由兩個觀點闡述：其一、無生，其二、法身無有定
體，無有定數，無有定所。其資料來源，散見於〈化城喻品〉、〈從地湧出品〉、
〈見寶塔品〉、〈如來壽量品〉、〈常不輕菩薩品〉、〈妙音菩薩品〉以及〈觀世
音菩薩普門品〉等。

關於以無生闡述佛身論，主要見於惠洪解〈見寶塔品〉的疏文上：

多寶如來久已滅度，則寂滅體也。釋迦牟尼佛正當出世，則緣生佛
也。今寂滅者，聽經讚歎，則爲緣生者之事。緣生者，入于塔中竝
座而坐，則爲寂滅者之相。以是知其示五蘊緣生之身皆證也。〔註196〕

多寶，過去滅度之佛，寂滅體之象也。釋迦牟尼，現在緣生之佛，

〔註194〕見（後秦）鳩摩羅什譯：《妙法蓮華經》卷五，《大正新脩大藏經》第九冊，
頁 42 中～下。

〔註195〕「佛壽無量，永劫未足以明其久也：分身無數，萬形不足以異其體也。然則
壽量定其非數，分身明其無實，普賢顯其無成，多寶照其不滅。」見（後秦）
僧叡述：〈妙法蓮華經後序〉，《大正新脩大藏經》第九冊，頁 62 中。對於僧
叡的闡述，印順說：「這樣的取意解說，佛是超越於名數，而顯不生不滅的極
則！」見印順著：《初期大乘佛教之起源與開展》，（臺北市：正聞出版社，1994
年），頁 1186。

〔註196〕見《妙法蓮華經合論》卷四，《卍新纂續藏經》第三十冊，頁 401 上。

五蘊身之象。於五蘊現行之中，證一切如來智慧、神通、光明，則
諸菩薩所以俱至其所也。〔註197〕

釋迦，報身佛也，般若會上謂眾曰「我於一切法無所執故，報得常
光一尋」者也。〔註198〕

「釋迦牟尼佛入多寶佛塔，竝座而坐」者，示生而無生之象。多寶
佛久已滅度，而言爲聽《法華經》來者，滅而不滅之象。夫生而無
生，滅而不滅，則自心之體，法身佛也。〔註199〕

由上述疏文觀之，多寶如來，寂滅非斷滅，能以平等大慧教菩薩法，指爲法
身。釋迦如來則有二指，其一、指爲應身，其二、證得一切如來智慧、神通、
光明，於一切法無所執，指爲報身。

關於以「無有定體，無有定數，無有定所」闡述法身，則見於〈如來壽
量品〉。惠洪在〈如來壽量品〉，解佛壽無量，說道：

昔所未說爲祕，唯佛自證爲密，離念了知爲神，徹法明見爲通。而
謂之力者，即如來知見也。以此知見觀其自住三摩地中，前際不知
其始，後際不知其窮，現在不知其邊，智識所不能到，思想所不能
及。故經言：「我實成佛已來，無量無邊百千萬億那由他劫」。〔註200〕

即說如來所自證的不可思議，唯佛自知的佛身，即法身，無始無終，無有方
所，遍一切處，非思惟心所能測度。惠洪援引《華嚴經》言：「此菩薩摩訶薩
住普賢行，念念入百億不可說三昧，然不見普賢菩薩三昧及佛境界莊嚴前際。
何以故？知一切法，究竟無盡故，知一切佛刹無邊故，知一切眾生界不思議
故，知前際無始故，知未來無窮故，知現在盡虛空遍法界無邊故，知一切諸
佛境界不可思議故，知一切菩薩行無數故，知一切諸佛辯才所說境界不可說
無邊故，知一切幻心所緣法無量故。」〔註201〕又如引《圓覺經》之言：「覺成
就故，當知菩薩不與法縛，不求法脫，不厭生死，不愛涅槃，不敬持戒，不
憎毀禁，不重久習，不輕初學。何以故？一切覺故。譬如眼光曉了前境，其
光圓滿，得無憎愛。何以故？光體無二，無憎愛故。善男子：此菩薩及末世

〔註197〕見《妙法蓮華經合論》卷五，《卍新纂續藏經》第三十冊，頁406下。
〔註198〕見《妙法蓮華經合論》卷七，《卍新纂續藏經》第三十冊，頁422下。
〔註199〕見《妙法蓮華經合論》卷七，《卍新纂續藏經》第三十冊，頁425上。
〔註200〕見《妙法蓮華經合論》卷五，《卍新纂續藏經》第三十冊，頁408中。
〔註201〕見《妙法蓮華經合論》卷五，《卍新纂續藏經》第三十冊，頁408中。

眾生修習此心，得成就者，於此無修，亦無成就，圓覺普照，寂滅無二。於中百千萬億阿僧祇不可說恒河沙諸佛世界，猶如空華，亂起亂滅，不即不離，無縛無脫。始知眾生本來成佛，生死涅槃猶如昨夢。」〔註202〕意思是說，法身具「一切法，究竟無盡故，知一切佛刹無邊故，……，知一切幻心所緣法無量故。」等十種境界，因此，法身非三昧處求得。又，圓覺境界寂而常照，照而常寂，無爲而無不爲。平等不二之心，方能與圓覺相應。只是一般眾生因不解不知，遂以幻爲眞，以空華爲實。

關於法身，惠洪有二法身之說，此二種法身非思惟心所能測度。其解〈常不輕菩薩品〉：「乃往古昔，過無量無邊不可思議阿僧祇劫，有佛名威音王如來」時，〔註203〕說道：「乃往古昔」，是則無有定所之辭也。「無量無邊不可思議阿僧祇劫」，是則無有定數之辭也。「有佛名威音王如來」，則無有定體之辭也。無有定所者，顯發廣大而無依無住義故。無有定數者，顯發甚深而出諸數量義故。無有定體者，顯發微妙而無時無性義故。惠洪認爲凡物有容斯有威，有言斯有音，今尙無物，而曰威乎？尙無言，而曰音乎？因此，可知是無有定體明矣。威音王佛尙無定體，卻說：「壽量四十萬億那由他恒河沙劫」，「正法住世一閻浮提微塵數劫」，乃至「像法住世四天下微塵數劫」，其因在於有二種法身故。然壽量之劫，不爲減；正法、像法住世，不爲增。蓋非有思惟心所能測度之境也。」〔註204〕證明法身無有方所，壽命無限，無限至正法、像法皆住於世，由此延展出「二種法身」的義涵。所謂「二種法身」：

> 《金剛般若論》曰：「有二種法身：一者、證得法身；二者、言說法
> 身。」夫廣大而無依無住，甚深而出諸數量，微妙而無時無性者，
> 即證得法身也。非有思惟心所能測度之境，即言說法身也。〔註205〕

據《金剛般若論》卷上的記載，依修行證得，始示現之法身，爲證得法身，非思惟心能測度，爲言說法身。〔註206〕法身之理體唯一，常住不變，能出生

〔註202〕見《妙法蓮華經合論》卷五，《卍新纂續藏經》第三十冊，頁408中～下。
〔註203〕見（後秦）鳩摩羅什譯：《妙法蓮華經》卷六，《大正新脩大藏經》第九冊，頁50中。
〔註204〕見《妙法蓮華經合論》卷六，《卍新纂續藏經》第三十冊，頁415上。
〔註205〕見《妙法蓮華經合論》卷六，《卍新纂續藏經》第三十冊，頁415中。
〔註206〕《金剛般若論》以修多羅爲言說法身。「言說法身者，謂修多羅等。」見（隋）無著菩薩造，達磨笈多譯：《金剛般若論》，《大正新脩大藏經》第二十五冊，頁757中。

萬法，統賅諸事，猶如月體，一輪在天，影含眾水。因此，惠洪以月之體為喻，說道：

> 修多羅有月喻。曰：唯一月眞，中間更無是月非月者，以明月有定體故。於此欲發明無有定體之旨，故言：「復有佛出，號威音王如來」，豈特二如來而已？雖至億千萬數可也。故又言：「如是次第有二萬億佛，皆同一號。」夫言數者，起於眇忽，增至億兆，參差闊略，皆所不可。今自一威音如來至二，自二遞及二萬億，其參差闊略如此，似無意於言數者也。於此又發明無數量之旨。「最初威音王如來」，則「劫名離衰，國名大成」。至於第二佛，則曰：「於此國土」而已，其詳簡不侔，似無意於言處者也。於此又欲發明其無有定所之旨。
> 〔註207〕

唯一月眞，惠洪欲由此發明無有定體，無有定數，無有定所之旨。佛身無有依處，則見智清淨，智智清淨，無有極。因此能應迹十方。如解〈妙音菩薩品〉，惠洪認為《法華經》之言：「其三昧名現一切色身，妙音菩薩住是三昧中也。」是因「慈善根力冥熏法界，故能不動眞際，應迹十方。」〔註208〕惠洪引《華嚴經》：「知一切法自性清淨，無有思慮，無有動搖，而能普入一切世間，離諸分別，住佛法印，悉能開悟一切眾生。」〔註209〕「無有思慮，無有動搖」，指的是法身，「能普入一切世間」，指的是應身。

惠洪又於〈化城喻品〉中，提到應身的現前，必須藉由生想念願樂。其解：「大通智勝佛壽五百四十萬億那由他劫。其佛本坐道場，破魔軍已，垂得阿耨多羅三藐三菩提，而諸佛法不現在前。如是一小劫乃至十小劫，結加趺坐，身心不動，而諸佛法猶不在前。……大通智勝佛過十小劫，諸佛之法乃現在前，成阿耨多羅三藐三菩提。」段，〔註210〕說道：

> 「經十小劫，結跏趺坐，身心不動」者，禪定三昧也。禪定三昧，而諸佛法不現在前，何也？曰：諸佛法不屬禪定三昧。何以故？智身無有住處故；若有住處，則普賢常行之行應有止息也。「過十小劫，諸佛之法乃得現前，成阿耨多羅三藐三菩提」者，以明智身出諸功用故。何以故？以智身不與一切染法相應故。凡微細惑習、殊

〔註207〕見《妙法蓮華經合論》卷六，《卍新纂續藏經》第三十冊，頁415中。
〔註208〕見《妙法蓮華經合論》卷七，《卍新纂續藏經》第三十冊，頁422下。
〔註209〕見《妙法蓮華經合論》卷七，《卍新纂續藏經》第三十冊，頁423上。
〔註210〕見《妙法蓮華經》卷三，《大正新脩大藏經》第九冊，頁22中～下。

勝禪定，皆是垢淨染法故。《解迷顯智成悲十明論》曰：「成佛果德已後，常行普賢行，常處世間十方六道，無有休息。如十地道滿，欲見普賢行，以十地中三昧力倍倍入無量三昧，畢竟不見普賢身及境界。」……。如論則稱如來常憫會中一切諸大菩薩求覓普賢，不見其身及座，佛令各生想念，殷勤三禮，普賢菩薩方以神通力如應現身，明智身不可以三昧處求也。為智體無所住，無所依故。若生想念願樂，即如應現身，無有處所依止故。猶如谷響，但有應物之音，若呼之則應，無有處所可得。故有欲見普賢者，但生想念而已。
〔註 211〕

智身即華嚴所說融三世間十身之一，即以圓明之智慧為佛身故。智身的特點，有：

第一、不可以三昧處求，因智體無所住，無所依。

第二、不與一切染法相應。微細惑習，殊勝禪定，皆為垢淨染法，即有為法。

第三、欲智身現前，則由生想念願樂，自成熟而悟。

由此觀之，禪定三昧等法，皆是有為造作之染法。惠洪說，此經必須自成熟而悟，非可以三昧求，語言傳也。〔註 212〕三昧求，語言傳，只是趣向智身現前之方便法門，欲智身現前，必要一心，生想念，智身自然與之相應而現前。智體空性，隨緣而現。智身即法身，普賢菩薩，即智身，於眾生生想念時，則如應現身，即為應身。換言之，眾生生想念普賢，普賢即現前，亦即佛身常住，只要「一心欲見佛，不自惜身命」的行道，即可見到佛。

另外，〈方便品〉偈中云：「若人散亂心，入於塔廟中，一稱南無佛，皆已成佛道」，〔註 213〕大不同於本品偈中之言：「大通智勝佛，十劫坐道場，佛法不現前，不得成佛道。」〔註 214〕惠洪認為一佛乘唯論知見，唯以佛之知見開悟眾生，故鄙陋功力取證也。所謂以「功力取證」，例如：《華嚴經》卷四十〈十定品〉第二十七之一，言：「如來常憫會中一切諸大菩薩求覓普賢，不

<hr />

〔註 211〕見《妙法蓮華經合論》卷三，《卍新纂續藏經》第三十冊，頁 392 下～393 上。
〔註 212〕見《妙法蓮華經合論》卷三，《卍新纂續藏經》第三十冊，頁 395 上。
〔註 213〕見（後秦）鳩摩羅什譯：《妙法蓮華經》卷一，《大正新脩大藏經》第九冊，頁 9 上。
〔註 214〕見（後秦）鳩摩羅什譯：《妙法蓮華經》卷三，《大正新脩大藏經》第九冊，頁 26 上。

見其身及座」，即是以功力取證，換言之，此會中之菩薩以有爲法之造作取勝，故不得見普賢。至於「令各生想念，殷勤三禮，普賢菩薩方以神通力，如應現化」〔註215〕，即以「知見之力」了達。《金剛般若經》：「應無所住而生其心」、「若心有住，即爲非住」，換言之，心無住於任何一法，任何一處，則眞心顯露。

關於「佛法不現前，不得成佛道」之關鍵，張商英認爲是「說時未至」的緣故。張商英說：「十六王子，十方梵天請轉法輪，佛雖許之，而說時未至，故佛法不現前也。」〔註216〕又說：佛法現前，必歷經初轉，二轉，乃至十六王子，出家作沙彌，請佛爲我等說阿耨多羅三藐三菩提；受請過二萬劫後，乃說大乘經，名《妙法蓮華經》，如恒河沙偈，佛法於焉現前。此與惠洪「此經必須自成熟而悟」。〔註217〕有著異曲同工之妙。

第五節　張商英的法華思想

張商英的《法華合論》與《法華經》的經文重疊機率相當高，論述性的文字較少，因此探討張商英的法華思想，只能由散見在各品中的點化語言中探得端倪。本節分述三小節：即張商英《法華合論》各品要旨之詮釋，張商英的眾生成佛思想，以及張商英的一乘思想，探討張商英的法華思想。

一、張商英《法華經合論》各品要旨之詮釋

張商英《法華合論》，係探說大意方式，整品整品的說解。其各品要旨如下：

〈序品〉第一：分述三個重點：先說釋迦文佛演說三乘的因緣。其次，分別解釋經名、眉間相光、照東方，以及與會的諸眾生及其眷屬的意思和所代表的象徵意義。再次，說明《法華經》是主張會三歸一的經典。透過彌勒之問，文殊之答，闡發其中義理。並以舍利弗授記成佛開其端，普賢勸發受持成其終。說《法華經》，是闡發旋陀羅尼與法音陀羅尼的經典。得此二陀羅尼，法華三昧昭然現前。

〔註215〕見實叉難陀譯：〈十定品〉第二十七之一，《大方廣佛華嚴經》卷第四十，《大正新脩大藏經》第十冊，頁212上～212中。
〔註216〕見《妙法蓮華經合論》卷三，《卍新纂續藏經》第三十冊，頁396上。
〔註217〕見《妙法蓮華經合論》卷三，《卍新纂續藏經》第三十冊，頁395上。

〈方便品〉第二：說明佛於三昧見「十如是」，即證得諸法實相。其次，對於離開會中的五千比丘、比丘尼、優婆塞、優婆夷，認為他們猶存五蘊。再次，佛為信心者演說方便法：即四諦、十二因緣、六波羅蜜，導歸於一乘。並說塔廟、形像、旛華、音樂種種供養，至於低頭、合掌、一稱佛號等皆為方便法。如能如是悟、如是入，則佛之知見將出現於世。

〈譬喻品〉第三：舍利弗悟三乘方便之義，授記作佛。諸菩薩皆久植德本，於無量百千萬億佛所淨修梵行。此猶如今之彌勒菩薩，教化上升天眾，於當來下生，授記作佛。佛示以火宅喻，說明火宅眾生，因三毒、無明，執著樂戀的關係，遂集煩惱於一身。佛陀愍念眾生之悲苦，遂設方便三乘法，引出火宅，賜以一大寶乘，駕以白牛，令趨向一佛乘。因悟此火宅喻，其餘聲聞遂次第授記。

〈信解品〉第四：須菩提、摩訶迦葉等，本樂空、無相、無作之小法，忽聞舍利弗授無上正徧正覺之記，心生信解，既信解，即於世尊前隨宜譬喻說「窮子喻」。

〈藥草喻品〉第五：為了讓摩訶迦葉理解如來無量無邊阿僧祇功德，因此佛陀示之以一相一味之法。由此明白「解脫相、離相、滅相、究竟涅槃相、常寂滅相」之義。強調世尊之說法，猶如大雲之雨，同等且平等。眾生則如三草二木，所潤是同，所稟各異，無一趣而不攝，無一類而不度，無一法而不周，非若貧子得財之喻，鄙先心而存二見也。

〈授記品〉第六：佛授記摩訶迦葉、須菩提、大迦旃延，以及大目犍連成佛。生、老、病、死、苦是人之所怖畏，唯有修菩薩道成佛，則免於生、老、病、死、苦。過去佛、見在佛、未來佛皆然。說無前佛、後佛；此劫、彼劫；彼國、此國之分，其在此世界，在彼國土，乃因佛陀應緣而現之故。後說佛陀並無滅度，亦無正法、像法，劫亦無久近之說，並舉閻浮那提金光佛成佛，不言其何劫、何國為例佐證。

〈化城喻品〉第七：論分兩部份，前半部概述〈化城喻品〉的內容。後半部論議己見。論議部份，舉六祖：「前念後念及今念，念念不被愚迷染。」說明正念常住，是植種德本，植種善根之因；眾生因貪著未易遣拂，樂著小法，所以，佛陀以「化城」為喻，使眾生息城得佛寶；佛陀之法不妄起，數不虛設，盼眾生知喻則知寶。

〈五百弟子授記品〉第八：世尊為富樓那和一千二百位阿羅漢等授記，

其中五百阿羅漢得如來方便法音，隨宜說法，即引醉客衣珠之喻以明其義。

〈授學無學人記品〉第九：二千學、無學同號寶相，二萬佛同號日月燈明，例如：「圭峯所謂河沙諸佛入我身，我身徧入河沙佛」。關於「未來世佛何授記之多乎？」曰：「覺體徧周，佛身充滿，入於名數，已是隨宜。若不如斯，誰復修證？」以其供養奉事種種莊嚴之具，即內不出乎三十七助道品所行之行，外不出乎三十七助道品所依之報也。一蒙授記，成佛不虛，此所以佛出難值，如優曇鉢華時一現耳。又，自供養奉事種種莊嚴之具推之，相雖有而不著，性雖空而不斷。

〈法師品〉第十：說明世尊之說法教化，平等無二、無別，眾生則各以機類之別，隨其所聞，各得受益。即使天、龍、鬼神亦蒙授記。因此，張商英認為，裴休之言：「修羅方瞋，諸天正樂，鬼神沉幽愁之苦，鳥獸懷猶狳之悲。整心慮，趣菩提，唯人能為。」如果讚歎《圓覺經》，是可以的，但對於《法華經》中諸佛無量無邊之慈悲智願，則未盡也。又說明「一念隨喜」之「一念」義，為非異非如之念。佛滅度後，只要能親近法師，隨順師學，則去佛不遠。

〈見寶塔品〉第十一：關於「塔中出大音聲」，以開示言之，是塔中久滅度佛，指的是多寶如來全身。以悟入言之，塔從地涌出，住虛空中，高至梵天，意指平等自在，無有高下。所謂「出大音聲」，顯現滅而非滅。四眾願見，久滅之身，但必待十方分身之佛集歸一佛，然後出現，顯示「一多相即」之義。張商英又藉「變八方為清淨，移諸天於他土」，以及「大眾見多寶、釋迦二如來，皆在空中，以大音聲普告四眾」闡述「情存垢淨，則此土、他方，見起凡聖，則佛座高遠，於斯悟入，性相歷然。」張商英又徵引莊子之言與管仲之言詮釋，解釋「佛之多名」。

〈提婆達多品〉第十二：世尊在因地因提婆達多善知識的引導，成等正覺。論文中闡述仙人而能教佛者，是法以口傳，佛則以心證。如：善財南詢善知識，經歷五十五位法門；釋迦奉事善知識，具足三十七助道法，其致一也。張商英藉智積和文殊師利談論「龍女於南方無垢世界成等正覺」一事，闡述「善受持《法華經》者，忽然之間而非速，無量阿增祇劫而非遠，三乘非權也，一乘非實也。法法融通，顯示法音方便，旋陀羅尼昭然現前。」

〈勸持品〉第十三：藉勸持守護《法華經》，闡明「空而無相，寂而無體，非信受則不能久，非願力則不能持。」之義。佛與菩薩道存於顧視之間。

〈安樂行品〉第十四：簡潔明確地敘述四安樂行法，即：第一行者，勿行於不可行，勿近於不可近；第二行者，勿談於長短，勿生於怨嫌；第三行者，勿懷諂嫉，亦勿戲慢；第四行者，於在家、出家人中生大慈心，於非菩薩人中生大悲心。住此四行，人安之，己亦樂之；己樂之，人亦安之。如此而後，經可廣宣，法可久持也。

〈從地涌出品〉第十五：由從涌出菩薩以各種方式讚佛，經五十小劫，因佛神力故，謂如半日。又藉「佛言：『我於此娑婆世界成佛已，教化示導是諸菩薩，皆於下方虛空中住。』」之「住於下方空中」一語，闡述「自空言之：『孰為上下？孰為四方？孰為四維，具足四行？則受持、讀誦、廣說是經，豈有古今？豈有老稚？』」之理。

〈如來壽量品〉第十六：藉佛壽無量，闡發「三界唯心，萬法唯識，真識靈明而常寂，真心虛寂而常周」，了知下界之虛空，何用他方之往反？」之理。又提到佛陀慈悲，度五濁之苦，三十成道。以難值難遭，雙林入滅，起眾生之想。此為方便，但卻是誠諦之語。最後，說明不贊成李通玄謂「《法華經》是『引權就實』之經典」之說。

〈分別功德品〉第十七：菩薩、眾生由信解而自持、自書，或教人持、教人書，是人所得功德無有限量。張商英援引百丈懷海之言：「凡觀經教，皆須宛轉歸就自心」印證之。

〈隨喜功德品〉第十八：親聞佛說者功德，如佛滅後，聞說是經，而能隨順歡喜，展轉教人，功德更是無量。甚至只須臾聽受，就能勸人坐聽，以至往聽，其所得功德更大。聽《法華》的功德，是耳根不壞；誦《法華》的功德，是舌根不壞。張商英引〈洪範〉的「五福」、「六極」作為印證，說明殃慶之來，皆有所自，何況能信而持《法華經》，聞而喜，並樂與人共，則功德不可限量。

〈法師功德品〉第十九：闡述法師說此妙經的功德，是不待受生，而能獲報。說經功德，能使六根清淨，自利利他，成己成物。又言：以《海眼經》校正「身根」與「鼻根」。

〈常不輕菩薩品〉第二十：說明《妙法華經》之旨：「人人具足，箇箇圓成，行菩薩道，當得作佛。」又舉善財童子與善知識之互動為例，說明行菩薩道的重要。並說持經、謗經二者，罪福的果報。而佛之慈悲，平等無二。

〈如來神力品〉第二十一：闡述佛說《妙法蓮華經》至〈如來神力品〉，

而後無量句偈，粲然大備。釋迦牟尼佛及其他分身佛所顯現的神力，主要在使眾生都能受持、誦持、解說、書寫此經。並言「稱性而論，則不見修行之實證；執相而談，則昧於妄言之妙會。」受持是經，囑累是經，意在此。

〈囑累品〉第二十二：佛付囑：當一心流布《法華經》，諸菩薩同聲三反。並分別解釋：「佛令諸佛菩薩各還所安法座」、「起而以右手三摩者」、「頂」、「一心流布」、「同聲三反」、「各還所安」的意思。

〈藥王菩薩本事品〉第二十三：供養奉事，若行捨愛，必獲果報，然猶未離有為之果，不如受持此經一四句偈，其福最多，此為佛陀懃懃付囑所在。

〈妙音菩薩品〉第二十四：闡述宣說此經，不離六根，六門說法，苟非舌出妙音，耳聞普聞，則開示悟入於斯路絕，此為〈妙音菩薩品〉與〈觀世音菩薩普門品〉置於〈囑累品〉之後的原因。〈普門品〉曰：「妙音觀世音，梵音海潮音」，此二菩薩現一切天、龍四眾等應身說法。說而知之，聞而修之，是所以成此經之終也。觀世音以聞、思、修入佛法，不曰聞而曰觀。是「耳如眼，眼如鼻，鼻如舌，一根返源，而六根解脫」之義。

〈觀世音菩薩普門品〉第二十五：觀世音菩薩將無盡意菩薩所供養之瓔珞分別供養釋迦牟尼以及多寶佛塔，是將慈悲救苦之功歸於二佛之意。〈妙音來往品〉，是說之者或語或默故也；〈觀音普門品〉，是聞之者無滅無生故也。二品相須，那麼此經則廣為流布。

〈陀羅尼品〉第二十六：解說「神」與「咒」。於佛前說咒，乃是為了擁護讀誦受持此經者。

〈妙莊嚴王本事品〉第二十七：強調正法之難信難解。妙莊嚴王初學外道，因受夫人及其二子：藥王菩薩與藥上菩薩的善巧引導，遂證得佛果。佛說〈妙莊嚴王本事品〉時，八萬四千人遠離塵垢，於諸法中得法眼淨。

〈普賢菩薩勸發品〉第二十八：佛滅度後，成就四法，即：一者、為諸佛護念，二者、殖眾德本，三者、入正定聚，四者、發救一切眾生之心，當得此經。強調普賢威神之力之不可思議，思大和尚於《法華經》不通利，夢普賢乘六牙白象來摩其頂，遂證法華三昧。

綜觀上述，〈序品〉為總說，概述此經之特質及其發展過程。〈方便品〉與〈譬喻品〉著重在導歸於一乘的議題上。其次，談及授記議題的，有〈信解品〉、〈授記品〉、〈五百弟子授記品〉，以及〈見寶塔品〉等。談及修持的，有〈授學無學人記品〉、〈法師品〉、〈提婆達多品〉、〈勸持品〉、〈安樂行品〉、

〈從地涌出品〉、〈分別功德品〉、〈隨喜功德品〉、〈常不輕菩薩品〉、〈如來神力品〉、〈藥王菩薩本事品〉，以及〈妙音菩薩品〉等。談及流布此經的，有〈囑累品〉、〈觀世音菩薩普門品〉。

二、張商英的眾生成佛思想

張商英的眾生成佛思想，分別出現在〈授記品〉與〈常不輕菩薩品〉。

> 佛既以藥草喻為摩訶迦葉等說所行是菩薩道，漸漸修學，悉當成佛。
> 〔註218〕

> 夫生、老、病、死苦，人之所大怖畏也。無生、無老、無病、無死、無苦，其惟修菩薩道成佛乎？過去佛日月燈明亦如是，見在佛釋迦世尊亦如是，未來佛授記聲聞亦如是。〔註219〕

> 夫人人具足，箇箇圓成，行菩薩道，當得作佛，此《妙法華經》之旨也。〔註220〕

引文一、引文二，皆出自〈授記品〉，引文三出自〈常不輕菩薩品〉。引文指出生、老、病、死是眾生所怖畏，唯有修菩薩道，才能成佛，得究竟解脫。這是三世諸佛成佛的法要。成佛是目的，修菩薩道、行菩薩道是方法。至於如何行菩薩道，如何修菩薩道？〈常不輕菩薩品〉云：

> 善財問善知識：「云何行菩薩道？云何修菩薩道？」善知識即下座作禮，以華散之，則行菩薩道而作禮，豈可輕之哉？汝以吾為狂，則輕辱毀罵，是汝不自信，而自謗此經也。〔註221〕

引文指出行菩薩道，修菩薩道的方法，如「下座作禮，以華散之」，看似簡單，但必須態度恭敬，依禮而行，不能輕蔑。那麼，因行菩薩道而作禮，豈能輕忽。如果認為我這樣的動作是狂妄而輕辱毀罵，即是謗經。換言之，行菩薩道必須依禮履行，專注認真。

眾生因修菩薩道、行菩薩道，得以成佛。其轉凡成聖的關鍵點，在於緣起性空。張商英這個觀點出現在〈授記品〉。

> 佛無生無死，而有前佛、後佛、彼劫、此劫、彼國、此國，何也？

〔註218〕見《妙法蓮華經合論》卷三，《卍新纂續藏經》第三十冊，頁392上。
〔註219〕見《妙法蓮華經合論》卷六，《卍新纂續藏經》第三十冊，頁392上。
〔註220〕見《妙法蓮華經合論》卷六，《卍新纂續藏經》第三十冊，頁416中。
〔註221〕見《妙法蓮華經合論》卷六，《卍新纂續藏經》第三十冊，頁416中～下。

> 曰：虛空無邊，世界無邊，國土無邊，而宿世因緣，或在此世界，
> 或在彼國土。佛於無量無邊浩劫，應緣而現。〔註222〕

佛陀既無生死，何以又有前佛、後佛，彼劫、此劫，彼國、此國之分。這是眾生與佛陀認知上最大的不同點。在眾生的認知裡，永遠有你、我，前、後，上、下，左、右等相對的觀念。相對的本質是平等無二的，是空無自性的。〈從地涌出品〉：「自空言之：『孰為上下？孰為四方？孰為四維，具足四行？則受持、讀誦、廣說是經，豈有古今？豈有老稚？』」〔註223〕空無自性，不礙緣起，因此，能轉凡成聖，轉識成智。張商英認為《法華經》是闡發旋陀羅尼與法音陀羅尼的經典。〔註224〕因此，眾生行菩薩道，得以成佛。張商英緣起性空的觀點又與心性相結合。

> 問曰：未來世佛何授記之多乎？曰：覺體徧周，佛身充滿，入於名
> 數，已是隨宜。若不如斯，誰復修證？以其供養奉事種種莊嚴之具
> 推之，相雖有而不著，性雖空而不斷。〔註225〕

覺體周遍，佛身充滿，無所謂「名數」問題，那是為了引導眾生修證，才有的方便施設，「相雖有，而不著，性雖空，而不斷」，即是眾生要隨時提醒自己的觀點，由此悟入，成佛不遠。

張商英的眾生成佛的成佛思想與圭峯宗密也有了連接的關係，他在〈授學無學人記品〉中，說道：「圭峯所謂河沙諸佛入我身，我身徧入河沙佛。亦如二萬佛同號日月燈明也。」〔註226〕相即相入，圓融無礙，融通華嚴與禪的思想。

三、張商英的一乘思想

張商英在〈序品〉末段，指出：「此經謂之旋陀羅尼、法音方便陀羅尼。」〔註227〕又說：「旋者，旋轉互攝而歸一也。方便者，得意忘言，不滯於名相、算數之迹也。得此二陀羅尼，則法華三昧照然現前矣。」〔註228〕所謂「陀羅

〔註222〕見《妙法蓮華經合論》卷三，《卍新纂續藏經》第三十冊，頁392中。
〔註223〕見《妙法蓮華經合論》卷五，《卍新纂續藏經》第三十冊，頁408上。
〔註224〕見《妙法蓮華經合論》卷一，《卍新纂續藏經》第三十冊，頁370下。
〔註225〕見《妙法蓮華經合論》卷四，《卍新纂續藏經》第三十冊，頁398上。
〔註226〕見《妙法蓮華經合論》卷四，《卍新纂續藏經》第三十冊，頁398上。
〔註227〕見《妙法蓮華經合論》卷一，《卍新纂續藏經》第三十冊，頁370下。
〔註228〕見《妙法蓮華經合論》卷一，《卍新纂續藏經》第三十冊，頁370下。

尼」，譯爲總持，即能持各種善法，能遮各種惡法。張商英主要在強調凡夫總是執著、迷惑於有相，因此，必須使其從有相是假相的觀點，轉變成或說證得平等之空相無相，即旋假入空。換句話說，眾生不拘泥於文句，而體解眞義，不滯泥於名相、算數等一切有爲法的探究，而確切如實修爲，則法華三昧即現在前。也就是：「旋陀羅尼」與「法音方便陀羅尼」是「法華三昧的前方便」。

　　智顗《法華文句》：「陀羅尼，旋假入空也；百千旋者，旋空出假也；方便者，二爲方便道。得入中道第一義諦也。」〔註229〕依《法華文句》的解釋，有三種陀羅尼，旋陀羅尼爲旋假入空，百千旋陀羅尼爲旋空出假，法音方便陀羅尼爲非假非空，即假即空的中道。張商英的觀點應該是受到天台智者大師的影響。

　　張商英又在〈提婆達多品〉說：「以此觀之，善受持《法華經》者，忽然之間而非速也，無量阿增祇劫而非遠也，三乘非權也，一乘非實也。法法融通，則法音方便，旋陀羅尼昭然現前矣。」〔註230〕即從實踐的角度看，能善持《法華經》的眾生，即身口意得清淨，一念之間，旋陀羅尼昭然現前，無權實之分，無時空之隔。在眾生成佛的一乘思想裡，張商英是重視以身實踐的。這與他是個典型的外護，又喜歡攜帶全家齋戒，遊歷諸山名勝，應該有關係。

　　其次，張商英又在〈序品〉說：「此經會三乘，歸一乘。彌勒，後佛也；文殊，佛之師也。故以二人爲起疑問答之主。舍利弗授記以開其始，普賢勸發以成其終。」〔註231〕說明了整部《法華經》的主要架構，並突顯會三乘歸一乘，是本經的核心思想。關於張商英對於三乘與一乘的解釋是：

　　　　隨宜方便演說三乘，有餘涅槃非眞滅度。〔註232〕

　　　　佛愍此故，爲信心者方便演說，導歸一乘。〔註233〕

　　　　凡此之類，起於三毒、無明，增爲八萬四千煩惱。以一身之微，而具足如此，皆由執著樂戀。佛愍此故，度以三乘，而引出火宅，賜以一大寶乘。〔註234〕

〔註229〕見（隋）智顗說：《妙法蓮華經文句》卷十，《大正新脩大藏經》第三十四冊，頁148下。
〔註230〕見《妙法蓮華經合論》卷四，《卍新纂續藏經》第三十冊，頁402下。
〔註231〕見《妙法蓮華經合論》卷一，《卍新纂續藏經》第三十冊，頁370中。
〔註232〕見《妙法蓮華經合論》卷一，《卍新纂續藏經》第三十冊，頁370上。
〔註233〕見《妙法蓮華經合論》卷一，《卍新纂續藏經》第三十冊，頁376中。
〔註234〕見《妙法蓮華經合論》卷二，《卍新纂續藏經》第三十冊，頁383上。

引文說明眾生因無明與三毒的誘惑，樂戀、執著而不自知，遂長期處於火宅中，煩惱、業力隨時隨身，週而復始，無有出期。人之貪著未易遣拂，厭苦則欣慕，欣慕則著小法。〔註235〕佛陀愍眾生之苦，遂期許以三乘方便度化，但有餘涅槃非真滅度，一乘方是究竟真實。因此佛陀先引以方便教說，目的在導歸一乘。至於方便教說，對三乘而言，即是為聲聞乘說四諦法，為緣覺乘說十二因緣法，為菩薩乘說六波羅蜜法，藉此引導他們開示悟入。既以方便為前提，一切修行活動都是為導向成就佛果為目的，因此，張商英說：

> 苟知吾說之為方便，則塔廟、形像、旛華、音樂，種種供養，至於
> 低頭、合掌、一稱佛號，無不成佛。如是悟、如是入，則佛之知見
> 出現于世矣。〔註236〕

佛陀出現於世間的唯一大目的，即是為了開顯眾生之真實相。也就是說佛使眾生開示悟入佛知見，才出現於世。譬如大雲遍覆一切，則孰為先後？孰為廣狹？〔註237〕眾生根器雖有不同，可是成佛不在於根器的優劣，不在於智商的高下，不在於懂得佛教理論的多與寡，而在於如實修行，在於老實念佛，因此，哪怕是一聲佛號，一低頭，一合掌，皆能成就成佛的契機，也就是說，人人具足，箇箇圓成，行菩薩道，當得作佛，這是《妙法華經》最重要的旨意。〔註238〕也即是佛陀出現於世的目的。

〔註235〕見《妙法蓮華經合論》卷三，《卍新纂續藏經》第三十冊，頁396中。
〔註236〕見《妙法蓮華經合論》卷一，《卍新纂續藏經》第三十冊，頁376中。
〔註237〕見《妙法蓮華經合論》卷三，《卍新纂續藏經》第三十冊，頁389上。
〔註238〕見《妙法蓮華經合論》卷六，《卍新纂續藏經》第三十冊，頁416中。

第五章　惠洪、張商英《法華經合論》的比較與評價

　　北宋禪宗可說是文字禪的全盛時期。推動文字禪者，以臨濟宗汾陽善昭、覺範惠洪、圓悟克勤，以及雲門宗雪竇重顯，最負盛名。惠洪的作品，《林間錄》、《禪林僧寶傳》，具有史料價值。他把自己的著作，如：詩、偈、贊、銘、詞、賦、記、序、記語、題、跋、書、塔銘、行狀、傳，以及祭文等輯成《石門文字禪》三十卷，另有《楞嚴經合論》、《法華經合論》、《智證傳》等作品，都是文字禪理論的發揮，也就是假借文字說解禪理。

　　惠洪的《法華合論》具有「向不說破處說之」、「橫說豎說，無不如意」，以及「議論直截痛快」的特色，因此能為人「解粘去縛」。張商英的《法華合論》亦具有「議論直截」的特色。皆呈現《法華合論》通過文字禪，並融通諸家經典與直截簡明的風格。同時，亦流露出惠洪和張商英對《法華經》的注解，存在著基本上的差異點，值得進一步探討。

　　本章分述兩節，即惠洪、張商英《法華合論》之比較，以及《法華合論》的評價。

第一節　惠洪、張商英《法華經合論》之比較

　　目前藏經所收錄的《法華合論》，係由惠洪的「主論」與張商英「附論」建構而成。張商英於大觀元年（1107），即六十五歲之年撰成此論。十五年後，宣和四年（1122）惠洪始釋《法華經》，隔年（1123）完成，當年惠洪五十三

歲。關於此論,明代馮夢禎居士曾如此評論:「覺範此論,大都就自己所悟,印正《法華》,橫說豎說,無不如意,而亦未嘗有一語說破。讀是論者,當從不說破處猛著精采,忽然掙破,靈山一會,儼然未散,始信覺範老人婆心太切。」又謂:「每品末有張商英『附論』一篇,議論亦直截可喜,足以羽翼覺範。」〔註1〕馮夢禎說出了惠洪與張商英,在注解《法華經》,其技巧方法上的相同點和相異處。「簡明直截」是其相同點,「橫說豎說,無不如意」,卻是張商英所不及的。本節根據這個觀點,分述形式架構的差異與論述內容的差異,探討惠洪的「主論」與張商英的「附論」。

一、形式架構的差異

惠洪與張商英同樣注解《法華經》,但其注解的形式架構有明顯的差異。探究如下。

惠洪釋經,主要分詞義解釋和經文的分析與議論兩部份,關於經文的分析,是逐段逐文的敘述。其架構如下:

第一、釋經題。把「經題」獨立出來作注。

第二、釋經文。於每一品下分若干段落,即在每一品下,選擇或性質相同,或情節相似,作為分段的依據。例如:〈序品〉第一:「與大比丘眾萬二千人俱,皆是阿羅漢,諸漏已盡,無復煩惱,逮得己利,盡諸有結,心得自在。」〔註2〕即是以阿羅漢的特點成一段。又如:〈序品〉:「有八龍王——難陀龍王、跋難陀龍王、娑伽羅龍王、和脩吉龍王、德叉迦龍王、阿那婆達多龍王、摩那斯龍王、優缽羅龍王等,各與若干百千眷屬俱。」〔註3〕即是以性質相同成一段。段末則有惠洪的論述,「主論」中,大體以一段一論為原則,亦有合二段為一論,〔註4〕或合四段為一論,僅出現一次,即〈化城喻品〉中,

---

〔註1〕 見(明)馮夢禎:〈重刻《妙法蓮華經合論》跋語〉,《卍新纂續藏經》第三十冊,頁429上~中。

〔註2〕 見《妙法蓮華經》卷一,《大正新脩大藏經》第九冊,頁1下。

〔註3〕 見《妙法蓮華經》卷一,《大正新脩大藏經》第九冊,頁2上。

〔註4〕 〈譬喻品〉的第一段與第二段;第七段與第八段。〈信解品〉的第十一段與第十二段。〈藥草喻品〉的第八段與第九段。〈授記品〉的第一段與第二段。〈化城喻品〉第一段與第二段;第四段與第五段;第十五段與十六段。分別見《妙法蓮華經合論》卷二,卷三,《卍新纂續藏經》第九冊,頁376下;378中;386中;388中;389中;392中;393上;395下。

合第六段，第七段，第八段以及第九段為一論。〔註5〕合計有一九三段，一八
〇論。

張商英的釋經，則大不同於惠洪。其架構如下：

第一、釋經題。把「經題」納入〈序品〉中作注。

第二、釋經文。其於每一品下，沒有分小段的敘述，而是以概述性的方
式，簡單介紹各品的內容大意。並且一品一論，每品之論約莫三、四百字，
以〈譬喻品〉七百十七字最長，〈五百弟子授記品〉一百三十五字最短。張商
英每一品的「論」中，前部分以復述該品經文內容為主，後部份則闡發議論。
可是論述性並不強。例如：解〈從地湧出品〉，張商英說道：

> 他方國土諸來菩薩，過八恒河沙數，白佛言：「願聽我等於娑婆世界
> 護持此經。」佛言：「我此世界自有六萬恒河沙數菩薩，一一菩薩各
> 有六萬恒河沙眷屬，是等能於我滅後，廣說此經。」時娑婆世界三
> 千大千國土，地皆震裂，而於其中菩薩涌出，各詣虛空寶塔，禮多
> 寶、釋迦二佛，各以種種讚偈而讚於佛。如是時間，經五十小劫，
> 佛神力故，謂如半日。有四導師而為上首：曰上行，曰無邊行，曰
> 淨行，曰安立行，皆於如來發隨喜心。彌勒菩薩及八千恒河沙諸菩
> 薩眾，問此地涌出本末因緣。佛言：「我於此娑婆世界成佛已，教化
> 示導是諸菩薩，皆於下方虛空中住。」彌勒等怪世尊成佛未久，云
> 何於此少時大作佛事？是事難信。夫住於下方空中，自空言之：「孰
> 為上下？孰為四方？孰為四維，具足四行？則受持、讀誦、廣說是
> 經，豈有古今？豈有老稚？」彌勒起疑，以發語語爾。〔註6〕

引文中，「他方國土諸來菩薩」至「是事難信」，屬於前部分，「夫住於下方空
中，……」，屬於後部分，即議論部分，僅闡述一個觀點，即「空」之理，並
無時空之隔。點到為止，簡明直截。前部分的內容，則多數源自《法華經》
卷五〈從地湧出品〉的經文。引證如下：

> 他方國土諸來菩薩摩訶薩，過八恒河沙數，於大眾中起立，合掌作
> 禮而白佛言：「世尊！若聽我等於佛滅後，在此娑婆世界，……我娑
> 婆世界自有六萬恒河沙等菩薩摩訶薩，一一菩薩各有六萬恒河沙眷
> 屬，是諸人等，能於我滅後，護持、讀誦、廣說此經。」佛說是時，

〔註5〕見《妙法蓮華經合論》卷三，《卍新纂續藏經》第三十冊，頁363下。
〔註6〕見《妙法蓮華經合論》卷五，《卍新纂續藏經》第三十冊，頁408上。

> 娑婆世界三千大千國土地皆震裂，而於其中，有無量千萬億菩薩摩
> 訶薩同時踊出。……各詣虛空七寶妙塔多寶如來、釋迦牟尼佛所。
> 到已，向二世尊頭面禮足，……以諸菩薩種種讚法而讚於佛，如是
> 時間，經五十小劫。……佛神力故，令諸大眾謂如半日。……有四
> 導師：一名上行，二名無邊行，三名淨行，四名安立行。……能於
> 如來發隨喜心。爾時彌勒菩薩及八千恒河沙諸菩薩眾，皆作是
> 念：……我於是娑婆世界得阿耨多羅三藐三菩提已，教化示導是諸
> 菩薩，……皆於是娑婆世界之下、此界虛空中住；……云何於此少
> 時，大作佛事，……是事難信。〔註7〕

引文可知，前面部份，幾乎出自《法華》原文，不是全部複述原文的，而是
由精簡原文而來。

　　第三、「附論」共有二十八論。

　　綜上可知，在架構上，惠洪的「主論」與張商英的「附論」，有明顯的差
異，惠洪注解詳盡，張商英則簡略許多。惠洪引用經論，橫說豎說，張商英
則以三言兩語，點到為止，只能說是介紹性的語言，即介紹《法華經》各品
思想的梗概，並未做詳細的論述。並且張商英的論述當中，與《法華》經文，
有太多重疊之處，立論也顯得較為薄弱。不過，簡單的注解方式，對於想了
解《法華經》各品的大概義涵的讀者而言，其實也是一種不錯的引導方式。
不僅能概略了解《法華經》各品的內容，同時，也能大致了解各品的重點思
想。因此，精簡亦是一種特色。其次，惠洪的詳，恰能補充張商英的簡。

二、論述內容的差異

　　「橫說豎說」是惠洪注解《法華經》的特色之一。所謂「橫說豎說」，指
多方面論說，反覆喻解。也就是說，惠洪注解《法華經》時，秉著「向不說
破處說之」的原則，即以文字禪解經的方式，徵引其他佛教經論，或僧人事
蹟，或古代史傳典籍，以印證此經，闡發經義。《法華合論》「主論」部分，
通篇可見此一特色。例如：〈序品〉：解「菩薩摩訶薩」至「八萬人俱」〔註8〕
段，惠洪的解釋是：

> 《金剛般若經》曰：「所有一切眾生之類」乃至「我皆令入無餘涅槃」

〔註7〕見《妙法蓮華經》卷五，《大正新脩大藏經》第九冊，頁39下～41下。
〔註8〕見《妙法蓮華經》卷一，《大正新脩大藏經》第九冊，頁2上。

者，悲也。「如是滅度無量無數無邊眾生，實無眾生得滅度」者，智
也。「菩薩於法，應無所住，行於布施」，施名檀度，檀度通於六度。
　　天親菩薩釋曰：「檀義攝於六：資生、無畏、法。此中一、二、三，
　　名為修行住。」〔註9〕

惠洪連續徵引《金剛般若經》的經文，以及天親菩薩的注解，說明菩薩的特
質，在慈悲與智慧，在佈施的三輪體空，即在佈施之時，能體達施者、受者、
施物三者，皆悉本空，能摧破執著之相。啓迪讀者由此實踐菩薩道。

　　又如：解〈分別功德品〉：「其有眾生，聞佛壽命長遠如是，乃至能生一
念信解，所得功德，無有限量。」〔註10〕段，即解「信解之力」時，說：「《金
剛般若經》曰：『須菩提！發阿耨多羅三藐三菩提心者，於一切法應如是知，
如是見，如是信解，不生法相。』……晉建興二年，長沙縣西有千葉青蓮華
兩本，生於陸地。官史掘之丈許，根莖出於瓦棺，發棺有白骨一聚，而蓮之
根蒂出髑髏齒骨間。有銘記棺上曰：「有僧不知姓氏，誦《法華經》至千萬部，
將化，遺言令以紙為衣，以瓦為棺，葬于此。」事聞朝廷，有詔建寺，其處
號曰蓮華。今驛亭，其故基，基近譙門，因號蓮華門。門臨湘江迴澓處，又
號蓮華潭。其於生死之間，殊勝奇瑞如此，是謂信解之力也。」〔註11〕惠洪
援引的是：《金剛般若經》與晉朝不知姓氏的僧人的資料。由此觀之，惠洪闡
述一個觀點，必通過多種資料，加以印證。惠洪所援引之內外典經論，可謂
多且廣。其所徵引的經論，表列如下：

佛教經論	次數	佛教經論	次數	佛教經論	次數
《圓覺經》	18	《華嚴經》	30	《楞伽阿跋多羅寶經》	7
《維摩詰經》	20	《首楞嚴經》	16	《涅槃經》	7
《金剛般若經》	16	《般若經》	2	《文殊師利所說般若波羅蜜經》	1
《阿含經》	1	《雜阿含經》	1	《解深密經》	1
《禪觀經》	1	《智嚴經》	1	《勝天王般若經》	1

〔註9〕見《妙法蓮華經合論》卷一，《卍新纂續藏經》第三十冊，頁363下。
〔註10〕見《妙法蓮華經》卷五，《大正新脩大藏經》第九冊，頁44下。
〔註11〕見《妙法蓮華經合論》卷五，《卍新纂續藏經》第三十冊，頁410下。

佛教經論	次數	佛教經論	次數	佛教經論	次數
《阿差末經》	1	《寶積經》	1	《首楞嚴三昧經》	1
《佛地經》	1	《思益經》	1	《仁王經》	1
《十地經》	1	《華嚴論》	19	《智度論》	13
《起信論》	12	《瑜伽論》	10	《解迷顯智成悲十明論》	4
《唯識論》	2	《中觀論》	3	《大乘論》	1
《佛性論》	1	《摩訶止觀》	1	《注維摩詰所說經》	1
《般若燈論》	1	《法華經玄贊》	7	《法華經文句》	4
《肇論》	1	《大莊嚴論》	1	《華嚴經義海百門》	1
《西域記》	1				

另外，徵引天親菩薩 4 次，無著菩薩 5 次，陳那菩薩 3 次。所援引之僧人，除了晉僧佛圖澄引 2 次之外，其餘，例如：梁西域僧眞諦、魏僧道進、晉僧曇翼、晉僧法賢、晉僧道生、晉僧法羽、唐僧元曉、唐西域僧無畏、唐僧義福、智永，宋僧慧益、求那跋羅、普明、耆域、曇諦各引 1 次。尚引千葉青蓮華 1 次。

援引外典：例如：《史記》、《神仙傳》、《晉書‧陶侃傳》、《說文》、《易經》、《論語‧子張》，〈宋玉〉以及樂廣、蔡順、唐元德秀、漢孟宗、涉公爲符堅致雨，以及唐文宗嗜蛤蜊之例等。

可知，惠洪在各品中，爲了啓悟讀者，在不同的觀點裡，或一引，或二引，或三引不等。就其所引的資料的廣度看來，可知，惠洪的學識之高，無怪乎有「今世融肇也」之稱。〔註12〕

張商英釋經，雖也見其援引經典印證本經，但卻沒有惠洪精彩。例如：解〈分別功德品〉中，前部分依舊復述經文，〔註13〕議論部分則徵引「古德」

〔註12〕 「荊州張丞相聞其名，請傳法於峽州天寧寺，以二詩辭焉，已而杖策謁公，公見之喜曰，今世融肇也。」見（元）念常集：《佛祖歷代通載》卷十九，《大正新脩大藏經》第四十九冊，頁 683 上。

〔註13〕 「無盡居士論曰：會中聞佛壽命長遠若菩薩、若眾生，或一念信解，或解其言趣，若自持，或自書，若教人持，教人書，是人所得功德無有限量。自一四天下菩薩，至于小千世界菩薩，至于中千、大千微塵數菩薩得聞陀羅尼，以至于得阿耨多羅三藐三菩提。自六百萬億那由他恒河沙眾生，至于八世界

說：「凡觀經教，皆須宛轉歸就自心。」〔註14〕整品僅一引。《法華經》二十八品中，其所徵引的資料，分別有：劉虯、裴休、李長者、六祖大師、懷海禪師、圭峯宗密、思大和尚、善財童子，典籍，例如：《莊子》、《史記》、〈洪範〉等。

綜上所述，在援引內外典上，可看出惠洪、張商英皆展現融通的精神，或經典會通，或三教會通。惠洪採用以經論印證經論的方法解經，不僅突顯其對經典的熟稔程度，並且能左右逢源，遊刃餘地，運斤成風，展現其解經的特色。讓讀者得以觸類旁通，豁然得解。大體言之，惠洪依舊不失其橫說豎說，向不說破處說之的本色。相較於張商英，則薄弱許多。張商英在論述內容上，通常是重點式的提醒，點到為止，少見其論述的語言。可見張商英在學術內容的理解顯然不夠高超。〔註15〕因為惠洪的博學多聞，因此，「一時機貴人，爭致之門下，執弟子禮。」〔註16〕

其次，在思想的探究上，也可見張商英對於思想的探討是比較薄弱的。以〈妙法蓮華經觀世音菩薩普門品〉為例，表述如下：

〈妙法蓮華經觀世音菩薩普門品〉	主　　論	附　　論
爾時無盡意（至）皆得解脫。	論曰：一切音聲語言之相，從耳所聞之境；一切形色分別之相，從眼所見之境。是諸眾生無始戲論，六妄分隔而成，於自分境不相踰越。而經言「觀其音聲，皆得解脫」，則是以眼觀聲音語言之相也。聲音語言之相，若可以眼觀而了別，則形色差殊之相亦可以耳聞而成就矣。耳不可見形色差殊之相，則眼豈能觀聲音語言之相乎？而名為觀世音者，根境俱絕，非特見聞之境俱絕而已。凡六根所對之境皆然，故言皆得解脫也。《首	無盡居士論曰：「勝彼世間音」者，出世之音也。「慈眼視眾生」者，聞其音而觀之也。無盡意聞說觀世音菩薩因緣，以瓔珞

微塵數眾生得無生法忍，以至于發阿耨多羅三藐三菩提心。其法利饒益廣大無邊如此。而佛言曰：『聞我說壽命長遠，深心信解，則為見佛常在耆闍崛山。』又曰：『若能受持讀誦是經，則為以佛舍利起七寶塔，高廣漸至梵天，懸諸旛蓋及眾寶鈴，華香、瓔珞、鼓樂、妙聲以作供養。』」見《妙法蓮華經合論》卷五，《卍新纂續藏經》第三十冊，頁411中。

〔註14〕見《妙法蓮華經合論》卷五，《卍新纂續藏經》第三十冊，頁411中。
〔註15〕見（日）阿部肇一著，關世謙譯：《中國禪宗史》，（臺北市：東大圖書股份有限公司，1986年），頁496。
〔註16〕見（元）念常集：《佛祖歷代通載》卷十九，《大正新脩大藏經》第四十九冊，頁683上。

〈妙法蓮華經觀世音菩薩普門品〉	主　論	附　論
	楞嚴經》曰：「觀世音菩薩即從座起，頂禮佛足，而白佛言：『世尊！憶念我昔於無數恒河沙劫，於時有佛出現於世，名觀世音。我從彼佛發菩提心，彼佛教我從聞、思、修入三摩地。初於聞中，入流亡所，所入既寂，動靜二相了然不生。如是漸增，聞、所聞盡，盡聞不住，覺、所覺空，空覺極圓，空、所空滅，生滅既滅，寂滅現前。』」問曰：何以分生滅、寂滅乎？曰：如鐘鼓俱擊，而不同知。此不同者，即生滅之法也。然知鐘非鼓，鼓亦非鐘，兩者之聲同時而不相參，即寂滅也。問曰：觀世音之名義，幸已聞其旨，然勸請說法菩薩名無盡意，其必有謂也邪？曰：示度生必乘願力故爾。《阿差末經》曰：「菩薩行六波羅蜜、四攝法等種種妙行，誓度眾生，眾生界盡，菩薩之意乃盡；眾生未盡，菩薩之意無盡。故名無盡意也。」	上觀世音，觀世音順佛勅而受之，「分作二分，一分奉釋迦牟尼，一分奉多寶佛塔」，此則慈悲救苦之功歸於二佛，而持經功德不必重以言宣也。〈妙音來往品〉者，說之者或語或默故也；〈觀音普門品〉者，聞之者無滅無生故也。二品相須，則此經廣布矣。
若有持是（至）巍巍如是。	論曰：修多羅曰：「假使百千劫，所作業不亡，因緣會遇時，果報還自受。」則經之所敘，遭水火之焚溺，入羅剎之鬼國，臨形致冠鎖，禁桎梏，經歷險難虎狼蛇虺之怖，邂逅冤仇呪咀毒藥之厄，皆其定業會遇因緣者也。而經言「誦持觀世音名，皆得解脫」，審如此義，則百千劫不亡之論為非；若如百千劫不亡之論，則此義可疑也。何以明之？曰：《涅槃經》曰：「未入佛法，名決定業；已入佛法，名不定業。」《金剛般若經》曰：「若有善男子、善女人受持讀誦此經，若為人輕賤，是人先世罪業應墮惡道，以今世人輕賤故，先世罪業則為消滅，當得阿耨多羅三藐三菩提。」夫所謂業者，果何物哉？若有決定，則不可轉重以為輕而登佛果矣。方其未受持經，則有惡道可墮，則《涅槃經》所言「未入佛法」者也。及其既受持經矣，則有佛果可得，則《涅槃經》所言「已入佛法」者也。自是而觀之，則業之體相遂離生滅，如空中華。而《瑜伽論》又曲折其詞曰：業有二種：一、定異熟業，謂思業，若作若增長業；二、不定異熟業，謂故思已作而不增長。故思已作，猶言悔作之也。蓋諸作不增長業。若無追悔，不修對治，當可受果，名增長業；若追悔等，則名不增長。然則於所作不亡之業，會	

〈妙法蓮華經觀世音菩薩普門品〉	主　論	附　論
	遇險難之中，稱觀世音菩薩名者，追悔之謂也。菩薩之愛念苦難眾生，如慈母之不忘念其亡子。子佚蕩不歸，無懷仰慈母之意，則百年莫由相見；亡子猛省念母，疾馳而返，則見慈母必矣。眾生之哀號，於菩薩大悲願力，其忍不一援手哉？《首楞嚴三昧經》曰：「佛告堅意：有一藥樹，名曰除滅。大軍鬪時，有無量人為毒箭所中。是時良醫持藥王樹，用塗鼓面，於眾人中擊之出聲，無量毒箭一時自拔。諸佛菩薩住首楞嚴三昧力故，有人稱名懷念之者，無量罪垢自然除滅，如一醍醐，能愈眾患。」經言「觀世音菩薩摩訶薩威神之力巍巍如是」者，首楞嚴三昧之力歟。	
若有眾生（至）福德之利。	論曰：彌勒菩薩曰：貪、瞋、嫉妬、放逸、憍慢，自以為明，不知是暗。放逸味著欲而加貪，「多於婬欲」者也；嫉妬為執礙而加憍慢，「多於愚癡」者也；瞋而恚，則「多於瞋」者也。三者皆暗相，眾生顛倒，反以為明。觀世音，亦名光世音，能以智慧破諸結業之暗，故經偈曰：「無垢清淨光，慧日破諸暗。」《寶積經》曰：「佛言：『譬如然燈，一切黑暗皆自無有，無所從來，去無所至。非東方來，去亦不至；南、西、北方，四維上下，不從彼來，去亦不至。而此燈明無有是念：我能滅暗，但因燈明。法自無暗，明暗俱空，無作無取。如是，迦葉！實智慧生，無智便滅，智與無智，二相俱空，無作無取。迦葉！譬如千歲冥室，未曾見明，若然燈時，於意云何？暗寧有念：我久住此，不欲去邪？』『不也，世尊！若然燈時，是闇無力，而不欲去，必當磨滅。』『如是，迦葉！百千萬劫久習結業，以一實觀，即皆消滅。其燈明者，聖智慧是；其暗相者，諸結業是。』」故經言：「若有眾生多於婬欲，常念恭敬觀世音菩薩，便得離欲；若多瞋恚，常念恭敬觀世音菩薩，便得離瞋；若多愚癡，常念恭敬觀世音菩薩，便得離癡。」謂是故也。問曰：然則何以求男女者，亦隨願而獲邪？曰：此無作妙力自在成就者也。夫無作妙力，無生滅相，但應眾生自心清淨，則能隨其所願，使之成就。《智嚴經》曰：「譬如大地，瑠璃所成，帝釋毗闍延宮殿、供具等，影現其中，閻浮提人見瑠璃地諸	

〈妙法蓮華經觀世音菩薩普門品〉	主　論	附　論
	宮殿影，合掌、供養、燒香、散華，『願我得生如是宮殿，我當遊戲如帝釋等。』彼之眾生不知此地是宮殿影，乃布施、持戒、修諸功德，為得如是宮殿果報。文殊師利！如此宮殿實無生滅，以地淨故，影現其中，彼宮殿影亦有亦無，不生不滅。」菩薩無作妙力實無生滅，所求男女之影亦有亦無，但以女人心淨，故能現也。無生無滅，則無與無奪，亦有亦無，心淨則見，不淨則無。故經言「常念恭敬」者，所求必獲也。	
無盡意菩薩（至）施無畏者。	論曰：妙音菩薩以解一切眾生語言陀羅尼，得現色身三昧，而觀世音菩薩以聞、思、修入三摩地，故對現色身皆非意識所到之境，唯慈善根力之所成就。《涅槃經》曰：「我欲涅槃，於初發足向拘尸那城，有五百力士於其中路平治掃洒，中有一石，眾欲舉棄，盡力不能。我時憐愍，即起慈心。彼諸力士尋即見我以足拇指舉此大石擲置虛空，還以手接，安置右掌，吹令碎粖，復還聚合，令彼力士貢高心息，即為略說種種法要，令其俱發阿耨多羅三藐三菩提心。善男子！如來爾時實不以指舉此大石在虛空中，還置右掌，吹令碎粖，復合如本。善男子！當知即是如來慈善根力，令諸力士見如是事。」此則三十二應身所以圓具也。問曰：何以謂之應以此身得度者，即現此身而為說法乎？曰：唐文宗嗜蛤蜊。大和中，沿海官吏先時遞進，人亦勞止。一日，御饌中有不可擘者，帝以其異，即焚香禱之。俄變為菩薩形，梵相具足乃貯以金粟檀香合，覆以美錦，賜興善寺，令眾僧瞻禮。因問羣臣：「斯何祥邪？」或言：「太一山僧惟政者，於佛法博聞強識。」於是召至問其事，對曰：「臣聞物無虛應，此乃啟陛下信耳。故契經曰：『應以此身得度者，即現此身而為說法。』」帝曰：「菩薩身則已現，然未聞說法。」政曰：「陛下睹此為奇瑞，而敬信之乎？」帝曰：「朕實深信。」惟政者賀曰：「陛下已聞法竟。」於是皇情欣悅，得未曾有，詔天下寺院各立觀世音像，以答殊休。又問曰：何以謂之施無畏者？宋僧求那跋羅者，此云功德賢，中天竺人也。以元禧十二年至建業，為南譙王義宣所敬。王有逆謀，諫之至流涕，王雖不聽，亦	

〈妙法蓮華經觀世音菩薩普門品〉	主　論	附　論
無盡意菩薩（至）三菩提心。	不敢怒。梁山之敗，墮江水中，一心誦觀世音菩薩，手捉竹杖顧見童子牽其衣，曰：「汝小兒，乃能爾邪？」即及岸，脫衲衣欲賞之，而童子忽失所在。嗚呼！菩薩之出文宗御饌，童子之牽衣，求那跋羅衲衣何自而至哉？ 論曰：謂之「法施珍寶瓔珞」者，非世之瓔珞也。瓔珞，莊嚴之具也。無盡意欲施之，言「仁者！愍我等故，受此瓔珞」者，著其願之至也。「觀世音即時愍諸四眾及天、龍、人、非人等，受其瓔珞」者，示其悲之相也。如經前文，「釋迦牟尼佛入多寶佛塔，竛座而坐」者，示生而無生之象。多寶佛久已滅度，而言為聽《法華經》來者，滅而不滅之象。夫生而無生，滅而不滅，則自心之體，法身佛也。無盡意，則大願也，而又著其願之意。觀世音，則大悲也，而又示其悲之相。而瓔珞，則莊嚴之具。經之旨，其以悲願莊嚴法身也歟！何以深切著明也？故言「受其瓔珞，分作二分，一分奉釋迦牟尼佛，一分奉多寶佛塔」者，如此。	

關於惠洪的論述部份，依照其所分的段落探討之。

第一段，惠洪藉《楞嚴經》與《阿差末經》解釋「觀世音」與「無盡意」的名義。首先，分述眾生與「觀世音」不同點，在於眾生是無始以來，六妄分隔，以眼見物，以耳聽聲。「觀世音」之所以名為觀世音，關鍵點在於根境俱絕。所謂「入流亡所」，是《楞嚴經》裡，觀世音菩薩使用「耳根圓通」的法門，而契悟自性。「入流」是「入空性」之流，是超越時間與空間的執著，是超越自我而不離自我。其次，惠洪舉鐘與鼓，兩者之聲同時而不相參，是為寂滅。很傳神。至於「無盡意」之意，如：《阿差末經》之言，菩薩行種種妙行，誓度眾生，眾生界盡，菩薩之意乃盡，眾生未盡，菩薩之意也未盡。

第二段，闡述「業」。因「誦持觀世音名，（業）皆得解脫」，而探討所謂「業」之名及種類，並援引《涅槃經》、《金剛般若經》，以及《瑜伽論》印證之。「業」雖有種種，但觀世音菩薩因愍念眾生，為免眾生苦難，因此，只要慇勤誦持觀世音菩薩名，一心持誦，則得解脫。「觀世音菩薩摩訶薩威神之力巍巍如是」，即首楞嚴三昧之力。

　　第三段，闡述空性，眾生自心清淨，隨願而現。觀世音亦名光世音，能以智慧破諸結業之暗，故經偈曰：「無垢清淨光，慧日破諸暗」。「諸暗」，如《寶積經》之言：「一切黑暗皆自無有，無所從來，去無所至。」「法自無暗，明暗俱空，無作無取」。至於「求男女」，是無作妙力自在成就。「無作妙力」，是無生滅相，但應眾生自心清淨，故能隨其所願，使之成就。換言之，空性，不生不滅，故能隨緣變現。只要「常念恭敬」，自然心淨專一，一念不生，心淨則現。如《智嚴經》中，宮殿本無生滅，亦有亦無，因為地淨，故能讓所有相影現其中。惠洪援引此經印證本經。

　　第四段，闡述觀世音菩薩之慈善根力。因觀世音菩薩之慈善根力，因此，能「應以此身得度者，即現此身而為說法」，如《涅槃經》中之「如來」，即是具慈善根力，才能令諸力士見如是事。菩薩之出文宗御饌，童子之牽衣，求那跋羅衲衣，皆是慈善根力的顯現。

　　第五段，闡述法身佛，乃生而無生，滅而不滅，自心之體。無盡意，是大願。觀世音，是大悲。瓔珞，則是莊嚴之具。本經的意旨，乃在以悲願莊嚴法身。

　　綜上所述，惠洪分五個段落，闡述《妙法蓮華經觀世音菩薩普門品》中，觀世音菩薩的名稱，以及觀世音菩薩的願力。即以空性的觀點，空性無性，不生不滅，亦有亦無，非有非無，唯心所現的觀點，闡述觀世音、無盡意的名稱，並以其慈善根力，展現觀世音菩薩的慈悲。最後，強調本經的意旨，在以悲願莊嚴法身。惠洪並援引經典印證本經，使得解說更為詳細，更為靈活充實。

　　惠洪採分段，逐文注經的方式，闡述〈普門品〉中的重要觀點，惠洪所分的每一個段落，都有一個主題，讓讀者逐文逐段看來，清晰明白。

　　張商英解釋本品，有兩個重點，其一是：強調觀世音菩薩將慈悲救苦之功歸於釋迦牟尼佛與多寶佛。其二是：闡述空性。即〈妙音來往品〉者，說之者或語或默故也；〈觀音普門品〉者，聞之者無滅無生故也。並說〈妙音菩薩品〉與〈觀音普門品〉，二品互相補充，則本經能廣為流布。

　　由此觀之，惠洪解經，在義理思想的詮釋上，是比較考究的，是比較深入的，能夠讓讀者由經文理路中思索，由思索而明白經文義蘊。張商英則站在點化的立場，點到為主，並不加申論。張商英的注經方式雖然比較簡單，但兩人各有千秋，可以互為補充。

以上是，就惠洪與張商英，在釋經的形式架構、理論內容，以及思想層面上，觀察這一僧一俗對於《法華經》的注解態度、風格與特色，以及對《法華經》的深入程度。惠洪明顯精采，不管是解經技巧，或是申論義理，皆有獨到的見解。儘管張商英的釋經技巧與說解內容，皆較惠洪來得薄弱許多，但在北宋居士群像當中，能有如此的注疏書，亦是難能可貴，值得肯定的。

第二節　惠洪、張商英《法華經合論》之評價

以前《法華經》的注疏書，學者為了特異出奇，不免披新獵異起來，卻也在無形當中，讓讀者望之卻步。宋代《法華經》的注疏書，例如：守倫撰的《法華經科註》與道威入註《法華經入疏》，都不脫此一傳統，偏於繁複。而惠洪與張商英之《法華合論》、戒環《法華經要解》以及聞達《法華經句解》，則一反繁複，取向簡明。〔註17〕惠洪《楞嚴經合論》也具有這個特色，「觀其文約，而辨義宏」。〔註18〕簡明的釋經風格，迥異於南北朝、隋唐時期之釋經風格，〔註19〕可說是北宋注疏家的一大突破。其次，《法華合論》亦映現了北宋時期，佛教融通精神的展現禪教融通、諸宗融合，以及儒釋道三教會通的特點。因此，可以說《法華合論》是兼具了時代學術主流下的一部注疏書。

〔註17〕關於《法華經要解》，戒環在《法華經要解》卷一之「通述己意」中，說：「欽惟斯典，盛行於世，人莫不願洛誦深造，而每見其難能者，非經之難，特傳記難之也。夫傳以通經為義，辭達則已。類且繁分，名相虛尚，多駢煙颺，細科塵飛，雜辯滔滔謾謾，杳莫可究，所以難能也。竊觀近世明經之體，一於經旨，不泥陳言，欲約而盡，深而明。釋義不出科目，立言必求綸貫，煥乎有文，釋然易解，今輒效為斯解。」見（宋）戒環解：《法華經要解》，《卍新纂續藏經》第三十冊，頁280下。說明《法華經》之經文義理，並非詰屈聱牙，是注疏家讓他變得難懂了。釋經者的汪釋關鍵，在於以簡明易懂的文字，通徹的理路，把佛經的義理彰顯出來，詞采飛揚，雄辯滔滔，反成為讀者的障礙。不拘泥舊說，簡約意盡，理深明達，才是釋經的重點。關於《法華經句解》，聞達在《法華經句解》之序文，說：「夫讀經者，須善佛意，得佛意已，然後起修，如明目人善知方詣。不得意者，徒自疲勞，終不能知佛之境界。……若夫原始要終，提綱振紐，具如〈序解〉及指掌圖，今釋字義，為彼初機，如端伎藝，先加弄引，幸勿泥此，宜自著鞭。」見聞達：〈妙法蓮華經句解序〉，《法華經句解》，《卍新纂續藏經》第三十冊，頁430上。強調注經重在精簡。

〔註18〕見（宋）正受：〈統論〉，《楞嚴經合論》，《卍新纂續藏經》第十二冊，頁93下。

〔註19〕見黃國清：〈宋代戒環《法華經要解》的釋經態度與注解方法〉，《佛教文獻與文學國際學術研討會》（2008年10月），頁5。

惠洪所撰《法華合論》更具有橫說豎說的風格，即以不點破爲原則，也就是不直接，有系統的點明經文要旨，而是通過引經據典，引喻取譬方式，讓讀者藉由所引用的內典與外典來了解經文涵義。也就是，惠洪通過繞路說禪的方式解釋經義。以上是《法華合論》的解經特色，這種方式對於當代或後代注疏家具有一定的影響力。

關於《法華合論》給於當代與後代人的評價，除了實養長與和明代馮夢禎，分別在《法華合論》的序與跋中，對《法華合論》的釋經內容與寫作技巧，多有稱譽外。明末四大師之一德清說惠洪：「解脫於文字般若，而多得世閒障難，似覺範。」〔註20〕意思是說，惠洪一生多難，但卻能解脫於文字般若。德清〈紫柏老人集序〉，說：「昔覺範禪師，妙悟超絕，語工典則，其所著述，自自之日文字禪。」〔註21〕德清肯定惠洪的著作，用語之絕妙精工。

德清在〈答大潔六問〉一文中，認爲古之宏法諸師有三種，其中之一，「有夙習般若種子，如有禪定工夫。自明己心，妙契佛意，但未廣涉多聞，而正見不謬，雖有以淺爲深之過，而無謗法之愆。其所宏揚，皆以法施爲心。不求世閒名利恭敬，如昔溫陵、寂音諸老是也。」〔註22〕大抵看來，憨山德清對於惠洪的經歷與宏法精神是肯定的，尤其「不求世閒名利恭敬」、「其所宏揚，以法施爲心」，是值得稱許的。紫柏眞可讚歎惠洪，說他曾出入性、相，最後掉臂於禪宗，又說，惠洪能融攝出世法與世法，融攝禪教，以世法闡發出世法。因此在〈髡丁歌〉中讚歎他是「宗教精深覺範翁」。〔註23〕可知，對惠洪的評價是很高的，也可看出惠洪對於當代與後代啓了重要的影響。紫柏眞可在其《紫柏老人集》卷七，說道：

> 有宋寂音尊者，作論，論《法華》。則以文字而拋擲不傳之妙，於三周九喻之閒，譬如夜光之珠，宛轉橫斜衝突於金盤之內，不可得而測其方向也。所可必者，知其不出盤耳。盤喻文字，珠喻不傳之妙也。〔註24〕

〔註20〕 見《憨山老人夢遊集》卷五十五，《卍新纂續藏經》第七十三冊，頁 849 下。

〔註21〕 見：（明）紫柏眞可：〈紫柏老人集序〉，《紫柏尊者全集》卷一，《卍新纂續藏經》第七十三冊，頁 135 中。

〔註22〕 見《憨山老人夢遊集》卷十一，《卍新纂續藏經》第七十三冊，頁 537 上一中。

〔註23〕 見（明）紫柏眞可：〈髡丁歌〉，《紫柏老人集》卷二十九，《卍新纂續藏經》第七十三冊，頁 398 中。

〔註24〕 見（明）紫柏眞可：《紫柏老人集》卷七，《卍新纂續藏經》第七十三冊，頁 208 上。

紫柏眞可之意，是說明惠洪解《法華》，不直接說明經要，而是藉由文字語言，在三周九喻〔註25〕之間穿梭，讓讀者自己領悟經文宗趣。有不解紫柏之說的人，問：「妙不可傳，既不可傳，孰知其妙？既知妙而不可以文字語言得之。則文字語言，獨外乎妙哉。如文字語言既在妙外，則文字語言不可得而傳，妙可傳也。妙既可傳。而文字語言不可傳者，則粗者愈精，精者愈粗矣。子爲我即之。」以「妙」是通過「文字語言」而傳，或不必通過「文字語言」而傳來請示眞可。眞可的回應是：

> 憨憨子應曰：「精，謂理也。粗，謂事也。理，猶水也。事，猶波也。
> 如必以爲文字語言非妙，妙非文字語言，是離波求水也，離水求波
> 也。子悟波水之喻，則精粗不待吾再告而知矣。」〔註26〕

憨憨子，指的是紫柏眞可。眞可以華嚴的「理」、「事」做比喻，又以水波當比喻。波是由水產生的，水不離波，波亦不離水。理事是可以圓融的，妙是可以藉由文字語言來表達的。這就是禪不離文字的意義所在。因此，惠洪藉由文字禪闡述《法華》經義，讀者通過語言文字來理解《法華》的旨趣。可知，紫柏眞可是非常認同惠洪的《法華合論》的更讚歎惠洪的寫作技巧。眞可把《華嚴》和《法華》並列，說「《華嚴》、《法華》，皆以象寓意。……脫泥象而不得其意。雖清涼、方山、石門復出，吾未如之何已。」〔註27〕說明了《華嚴》、《法華》皆是以象寓意的經典。他並在〈與丁勺原〉一文中，說：「外附《法華合論》一部，此書能啓迪本光，譬如長風驅雲，天月自顯。塵心濃者，亦不易讀。」〔註28〕也就是，《法華合論》可以引導眾生開啓本來面目。可見，眞可對惠洪《法華合論》的評價是很高的。而且此書適合淨心的人來讀，凡俗之人是不容易讀懂的。

〔註25〕「三周，又稱法華三周。佛爲令聲聞悟入一乘實相之理，遂就上中下根之機，而反覆說法三回，稱三周說法。即法說周、譬說周，以及宿世因緣周。」「九譬，如來藏經舉九種譬喻，解說如來藏之義，以明示如來法身，雖爲煩惱所覆，然自性清淨毫不爲彼煩惱所染。」分別見慈怡主編：《佛光大辭典》，（高雄市：佛光出版社，1989年），頁560，145。

〔註26〕見（明）紫柏眞可：《紫柏老人集》卷七，《卍新纂續藏經》第七十三冊，頁208中。

〔註27〕見（明）紫柏眞可：《紫柏老人集》卷七，《卍新纂續藏經》第七十三冊，頁208中—下。

〔註28〕見（明）紫柏眞可：《紫柏老人集》卷二十三，《卍新纂續藏經》第七十三冊，頁342中。

　　另外，宋代道融《叢林盛事》卷下，稱曇橘洲時，說：「學問該博，擅名天下，本朝自覺範後，獨推此人而已。」〔註29〕對惠洪頗有稱譽。侯延慶在〈禪林僧寶傳引〉說：「余索其書而觀之，其識達，其學詣，其言恢而正，其事簡而完，其辭精微而華暢，其旨廣大空寂，窅然而深矣，其才則宗門之遷、固也。」〔註30〕由惠洪所撰之書，可看書惠洪的才學飽滿，言辭精微暢達，氣勢恢弘，旨趣廣大。元歐陽詹爲〈蒲菴集序〉說：「由唐至宋，大覺璉公、明教嵩公、覺範洪公，宏詞妙論，人盡嘆服。」〔註31〕歐陽詹把惠洪與大覺禪師，明教契嵩並列稱嘆。以上雖不全是專對《法華合論》的評價，但是對於惠洪及其所著之書的評價，也是很高的。可見，惠洪在當代與後代學者、教界，以及僧俗群中的影響力。

〔註29〕見（宋）道融撰：《叢林盛事》卷下，《卍新纂續藏經》第八十六冊，頁 704 中。

〔註30〕見（宋）侯延慶：〈禪林僧寶傳引〉，《禪林僧寶傳》卷一，《卍新纂續藏經》第七十九冊，頁 491 上。

〔註31〕見（清）姚之駰撰：《元明事類鈔》卷十九，《景印文淵閣四庫全書》第八八四冊，（臺北市：臺灣商務，1983 年），頁 884～315 上。

第六章　結　論

　　北宋是文字禪興起的時代，對內融通禪、教，對外融通儒、釋、道三教。
文字禪的基本特徵是繞路說禪，惠洪、張商英《法華合論》的釋經風格，即
是繞路說禪。

　　《法華合論》係惠洪、張商英根據鳩摩羅什譯本，二十八品《法華經》
為底本的注疏書。張商英於六十五歲，即大觀元年（1107），安置於歸州時作
此論。惠洪則於五十三歲，即宣和五年（1123），於南臺寺作此論，並於宣和
六年（1124）完成。在現在通行的藏經中，惠洪的《法華合論》置於《法華合
論》的前部分，屬於「主論」，張商英的《法華合論》置於《法華合論》的後
部份，屬於「附論」。本章將就前面所探討的章節，即：第三章惠洪、張商英
的釋經方法與特色，第四章惠洪、張商英的法華思想，以及第五章惠洪、張
商英《法華合論》的比較與評價，做一結論。

　　第三章惠洪、張商英的釋經方法與特色。就釋經方法而言，惠洪與張商
英，兩人的解經方法各有特色，各有異同。

　　就相同點而言，分述幾點結論：

　　第一、在北宋文字禪的佛教學術文化的影響下，惠洪、張商英的解經方
式皆具有繞路說禪、引經據典，以及設喻取譬的文字禪的特點。這個特點的
運用，又以惠洪拿手靈活，惠洪的「主論」，可以說通篇不離此一特點，此一
特點即如實養長與所說：「石門圓明禪師《合論》能就自己所證，向不說破處
說之者。」又如馮夢禎所言：「覺範此論，大都就自己所悟，印正《法華》，
橫說豎說，無不如意，而亦未嘗有一語說破。」也就是說，惠洪能根據自己
參禪的體驗，通過學思歷程所累積的學識，以及對其他經典的體悟，來印證

《法華經》的經文義理，達到「爲人解粘去縛」的目的，並突顯「橫說豎說，無不如意」的特色。魏道儒說：「文字禪的發展，正是禪師們在研究舊經典的基礎上創造新經典的過程」。〔註1〕以這個觀點來形容惠洪的《法華合論》，很適切。惠洪所徵引的經典，包括佛教的經論，如：大乘典籍、中觀、瑜伽論著、禪宗的語錄，以及禪僧的修行事例等，援引最多的經典，要屬《華嚴經》，「主論」通篇引用了 30 次之多，其次，是《維摩詰經》，引了 20 次，再次，是華嚴學者李通玄的《新華嚴經論》，引了 19 次。徵引外典，也是惠洪「主論」的特色，字書、史傳典籍儒家典籍，以及感應事例等。惠洪援引經典之多，其實不僅來自於他的博學多聞，師禪道友之多，也來自於他的四處行腳。「所歷叢林，幾半天下」。〔註2〕由此也呼應了北宋一代，禪僧已從農禪走向人群，走向名山勝地的大寺院，由出世走向入世，由小格局走向大格局。值得一提的是，這是不是也可以成爲探討人間佛教其中的一個引源。

在設喻取譬的議題上，惠洪「主論」中，大量以譬喻的象徵意義，讓讀者藉由其象徵，了解《法華經》的義理。其中的「取象表法」，藍吉富教授說，這是中國古代祖師解經時的慣用方法，例如：智者大師《法華經文句》即具有此一特色。惠洪與張商英也靈活運用此一方式解經，散見於《法華合論》的各品中。其次，惠洪也以佛教的寓言故事以及中國典籍中的史傳故事爲譬喻對象，注解《法華經》。其所舉的佛教寓言故事中，以《華嚴經》的〈入法界品〉善財童子的故事最多，其次才是《維摩詰經》裡的故事。至於史傳故事，則廣舉《史記》、《晉書》裡的故事作譬喻。

關於上述兩個特點，張商英的「附論」，也都具備，只是張商英所引用的經典與次數均不及惠洪的多且廣。但因張商英解經在前，長江後浪推前浪，惠洪的注經成果，有後出轉精之效。

第二、兼融內典與外典，也是惠洪與張商英在解經上的一個相同點。這個特點源自文字禪的其中一個特色而來，即「雪竇《頌古百則》，叢林學道詮要也，其間取譬經論或儒家文史，以發明此事。」〔註3〕

〔註 1〕見魏道儒著：〈關於宋代文字禪的幾個問題〉，《華嚴學與禪學》，（北京市：宗教文化出版社，2011 年），頁 214。

〔註 2〕見（宋）德洪著：〈五宗綱要旨訣序〉，《石門文字禪》卷二十三，（臺北：新文豐出版公司，1973 年），頁 2。

〔註 3〕見（宋）關友無黨記：《佛果圜悟禪師碧巖錄》卷十〈後序〉，《大正新脩大藏經》第四十八冊，頁 224 中。

　　關於內典的融通。除了當代的佛教學術環境的影響外，推其源流，尚與其師眞淨克文所主張的「融通宗教」的家風有關。「主論」通篇可見此一特色。包括經典的融通，以及禪教的融通等。此外，爲了使讀者了解《法華》經義，惠洪往往採用以經論印證經論的方式，使讀者得以左右逢源，觸類旁通，豁然得解，他所徵引的經典，有時會根據原典，再加以精裁簡化，也就是以有時精簡原典，有時改動原典的方式，靈活生動，不會有生硬呆版的現象。內典的融通，同樣能在張商英的「附論」上找到，可是其所徵引的內典並不多也不廣。

　　至於內外典的融通，即是融通儒、釋、道三教。三教融通是自佛教進入中土以來即有的現象，這種現象在北宋成爲一個重要的特點。戒環《法華經要解》具有此特色，《法華合論》同樣具有此特色。這一特色，其實也反映當代的時代背景，北宋禪宗與儒者士大夫交遊甚密，儒、禪的交流即由彼此相互酬唱的詩文中體現，習慣成自然，在解經的內容上，便能呈現這一風尚。惠洪本身自幼即讀儒家經典，「倦禪輒逃儒」，「余幼孤，知讀書爲樂」，因此，惠洪解經，頗能彰顯儒、釋、道三教會通的特色。至於張商英，本有亦儒、亦佛、亦道的特質，因此，會通三教也是他解經的特色之一。

　　以上純就釋經時所徵引的典籍而言。另外，就修辭的方法而言，「主論」部分，惠洪往往會兼用譬喻與自問自答的設問，或兼用譬喻與引用，或兼用設問與引用，或兼用以上三種方式不等，其他如層遞與錯綜，也是惠洪運用的方法之一。使得「主論」通篇讀來，洋溢著活潑的氣息。由此亦可見，惠洪解經的靈活度。不管從釋經內容的角度看，或從釋經的技巧看，信手拈來皆成美文。

　　第三、惠洪、張商英解經，皆具有直截簡約的特色。實養長與認爲上溯天台，下及蕅益，注解《法華經》的爲數不少，卻「各自披新獵異，此立彼破，始涉徒讀之三四過而不通」，〔註4〕指出了大多數解《法華經》者的弊病，多且繁，反而讓讀者望之卻步，如惠洪之解經，不拖泥帶水，「足是爲講經者之點眼藥」，無怪乎馮夢禎稱「愛其議論直截痛快，能爲人解粘去縛。」〔註5〕在直截簡約上，張商英更是「議論直截」，「足以羽翼覺範」。〔註6〕直截簡約

〔註4〕見實養長與：〈鐫《法華合論》序〉，《卍新纂續藏經》第三十冊，頁362上。
〔註5〕見（明）馮夢禎：〈重刻《妙法蓮華經合論》跋語〉，《卍新纂續藏經》第三十冊，頁429上。
〔註6〕見（明）馮夢禎：〈重刻《妙法蓮華經合論》跋語〉，《卍新纂續藏經》第三十冊，頁429中。

的風格，也呼應了當代注疏家解經的風格，例如：惠洪的《楞嚴經合論》、戒環的《法華經要解》，以及聞達的《法華經句解》皆具有這種特色。

第四、宋仁宗慶曆年間，興起疑古之風，思潮逐漸波及學術各領域。惠洪、張商英解經也受此一氛圍的影響。這種影響，對惠洪來說，主要是建立在其對於智者大師與窺基注解《法華經》的基礎上，也就是說，惠洪對於隋代智顗《法華經文句》、《摩訶止觀》以及唐代窺基《法華經玄贊》中的某些觀點或表贊同，或有批判，另外，如：《大智度論》，也是惠洪檢視論證的對象。惠洪對於窺基《法華玄贊》的批判，多於對於智者大師《法華文句》的批駁，對於窺基的評述多集中於「五性個別說」這個觀點上，由此可看出惠洪主張眾生成佛的成佛思想。窺基則排除聲聞定性、獨覺定性，以及斷善根一闡提等三類人的成佛機會。這一現象也成爲「主論」的一個特色。關於「辯證」之說，張商英「附論」部分，亦有兩處，即〈法師品〉與〈如來壽量品〉，〔註7〕有辯證之說。辯證之說，其實只是兩者之間，選擇的進路不同罷了。

就相異點而言。惠洪、張商英同是臨濟宗黃龍派僧。惠洪解經，能就自己禪修的體驗，下筆靈活自在，如靈丹一粒，點鐵成金。張商英解經卻不然，其重疊《法華經》之處甚多，論述不多，往往一品當中，只點出一個觀點。「附論」就如統整各品的大意一般。

此外，就惠洪的「主論」部分，引經據典是惠洪的解經特色，但其所徵引典籍的內容，有時對於其所解之經文，並不適切，如〈如來神力品〉，舉陳那、蔡順、德秀、孟宗等之事蹟，來印證如來神力之不可思議。是值得三思之處。這是值得討論的問題。

另外，惠洪雖博學多聞，但佛學浩瀚，即便博聞強記如惠洪，終有所窮，因此，《法華合論》中，亦出現錯引經典或漏字等現象。也許是版本的問題，也許是惠洪走筆時下錯字句了。這種現象惠洪出現二十處，張商英出現兩處。

大體言之，惠洪以豐富的學思歷程，在不長的時間裡完成整部《法華經》的注解，並處處呼應當代的佛教學術環境，眞是值得讚歎的一部注疏書。至

〔註7〕 「對於裴休以『修羅方瞋，諸天正樂，鬼神沉幽愁之苦，鳥獸懷猜狖之悲。整心慮，趣菩提，唯人能爲。』解『佛以一音演說法，眾生隨類各得解，則天、龍、鬼神授記，復何疑哉？』，認爲裴休之言，讚《圓覺經》則美矣，於諸佛之慈悲智願無量無邊，未之盡也。」見〈法師品〉，《妙法蓮華經合論》卷四，《卍新纂續藏經》第三十冊，頁 399 中。「對李通玄謂《法華經》引權就實之說，不以爲然」見〈如來壽量品〉，《妙法蓮華經合論》卷五，《卍新纂續藏經》第三十冊，頁 409 下。

於張商英的注解，雖然簡化許多，但在當代的居士群像中，能有這一創舉，
亦是值得肯定的。

　　第四章惠洪、張商英的法華思想。本章分述惠洪的法華思想與張商英的
法華思想兩部份。惠洪的法華思想，以眾生成佛的成佛思想、一佛乘思想，
心性思想，以及惠洪的佛身觀作結論。其次，探討張商英的法華思想。包括
張商英《法華合論》各品要旨的詮釋，張商英的眾生成佛思想，以及張商英
的一乘思想等。

　　惠洪的眾生成佛的成佛思想，分述幾項：

　　第一、眾生成佛的成佛思想。由眾生成佛說、闡提成佛等二個觀點探討。
「眾生成佛的成佛思想」，惠洪對於「佛知見，眾生本自有之」的觀點，只是
點到為止，並未做詳細的探究。因為他認為眾生本來成佛，但卻不自知，反
從人覓，因此，必須藉由善知識的引導，開方便之門，始得成佛。因此，惠
洪強調的是眾生成佛的成佛思想。《法華合論》中惠洪藉由所徵引的民間經驗
與佛教經論，例如：徵引南嶽的蜇方病目，以及《金剛般若經》、《勝天王般
若經》中的「授記」觀點來考察。「授記」是佛對發心修行的眾生，授與將來
必當成佛的一種「記別」。其主要在破除眾生的執著心態。另外，善知識的問
題，惠洪認為善知識是成佛的最大因緣，他提到藉由利行、布施、愛語、同
事等四法來攝化一切眾生。「闡提成佛」之說，歷來各家觀點不一，惠洪藉由
解〈方便品〉「比丘、比丘尼、優婆塞、優婆夷五千人等，即從座起，禮佛而
退。」時，所引《華嚴經》中，「金翅鳥王以龍為食」的觀點，以及解《法師
功德品》：「得千二百舌功德」時，所認同的晉朝道生「闡提人亦有佛性」觀
點，說明一闡提雖是無菩提因緣可能性的人，但依舊可以成佛。

　　第二、緣起無性的成佛思想。惠洪的眾生成佛的成佛思想，主要的關鍵
點在於「無性」。所謂「無性」，即無自性，無自性即是空，空即是不生滅的
法性。無性是佛性的本質，因此，依緣而有生滅，依緣而現萬象。因法無性，
故能轉凡成聖，轉識成智，轉染成淨，亦即可以成聖成佛。凡夫由於無明不
覺，不解不知無性之妙，遂顯種種妄。惠洪眾生成佛的成佛思想，幾乎通篇
以此觀點為基礎而發揮的。惠洪緣起無性思想，也由生滅法，其本質不生不
滅來探討。另外，所謂諸法實相，惠洪也藉「十如是」的緣起無性、緣起性
空觀點，來闡述諸法實相的真諦。筆者並配合惠洪的其他撰作，例如：《智證
傳》、《楞嚴經合論》，比對印證，讓觀念更清楚。

關於一佛乘思想。眾生成佛的一佛乘思想是「開權顯實」觀點的展現。一佛乘思想，古來論議的教界、學者相當多。因為《法華經》經文，給了大家一個論議的平台，即：〈譬喻品〉中「三車火宅」之譬喻論說。火宅內所指之門外「羊、鹿、牛」三車中的「牛車」，與界外露地所授之「大白牛車」，究竟是同或異，是一是二。本論文先探究《法華經》一乘義之詮釋，次考察《法華合論》一乘義之詮釋，通過二乘、三乘與一佛乘的對舉，在不同的議題上，顯現大乘與小乘的差別，由此突顯一佛乘的唯一。再次，探查惠洪的「會三歸一」說。最後由精進力與止觀法門兩個觀點，以及建塔、雕像、一稱南無、一舉手、小低頭、一合掌等日用間的實踐，考察一佛乘之實踐。

關於心性思想。這是惠洪《法華合論》的另一個重要主題，分述如下：

第一、會通一念。《法華合論》的一念觀點，主要建立在無念的基礎上，換句話說，一念即無念，亦即無妄念之義。本論文先考察「念」之義，再考察「一念」義，最後探討心性與一念的會通，由《法華合論》中，與一念相關的文句，展示惠洪的心性思想。《法華合論》會通心性與一念，通過《華嚴經》、《新華嚴經論》、《般若經》等經論的論述，加以闡發，達到其旨趣。

第二、會通時空。眾生本來具有成佛的潛能，欲成佛，必假功力，精進修證。惠洪認為成佛若以時期、以功計、以時論，則落入思惟、言說等範疇，皆成戲論。由此觀點，說明成佛待因緣時節，不能以時論，不能以功計。

第三、會通空性。惠洪以不變之心體會通空性，通過經典的連結，呈現其心性思想。惠洪藉由空性無性、無自性、不生不滅、唯心所現的觀點來闡述。

第四、迷與悟。心性是迷悟之所依，迷者為凡夫，悟者為諸佛聖人。轉染成淨，轉凡成聖，轉識成智，皆在於一心。惠洪通過十二有支，每一支都無自性的觀點作說明。

惠洪的心性思想，主要是融通華嚴與禪，也融通般若與中觀。

關於惠洪的佛身觀。佛身觀，是「開迹顯本」這一主題的展現。本論文先考察《法華經》的佛陀觀，次考察惠洪的佛身觀。惠洪的佛身觀，由兩個觀點闡述：其一、無生，其二、法身無有定體，無有定數，無有定所。

關於張商英的法華思想。本論文分述張商英《法華合論》各品要旨之詮釋、眾生成佛的成佛思想以及一佛乘思想探究之。首先，介紹張商英的各品要旨，其次，探討張商英的眾生成佛的成佛思想，張商英的眾生成佛思想，

分別出現在〈授記品〉與〈常不輕菩薩品〉中。出生、老、病、死是眾生所怖畏，唯有修菩薩道，才能成佛，得究竟解脫。這是三世諸佛成佛的法要。成佛是目的，修菩薩道、行菩薩道是方法。張商英的眾生成佛的成佛思想，也是以無性、無生的觀點爲基礎，作闡述的，也與心性相連結。至於一乘思想，則著重於實踐的工夫，這與張商英本身是個典型的外護，和他喜歡攜帶全家齋戒，遊歷諸山名勝應該是有相關聯的。

　　第五章惠洪、張商英《法華合論》的比較與評價。惠洪「主論」與張商英「附論」的比較，是可以發揮的地方，因爲惠洪與張商英詮釋《法華經》，所用的方法相同處極多，但同中見異。主要在於張商英《法華合論》與《法華經》的經文重疊處太多，論述性不強。比較部份，選擇家喻戶曉的〈妙法蓮華經觀世音菩薩普門品〉爲對象，針對義理思想部分作探究。惠洪、張商英二人同樣站在無性空性的觀點，但惠洪能引經據典作論述，分析詳細，張商英則以點化的方式，並未作太多的詮釋。由此觀之，惠洪之注可以補充張商英之注的不足。惠洪、張商英同爲臨濟宗黃龍派的禪僧，皆受北宋文字禪背景的影響。惠洪的思想追溯汾陽善昭，歷代談到文字禪，只提汾陽善昭、雪竇重顯，以及圜悟克勤，比較少人對惠洪其人其作多著墨，因此評價的人也少。尤其對於其《法華合論》一書的評價更少。倒是明末四大師之一的紫柏眞可對於惠洪《法華合論》的稱譽極大，評價極高。其評價部份著重在惠洪的釋經方法上，即惠洪以文字禪的方式解經上。紫柏眞可認爲《法華合論》是一部能啓迪本光之書，塵心濃者，是不易誦讀的。

　　綜上可知，惠洪、張商英《法華合論》，是很可以探討的一部注疏書，從時代背景看，與當代的佛教學術環境吻合，由作者看，一僧一俗，政治上都不是很討喜，人生歷練上，也多坎坷，偏偏相繼注解《法華經》，由人生經歷的體悟，研讀經論，自然收沉靜之功效。每次研讀《法華合論》，總會想起章回小說的特色，章回小說，常在精彩處，喜歡用「有詩爲證」一詞來渲染氣氛。這與惠洪注解《法華合論》在其解釋經典，大量引用其他的佛教經論上，是不是也可以作一個連結。當代或後代對惠洪、張商英的《法華合論》，嫌少評價，這與惠洪曾經有「浪子和尚」之稱，是不是有直接或間接的影響，一直是筆者好奇的地方。這個問題一定有再探討的空間。

參考文獻

一、佛教典籍

1. 〔後秦〕鳩摩羅什譯：《妙法蓮華經》，《大正新脩大藏經》，第九冊。

2. 〔後秦〕鳩摩羅什譯：《維摩詰所說經》，《大正新脩大藏經》，第十四冊。

3. 〔後秦〕鳩摩羅什譯：《大智度論》，《大正新脩大藏經》，第二十五冊。

4. 陳那菩薩造（陳）眞諦譯：《解捲論》，《大正新脩大藏經》，第三十一冊。

5. 〔後秦〕僧肇撰：《注維摩詰所說經》，《大正新脩大藏經》，第三十八冊。

6. 〔後秦〕僧肇撰：《肇論》，《大正新脩大藏經》，第四十五冊。

7. 〔姚秦〕鳩摩羅什譯：《提婆達多傳》，《大正新脩大藏經》，第五十冊。

8. 〔西晉〕竺法護譯：《正法華經》，《大正新脩大藏經》，第九冊。

9. 〔東晉〕竺道生撰：《妙法蓮華經疏》，《卍新纂續藏經》第二十七冊。

10. 〔東晉〕佛陀跋陀羅譯：《大方廣佛華嚴經》，《大正新脩大藏經》，第九冊。

11. 〔劉宋〕求那跋羅陀譯：《楞伽阿跋多羅寶經》，《大正新脩大藏經》，第十六冊。

12. 馬鳴菩薩造，〔梁〕眞諦譯：《大乘起信論》，《大正新脩大藏經》第三十二冊。

13. 〔梁〕慧皎撰：《高僧傳》，《大正新脩大藏經》，第五十冊。

14. 〔梁〕僧祐撰：《弘明集》，《大正新脩大藏經》第五十二冊。

15. 〔元魏〕吉迦夜共曇曜譯：《付法藏因緣傳》，《大正新脩大藏經》，第五十冊。

16. 堅益菩薩造〔北涼〕道泰等譯：《入大乘論》，《大正新脩大藏經》第三十二冊。

17. 〔北涼〕曇無讖譯：《大般涅槃經》，《大正新脩大藏經》，第十二冊。

18. 無著菩薩造〔隋〕達磨笈多譯：《金剛般若經》，《大正新脩大藏經》，第二十五冊。

19. 〔隋〕闍那崛多共笈多譯：《添品妙法蓮華經》，《大正新脩大藏經》，第九冊。

20. 〔隋〕吉藏撰：《法華玄論》，《大正新脩大藏經》，第三十四冊。

21. 〔隋〕吉藏撰：《法華義疏》，《大正新脩大藏經》第三十四冊。

22. 〔隋〕吉藏撰：《大乘玄論》，《大正新脩大藏經》第四十五冊。

23. 〔隋〕智顗說：《妙法蓮華經文句》，《大正新脩大藏經》，第三十四冊。

24. 〔隋〕智顗說：《摩訶止觀》，《大正新脩大藏經》，第四十六冊。

25. 〔隋〕智者大師說：《禪門章》，《卍新纂續藏經》第五十五冊。

26. 〔唐〕玄奘譯：《大般若波羅蜜多經》，《大正新脩大藏經》第六冊。

27. 〔唐〕不空譯：《仁王護國般若波羅蜜多經》，《大正新脩大藏經》第八冊。

28. 〔唐〕實叉難陀譯：《大方廣佛華嚴經》，《大正新脩大藏經》，第十冊。

29. 〔唐〕玄奘譯：《解深密經》，《大正新脩大藏經》第十六冊。

30. 〔唐〕般刺蜜帝譯：《大佛頂如來密因修證了義諸菩薩萬行首楞嚴經》，《大正新脩大藏經》第十九冊。

31. 〔唐〕玄奘譯：《瑜伽師地論》，《大正新脩大藏經》，第三十冊。

32. 護法等菩薩造〔唐〕玄奘譯：《成唯識論》，《大正新脩大藏經》第三十一冊。

33. 〔唐〕窺基撰：《妙法蓮華經玄贊》，《大正新脩大藏經》，第三十四冊。

34. 〔唐〕法藏述：《華嚴經探玄記》，《大正新脩大藏經》第三十五冊。

35. 〔唐〕澄觀撰：《大方廣佛華嚴經疏》，《大正新脩大藏經》，第三十五冊。

36. 〔唐〕李通玄撰：《新華嚴經論》，《大正新脩大藏經》，第三十六冊。

37. 〔唐〕李通玄撰：《解迷顯智成悲十明論》，《大正新脩大藏經》第四十五冊。

38. 〔唐〕法藏述：《華嚴經義海百門》，《大正新脩大藏經》第四十五冊。

39. 〔唐〕法海集：《南宗頓教最上大乘摩訶般若波羅蜜經六祖惠能大師於韶州大梵寺施法壇經》，《大正新脩大藏經》第四十八冊。

40. 〔唐〕弘忍述：《最上乘論》，《大正新脩大藏經》第四十八冊。

41. 〔唐〕道宣撰：《續高僧傳》，《大正新脩大藏經》第五十冊。

42. 〔唐〕玄奘譯，辯機撰：《大唐西域記》，《大正新脩大藏經》，第五十一冊。

43. 〔唐〕智昇撰：《開元釋教錄》，《大正新脩大藏經》，第五十五冊。

44. 〔唐〕裴休撰：《圓覺經序注》，《卍新纂續藏經》，第十冊。

45.〔唐〕法寶述:《一乘佛性究竟論》,《卍新纂續藏經》第五十五冊。

46.〔宋〕求那跋陀羅譯:《大方廣寶篋經》,《大正新脩大藏經》第十四冊。

47.〔宋〕延壽集:《宗鏡錄》,《大正新脩大藏經》第四十八冊。

48.〔宋〕張商英撰:《佛國禪師文殊指南圖讚》,《大正新脩大藏經》,第四十五冊。

49.〔宋〕宗曉編:《四明尊者教行錄》,《大正新脩大藏經》,第四十六冊。

50.〔宋〕知禮撰:《四明十義書》,《大正新脩大藏經》,第四十六冊。

51.〔宋〕道謙編:《大慧普覺禪師宗門武庫》,《大正新脩大藏經》,第四十七冊。

52.〔宋〕妙源編:《虛堂和尚語錄》,《大正新脩大藏經》,第四十七冊。

53.〔宋〕延壽集:《宗鏡錄》,《大正新脩大藏經》,第四十八冊。

54.〔宋〕智昭集:《人天眼目》,《大正新脩大藏經》,第四十八冊。

55.〔宋〕重顯頌古‧克勤評唱:《佛果圜悟禪師碧巖錄》,《大正新脩大藏經》,第四十八冊。

56.〔宋〕志磐撰:《佛祖統紀》,《大正新脩大藏經》,第四十九冊。

57.〔宋〕贊寧等撰:《宋高僧傳》,《大正新脩大藏經》,第五十冊。

58.〔宋〕道原纂:《景德傳燈錄》,《大正新脩大藏經》,第五十一冊。

59.〔宋〕張商英述:《續清涼傳》,《大正新脩大藏經》,第五十一冊。

60.〔宋〕契嵩編:《傳法正宗記》,《大正新脩大藏經》,第五十一冊。

61.〔宋〕張商英述:《護法論》,《大正新脩大藏經》,第五十二冊。

62.〔宋〕契嵩撰:《鐔津文集》,《大正新脩大藏經》,第五十二冊。

63.〔宋〕法雲編:《翻譯名義集》,《大正新脩大藏經》第五十四冊。

64.〔宋〕德洪造論,正受釐論:《大佛頂如來密因修證了義諸菩薩萬行首楞嚴經合論》,《卍新纂續藏經》,第十二冊。

65.〔宋〕蘊聞錄:《大慧普覺禪師普說》,《卍正藏經》第五十九冊。

66.〔宋〕慧洪造,張商英撰:《法華經合論》,《卍新纂續藏經》,第三十冊。

67.〔宋〕知禮造:《四明仁岳異說叢書》,《卍新纂續藏經》,第五十六冊。

68.〔宋〕智圓著:《閑居編》,《卍新纂續藏經》,第五十六冊。

69.〔宋〕慧洪撰:《智證傳》,《卍新纂續藏經》,第六十三冊。

70.〔宋〕慧洪撰:《臨濟宗旨》,《卍新纂續藏經》,第六十三冊。

71.〔宋〕頤藏主集:《汾陽昭禪師語錄》,《古尊宿語錄》,《卍新纂續藏經》第六十八冊。

72.〔宋〕宗鑑集:《釋門正統》,《卍新纂續藏經》,第七十五冊。

73. 〔宋〕惠洪撰：《禪林僧寶傳》，《卍新纂續藏經》，第七十九冊。

74. 〔宋〕戒環撰：《法華經要解》，《卍新纂續藏經》，第三十冊。

75. 〔宋〕聞達：《法華經句解》，《卍新纂續藏經》，第三十冊。

76. 〔宋〕德洪覺範著：《石門文字禪》，臺北：新文豐出版社股份有限公司，1973 年。

77. 〔宋〕惠彬述：《叢林公論》，《卍新纂續藏經》，第六十四冊。

78. 〔宋〕祖琇撰：《僧寶正續傳》，《卍新纂續藏經》，第七十九冊。

79. 〔宋〕正受編：《嘉泰普燈錄》，《卍新纂續藏經》第七十九冊。

80. 〔宋〕悟明集：《聯燈會要》，《卍新纂續藏經》第七十九冊。

81. 〔宋〕普濟撰：《五燈會元》，《卍新纂續藏經》第八十冊。

82. 〔宋〕曉瑩集：《羅湖野錄》，《卍新纂續藏經》第八十三冊。

83. 〔宋〕曉瑩撰：《感山雲臥紀譚》，《卍新纂續藏經》第八十六冊。

84. 〔宋〕道融撰：《叢林盛事》，《卍新纂續藏經》第八十六冊。

85. 〔宋〕慧洪：《石門洪覺範林間錄》，《卍新纂續藏經》，第八十七冊。

86. 〔宋〕延壽述：《註心賦》，《卍新纂續藏經》，第六十三冊。

87. 〔宋〕元照作：《芝園集》，《卍新纂續藏經》，第五十九冊。

88. 〔宋〕知禮述：《修懺要旨》，《永樂北藏》，第一六七冊。

89. 〔宋〕宗永集〔元〕清茂續集：《宗門統要正續集》，《永樂北藏》，第一五四冊。

90. 〔元〕宗寶編：《六祖大師法寶壇經》，《大正新脩大藏經》，第四十八冊。

91. 〔元〕覺岸編：《釋氏稽古略》，《大正新脩大藏經》，第四十九冊。

92. 〔元〕念常集：《佛祖歷代通載》，《大正新脩大藏經》，第四十九冊。

93. 〔明〕釋德清：〈古杭雲棲蓮池大師塔銘〉，《嘉興大藏經》第三十三冊。

94. 〔明〕袾宏輯：《往生集》，《大正新脩大藏經》，第五十一冊。

95. 〔明〕如卺續集：《緇門警訓》，《大正新脩大藏經》，第四十八冊。

96. 〔明〕圓極居頂編：《續傳燈錄》，《大正新脩大藏經》，第五十一冊。

97. 〔明〕憨山德清著：《紫柏尊者全集》，《卍新纂續藏經》，第七十三冊。

98. 〔明〕憨山德清閱：《紫柏老人集》，《卍新纂續藏經》第七十三冊。

99. 〔明〕了圓錄：《法華靈驗傳》，《卍新纂續藏經》，第七十八冊。

100. 〔明〕通容集《五燈嚴統》，《卍新纂續藏經》，第八十冊。

101. 〔明〕朱時恩輯：《居士分燈錄》，《卍新纂續藏經》，第八十六冊。

102. 〔清〕彭希涑撰：《淨土聖賢錄》，《卍新纂續藏經》，第七十八冊。

103. 〔清〕周克復譔：《《法華經》持驗記》，《卍新纂續藏經》，第七十八冊。

104. 〔清〕彭際清述：《居士傳》,《卍新纂續藏經》,第八十八冊。

105. 〔日本〕慧印校：《筠州洞山悟本禪師語錄》,《大正新脩大藏經》,第四十七冊。

106. 《神僧傳》,《大正新脩大藏經》,第五十冊。

107. 慧辯錄：《慧林宗本禪師別錄》,《卍新纂續藏經》,第七十三冊。

二、古代典籍

1. 〔漢〕許慎撰〔清〕段玉裁注：《說文解字注》,台北市：天工書局,1987年。

2. 〔後晉〕劉昫撰：《舊唐書》,臺北市：藝文,1958年。

3. 〔魏〕何晏注〔宋〕邢昺疏：《論語注疏》,《十三經注疏》,臺北縣：藝文印書館,1985年。

4. 〔魏〕王弼、韓康伯注〔唐〕孔穎達等正義：《周易正義》,《十三經注疏》,臺北縣：藝文印書館,1985年。

5. 〔梁〕昭明太子撰：〔唐〕李善注：《文選》,臺北縣：藝文印書館,1983年。

6. 〔梁〕蕭子顯撰：《南齊書》第三冊,北京：中華書局出版,1972年。

7. 郭象子玄注,陸德明音義：《莊子十卷》,上海市：中華書局,1936年。

8. 〔南朝宋〕范曄撰〔梁〕劉昭補志〔唐〕章懷太子注：《後漢書集解》,臺北市,藝文,1958年。

9. 〔唐〕蘇鄂撰：《杜陽雜編》,臺北市：臺灣商務,1979年。

10. 〔唐〕太宗御撰：《晉書斠注》,臺北市,藝文,1958年。

11. 〔唐〕許嵩撰：《建康實錄》臺北市：臺灣商務,1976年。

12. 〔唐〕孔穎達等正義：《尚書正義》,《十三經注疏》,臺北縣：藝文印書館,1985年。

13. 〔宋〕歐陽脩撰：《唐書》,臺北市：藝文,1958年。

14. 〔宋〕張商英撰：《宗禪辯》,台北：藝文印書館,1967年。

15. 〔宋〕楊仲良撰：《通鑑長編紀事本末》,臺北縣：文海出版社,1967年。

16. 〔宋〕周敦頤撰：《周濂溪先生全集》,出版地不詳,藝文印書館,1968年。

17. 〔宋〕王安石撰：《臨川先生文集》,台北市：華正書局,1975年。

18. 〔宋〕歐陽脩撰：《歐陽文忠公集》,臺北市：臺灣商務,1979年。

19. 〔宋〕王安石等撰：《王臨川文集附沈注》,臺北市：鼎文書局,1979年。

20. 〔宋〕洪邁撰：《容齋隨筆》,臺北市：臺灣商務,1979年。

21.〔宋〕李覯撰:《李覯集》,台北縣:漢京文化事業有限公司,1983 年。

22.〔宋〕杜大珪編:《名臣碑傳琬琰之集》,臺北市:臺灣商務,1983 年。

23.〔宋〕王稱撰:《東都事略》,臺北市:臺灣商務,1983 年。

24.〔宋〕朱熹纂集:《宋名臣言行錄後集》,《景印文淵閣四庫全書》第四四九集,臺北市:臺灣商務,1983 年。

25.〔宋〕王明清撰:《玉照新志》,北京市:中華書局,1985 年。

26.〔宋〕陳善著:《捫蝨新話》,北京:中華書局出版社,1985 年。

27.〔宋〕吳曾撰:《能改齋漫錄》,北京:中華書局,1985 年。

28.〔宋〕楊億撰:《武夷新集》,臺北市:世界書局,1986 年。

29.〔宋〕彭乘撰:《墨客揮犀》,北京:中華書局,1991 年。

30.〔宋〕晁公武撰:《郡齋讀書志》,《文津閣四庫全書》第二二四冊,北京市:商務印書館,2005 年。

31.〔宋〕陳振孫:《直齋書錄解題》,《文津閣四庫全書》第二二四冊,北京市:商務印書館,2005 年。

32.〔宋〕惠洪撰:《冷齋夜話》,《文津閣四庫全書》第二八五冊,北京市:商務印書館,2005 年。

33.〔宋〕祝穆撰:《方輿勝覽》,北京市:人民出版社,2009 年。

34.《全宋詩》第十六冊,北京市:北京大學出版:新華發行,1995 年。

35.〔宋〕徐自明著:《宋宰輔編年錄》,臺北市:臺灣商務,1983 年。

36.〔宋〕孫明復撰:《孫明復小集》,《文津閣四庫全書》第三六四冊,北京市:商務印書館,2005 年。

37.〔宋〕謝逸撰:《溪堂集》,臺北市:臺灣商務,民?。

38.〔元〕脫脫等撰:《宋史》,臺北市:藝文,1958 年。

39.〔元〕方回編:《瀛奎律髓》,《四庫全書》第八集,臺北市:臺灣商務,1978 年。

40.〔元〕吳澄撰:《吳文正集》,《景印文淵閣四庫全書》第二九七冊,臺北市:臺灣商務,1983 年。

41.〔明〕陶屢中等纂修:《江西省瑞州府志》,台北市:成文出版社,1989 年。

42.〔明〕周復俊編:《全蜀藝文志》,蘭州市:蘭州大學出版社,2003 年。

43.〔清〕徐松纂輯:《宋會要輯稿》,臺北市:藝文,1976 年。

44.〔清〕王文誥、馮應榴輯註:《蘇軾詩集》,台北市:學海出版社,1983 年。

45.〔清〕胡聘之撰:《山右石刻叢編》,上海:上海古籍,2002 年。

46.〔清〕葉芳模等纂:《新津縣志》,臺北市:臺灣學生書局,1968 年。

47.〔清〕姚之駟撰:《元明事類鈔》,《景印文淵閣四庫全書》第八八四冊,臺北市:臺灣商務,1983 年。

48.〔日本〕瀧川龜太郎著:《史記會注考證》,台北市:洪氏出版社,1986 年。

三、專書

1.〔日本〕水野弘元:坂本姓男編:《《法華經》の中國的開展:《法華經》研究》,京都:平樂寺書店,1972 年。

2. 王力主編:《古漢語通論》,香港:中外出版社,1976 年。

3. 張曼濤主編:《宋遼金元篇》(上),《中國佛教史專集》之三,台北市:大乘文化出版社,1977 年。

4. 董季棠著:《修辭析論》,台北市:益智書局,1981 年。

5. 陳寅恪著:《金明館叢稿二編》,台北市:里仁書局,1981 年。

6.〔日本〕鐮田茂雄著,關世謙譯:《中國佛教通史》,高雄市:佛光山佛光出版社,1985 年。

7.〔日本〕阿部肇一著,關世謙譯:《中國禪宗史》,臺北市:東大圖書股份有限公司,1986 年。

8. 黃慶萱:《修辭學》,台北市:三民書局股份有限公司,1986 年。

9.〔日本〕高雄義堅等著,陳季菁等譯:《宋代佛教史研究》,臺北縣:華宇出版社,1987 年。

10. 王力著:《古代漢語》,台北市:藍燈文化事業股份有限公司,1989 年。

11.〔日本〕平川彰等著,許明銀譯:《佛學研究入門》,台北市:法爾出版社,1990 年。

12. 冉雲華著:《中國禪學研究論集》,台北市:東初出版社,1991 年。

13. 汪耀楠著:《注釋學綱要》,北京:語文出版社出版,1991 年。

14. 印順:《印度之佛教》,臺北市:正聞出版社,1992 年。

15. 印順:《中觀今論》,臺北市:正聞出版社,1992 年。

16. 印順:《般若經講記》,臺北市:正聞出版社,1992 年。

17. 印順:《佛教史地考論》,臺北市:正聞出版社,1992 年。

18. 印順:《大乘起信論講記》,臺北市:正聞出版社,1992 年。

19. 陳士強撰:《佛典精解》,上海:上海古籍出版社出版,1992 年。

20. 陳植鍔著:《北宋文化史述論》,北京:《中國社會科學出版社》,1992 年。

21. 印順:《成佛之道》,臺北市:正聞出版社 1993 年。

22. 印順：《華雨集》第三集，臺北市：正聞，1993年。

23. 郭朋著：《中國佛教史》，台北市：文津出版社，1993年。

24. 劉精誠著：《中國道教史》，臺北市：文津出版社，1993年。

25. 杜繼文、魏道儒著：《中國禪宗通史》，江蘇：江蘇古籍出版社，1993年。

26. 顧吉辰：《宋代佛教史稿》，鄭州市：中州古籍出版社，1993年。

27. 印順：《初期大乘佛教之起源與開展》，臺北市：正聞出版社，1994年。

28. 熊十力撰：《佛家名相通釋》，台北市：明文書局股份有限公司，1994年。

29. 周大璞主編，黃孝德、羅邦柱分撰：《訓詁學初稿》，湖北：武漢大學出版社出版，1995年。

30. 〔日本〕野上俊靜、小川貫弋、牧田諦亮、野村耀昌、佐藤達玄著，釋聖嚴譯：《中國佛教史概說》，臺北市：臺灣商務印書館股份有限公司，1995年。

31. 杜繼文、魏道儒著：《中國禪宗通史》，江蘇：江蘇古籍出版社，1995年。

32. 慈怡法師主編：《佛教史年表》，臺北市：佛光出版社，1995年。

33. 丁敏：《佛教譬喻文學研究》，台北市：東初出版社，1996年。

34. 〔日本〕水野弘元著，劉欣如譯：《佛典成立史》，臺北市，東大圖書股份有限公司，1996年。

35. 程俊英，梁永昌：《應用訓詁學》，上海：華東師範大學出版社出版，1996年。

36. 〔日本〕木村清孝著，李惠英譯：《中國華嚴思想史》，臺北市：東大圖書股份有限公司，1996年。

37. 黃啟江著：《北宋佛教史論稿》，臺北市：臺灣商務印書館股份有限公司，1997年。

38. 黃啟方著：《宋代詩文縱談》，臺北市：臺灣商務印書館股份有限公司，1997年。

39. 顧偉康著：《禪淨合一流略》，臺北市：東大圖書股份有限公司，1997年。

40. 王水照主編：《宋代文學通論》，河南：河南大學出版社出版，1997年。

41. 蔣義斌撰：《宋代儒釋調和論及排佛論之演進——王安石之融通儒釋及程朱學派之排佛反王》，臺北市：臺灣商務，1997年。

42. 〔日本〕鎌田茂雄著，關世謙譯：《中國佛教史》，臺北市：新文豐出版股份有限公司，1998年。

43. 〔日本〕平川彰等著：林保堯譯：《法華思想》，臺北市：佛光，1998年。

44. 魏道儒著：《中國華嚴宗通史》，南京：江蘇古籍出版社，1998年。

45. 周裕鍇著：《文字禪與宋代詩學》，北京：高等教育出版社，1998年。

46. 〔日本〕阿部肇一著，關世謙譯：《中國禪宗史》，臺北市：東大圖書股份有限公司，1999 年。

47. 姚瀛艇主編：《宋代文化史》，河南省：河南大學出版社出版，1999 年。

48. 董群著：《融合的佛教──圭峰宗密的佛學思想研究》，北京：宗教文化出版社，2000 年。

49. 陳揚炯：《中國淨土宗通史》，南京：江蘇古籍出版社，2000 年。

50. 潘桂明著：《中國居士佛教史》（下），北京：中國社會科學出版社，2000 年。

51. 洪修平著：《禪宗思想的形成與發展》，南京：江蘇古籍出版社，2000 年。

52. 湯用彤著：《隋唐佛教史稿》，臺北縣：佛光文化事業有限公司，2001 年。

53. 吳言生著：《禪宗思想淵源》，北京：中華書局，2001 年。

54. 〔日本〕忽滑谷快天撰；朱謙之譯；楊曾文導讀：《中國禪學思想史》，上海：上海古籍出版社，2002 年。

55. 吳言生著：《經典與禪詩》，臺北市：東大圖書股份有限公司，2002 年。

56. 呂澂：《中國佛學源流略論》，台北縣：大千出版社，2003 年。

57. 富金壁著：《訓詁學說略》，湖北：湖北人民出版社，2003 年。

58. 釋妙峰主編：《曹溪──禪研究（二）》，北京：中國社會科學出版社，2003 年。

59. 河村孝照著：《《法華經》概說》，臺北市：新文豐出版股份有限公司，2004 年。

60. 漆俠著：《宋學的發展和演變》，石家莊：河北人民出版社，2004 年。

61. 林伯謙、陳弘學編著：《標點注釋智證傳》，臺北市：秀威資訊科技，2004 年。

62. 洪修平著：《中國佛教與儒道思想》，北京市：宗教文化出版社，2004 年。

63. 梁啟超著：《佛學研究十八篇》，天津：天津古籍出版，2005 年。

64. 陳自力著：《釋惠洪研究》，北京：中華書局，2005 年。

65. 〔日本〕菅野博史作；孝順師（池麗梅）譯：《法華經──永遠的菩薩道》，臺北縣：靈鷲山般若出版，2005 年。

66. 楊曾文著：《宋元禪宗史》，北京：中國社會科學出版社，2006 年。

67. 毛忠賢著：《中國曹洞宗通史》，南昌：江西人民出版社，2006 年。

68. 閏孟祥著：《宋代臨濟宗發展演變》，北京：宗教文化出版社，2006 年。

69. 李祥俊著：《道通於一──北宋哲學思潮研究》，北京：北京師範大學出版社，2006 年。

70. 廖明活：《中國佛教思想述要》，臺北市：臺灣商務，2006 年。

71. 吳汝鈞著：《佛學研究方法論》，臺北市：臺灣學生，2006 年。

72. 高尚榘主編：《文獻學專題史略》，濟南：齊魯書社，2007 年。

73. 李承貴著：《儒士視域中的佛教──宋代儒士佛教觀研究》，北京：宗教文化出版社，2007 年。

74. 羅凌著：《無盡居士張商英研究》，武漢：華中師範大學出版社，2007 年。

75. 張培鋒著：《宋代士大夫佛學與文學》，北京：宗教文化出版社，2007 年。

76. 夏清瑕：《憨山大師佛學思想研究》，上海：學林出版社，2007 年。

77. 《語言學論叢》第三十七輯，北京：商務印書館，2008 年。

78. 王頌：《宋代華嚴思想研究》，北京：宗教文化出版社，2008 年。

79. 〔日本〕荒木見悟著，廖兆亨譯注：《佛教與儒教》，臺北市：聯經出版社，2008 年。

80. 鄧廣銘著：《宋史十講》，北京：中華書局，2008 年。

81. 潘桂明、吳忠偉著：《中國天台宗通史》，南京：鳳凰出版社，2008 年。

82. 廖明活著：《中國佛性思想的形成與展開》，臺北市：文津出版社有限公司，2008 年。

83. 朱慶之編：《佛教漢語研究》，北京：商務印書館，2009 年。

84. 潘桂明著：《中國佛教思想史稿》第二卷、第三卷，江蘇：江蘇人民出版社，2009 年。

85. 周裕鍇撰：《宋僧惠洪行履著述編年總案》，北京：高等教育出版社，2010 年。

86. 王紅蕾：《憨山德清與晚明士林》，北京：中國社會科學出版社，2010 年。

87. 魏道儒著：《華嚴學與禪學》，北京：宗教文化出版社，2011 年。

88. 釋恆清著：《佛性思想》，臺北市：東大圖書股份有限公司，2012 年。

89. 吳靜宜著：《惠洪「文字禪」之詩學內涵》，新北市：花木蘭文化，2012 年。

四、工具書

1. 〔明〕一如法師集註，丁福保校訂，黃中理通檢：《通檢本三藏法數》，臺北市：新文豐出版社股份有限公司，1996 年。

2. 丁福保：《佛學大辭典》，台北市：新文豐出版社股份有限公司，1985 年。

3. 慈怡主編：《佛光大辭典》高雄市：佛光出版社，1989 年。

4. 吳汝鈞：《佛教思想大辭典》，北市：臺灣商務，1992 年。

五、學位論文

1. 黃國清：《窺基《妙法蓮華經玄贊》研究》，桃園縣：國立中央大學博士論文，2005年。

2. 劉瑞蓉：《戒環《法華經要解》之研究》，嘉義縣：南華大學碩士論文，2009年。

六、期刊論文

1. 釋聖嚴：〈中國佛教以《法華經》爲基礎的修行方法〉，《中華佛學學報》（1994年7月），第7期，頁2～14。

2. 菅野博史：〈《法華經》的中心思想——以一佛乘思想爲中心〉，《世界宗教研究》（1996年9月），第3期，頁68～73。

3. 楊惠南：〈信仰與土地——建立緣起性空的佛教深層生態學〉，《慶祝印順導師九秩晉七嵩壽第三屆印順導師思想之理論與實踐——「人間佛教與當代對話」學術研討會會議論文》（2002年4月），頁J1～J35。

4. 黃國清：〈如是本末究竟——《法華經》十如是〉，《香光莊嚴》（2006年6月），第16期，頁26～35。

5. 蕭麗華：〈東坡詩的《圓覺》意象與思想〉，《佛學研究中心學報》（2006年7月），第11期，頁183～200。

6. 周裕鍇：〈惠洪文字禪的理論與實踐及其對後世的影響〉，《北京大學學報》（2008年7月）第45卷第4期，頁82～95。

7. 黃國清：〈宋代戒環《法華經要解》的釋經態度與注解方法〉，《佛教文獻與文學國際學術研討會》（2008年10月），頁81～105。

8. 黃國清：〈《法華經》三車與四車之辯——以《法華五百問論》爲中心〉，《揭諦》（2010年1月），第18期，頁75～114。

9. 黃國清：〈太虛大師的法華思想〉，《通識教育與跨域研究》（2010年12月），第九期，頁25～46。

10. 黃國清：〈明末憨山德清的《法華經》思想詮釋〉，《正觀》（2011年12月），第59期，頁5～55。

11. 黃國清：〈宋代戒環的法華思想〉，《揭諦》（2011年1月），第20期，頁73～123。

12. 蕭麗華：〈書評：黃啓江著〈一味禪與江湖詩——南宋文學僧與禪文化的蛻變〉〉，《中國文哲研究集刊》（2011年9月），第39期，頁187～228。

13. 見張勇：〈唐五代禪宗修習的典籍——以敦煌寫本《六祖壇經》爲考察範圍〉，《普門學報》（2002年），第10期，頁71～87。

附錄：《法華經合論》中需要修正的一些問題

　　惠洪、張商英注解《法華經》，大量引經據典，固是《法華合論》的特點，但由於典籍浩如淵海，鉤稽匪易，惠洪雖博聞強記，終有所窮；亦或隨文走筆時脫誤字詞，下錯文句，亦偶有所見，如此疏失不僅出現於《智證傳》中，也見於《法華合論》中，試列舉《法華合論》疏失二十處，張商英二處，並加案語如下：

（一）〈序品〉：「《瑜伽論》曰：『有十八處，謂梵眾天、梵前益天、大梵天。此三由奭、中、上品重修初淨慮故。』……《瑜伽論》又曰：『小光、無量光、極淨光。此三由奭、中、上品重修第二淨慮。』」
〔註1〕

　　案：「由奭、中、上品重修初淨慮故」以及「由奭、中、上品重修第二淨慮」中的『重』字，依據《瑜伽師地論》卷四〔註2〕云，當作「熏」字。

（二）〈序品〉：「《華嚴論》曰：『佛在摩竭提國阿蘭若法菩提場中始成正覺，於普光明殿入剎那際三昧，明以法界身為定體，無三世性故，從兜率天下降神及入涅槃，七十九年住世，轉一切法輪，總不出

〔註1〕 見《妙法蓮華經合論》卷一，《卍新纂續藏經》第三十冊，頁364上～中。
〔註2〕 「色界有十八處，謂梵眾天、梵前益天、大梵天。此三由軟、中、上品。熏修初靜慮故。少光天、無量光天、極淨光天。此三由軟、中、上品。熏修第二靜慮故。」見彌勒菩薩說（唐）玄奘譯：《瑜伽師地論》卷四，《大正新脩大藏經》第三十冊，頁295上。

剎那際。以此三昧圓通始終，非三世古今故。』」〔註3〕

案：《華嚴論》，當作《新華嚴經論》。並依據《新華嚴經論》卷八〔註4〕的記載，「七十九年住世」，應改爲「四十年住世」。

（三）〈序品〉：「《仁王經》曰：『十善菩薩發大心，長別三界苦輪海，中下品善粟散王，上品十善鐵輪王，習種銅輪二天下，銀輪三天下性種，道種堅德轉輪王，七寶金光四天下。』」〔註5〕

案：「銀輪三天下性種」與「七寶金光四天下」，依據《仁王護國般若波羅蜜多經》卷上〔註6〕的記載，應分別改爲「銀輪三天性種性」，「七寶金輪四天下」。

（四）〈序品〉：「《楞嚴經》曰：『不應攝受隨說計著，眞實者，離文字故。大慧！如爲愚夫，以指指物，愚夫觀指，不得實義。如是愚夫，隨言說指，攝受計著，至竟不捨，不能得離言說指第一實義。』」

〔註7〕

案：《楞嚴經》曰一段，非出自《楞嚴經》文，應是出自劉宋・求那跋陀羅譯《楞伽阿跋多羅寶經》卷四。〔註8〕

（五）〈序品〉：「無著菩薩釋曰：『如露形神所持之杵，兩頭闊，其中狹。』」

〔註9〕

案：「如露形神所持之杵，兩頭闊，其中狹。」，依據《金剛般若論》卷上〔註10〕，應改爲「如畫金剛形，初後闊中則狹。」

〔註3〕 見《妙法蓮華經合論》卷一，《卍新纂續藏經》第三十冊，頁365上～中。

〔註4〕 「爾時世尊在摩竭提國阿蘭若法菩提場中始成正覺，於普光明殿入剎那際三昧，明以法界法身爲定體，無三世性故，從兜率天下降神及入涅槃，四十年住世，轉一切法輪，總不出剎那際。以此三昧圓通始終非三世古今故。」見李通玄撰：《新華嚴經論》卷八，《大正新脩大藏經》第三十六冊，頁769上～769中。

〔註5〕 見《妙法蓮華經合論》卷一，《卍新纂續藏經》第三十冊，頁365中。

〔註6〕 見（唐）不空譯：《仁王護國般若波羅蜜多經》卷上，《大正新脩大藏經》第八冊，頁873中。

〔註7〕 見《妙法蓮華經合論》卷一，《卍新纂續藏經》第三十冊，頁366下。

〔註8〕 見（劉宋）求那跋陀羅譯：《楞伽阿跋多羅寶經》卷四，《大正新脩大藏經》第十六冊，頁507上。

〔註9〕 見《妙法蓮華經合論》卷一，《卍新纂續藏經》第三十冊，頁367上。

〔註10〕 見無著菩薩造，（隋）達磨笈多譯：《金剛般若論》卷上，《大正新脩大藏經》第二十五冊，頁759上。

（六）〈序品〉：「意者，末那染汙執識之別名，內緣本識，外染六識，而五識起時，必與之俱，故總謂之意。」〔註11〕

案：單講「意」是第七識，與五識並起是第六識，叫意識。惠洪誤解了佛教名相。

（七）〈方便品〉：「《大乘論》曰：『諸法體相，世間現見，云何言無耶？曰：凡夫妄見，此非可信，生滅之法皆悉是空。猶如燈焰，念念生滅，凡夫愚人謂爲一燄。』」〔註12〕

案：《大乘論》，應作《入大乘論》。《大乘論》係與小乘論對稱，乃敷陳六度及諸法皆空等義，並注解大乘經典之各種論書。《入大乘論》，凡二卷，印度堅意菩薩造，北涼道泰譯，收於大正藏第三十二冊，乃論述大乘教之書。本引文出自《入大乘論》卷上。〔註13〕

（八）〈方便品〉：「《唯識論》曰：『第八識一念受生時，有執取結生相續義。結者，繫也。於母胎中一念繫之，方父母愛染之極，自識攬其流液，如磁石吸鐵，一剎那而住根塵等種，從自識中亦生現行，名爲執取結生。故在胎則五位具：一七日名雜穢，狀如薄酪；二七日名皰，猶如豌豆瘡皰之形，表裏如酪，未生肉故；三七日名凝結，形如就了之血；四七日名凝厚，漸成堅硬，內風所吹，生諸根相，一身四肢生差別故。於此三十五日盡，其五根皆足，是謂五位具也。於六七日，則髮、毛、爪、齒；七七日，則諸根皆具。以五根圓滿，次生識，然未具空明緣也。』」〔註14〕

案：《唯識論》，應作《宗鏡錄》。〔註15〕係永明延壽對《唯識論》中第八識與父精母血結合至七七日的成長過程的解釋。

（九）〈方便品〉：《華嚴論》曰：「說經時分，前後不同。……《智度論》曰：『五七日方說法。』……」〔註16〕

〔註11〕見《妙法蓮華經合論》卷一，《卍新纂續藏經》第三十冊，頁 368 中。

〔註12〕見《妙法蓮華經合論》卷一，《卍新纂續藏經》第三十冊，頁 374 下。

〔註13〕見堅意菩薩造（北涼）道泰等譯：《入大乘論》卷上，《大正新脩大藏經》第三十二冊，頁 41 中。

〔註14〕見《妙法蓮華經合論》卷一，《卍新纂續藏經》第三十冊，頁 374 中。

〔註15〕見（宋）延壽集：《宗鏡錄》卷五十，《大正新脩大藏經》第四十八冊，頁 711 中～下。

〔註16〕見《妙法蓮華經合論》卷一，《卍新纂續藏經》第三十冊，頁 375 下。

案：引文中「五七日」當作「五十七日」。根據《華嚴論》卷六、卷九之文，皆謂：「七如《大智度論》，五十七日方說法」〔註17〕。今依《新華嚴經論》原典改之。

（十）〈譬喻品〉：《華嚴論》曰：「以迷十二有支，名一切眾生；悟十二有支，即是佛。故眾生及以有支皆無自性，若隨煩惱無明、行、識、名色、六相相對，生觸、受、愛、取、有，成五蘊身，即有生、老、病、死，常流轉故。若以戒定慧觀照方便力，照自身、心、境、體、相皆自性空，無內外有，即眾生心全佛智海。故偈曰：『欲知諸佛心，當觀佛智慧。佛智無依處，如空無所依。眾生種種樂，及諸方便智，皆依佛智起。』」〔註18〕

案：《華嚴論》曰一段，非《華嚴論》文，當是《解迷顯智成悲十明論》之〈釋十二緣生〉段〔註19〕。《解迷顯智成悲十明論》，略稱《十明論》，是李通玄唯一離開「華嚴經解釋」之立場的著作。此論乃運用《華嚴經》中的思辨方式，分十二門論述十二緣生（十二因緣）的撰作。惠洪對此書曾表示了強烈的共感，並加以題辭，〔註20〕即為：〈釋華嚴十明論敘〉文。〔註21〕又，「六相相對」，根據《解迷顯智成悲十明論》原文，應改為「六根相對」。〔註22〕

（十一）〈信解品〉：「《楞伽經》曰：『由自心執著，心似外境轉，彼所見非有，是故說惟心。』」〔註23〕

案：《楞伽經》，應作《成唯識論》。是《成唯識論》卷二，引「入

〔註17〕見（唐）李通玄撰：《新華嚴經論》卷六，卷九，《大正新脩大藏經》第三十六冊，頁759上，776中。

〔註18〕見《妙法蓮華經合論》卷二，《卍新纂續藏經》第三十冊，頁378中。

〔註19〕見（唐）李通玄撰：《解迷顯智成悲十明論》，《大正新脩大藏經》第四十五冊，頁768中。

〔註20〕見（日）木村清孝著，李惠英譯：《中國華嚴思想史》，（臺北市：東大圖書股份有限公司，1996年），頁160。

〔註21〕見（宋）惠洪覺範撰：〈釋華嚴十明論敘〉，《大正新脩大藏經》第四十五冊，頁767下～768中。

〔註22〕見（宋）惠洪覺範撰：〈釋華嚴十明論敘〉，《大正新脩大藏經》第四十五冊，頁768中。

〔註23〕見《妙法蓮華經合論》卷二，《卍新纂續藏經》第三十冊，頁383中。

愣伽伽他中說」。根據《成唯識論》原文，應是「入楞伽伽他中說：『由自心執著，心似外境轉，彼所見非有，是故說唯心。』」〔註24〕

（十二）〈藥草喻品〉：「《中觀》偈曰：『諸法不自生，亦不從他生，不共不無因，是故說無生。』」〔註25〕

案：《中觀》，當作《中觀論》。應該是惠洪筆誤。《中論》，又作《中觀論》、《正觀論》。龍樹菩薩造，青目釋，鳩摩羅什譯。

（十三）〈授記品〉：「……雖成就一切法，而不離諸法相，乃可取食。……」。〔註26〕

案：「而不離諸法相」，當作「而離諸法相」。依據《維摩詰所說經》卷上〈弟子品〉的記載，〔註27〕沒有「不」字。

（十四）〈授記品〉：「法順空，隨無相，應無作；離好醜；法無增損；……」。〔註28〕

案：「離好醜」，應作「法離好醜」。依據《維摩詰所說經》卷上〈弟子品〉之文，〔註29〕當補上「法」字。

（十五）〈化城喻品〉：《華嚴論》曰：「成佛果德已後，常行普賢行，常處世間十方六道，無有休息。如十地道滿，欲見普賢行，以十地中三昧力倍倍入無量三昧，畢竟不見普賢身及境界。」〔註30〕

案：《華嚴論》，應作《解迷顯智成悲十明論》〔註31〕。

（十六）〈見寶塔品〉：「論曰：……則多寶佛為過去滅度之佛，不應能出音聲也。」〔註32〕

〔註24〕 見護法等菩薩造（唐）玄奘譯：《成唯識論》卷二，《大正新脩大藏經》第三十一冊，頁 10 下。
〔註25〕 見《妙法蓮華經合論》卷三，《卍新纂續藏經》第三十冊，頁 387 中。
〔註26〕 見《妙法蓮華經合論》卷三，《卍新纂續藏經》第三十冊，頁 390 上。
〔註27〕 見（姚秦）鳩摩羅什譯：《維摩詰所說經》卷上，《大正新脩大藏經》第十四冊，頁 540 中。
〔註28〕 見《妙法蓮華經合論》卷三，《卍新纂續藏經》第三十冊，頁 391 中。
〔註29〕 見（姚秦）鳩摩羅什譯：《維摩詰所說經》卷上，《大正新脩大藏經》第十四冊，頁 540 上。
〔註30〕 見《妙法蓮華經合論》卷三，《卍新纂續藏經》第三十冊，頁 392 下。
〔註31〕 見（唐）李通玄撰：《解迷顯智成悲十明論》，《大正新脩大藏經》第四十五冊，頁 711 中。
〔註32〕 見《妙法蓮華經合論》卷四，《卍新纂續藏經》第三十冊，頁 399 下。

案：「多實佛」，應作「多寶佛」。

（十七）〈見寶塔品〉：「莊子云：『容或氏、大庭氏、柏皇氏、中央氏、栗陸氏、驪畜氏、赫胥氏。』」〔註33〕

案：「容或氏」，根據《莊子十卷》原典，應改爲「容成氏」。此爲張商英所引。

（十八）〈安樂行品〉：「《解深密經》曰：『如是菩薩雖由法住以智爲依止』」〔註34〕

案：「如是菩薩雖由法住以智爲依止」，當作「如是菩薩雖由法住智爲依止」。根據《解深密經》卷一〈心意識相品〉之文，〔註35〕沒有「以」字。

（十九）〈安樂行品〉：「無盡居士強商英論曰」。〔註36〕

案：「強商英」應作「張商英」。依《法華經合論》卷一之撰作欄改之。〔註37〕

（二十）〈從地涌出品〉：《華嚴論》①曰：「當以止觀力功熟乃證，急亦不成，緩亦不得。但知不休，必不虛棄。如乳有酪皆須待②，緣緣之中無作者，故其酪成已，亦無來處，亦非本有。如來智慧以戒定慧眾善方便以照之，而緣緣之中無作者，無成就③故。然於一切智、一切種智，於中而得朗然於諸法中無能作所作④，故亦非本有，亦非本無。以第一義中無本無末，無始無終，無成無壞，無三世古今，不可作本有及以修生，成就世間斷常諸見及諸諍論，應如是知。」〔註38〕

案：①《華嚴論》，應作《解迷顯智成悲十明論》〔註39〕。②「如乳有酪皆須待」，當作「如乳有酪，皆須待緣」，補上「緣」字。③「無成就故」，當作「無成壞故」，「就」改作「壞」。

〔註33〕見《妙法蓮華經合論》卷四，《卍新纂續藏經》第三十冊，頁 399 下。

〔註34〕見《妙法蓮華經合論》卷五，《卍新纂續藏經》第三十冊，頁 405 中。

〔註35〕見（唐）玄奘譯：〈心意識相品〉第三，《解深密經》卷一，《大正新脩大藏經》第十六冊，頁 692 下。

〔註36〕見《妙法蓮華經合論》卷五，《卍新纂續藏經》第三十冊，頁 405 下。

〔註37〕見《妙法蓮華經合論》卷一，《卍新纂續藏經》第三十冊，頁 362 中。

〔註38〕見《妙法蓮華經合論》卷五，《卍新纂續藏經》第三十冊，頁 406 中。

〔註39〕見（唐）李通玄撰：《解迷顯智成悲十明論》，《大正新脩大藏經》第四十五冊，頁 770 上～770 中。

④「無能作所作」，當作「無能作所作者」，補上「者」字。
依《解迷顯智成悲十明論》之文改之。

（二一）〈分別功德品〉：「舊《疏》曰：『加修觀行，入禪用慧，想成相起，
能見有餘、實報兩土想懇，見佛共比丘僧常在耆闍崛山者，方便
有餘土相也。』」〔註40〕

案：「想懇」，當作「相貌」。根據《妙法蓮華經文句》卷十上〔註
41〕，改作「相貌」。

（二二）〈妙音菩薩品〉：「《華嚴經》：『……又如長風起，遇物成鼓扇，各
各不相知，諸法亦如是。……法性本無生，亦現而有生，是中無
能現，亦無所現物。』」〔註42〕

案：「遇物成鼓扇」，當作「遇物咸鼓扇」；「亦現而有生」，當作「示
現而有生」。依據《大方廣佛華嚴經》卷十三〈菩薩問明品〉
之文，〔註43〕「成」改作「咸」；「亦」改作「示」。

綜上可知，《法華合論》中需要修正的問題，集中在三個方面：一是，所
引典籍的訛誤；二是，錯字；三是，多了字或少了字的問題上。原因可能是
版本導致，也可能是惠洪、張商英下筆時，失誤了。

〔註40〕見《妙法蓮華經合論》卷五，《卍新纂續藏經》第三十冊，頁411上。
〔註41〕見（唐）智顗說：《妙法蓮華經文句》卷十上，《大正新脩大藏經》第三十四
冊，頁137下～138上。
〔註42〕見《妙法蓮華經合論》卷七，《卍新纂續藏經》第三十冊，頁422中。
〔註43〕見（唐）實叉難陀譯：《大方廣佛華嚴經》卷十三，《大正新脩大藏經》第十
冊，66中。